KB196941

몽골제국 다루가치 제도 연구

몽골제국 다루가치 제도 연구

조 원 지음

혜안

책머리에

본서는 2012년에 완성했던 필자의 박사학위논문 『蒙元時期達魯花赤制度研究』를 수정·보완한 것이다. 13세기 몽골 초원에서 흥기한 몽골은 칭기스칸 시기에 초원의 여러 부족을 통합하여 대몽골 울루스를 세우고, 유라시아 정복 전쟁을 통해 역사상 유례없는 세계 대제국을 탄생시켰다. 유라시아 규모의 대제국은 한 세기 이상 존속되었으며 몽골의 지배를 위해 다양한 제국적 제도가 마련되었다. 본서에서는 이러한 제도들 가운데 몽골제국과 명멸을 함께했던 다루가치 제도에 주목하여 제도의 기원, 제도의 탄생, 제도적 운용 양상, 변화 과정 전반을 살펴보았고 이를 통해 몽골의 세계제국 통치의 실제적 방식과 특징 및 의미에 대해 고찰해 보고자 했다.

다루가치는 유목문화를 배경으로 하는 몽골인들과 정주 지역 피정복민들 간의 매개적 존재였다. 이들은 정복자로서 피정복민들 위에 군림하며 압제적인 면모를 보이기도 했지만, 일부 사료에서는 피정복 지역의 사정을 대변하는 모습도 보였다. 또한 쿠빌라이의 원제국 이후 다루가치들은 몽골인이어야만 한다는 정부 규정이 마련되었지만, 몽골제국 초기부터 제국 후반기까지 거란인, 위구르인, 무슬림 등 몽골의 유목문화와 피정복 지역의 정주문화 양면을 모두 이해하며 양자 간에 중재 역할을 담당할 수 있는 자들이 다루가치에 임명되었다. 몽골제국 시기 다루가치들은 대칸의 중앙정부에서 파견한 자들로 그 범위가 중국, 중앙아시아, 서아시아, 러시아, 고려, 안남 등지로 광범위했다. 따라서 다루가치 제도에 대한 검토는 제도 자체에 대한 이해뿐 아니라 몽골인들의 제국 통치방식 및 몽골제국의 성격을 이해하는 데 중요한 의미를 지닌다.

학위논문을 집필하면서 몽골인들은 방대한 제국을 어떠한 방식으로 통치했을까라는 의문을 가지고 연구를 진행했다. 다루가치는 파견 지역의 최고 監臨長官으로서 지방세력을 감시했고, 현지의 치안질서 유지와 공물 징발 등을 관할했으며, 정복 지역에서 통치권을 행사하면서 몽골 통치집단의 물질적 필요를 공급하는 등 군사·정치·경제적 역할을 담당했다. 그러한 점에서 다루가치는 몽골 통치집단의 家産의 수호자로서 피정복 지역 통치의 실제적인 역할을 담당한 자였다. 몽골 제국에서 다루가치를 파견하는 제도는 몽골제국 초기부터 중국의 대 칸 울루스를 비롯하여 여타 울루스들이 멸망하는 시기까지 지속적으로 존재했다. 그렇다면 다루가치들은 몽골의 제국 통치에서 실제적으로 어떤 역할을 담당했던 것일까?

연구를 진행하면서 몽골의 제국 통치 전반에 다루가치가 간여하고 있음을 알게 되었다. 가령 몽골제국 전반기 다루가치들 가운데 '카안'의 절대적 신뢰를 받는 케식 출신들이 적지 않았으며, 다루가치들은 정복 지역을 상대로 진행된 쿱추르 제도, 잠치 제도 등을 관리하는 등 제국의 다양한 물적·인적 자원의 관할에 참여했다. 또한 쿠빌라이 시기 몽골제국 내 각 울루스의 연합이 느슨해진 이후에도 대칸의 울루스뿐 아니라 각 지역의 울루스에서 다루가치 제도는 실시되었으며 울루스 내의 제왕들의 분봉 지역에도 다루가치들이 임명되었다. 이상의 사실을 통해 다루가치 제도가 몽골제국의 성격을 밝히는 데 유용한 제도라고 할 수 있겠다.

박사과정 시절 학위논문의 주제로 '다루가치 제도'를 만난 후 몽골제국 시기 각종 사료에 산재되어 있는 다루가치들을 찾기 위해 고군분투했던 기억이 생생하다. 몽골어 사료, 비문 기록에서부터, 한문 자료, 페르시아어 사료, 고려시대 사료들에서 다루가치의 흔적을 찾고자 했었다. 뿐만 아니라 다루가치 제도를 실제로 운영했던 몽골인들의 유목적 관념, 정치문화를 이해하기 위해 유목사회, 유목제국에 관한 인류학적 연구들에 의존하며 이해를 넓혀보고자 했었다. 박사학위논문을 집필하는 과정은 지난했지만, 결국 이때 했던 공부들이 현재 연구자로서의 토양을 마련해주었기에 감사한 마음이 든다.

필자가 몽골제국에 관심을 가진 것은 중국의 소수민족으로 살아가는 몽골족들에 대한 궁금증에서 시작되었다. 석사과정에서 達力扎布 교수님의 지도로 15~16세기 내몽골 지역의 몽골 부족들에 주목하여 이에 대한 논문을 완성했다. 이후 몽골족들의 역사에 대한 관심이 한층 더 깊어져 北京大學 박사과정에 진학하여 張帆 교수님의 지도로 몽골시대사 연구에 발을 내딛게 되었다. 북경대학에서 공부하며 박사논문이 나오기까지 격려와 가르침을 아끼지 않으시며 학자로서의 본을 보여주셨던 張帆 교수님과 지속적으로 가르침을 주셨던 達力扎布 교수님께 깊은 감사의 말씀을 드린다. 또한 논문 집필 과정과 학위논문 심사 과정에서 중요한 가르침과 조언을 해주셨던 党寶海, 王一丹, 尚衍斌, 郭潤濤, 李新峰 교수님께도 감사드린다.

10년 가까운 유학생활을 마치고 돌아와 낯설었던 한국학계에서 좌충우돌할 때 이끌어 주시고 자리 잡을 수 있도록 격려와 도움을 아끼지 않으셨던 여러 선생님들께 감사드린다. 학부 수업 때부터 통념에 도전하며 다방면에 문제의식을 갖도록 지도해주신 임지현 교수님, 한국에서 연구자로 자리 잡는 데 항상 격려해주시고 귀중한 조언을 주셨던 신성곤 교수님, 박찬승 교수님께 이 자리를 빌어 감사드린다. 이 논문의 집필이 완성되고 10여 년 만에 출간되기까지 김호동 교수님의 가르침이 컸다. 학부 시절부터 교수님께서 집필하시고 번역하셨던 연구서들이 연구자로서의 자양분이 되었다. '다루가치 제도'를 집필하는 과정에서 교수님께서 강조하셨던 제국적 관점은 시야를 넓히고 한문 사료에 함몰되지 않도록 길잡이가 되어 주었다. 교수님의 귀중한 가르침에 깊이 감사드린다.

한국에서 연구자로 성장할 수 있도록 강의와 연구의 기회를 주셨던 여러 선생님들께도 이 자리를 빌어 감사드린다. 유학을 마치고 돌아와 인하대에서 첫 강의를 할 수 있도록 도움을 주신 이준갑 교수님, 그리고 학회를 통해 연구자로서 성장해 갈 수 있도록 격려해 주신 송원사학회, 중앙아시아학회의 여러 선생님들께도 감사의 마음을 전한다. 또한 수적으로는 적지만 최근 북방사, 몽골제국사에 대한 관심이 높아지기까지 분투하며 서로에게 지적 자극이 되어 준 몽골시대사 연구자분들께도 감사의 말씀을 드린다. 학위논문의 출판을 흔쾌히 수락해 주시고, 부족한 원고를 꼼꼼히 검토해 주신 혜안의 관계자분들께 감사드린다.

　마지막으로 가족들에게 사랑을 전하고 싶다. 딸이 연구자의 길을 갈 수 있도록 길을 열어주시고 묵묵히 기도해주신 아버지, 공부에 전념할 수 있도록 손주들을 돌봐주시며 지원을 아끼지 않으신 어머니께 깊은 감사와 사랑의 마음을 전해드린다. 본인에게는 생소한, 연구자의 삶을 사는 아내를 만나 이해와 공감으로 조언을 아끼지 않은 남편, 그리고 연구와 강의로 바빠 온전히 챙겨주지 못했음에도 건강하고 밝게 자라는 희원이와 규원이에게도 고마움과 사랑을 전한다.

2024년 11월

지 은 이

차 례

제3장 다루가치와 지방 통치

제4장 몽골제국 각 지역의 다루가치

서 론

역사상 농경사회는 유목국가의 물자를 지원해주는 외부 공급원으로 존재해왔다. 이는 유목사회와 정주 사회의 교역, 유목민들의 농경 지역에 대한 약탈 및 정주화 등의 양상으로 나타났다.[1] 13세기 초 칭기스칸이 감행한 전쟁은 북중국의 물적 자원을 확보하기 위한 약탈 전쟁의 성격을 띠었다. 그러나 전쟁 과정에서 북중국과 중앙아시아의 부유한 도시문명을 접하게 된 칭기스칸은 점차 정복 지역에 대한 '지배'의 의욕을 갖게 되었고, '보복'과 '약탈'의 성격을 지녔던 몽골의 정복 전쟁은 몽골대칸이 '四海의 군주'임을 천명하기 위한 세계 정복전 쟁으로 전환되었다. 그 과정에서 정복 지역에 대한 통치의 필요성이 대두되었고, 대칸의 代官으로서 정복 지역에 파견되어 치리를 담당하 는 '다루가치Daruɣači'[2)가 출현했다.

---

1) 외부세계에 대한 유목민의 적응 양식에 관해서는 하자노프 저, 김호동 역, 『유목사회의 구조』, 서울 : 지식산업사, 1990, 275~305쪽 참조.
2) 다루가치는 '누르다, 진압하다'라는 의미의 동사 daru에 접사 - ɣa-가 붙어 '누름', '진압'을 의미하는 명사 daruɣa가 되었고, 여기에 '종사자'를 의미하는 접미사 či가 결합하여 長, 首領의 의미를 갖게 되었다. 蒙文 사료에는 či가 탈락된 Daruɣa가 다루가치와 동일한 의미로 사용되기도 한다. daruɣa의 '누름', '낙인'의 의미에 주목하여 다루가치가 掌印官으로 해석되기도 했다. 다루가치 의 장인관으로서의 면모는 쿠빌라이 집권 이후인 至元 원년(1264)부터 뚜렷하

서 론 17

칭기스칸 사후 정복전쟁은 후계자들에 의해 지속되었고 서아시아로 부터 동아시아에 이르기까지 광대한 영토가 몽골의 판도에 편입되었으며, 칭기스칸이 몽골초원에 건설했던 '예케 몽골 울루스Yeke Mongγol Ulus'는 초원지대와 농경지대를 아우르는 세계제국으로 거듭나게 되었다. 이를 계기로 역사상 유례가 없는 규모의 인적, 물적 교류가 유라시아 전역에서 전개되었다.[3] 한 세기 이상 유지된 몽골제국의 존속은 국가를 세워본 경험이 없었던 신생 민족 몽골이 어떻게 유라시아 전역을 통치할 수 있었는가라는 의문을 갖게 한다.[4]

몽골인들이 초원지대를 비롯하여 중국과 서아시아 지역으로 통치 영역을 확장하면서, 케식, 오르도, 분봉제와 같은 초원 전통의 유목적 제도를 시행하는 한편 앞서 존재했던 정주국가와 유목국가의 유산을 적극적으로 활용했다. 몽골 통치자는 몽골제국의 행정적인 통치를 위해 비몽골인 관료들을 등용하는 한편 복속 지역을 통치하는 데 현지 세력들을 대리인으로 활용하기도 했다.[5] 그 가운데 다루가치

게 나타난다. 다루가치가 갖고 있는 행정장관으로서의 성격에 주목하여 掌印官 으로 볼 수 있겠으나, 다루가치 자체를 그것으로 해석하는 것은 주의해야 할 것이다. 다루가치 어의에 관해서는 白鳥庫吉, 「高麗史に見える蒙古語の解釋」, 『東洋學報』 18-2, 1929 ; 翁獨健, 「元典章譯語集釋」, 『燕京學報』 30, 1946 ; Francis Woodman Cleaves, "Daruγa and Gerege", Harvard Journal of Asiatic Studies 16, 1953, 237~259쪽 ; István Vásáry, "The Origin of the Institution of Basqaqs", Acta Orientalia Academiae Scientarum Hungaricae 32, 1978, 202쪽 참조.

3) 몽골 통치하에서 전개된 동서 간의 경제·문화적 교류에 관해서는 Thosmas T. Allsen, Commodity and exchange in the Mongol Empire, Cambridge : Cambridge University Press, 1997 ; Culture and Conquest in Mongol Eurasia, Cambridge : Cambridge University Press, 2004 참조.

4) 최근 몽골제국 시기 제국적인 범위에서 운용되었던 통치제도에 관해 주목한 시론적 연구로 김호동, 「몽골제국의 세계정복과 지배 : 거시적 시론」, 『歷史學報』 217, 2013 참조.

5) 토마스 바필드 저, 윤영인 역, 『위태로운 변경』, 서울 : 동북아역사재단, 2001, 452~453쪽.

제도는 정복된 정주 지역을 감시하고 치리하는 데 지속적으로 활용됐다.[6]

제국의 통치자들은 감찰을 담당하는 관원을 파견하여 복속 지역 지배 세력들의 정치 활동을 감시하여 잠재적 위협과 반란의 가능성을 최소화했고 이를 통해 지배의 기초를 다질 수 있었다. 그러한 점에서 이러한 관원들은 제국 통치에서 상당히 중요한 일부분을 담당했다고 할 수 있겠다.[7] 다루가치는 바로 이러한 유형에 속하는 관원이었다. 그들은 대칸의 정치적 도구로서 피정복 지역의 권력자들을 감시하고 대칸의 통치를 가시적으로 드러내는 존재들이었다.

다루가치라는 관명은 몽골제국 시기에 처음 등장한 것으로, 그 이전 시기의 사서에서는 그 명칭을 찾아볼 수가 없다. 다루가치의 제도적 기원을 규명하기 위해 앞서 존재했던 중원왕조로부터 다루가치와 유사한 성격을 지닌 관직에 주목한 견해들이 있으며[8], 고대 유목 정권이 정주 지역에 징세관 혹은 감독관을 파견했던 전통[9]에 주목하여 유목국

---

6) 다루가치에 관한 기존의 연구로는 丹羽友三郎, 「達魯花赤に關する一考察」, 『三重法經』 5, 1956 ; 箭内亘, 「元代社會の三階級」, 『蒙古史研究』, 東京 : 刀江書院, 1966, 306~323쪽 ; 原山仁子, 「元朝の達魯花赤について」, 『史窓』 29(1971) ; 札奇斯欽, 「說元史中的達魯花赤」, 『蒙古史論總(上)』, 台北 : 學海出版社, 1980 ; 趙秉崑, 「達魯花赤考述」, 『北方文物』, 1995-4 ; 潘修人, 「元代達魯花赤的職掌及爲政述論」, 『內蒙古社會科學』, 1993-6 ; Elizabeth Endicott-West, *Mongolian Rule in China, Local Administration in the Yuan Dynasty*, Cambiridge : Harvard University Press, 1989 참조.

7) S. N. Eisenstadt, *The Political Systems of Empires*, New Brunswick : Transaction Publishers, 1993, 146쪽.

8) 秦代 民政장관이었던 太守로부터 그 제도적 유사성을 찾는 견해(Donald Ostrowski, *Muscovy and the Mongols*, Cambridge : Cambridge University Press, 1998, 36쪽)와 唐代 藩屬 지역에 주로 파견됐던 軍政장관 押牙에 주목한 견해가 있다(Elizabeth Endicott-West, 1989, 6~7쪽 참조).

9) 『漢書』 권96, 「西域傳上」(北京 : 中華書局, 1962), 3872쪽, "匈奴西邊日逐王, 置僮仆都尉, 使領西域, 常居焉耆·危須·尉黎間, 賦稅諸國, 取富給焉" ; 『舊唐書』 권194,

가로부터 그 제도적 기원을 밝히고자 하는 견해[10]들이 있다. 그러나 다루가치를 몽골의 세계정복 과정에서 나타난 특수한 정치·군사적 산물로서 파악할 때에 그 성격이 보다 명확히 규명될 수 있을 것이다.

몽골제국 시기 다루가치들은 대칸의 중앙정부에서 특파한 자들로 그 파견 범위가 중국, 중앙아시아, 서아시아, 고려, 안남 등지로 광범위했다. 다루가치는 파견 지역의 최고 監臨長官으로서 지방 세력의 감시를 비롯하여, 현지의 치안 질서 유지와 공물 징발 관할 등을 맡았고 정복 지역에서 통치권을 행사하면서 몽골 통치집단의 물질적 필요를 공급하는 군사, 정치, 경제적 역할을 담당했다. 몽골제국에서 다루가치의 파견은 몽골제국 초기부터 중국의 대칸 울루스를 비롯하여 여타 울루스들이 멸망하는 시기까지 지속적으로 이루어졌다. 그렇다면 다루가치들은 지방 통치에서 실제적으로 어떤 역할을 담당했던 것일까?

몽골은 정복전쟁 초기부터 칭기스칸 일족의 지배를 받아들이는가의 여부에 따라 '屬民'과 '叛民'으로 구분하여 정복전쟁을 감행했다. 몽골에게 자발적으로 귀부하는 정권에 대해서는 부분적으로 자치권을 인정해 주면서 기본적인 의무를 수행하도록 했다. 그 구체적인 내용은 몽골에 복속된 정권에서 몽골이 정복전쟁을 지속할 수 있도록 식량, 의복, 군수 물자를 지원하고 이를 관할하는 다루가치의 설치를 받아들이는 것이었다. 몽골제국 시기 다루가치는 몽골 대칸의 정복 지역에

「突厥傳下」(北京 : 中華書局, 1975), 5181쪽, "其西域諸國王悉授頡利發, 並遣吐屯一人監統之, 督其征賦".

10) 오타기 마쓰오(愛宕松男)는 다루가치 제도가 복속 지역에 대한 監視와 징세를 담당하는 카라 키타이의 監官제도로부터 직접적인 영향을 받은 것이며 이는 대개 유목국가가 복속된 문화 지역에 대한 전형적인 統禦의 형태로부터 출현한 것이라고 보았다(愛宕松男, 『東洋史學論集 4 元朝史』, 東京 : 三一書房, 1988, 316쪽 참조).

대한 '지배' 욕구와 맞물려 나타났으며, 전쟁 과정에서 정복 지역을 監治하고, 정복 지역의 물자를 몽골군에게 원활히 공급하는 보급책의 역할을 담당했다.

정복전쟁 시기 다루가치들은 鎭守官으로서 군정장관의 역할을 담당했으며, 이로 인해 피정복민들에게 '압제자'로서 깊이 각인되었다. 몽골은 정복 활동 초기 무력으로 정복 지역을 점령하고 그 백성들을 통치했으며 정복 과정에서 무력으로 백성들을 제압하여 현지인들의 극렬한 저항을 불러일으켰다. 이러한 사례들은 몽골제국 시기 사료에서 어렵지 않게 찾을 수 있다. 그러나 피정복 지역의 관리 문제가 대두되면서 몽골 통치자들은 더 이상 단순히 무력 수단에 의존할 수 없게 되었고, 현지 정치 형세를 고려하여 이에 조응하는 통치 방식을 모색하지 않을 수 없게 되었다. 피정복 지역 정치 환경과의 상호 작용 과정을 통해 몽골 통치자들은 부단히 통치 전략을 조율해나갔다.

다루가치 제도는 대칸의 정책, 통치환경 및 지역의 정세에 따라 시기별로 적응하며 변화해갔다. 정복전쟁 시기 다루가치들은 정복 지역을 鎭撫하는 鎭守官의 역할을 담당했으나 전쟁이 종결된 후에 정복 지역을 복구하며 民政에 주력하는 民政장관 다루가치들이 출현하기 시작했다. 우구데이 시기 정복 지역에 대한 통치 질서 구축이 구체화되는 과정에서 다루가치들은 각 路에 파견되어 地方행정에 참여하기 시작했으며[11], 각

---

11) 하라야마 마사코(原山仁子)는 우구데이 시기부터 대한지 정책이 적극적으로 실시되기 시작했고 다루가치의 관민관화 현상이 나타났다고 보았다. 나아가 정복전쟁 시기 다루가치는 軍·民·財를 모두 관할했으나, 우구데이 시기부터 탐마치군에게 軍權을 양도하게 되었고, 우구데이 6년에 설치된 징세과세소로 말미암아 징세권을 상실하여 그 직임이 民政에 제한되었다고 보았다(原山仁子, 1971, 37쪽). 오스트로브스키(Ostrowski) 역시 다루가치를 民政長官으로 파악하고, 軍政長官인 탐마치와 함께 지방행정의 이중체제를 형성했다고 보았다(Donald Ostrowski, 1998, 36~41쪽). 몽골의 제국통치가 안정되어 가면서

지역의 民政, 軍政, 人匠 관리 등 정주 지역의 민호와 물자를 관리하는 임무를 담당했다. 부단한 팽창을 통해 몽골제국의 범위가 정주 지역과 유목 지역을 아우르는 세계제국으로 확대되어 가면서 다루가치들은 그 직임에 따라 管軍·管民·管匠·投下 다루가치로 분화되었다.[12]

쿠빌라이가 몽골제국의 중심을 초원의 카라코룸에서 북중국의 大都로 옮기면서 본격적으로 중국 통치를 위한 제도적 기반이 마련되었고, 이 과정에서 중원 왕조의 제도들이 도입되었다. 쿠빌라이는 금의 제도적 틀을 계승하면서 여기에 유목 전통의 제도들을 결합하여 초원에 기반한 유목적 제도와 중국 왕조의 관료 행정제도가 결합된 정치제도를 마련했다.[13] 원제국 시기 중국 통치 과정에서 행정체제가 갖추어졌고 광역의 행정 단위가 출현했다. 이전의 감찰과 행정을 겸하던 路는 지방행정기구로 변모하고, 상위의 광역 행정기구로서 行省이 출현하여 점차 상설기구로 변모해 갔다.[14] 이때 원제국의 다루가치들은 지방행정제도에 편입되어, 行省에서부터 그 이하의 路, 府, 州, 縣, 錄事司의

다루가치의 관민관으로서의 역할이 강화된 것은 사실이나, 다루가치의 역할이 민정장관으로 단순히 축소되었다고 보기는 어렵다. 다루가치는 정복전쟁 초기부터 管軍장관으로서 鎭撫의 기능과 管民장관으로서 징세와 민호를 관할하는 임무를 모두 담당하는 성격을 지니고 있었으며, 그 기능은 管軍다루가치와 管民다루가치로 분화되어 가는 양상으로 나타난다. 또한 원내 각급 행정관부에 설치된 管軍다루가치의 감시와 군사 기능이 완전히 소멸되지는 않았다.

12) 우구데이 시기 다루가치에 관해서는 김성한, 「오고타이칸時期 漢地의 다루가치」, 高麗大學校 석사학위논문, 1986 참조.

13) 원제국 정치제도와 정치문화의 특징에 관해서는 姚大力, 「論蒙元王朝的皇權」, 『蒙元制度與政治文化』, 北京 : 北京大學出版社, 2011, 139~194쪽 ; 張帆, 「論蒙元王朝的"家天下"政治特征」, 『北大史學』 8, 北京 : 北京大學出版社, 2001 ; 張帆, 「回歸與創新-金元」, 『中國古代官僚政治制度研究』, 北京 : 北京大學出版社, 2004, 289~290쪽 ; Elizabeth Endicott-West, "Imperial Governance in Yuan Times", *Havard Journal of Asiatic studies*, 46.2, 1986 참조.

14) 張帆, 2004, 289~290쪽.

각급 지방관부에 파견되어 중앙과 지방정부에서 중개자의 역할을 담당했을 뿐만 아니라 路府州縣의 각급 지방행정관부에서 최고위 장관직을 맡아 행정 전반을 관할하기 시작했다.

다루가치들은 몽골 통치자의 대리인으로서 현지의 백성들과 교류하는 가운데 비몽골인 피정복민들을 다스리는 실제적인 역할을 담당했다. 그들은 기본적으로 몽골 카안의 대리자로서 피정복 지역 백성들을 관할했지만, 관할 지역의 실제적인 정세를 살펴 현지의 입장에서 통치자들에게 보고하기도 했다. 이러한 점에서 다루가치는 몽골제국의 대칸과 피정복민들 간의 소통의 통로가 되었다. 몽골의 정복 지역 통치의 측면에서뿐만 아니라, 지방행정의 실제 운영의 측면에서도 다루가치는 중요한 역할을 담당했다. 이처럼 유라시아의 광대한 범위에서 장기간 존재했던 다루가치 제도는 몽골제국을 지탱했던 중요한 제국적 제도(Imperial Institutions)의 하나였다.15)

기존의 학자들은 몽골의 지방행정체제의 비효율성에 주목하면서 몽골의 다루가치들을 통한 지방 통치에 대해 회의적인 견해를 가졌다. 모건David O. Morgan은 몽골 통치 하의 중국이 중앙집권화된 정부의 엄격한 통제를 받은 듯 보이지만, 그러한 중앙집권화가 특정 지역에서만 부분적으로 시행되었을 뿐이며 지방정부와 중앙정부와의 관계는 분명히 느슨했었다고 보았다. 몽골 통치의 방식이 실용적이었지만 불안정할 때가 잦았고, 매우 비체계적인 방식이었으며 몽골인 자신들이 여러 면에서 한인들과 상당한 거리를 유지했다.16) 엔디콧 웨스트Endicott-West

---

15) Imperial Institutions에 관해서는 Hodong Kim, "Mongol Imperial Institutions", *The Cambridge History of The Mongol Empire*, volume I, Cambridge : Cambridge University Press, 2023, 399~443쪽 참조.
16) 데이비드 모건 저, 권용철 역, 『몽골족의 역사』, 서울 : 모노그래프, 2012, 176~179쪽.

는 몽골의 통치가 몽골의 유목적 정치 문화의 특성에 따라 지방 분권적인 양상으로 나타났다고 했다. 지방행정에서 의사결정 역시 유목 전통의 '회의제'적인 방식을 통해 진행되었고 다루가치들은 한인 지방장관과 동등한 위치에서 업무를 처리했다. 이러한 상황에서 다루가치들은 지방행정장관의 일원에 불과했으며, 그들은 명목상의 지위만을 누렸다.[17] 나아가 이와 같은 행정 운용방식은 몽골의 지방 통치의 비효율성을 야기했다고 보았다.[18] 이는 몽골의 유목적 정치문화가 중국의 정치 토양과는 융합할 수 없을 정도로 이질적이었으며 부족제적인 전통에서 연원한 몽골 제도를 중앙집권적 통치체제가 견고한 중원 지역에 적용하는 데에는 분명한 한계가 존재했었다는 인식에서 나온 견해들이다.

한편 몽골의 지방 통치에서 다루가치들의 막강한 권력과 이를 통한 몽골의 고압적인 통치형태에 주목한 견해들이 있다. 하라야마 마사코 原山仁子는 원대에 무력을 바탕으로 한 철저한 監督정치가 행해졌으며, 다루가치 제도는 한지에서 몽골 본위의 통치를 실현하기 위한 필수불가결하면서도 효과적인 제도였다고 보았다.[19] 札奇斯欽은 한인들에게 다루가치는 장관 위의 장관으로서 막강한 권력자였으며 한인 관원들은 다루가치의 속관에 불과한 존재들이었다고 지적했다.[20] 李治安은 보다 절충적인 입장을 취했다. 그의 견해에 따르면 지방관부에서 진행된 회의제의 의사결정 방식은 다루가치를 포함하여 어떠한 관원도 지방행정에서 최고 권력을 행사할 수 없게 했던 조치로서 지방행정의 비효율성을 가져온 것이 사실이다. 그러나 회의제 내에서 지위의

---

17) Elizabeth Endicott-West, 1989, 49~55쪽, 126~127쪽.
18) Elizabeth Endicott-West, 1986, 523~529쪽.
19) 原山仁子, 1971, 43쪽.
20) 札奇斯欽, 1980, 610~611쪽.

고하가 존재했으며 지방관부에서 다루가치와 지방관 간의 관계는 실상 보다 복잡한 양상을 띠었다고 지적했다.[21] 李治安은 몽골의 중국 통치에서 중앙과 지방, 다루가치와 한인 관원 사이의 관계에 다양한 양상이 있었음을 구체적인 사례를 들어 밝혔다. 하지만 그의 연구는 몽골의 지방 통치의 실상을 보다 명료하게 제시하는 데까지 나아가지 못했다는 아쉬움이 있다.

이상의 견해들은 다루가치를 통한 몽골의 지방 통치를 규명하는 데 있어 타당한 면이 있지만, 몽골과 중원 문화의 이질성, 다루가치를 통한 몽골 지배의 전제성, 유목적 정치제도의 비효율성이라는 몽골제국 통치에 대한 고정적 인식을 바탕으로 도출한 견해들로 몽골 지방 통치의 역동성을 드러내고 그 실상에 접근하는 데에는 한계가 있다. 몽골이 백여 년 간 중원 지역을 통치할 수 있었던 것은 몽골 통치 집단이 이질적인 통치 환경에 적응하며 그에 조응하는 지배방식과 정책을 모색했기에 가능했던 것이었다.

이 책에서는 몽골제국 시기 다루가치 제도의 네 가지 측면에 주목했다. 우선 다루가치 제도의 연속성에 주목하여 각 시기 변화 속에서 다루가치 제도의 몽골적 특징을 밝혀보고자 했다. 이를 위해 다루가치 제도를 칭기스칸 시기, 우구데이·뭉케 시기, 쿠빌라이 시기, 원 중후기로 나누어 살펴보았다. 이와 더불어 유라시아 전역에서 실시되었던 다루가치 제도의 각 지역적 특징을 검토했다. 이를 통해 유라시아의 상이한 통치 환경에서 유연하게 운영되었던 제국적 제도로서 다루가치 제도의 특징을 파악하고자 했다.

다음으로 몽골의 다루가치에 대한 관리 제도를 살펴보았다. 특히

---

21) 李治安, 『元代政治制度研究』, 北京 : 人民出版社, 2003, 121~128쪽.

쿠빌라이 이후 다루가치가 지방행정시스템에 편입되면서 정비되었던 다루가치 선발, 고과, 임기제 등의 관리 제도를 검토했다. 이를 통해 원 조정이 다루가치 관리 방식과 그 변화에 따른 다루가치 위상의 변화를 파악하고자 했다.

세 번째, 몽골인과 비몽골인, 정복자와 피정복자 간의 매개적 역할을 했던 다루가치의 실제적 역할 수행 양상을 파악해 보고자 했다. 몽골의 중국지배 이후 통치자들이 중원 왕조의 통치제도를 차용한 것은 주지의 사실이다. 그런데 제도를 운영하는 과정에서 유목적 제도와 중국적 제도가 결합되어 운용되는 양상이 나타났다.22) 이러한 상황에서 다루가치와 지방정부의 관원들은 어떻게 관계를 맺으며 소통했을까? 지방행정에서 다루가치가 담당했던 실제적인 역할은 어떤 것이었을까? 이 책에서는 다루가치의 역할과 관련된 이상의 의문들을 중심으로 몽골의 피정복 통치의 실상에 접근하고자 했다.

이 책이 몽골제국 존속의 기반으로 다루가치 제도에 대한 보다 폭넓고 실제적인 이해를 제공할 수 있기를 바란다. 나아가 몽골의 제국 통치라는 위로부터의 관점과 더불어 피정복 지역의 실제 공간에서 이루어진 다루가치와 피정복민간의 상호 작용의 실제적 과정을 드러냄으로써 몽골제국의 眞相에 다가가는 데 기여할 수 있기를 바란다.

---

22) Herbert Franke and Denis Twitchett ed., *The Cambridge History of China*, volume 6, Cambridge : Cambridge University Press, 2008, 41쪽.

제1장

몽골제국의 팽창과 다루가치

몽골은 세계 정복 과정에서 점령 지역의 거점 도시에 다루 가치들을 파견했다. 다루가치는 몽골어로 수령을 의미한다. 한문 사료에서 이들은 掌印官[1], 長官[2], 牧守[3], 宣差[4] 등 다양한 명칭으로 언급되었고, 지방행정기구의 다루가치는 監郡, 監縣 등으로 표현되기도 했다. 이처럼 다루가치에 대한 여러 호칭은 다루가치에 대한 한인들의 다양한 인식을 반영하고 있다.

다루가치 제도에 대한 논의를 진행하기에 앞서 본 장에서는 다루가치의 기본 개념, 기원 및 설치 범위 등에 대해 소개하려고 한다. 우선 몽골식 용어인 다루가치의 어원과 의미를 살펴보고 몽골 정복전쟁 초기 다루가치의 출현에 대해 살펴봄으로써 몽골이 다루가치를 어떻게 인식했는지 살펴보고자 한다. 동시에 다루가치의 기본 개념을 파악하기 위해 사전적 의미도 검토해 보겠다. 다음으로 다루가치의 기원 문제를 고찰할 것이다. 마지막으로, 다루가치 제도 운용의 기본 윤곽을 그리기 위하여 다루가치의 설치 범위를 살펴볼 것이다.

---

1) 趙翼, 『廿二史札記』 권29, 「蒙古官名」 '達魯花赤'條, "掌印辦事之長官. 不論職之文武大小, 或路或府或州縣, 皆設此官"(南京 : 鳳凰出版社, 2008), 447쪽.

2) 葉子奇, 『草木子』 권3下, 「雜制篇」, "長官曰達魯花赤, 掌印信, 以總一府一縣之治"(北京 : 中華書局, 2006), 64쪽.

3) 『至正條格』 斷例권4, 「職制」 '被盜勒民陪償'條, "塔〈每〉[海帖木兒拷訊平民, 勒陪己家被盜財物, 准要地土·房舍·鈔定, 殘忍貪汗, 難任牧守"(휴머니스트, 2007), 201쪽.

4) 『至元譯語』 「軍官門」, "達魯花赤 : 宣差"(『蒙古語·女眞譯語彙編』, 天津 : 天津古籍出版社, 1990), 14쪽.

제1절 다루가치의 설치 범위와 기원

1. 다루가치의 어원과 의미

『元史』「唵木海傳」에는 사료상 처음으로 임명된 대몽골국의 다루가치가 등장한다. 관련 기사에 따르면,

> "갑술년(1214)에 太師國王 무칼리木華黎가 남벌을 하러 갈 때, 칸(帝)이 그에게 이르기를, '아무카이唵木海가 성을 공격할 때 포를 사용하는 전략이 좋다고 했다. 그대가 능히 그에게 맡긴다면 어떤 성도 무너뜨리지 못하겠는가'라고 했다. 곧 그에게 金符를 하사하고 隨路砲手다루가치에 임명했다. 아무카이는 500여 명을 선발해 그것을 가르쳤다. 후에 여러 나라를 평정하는 데 그의 역량에 크게 의지했다."[5]

隨路砲手다루가치 아무카이는 사료상에 처음으로 등장하는 다루가치이다. 아무카이는 공성용 포를 다루는 데 능하여 칭기스칸의 금정벌 전쟁에서 포수 부대를 양성하는 교련으로 임명되었고, 몽골이 여러 성을 함락하는 데 중요한 인적 자원이 되었다. 이 기사를 통해 몽골 정복 활동 초기에 다루가치는 대칸이 위임한 일정 규모의 군사 집단의 수령을 지칭했음을 알 수 있다.

같은 해 칭기스칸은 금을 정벌하고 중도를 함락한 후 중앙아시아 출신의 자파르 호자札八兒火者를 '黃河以北鐵門以南天下都다루가치'[6]에 임명했다. 이때부터 다루가치는 정복할 특정 지역을 관할하는 監臨長

---

5) 『元史』 권122, 「唵木海傳」(北京 : 中華書局, 1976), 3010쪽.
6) 『元史』 권120, 「札八兒火者傳」, 2961쪽.

官의 역할을 맡게 되었다.

다루가치達魯花赤는 몽골어 다루가치 Daruɣači를 한문으로 음역한 것이다. 이 단어는 동사 '다루daru'와 접미사 '가ɣa', '치či'로 구성되어 있다. 『몽한사전』에 따르면, '다루'는 '누르다', '평정하다', '진압하다'는 뜻을 지닌다. 그 뒤에 접미사 '가'가 더해지면 명사화되어 '다루가daruɣa'로서 "우두머리, 수장, 장관"의 의미를 지니게 된다. 마지막으로 '~에 종사하는 자'를 의미하는 접미사 '치či'가 붙으면 '鎭守官', '장관'을 의미하게 된다. 몽골제국 시기 몽골식 관명인 비체치必闍赤, 자르구치札魯忽赤, 탐마치探馬赤, 호르치火兒赤, 바우르치寶兒赤, 오그룩치奧魯赤 등은 모두 '치'를 접미사로 하는 고유명사들이다. 현대 몽한사전에 따르면, 몽골어로 'морьmori'는 말馬, 'морьчmoriči'는 마부를 의미한다. 이처럼 '치či'가 어미로 붙으면 특정 직무에 종사하는 자, 혹은 관련된 관직명을 의미한다.[7] 몽골제국에서도 특정 용어에 접미사 '치'가 붙으면 이는 단순히 어떤 일을 하는 자가 아니라 몽골의 통치자가 지정한 전문적인 사무를 담당하는 사람, 또는 이와 관련된 관직을 의미했다. 다루가치는 평정·진압에 종사하는 사람을 의미하는 몽골제국 시기의 관명 중 하나였다.

몽골어를 한문으로 음역한 『몽골비사』 제263절에는 대몽골국 시기의 '다루가치Daruɣači'에 관한 기록이 있다.

사르타올 사람들을 취하고 나서 칭기스칸이 다시 분부하여 각 성마다 다루가치들Daruɣačin을 두었다. 우룽게치 성에서 얄라바치, 마수드라는 두 사람의 코롬시 가문의 부자가 사르타올로 와서 도시의 법도와 체계에 대해 칭기스칸에게 아뢰고, 법도대로 통치하도록 건의하였다.

---

7) 『蒙漢詞典』, 內蒙古大學出版社, 1999, 1156~1157쪽.

그의 아들 마수드 코롬시(호레즘 사람 마수드 벡)를 우리의 다루가들 Daruɣas과 함께 보카르(부하라), 세미스겐(사마르칸트), 우룽게치(우르 겐치), 오단(호탄), 키스카르(카슈가르), 오리양(야르칸드), 구센(쿠 차), 다릴(타림) 등의 도시들을 통치하도록 맡겼다.

아버지 얄라바치를 데려다 키타드(金國, 北中國)의 중도성을 통치하도 록 했다. 사르타올 사람들 가운데 얄라바치와 마수드 두 사람이 도시 의 법도와 체제를 감당할 수 있었기 때문에 키타드 사람들을 통치하도 록 우리의 다루가들과 함께 임명한 것이었다.[8]

이 기사에 따르면 중앙아시아 출신의 얄라바치와 마수드Masʿūd 부자 는 다루가치와 함께 몽골이 점령한 화북 지역의 성과 중앙아시아의 여러 도시를 관리했다. 이때 다루가치는 몽골 통치자가 위임하여 파견 한 정복지의 장관을 의미했다. 칭기스칸이 마수드를 파견할 때, "우리 의 '다루가'들과 함께 관리하라"고 명령한 점이 주목된다. 이 사료에는 '다루가치'와 '다루가'라는 두 어휘가 구별되어 사용되고 있는데, 위 내용을 통해 '다루가'는 몽골 정복전쟁 시기에 이미 있었고, 다루가치 는 몽골이 복속된 여러 성의 통치를 시작한 후에 등장한 몽골의 관직으 로 파악할 수 있겠다.

한문 사료에는 모두 다루가치가 사용되었는데, 비한문 사료인 몽골 문·파스파 몽골문 성지가 기록된 비문에는 대개 '다루가치'가 아닌 '다루가스daruɣas'로 기록되어 있다.[9] 파스파자 비문인 「薛禪皇帝牛年

---

8) 유원수 역주, 『몽골비사』, 사계절, 2004, 274쪽.

9) 클리브스(Cleaves)는 중앙아시아, 서아시아의 몽문조서에서는 일반적으로 '다 루가'가 보편적으로 사용되었다. 이처럼 (비한문) 사료에서 '다루가'가 빈번히 출현하고는 있지만 공식적인 표현으로는 '다루가치'가 사용된 것이라고 보았 다. Francis Woodman Cleaves, 1953, 238쪽.

(1277~1289)聖旨」에도 "balaqad-un daruqas-da noyad-da yor-"[10]라고 기록되어 있는데, 여기에 기재된 것은 '다루가스daruɣas'로 이 구절은 '성시의 다루가들과 관원들'로 해석된다. 이에 대해 일찍이 주목했던 클리브스Cleaves는 '다루가친daruɣačin'을 '다루가치daruɣači'의 복수형으로, '다루가스daruɣas'를 '다루가daruɣa'의 복수형으로 구분했다. 또한 그는 '다루가치Daruɣači'를 정복 지역에 주둔하면서 질서 유지를 담당하는 鎭守官으로, 다루가daruɣa는 '鎭守하는 자'로 구분했다.[11] 14세기 라술 왕조에서 편찬된 Rasūlid Hexaglot(『라술 왕조 6개 어휘집』)에도 daruga가 수록되어 있는데, 여기에서는 '마을, 성, 도시의 長'으로 소개되어 있다.[12]

이후 '다루가치'와 '다루가'의 의미에 변화가 나타났다. 원대 사료인 『至元譯語』「軍官門」에서는 '達魯花赤'을 '宣差'[13], 즉 특정 지역에 파견한 관원(혹은 대칸이 어떤 기구나 조직에 임명한 장관)으로 소개했다. 이후 청대 사료 『欽定遼金元三史國語解』에는 "達嚕噶齊는 두목이다"[14], "達嚕噶은 몽골어로 두목을 의미한다"[15]라고 기록되어 있다. 이를 통해 청대에는 '다루가치'와 '다루가'를 구분하지 않고 모두 '두목, 수령'으로 이해했음을 알 수 있다. 한편, 19세기 중엽 러시아에서 편찬된 코발레프스키Kowalewski 사전에서는 다루가치를 압제자, 정복자로, 다루가를 장관, 대리자, 위임자, 감독자로 정의했다.[16]

---

10) 呼格吉勒圖, 『八思巴字蒙古語文獻彙編』, 呼和浩特 : 內蒙古教育出版社, 2004, 3쪽.
11) Francis Woodman Cleaves, 1953, 241~245쪽.
12) Peter B. Golden, *The King's Dictionary: The Rasulid Hexaglot*, Leiden : Brill, 2000, 202쪽.
13) 『至元譯語』, 「蒙古譯語·女眞譯語彙編」, 天津 : 天津古籍出版社, 1990, 14쪽.
14) 『欽定遼金元三史國語解·欽定元史語解』 권8(『影印文淵閣四庫全書』 第296冊), 346쪽.
15) 『欽定遼金元三史國語解·欽定遼史語解』 권6, 338쪽.

몽골제국이 멸망한 후, 다루가치라는 관직이 사라지면서 '다루가치'라는 어휘도 점차 잊혀졌다. 한편 일부 지역의 방언에서 지속적으로 사용된 사례가 발견된다. 블라디미르조프의 연구에 따르면 현대 몽골어와 할하 방언에서 '다루가'라는 어휘가 보편적으로 사용되고 있으며 할하 방언에서 사용되는 '다루가darugha'는 여전히 '우두머리·수장'의 의미를 지니고 있고, 오르도스 방언에서는 다라가 dapäräā로 표기한다.17)

2. 다루가치 기원의 탐색

1) 고대 유목제국과 중원 왕조의 監官

'다루가치'라는 관명은 몽골제국 시기에 처음 등장한 것으로, 그 이전 시기의 사서에서는 그 명칭을 찾아볼 수 없다. 그러나 앞선 시기 중원 왕조18) 또는 유목 정권19)에서 유사한 관직이 발견된다.

---

16) "Darouktchi: oppresseur, persécuteur, vainqueur ; Darougha: chef, gouverneur, lieutenant, mandataire, commissaire, surveillant": Kowalewski, Dictionnaire mongol-russe-francais, Kasan, Impr. de l'Universite, 1849.

17) 符拉基米爾佐夫, 『蒙古書面語和喀爾喀比較語法』, 西寧 : 青海人民出版社, 1998, 205쪽.

18) 秦代 民政장관이었던 太守에서 제도적 유사성을 찾는 견해(Donald Ostrowski, *Muscovy and the Mongols*, Cambridge : Cambridge University Press, 1998, 36쪽)와 唐代 藩屬 지역에 주로 파견했던 軍政장관 押牙에 주목한 견해도 있다 (Elizabeth Endicott-West, 1989, 6~7쪽 참조).

19) 오타기 마쓰오(愛宕松男)는 다루가치 제도가 복속 지역에 대한 감시와 징세를 담당하는 카라 키타이의 監官제도로부터 직접적인 영향을 받았으며 이는 대개 유목국가가 복속된 문화 지역에 대한 전형적인 統禦의 형태로부터 출현한 것이라고 보았다(愛宕松男, 『東洋史學論集 4 元朝史』, 東京 : 三一書房, 1988, 316쪽 참조).

실크로드를 둘러싼 정주 지역 왕조와의 전쟁에서 패권을 장악한 유목 정권들은 실크로드 상의 도시들로부터 물자를 확보했으며 정주 지역과의 무역을 통해 경제적 이익을 얻었다. 흉노제국 때부터 유목 정권들은 실크로드 지역을 장악하고 징세관을 파견하여 경제적 자원을 확보했다. 기원전 3세기 흉노는 서역의 누란, 오손 등 26개국을 정벌한 후 각 도시들에 僮仆都尉를 파견하여, 서역의 도시들을 관할하게 했다. 그들은 이곳 주민들에게서 세금을 거두고 부를 취해 흉노 군주에게 주었다.[20] 이후 기원전 60년 경 흉노 통치 집단이 분열하고, 서역에 대한 패권을 상실하게 되자 흉노가 서역 도시에 파견했던 동복도위는 폐지되고, 漢나라의 都護들로 대체됐다.[21]

기원전 60년경 西漢은 흉노와의 오랜 전쟁 끝에 점차 서역을 점령하여 통치권을 확보했다. 관련 내용이 『漢書』에 다음과 같이 기록되어 있다.

> 宣帝 때에 이르러 衛司馬를 보내어 鄯善 서쪽의 몇 나라를 감호하도록 했다. 姑師를 격파했지만 아직 진멸하지 못하여, 車師前王과 車師後王 및 山北의 여섯 나라로 나뉘어졌다. 당시 한나라는 오로지 남도만 보호했을 뿐 북도까지 모두 장악하지 못했는데, 그래도 흉노는 스스로 불안해했다. 그 후 일축왕이 선우에게 반란을 일으켜 무리를 이끌고 투항해 오니, 선선 이서를 감호하는 사자인 鄭吉이 그를 맞이하였다.

---

20) 『漢書』 권96, 「西域傳上」(北京 : 中華書局, 1962), 3872쪽, "匈奴西邊日逐王, 置僮仆都尉, 使領西域, 常居焉耆·危須·尉犂間, 賦稅諸國, 取富給焉". 흉노정권의 僮仆都尉에 관해서는 王子今, 「匈奴"僮仆都尉"考」, 『南都學壇』 32, 2012 참조.

21) 『漢書』 권96, 「西域傳上」, 3874쪽, "其後日逐王畔單於, 將衆來降, 護鄯善以西使者鄭吉迎之. 旣至漢, 封日逐王爲歸德侯, 吉爲安遠侯. 是歲, 神爵三年也. 乃因使吉並護北道, 故號曰都護. 都護之起, 自吉置矣. 僮仆都尉由此罷, 匈奴益弱, 不得近西域".

그가 한나라에 오니 일축왕을 봉하여 歸德侯로 삼고 정길은 安遠侯로 삼았다. 그 해는 神爵 3년이었다. 이에 정길로 하여금 북도도 함께 보호하라고 했고, 그런 연유로 '都護'라고 부르게 되었는데, 도호의 시초는 정길에서부터 두어지기 시작한 것이다. 이로 인해 동복도위는 폐지되고 흉노는 더욱 약해져서 서역에 가까이 올 수 없게 되었다. 이에 둔전민을 이주시켜 北胥鞬에서 경작토록 하고 莎車의 땅을 나누어 (주었다). 둔전교위가 처음으로 도호에 소속하게 되었다. 도호는 烏孫과 康居와 여러 외국의 동정을 독찰하고 변고가 생기면 보고했다. 평안으로 다스릴 수 있으면 평안으로 다스리고, 공격할 만하면 공격했다.[22]

위의 기사를 통해 한나라가 서역의 여러 성을 점령한 후 이 지역에 대한 지배권을 행사하여 도호부를 세우고 관원을 두었음을 확인할 수 있다. 서한 조정은 서역에 대한 지배를 강화하기 위해 관리를 파견하고 지방의 수령을 책봉했으며, 병사를 주둔시켰다. 기원전 59년, 서한에서는 西域都護府를 설치하고, "오손·강거를 비롯하여 여러 나라를 감찰하게 했다."[23] 『한서』에 따르면 "도호의 치소는 烏壘城이었는데, 양관에서 2,738리 떨어져 있고 渠犁의 田官과는 서로 가까웠다. 토지는 비옥하고 서역의 중심에 위치해 있으니, 이런 연유로 도호의 치소가 [그곳에] 두어진 것이다."[24]라고 기록하고 있다. 西域都護는 한나라 정부가 서역에 설치한 최고 군정장관으로, 중국 왕조에서 최고위 지방장관인 郡太守와 동일한 직급이었다. 그는 한나라의 서역 주둔군을

---

22) 『漢書』 권96, 「西域傳上」, 3873~3874쪽.
23) 『漢書』 권96, 「匈奴傳」, 3874쪽.
24) 『漢書』 권96. 「匈奴傳」, 3874쪽.

직접 지배했을 뿐 아니라 중앙 조정으로부터 비준을 받아 서역 여러 나라의 군대를 관리하여 외부의 침략자들을 공격하고 관할 지역의 안전을 도모하여 실크로드 교류가 원활히 진행될 수 있도록 했다.[25]

이후 隋·唐시기 흥기한 돌궐 역시 복속국 혹은 복속한 부족에 吐屯을 파견하여 다스리게 했다. 『舊唐書』에 따르면 서역을 재패한 서돌궐이 "점령 지역의 수령에게 頡利發라는 직위를 하사하고 아울러 吐屯을 파견하여 (그로 하여금) 統監하고 징세활동을 감독하게 했다."[26]는 기록이 남아 있다. 吐屯직은 대개 왕족 출신 귀족이 담당했으며, 그 직위는 세습되었다.[27] 吐屯은 돌궐칸이 복속국 혹은 부족을 감독하기 위해 파견한 특사로서, 실제적으로 馬兵 징집과 부세 징수 등의 임무를 담당했던 돌궐국의 최고 군사행정 장관이었다. 吐屯은 직임과 그 성격에 있어서 흉노의 僮仆都尉를 계승한 관직으로 볼 수 있겠다.[28]

요컨대 역대 중원 왕조와 유목제국은 서역의 여러 성을 정복한 후, 종종 감관을 설치하여 징세 활동을 주관하고 서역의 여러 성을 군사적으로 통제했다. 그런데 중원 왕조와 유목제국의 관리 양상은 상이했다. 중원 왕조가 서역의 여러 성에 대해 정치·군사적 직접 지배의 방식을 취했던 반면 북방 유목 정권은 점령한 여러 성에 파견한 감관을 통해 경제적 자원을 관할하는 데 주안점을 두었다.

---

25) 苗普生 主編, 『新疆史綱』, 烏魯木齊 : 新疆人民出版社, 2004, 72~74쪽.

26) 『舊唐書』 권194, 「突厥傳下」(北京 : 中華書局, 1975), 5181쪽, "其西域諸國王悉授 頡利發, 並遣吐屯一人監統之, 督其征賦".

27) 『舊唐書』 권194, 「突厥傳下」, 5179쪽, "有乙斤屈利啜·閻洪達·頡利發·吐屯·俟斤等 官, 皆代襲其位".

28) 吳景山, 「吐屯考」, 『民族研究』, 1997-6, 107쪽.

2) 카라 키타이(西遼)의 監官제도

11세기 중앙아시아의 강국 카라 키타이의 통치제도는 중국, 거란 및 중앙아시아-투르크적 요소의 복합체로 볼 수 있는데, 몽골은 카라 키타이를 정복하여, 이를 상당 부분 계승했다.[29] 따라서 다루가치의 제도적 기원으로서 11세기 중앙아시아에서 강성했던 카라 키타이의 監官제도에서 직접적인 연관성을 살펴볼 수 있겠다.[30] 바사리Vásáry는 몽골제국 시기의 바스칵Basqaq, 監國, 少監[31]이라고 불렸던 11세기 카라 키타이의 감관제도에서 기원했다고 보았다. 동시에 그는 몽골제국 시기 바스칵과 다루가치를 동일한 관직으로 보았다.[32] 그렇다면 카라 키타이의 감관제도는 어떠한 방식으로 운영되었을까?

---

29) 데이비드 모건, 2012, 84쪽.

30) István Vásáry, "The origin of the institution of basqaqs", *Acta Orientalia Academiae Scientarum Hungaricae*. 32, 1978, 205~206쪽.

31) 라시드 앗 딘 저, 김호동 역주, 『칭기스칸기』, 사계절, 2003, 255쪽.

32) István Vásáry, 1978, 205~206쪽. 펠리오(Paul Pelliot)는 『金帳汗國』에서 바스칵 (basqaq)은 투르크어로 아랍-페르시아 어휘 샤흐네(shaḥna)와 몽골어 다루가 (darugha)와 동의어로 보았다(Paul Pelliot, 『金帳汗國』, 72~73쪽). *The King's Dictionary : The Rasulid Hexaglot*에서 샤흐네는 총독(viceroy) ; 행정장관(prefect) ; 시장·진장(mayor), 바스칵(basqaq)은 시장·진장(mayor), 다루가(darugha)는 시장·진장(mayor)으로 설명했다. 바스칵과 다루가는 지방의 시장·진장을 의미 하는 반면 샤흐네는 총독·장관을 의미한다고 구분한 것이다. 이 사전은 13~14 세기 아랍어, 페르시아어, 투르크어, 몽골어, 그리스어 어휘를 총망라하고 있지만, 기본적으로 당시 무슬림, 맘룩 세계에서 통용되는 어휘를 수록하고 있다. 바스칵, 샤흐네, 다루가치의 의미가 일치하는가 여부에 대해 학계에서는 여전히 일치된 견해를 보이지 못하고 있다. 바사리(Vásáry)는 세 어휘가 통용될 수 있다고 보았고(István Vásáry, 1978, 205~206쪽) 오스트로브스키(Ostrowski) 는 다루가와 바스칵을 서로 다른 관직으로 보았다(Donald Ostrowski, *Muscovy and the Mongols*, Cambridge : Cambridge University, 1998, 37~38쪽). 필자는 이 관직(어휘)들이 공통된 성격을 띠고 있다는 점에서 혼용해서 사용해도 무방하나 각 어휘가 사용된 정치·문화적 배경이 달랐다는 점에서 완전히 일치하는 용어는 아니라고 생각한다.

카라 키타이의 역사 전반을 다룬 미할 비란(Michal Biran)의 연구에 따르면, 카라 키타이에서는 감관을 샤흐네(Shaḥna)라고 했으며, 그들은 주로 세금 징수를 통해 지배층의 경제적 자원을 관리하는 역할을 담당했다. 또한 군사적인 직무를 맡기도 했다.[33] 카라 키타이는 西征을 통해 중앙아시아 여러 성의 물자와 인적 자원을 확보했다. 포로가 된 자들은 각종 부역을 담당하며 노동력의 중요한 원천이 되었으며[34] 이때 샤흐네가 이러한 자원을 관리하는 일을 담당했다. 본 장에서는 그의 연구를 바탕으로 카라 키타이의 감관 설치 상황과 변화를 살펴보고 카라 키타이의 감관과 몽골제국 다루가치 제도의 관련성을 검토해보고자 한다.

1130년에 카라 키타이의 耶律大石은 군대를 이끌고 서진하여 高昌위구르, 카라한 칸국을 병합했고, 호레즘을 정복하여 세력을 확장했다. 카라 키타이는 광대한 정복 지역에 다음과 같은 지배 체제를 마련했다. 그들은 기본적으로 요의 관제를 따라 통치제도를 정비했고, 직접 지배 영역에서는 중앙집권적 제도를 마련했다. 다음으로 귀부한 정권에게는 통치권을 보장해주되 카라 키타이 조정에서 파견한 관원을 상주시켜 정기적으로 현지를 순시하게 했다.[35] 정부에서 파견된 상주 관원이 바로 샤흐네였다. 이들은 복속국의 통치자와 함께 현지를 관할했고

---

33) 주베이니의 『세계정복자사』에는 카라 키타이의 중앙아시아 정복 과정이 서술되어 있다. 또한 카라 키타이의 복속 지역에 대한 貢納 요구, 그리고 정복 지역에 파견한 징세관의 활동 등이 비교적 상세하게 기술되어 있다. 'Ala-ad-Din 'Ata-Malik Juvaini, The History of the World Conqueror, ed. Mirza Muhammad Qazvini, tr. J. A. Boyle, Cambridge : Harvard University Press, 1958, 355~357쪽 참조.

34) Michal Biran, The Empire of the Qara Khitai in Eurasian History, New York : Cambridge University Press, 2005, 117쪽.

35) 魏良弢, 『西遼史綱』, 北京 : 人民出版社, 1991, 64~76쪽.

일부 지역에는 징세관을 파견하여 정기적으로 세금을 징수했다.[36]

카라 키타이 초기에는 일부 복속 지역에서 자치를 보장하는 간접통치 방식을 취했는데 이때 조정에서 샤흐네를 파견하여 속국을 감독하게 했다. 파견 지역은 '謙謙州(예니세이강 상류 유역)에서 巴兒昔罕(키르기스탄 바르스쿤), 筈剌速(카자흐스탄 타라즈) 등지'[37]에 이르렀다. 샤흐네의 임무는 현지 정세를 살피고 貢賦를 징수하는 것이었다. 이때 그들은 피정복지의 정치 사회적 안정을 위협하는 자들이기보다 피정복지의 자치를 보장하는 상징적 존재였다.

그런데 카라 키타이 왕조 중기부터 속국에 대한 내정 간섭이 점차 심해졌고 군사 파견도 잦았다. 뿐만 아니라 파견된 샤흐네들 가운데 권세를 휘두르며 현지 백성들을 위협하는 일이 빈번히 발생했다.[38] 13세기에 이르러 칭기스칸이 이끄는 몽골 세력이 흥기하고 카라 키타이가 쇠락해가던 시기에 카라 키타이의 샤흐네와 현지인 사이의 갈등이 더욱 심화되었다. 카라 키타이에서 위구르에 파견한 샤흐네는 군주의 대리자로서 현지의 귀족과 백성들을 억압했고, 이로 인해 현지인들의 그들에 대한 적대감이 더해갔다. 왕조 말기에 이르러 복속된 지역에 대한 카라 키타이의 통제가 불안정해지면서 카라 키타이에서 파견한 감관 샤흐네와 현지인 사이의 갈등이 첨예해졌다.

『세계정복자사』의 기사에 따르면 "카라 키타이의 황제가 샤흐네 한 명을 파견했는데, 그 이름은 少監이었다. 이 소감은 그 직위가 안정되자 권세를 휘두르기 시작했고, 이디쿠트亦都護와 그의 장관을 여러 모로 능멸했으며, 그들의 영예로운 베일을 찢어버렸다. 이로

---

36) V.V. Barthold, 耿世民 譯, 『中亞簡史』, 北京 : 中華書局, 2005, 31~32쪽.
37) 『世界征服者史』, 393쪽.
38) 魏良弢, 『西遼史綱』, 82쪽.

인해 그는 귀족과 백성들에게 모두 증오의 대상이 되었다. 칭기스칸이 키타이를 정복하고, 개선의 소식을 사방에 알리자 이디쿠트는 그들이 '카라 호자성'이라고 부르는 곳의 한 집에 소감을 가두고 봉쇄하라고 명령했다."39) 이 샤흐네는 위구르가 카라 키타이에 귀부했을 때 위구르 지역에 파견되어 '監國'의 일을 맡았던 것으로 보인다.

주베이니는 이 기사에서 샤흐네의 이름을 '소감'으로 기술했는데, 소감은 이 샤흐네의 실명이 아니라 중국식 관명으로 보아야 할 것이다.40) 소감은 隋에서 明에 이르는 각 왕조에서 監이라고 불리는 관부의 차관이었다. 遼에서는 秘書, 大府, 少府, 將作, 都水의 監에 모두 이 관직을 두었다.41) 『遼史』에는 "參知政事 吳叔達이 강등되어 소감에 제수되고 東州刺史로 파견되었다."42)라는 기록이 있는데 이로 미루어 소감이 州刺史로 파견되기도 했음을 알 수 있다. 遼에서 소감은 다른 관직에 임명되어 지방관으로 파견되거나, 속국의 감관직을 맡았음을 알 수 있다. 소감 가운데 속국에 파견되어 감국을 맡은 자들을 페르시아 사서에서 샤흐네라고 기록했던 것이다.

『집사』에도 이와 유사한 기록이 있다. "위구르 군주 이디쿠트는 칭기스칸의 위용과 관용에 관한 소문을 들었다. 당시 위구르인들은 구르 칸에게 공납을 바쳤고, [구르 칸의] 대아미르 가운데 하나인 샤우

---

39) *The History of the World Conqueror*, 44쪽.

40) 『세계정복자사』(漢譯本)의 역자 何高濟는 주베이니가 아랍-페르시아어 샤흐네를 투르크어 바스칵과 몽골어 다루가치의 동의어로 사용하여 이들을 정복자가 정복 지역에 위임하여 파견했고, 특히 공부의 징세를 담당한 대표자였다고 언급했다. 그는 바스칵, 샤흐네, 다루가치라는 용어가 통용되었던 것은 주베이니가 몽골 어휘를 페르시아어로 번역하는 과정에서 나타난 것이라고 했다(志費尼·何高濟 譯, 『世界征服者史』, 北京 : 商務印書館, 2007, 48쪽 역자주 3번).

41) 張政烺 主編, 『中國古代職官大辭典』, 鄭州 : 河南人民出版社, 1999, 168쪽.

42) 『遼史』 권17, 『聖宗八』, 199쪽.

감이라는 사람이 감관(shahne)의 직무를 수행하며 그들을 장악했다. 이디쿠트는 칭기스칸 쪽으로 기울어 감관 샤우감을 죽이고 칭기스칸의 어전에 사신들을 보내기로 결정했다."[43] 이 기사에 따르면 샤흐네는 '감국'으로 번역되기도 하는데, 감국은 중원 왕조의 관명으로 춘추시기 왕이 외부로 나갈 때 태자가 궁에 남아 국사를 처리한 것에서 유래한 것으로[44], 군주가 친정을 하지 못할 때 대리인이 정사를 대신 맡는 것을 의미했다. 『집사』의 기록에 따르면, 샤흐네는 국왕의 대리자로서 정복지의 정무를 관장했다. 중원 왕조의 관직인 '감국'과 샤흐네는 부분적으로 유사한 기능을 지니고 있는데, 가령 이들은 모두 파견된 지역에서 세금 징수의 역할을 맡았다. 그러나 양자를 완전히 동일한 관직으로 볼 수는 없을 것이다.

카라 키타이의 샤흐네는 아래와 같은 특징을 지니고 있었다. 첫째로, 이들은 카라 키타이 군주의 대리자로서 현지의 군주와 함께 국정에 참여했다. 『세계정복자사』에 따르면 "구르 칸 통치 시기에 이 지방의 통치자는 카얄릭의 아슬란 칸으로, 그는 구르 칸이 파견한 샤흐네와 협력하여 해당 지역의 정사를 돌보았다"[45]라고 기록되어 있다. 샤흐네의 파견은 해당 지역이 카라 키타이 군주에게 속한 영지이며 카라 키타이 군주의 통치 하에 있음을 공표하는 것이었다. 두 번째로, 샤흐네는 주로 복속된 지역의 징세를 관할했다. 한편 비란^{Biran}은 카라 키타이에서 샤흐네의 군정 장관으로서의 성격에 대해 회의적으로 보았다. 카라 키타이의 군사 원정 당시 카라 키타이에서 샤흐네가 직접 군사 활동에

---

43) 『칭기스칸기』, 255쪽. 동일한 내용이 『元史』에 다음과 같이 기록되어 있다. 『元史』 권124, 「巖璘帖穆爾傳附倜理伽普華傳」, 3049쪽, "時西契丹方强, 威制畏兀, 命太師僧少監來臨其國, 驕恣用權, 奢淫自奉" 참조.

44) 徐連達 主編, 『中國官制大辭典』, 上海 : 上海大學出版社, 2010, 497쪽.

45) The History of the World Conqueror, 74쪽.

참여했다는 기록이 사료상에서 보이지 않기 때문이었다.[46]

다루가치 제도와 기존에 중앙아시아, 서아시아에 있던 감관제도가
완전히 동일하다고 볼 수는 없겠지만, 중앙아시아에서 카라 키타이가
복속 지역에 감관, 즉 샤흐네shaḥna를 파견한 제도와 유사한 측면이
있다. 그러한 점에서 카라 키타이의 제도가 몽골제국의 다루가치 제도
에 영향을 주었다고 볼 수 있을 것이다.

3. 다루가치의 설치 범위

몽골은 정복 활동을 통해 유라시아의 광대한 영역을 제국의 영토로
편입시켰다. 그 범위는 서쪽으로 다뉴브 강과 서아시아에 이르고,
동쪽으로는 중국, 남쪽으로는 티베트와 동남아시아의 일부 지역, 북쪽
으로는 시베리아에 이른다. 또한 유라시아 동부에서 고려, 안남을
복속시켰다. 칭기스칸은 몽골이 점령한 영토를 일족들에게 분배하여
관할하게 했다. 그는 동부 유라시아 지역을 여러 동생에게 분봉했고,
이후에 알타이산 서부 지역을 주치, 차가타이, 우구데이에게 분봉하여
몽골제국의 다원적 울루스 체제의 기초를 마련했다.

몽골 통치자는 정복전쟁 중에 초원 유목 지역을 제외한 종왕 봉분
지역과 대칸의 관할 지역에 모두 다루가치를 파견했다. 몽골제국의
판도가 형성된 이후 다루가치의 설치 범위는 중국 전역과 중앙아시아,
서아시아의 여러 성, 러시아 지역 및 고려와 안남 지역을 포함한다.
이러한 점에서 다루가치 제도는 몽골의 광활한 유라시아 대륙을 지배
하기 위한 제국적 제도로서 중요한 의미를 지닌다.

---

46) Michal Biran, 2005, 120~121쪽.

몽골은 중앙아시아 원정 과정에서 다루가치를 설치했다. 1205년 몽골은 대외 원정을 시작했다. 1209년에 카라 키타이의 속국이었던 위구르인들이 카라 키타이 왕실에서 파견한 소감을 죽이고 몽골에 臣屬했다. 1211년 카를룩 역시 카라 키타이에서 파견한 소감을 살해하고 몽골에 귀부했다. 카를룩이 몽골에 귀부한 이후 몽골은 이 지역에 다루가치를 파견했으나 그 구체적인 시기는 알 수 없다. 아마도 카를룩이 귀부한 1211년에서 칭기스칸이 호레즘을 정벌한 1218년 사이일 것으로 추정된다.

사료상 가장 일찍 鎭守官으로서 다루가치가 임명된 시기는 1215년이다. 1214년 칭기스칸이 금의 中都를 공격하여 점령한 후, 1215년에 자파르 호자와 石抹明安을 다루가치로 임명하여 중도를 관할하게 했다. 뒤이어 함락된 중원의 성에 다루가치가 순차적으로 파견되었다. 1219년부터 몽골은 중앙아시아의 호레즘 원정을 감행했고 1222년 중앙아시아의 주요 도시들을 함락한 후 중앙아시아의 여러 성에도 다루가치를 임명했다. 페르시아어 사료에는 이러한 감관을 페르시아어 샤흐네로 기록했는데 이들은 모두 몽골의 다루가치에 해당한다. 칭기스칸이 정복 활동을 진행하던 1215년 전후로 화북과 중앙아시아의 주요 도시에 다루가치가 두루 파견되었음을 알 수 있다.

우구데이 시기 화북 지역에서 다루가치는 府·州의 지방관부에 파견되었다. 이후 쿠빌라이는 지방행정 제도를 보다 체계적으로 정비한 후 다루가치를 지방행정 관료 체계에 편입시켜 路·府·州·縣의 각급 지방관부에 임명했다. 이와 동시에 군사 기구에도 다루가치를 두어 일정 규모의 군사 조직을 맡게 했으며 수공업자 조직에도 임명하여 수장으로서 관할하게 했다. 다루가치 제도는 중국의 대칸 울루스에서 설치되어 말기까지 계속되었고 1368년 원이 멸망하면서 이 직책도 함께 사라졌다.

서아시아에서는 몽골제국 초기 원정 시기부터 다루가치가 파견되었고 이후 훌레구 울루스가 형성된 이후에도 감관 제도가 운영되었다. 1366년에 편찬된 페르시아어 사료인 *Dastūr al-kātib fī ta'yīn al-Marātib* (『書記規範』)에 따르면, 훌레구 울루스에서는 14세기 후반까지 감관 샤흐네의 직책이 존속되었다. 러시아 지역에서는 1235년에서 1241년 사이에 감관이 처음으로 파견되었다.[47] 이후 주치 울루스에서는 14세기까지 다루가치라는 직책이 존재했다.

유라시아 동부에서는 우구데이 즉위 후 3년이 되던 해(1231), 고려에 다루가치 72명이 파견되었다.[48] 몽골은 고려를 정복하여 한반도까지 통치 범위를 확대하려 했다. 그러나 다루가치의 파견은 고려의 격렬한 저항을 야기했고, 이로 말미암아 여몽전쟁이 전개되었다. 쿠빌라이가 제위에 오르면서 몽골은 고려와 화친 관계를 맺었다. 1270년 고려에 다루가치가 재차 파견되었지만, 결국 1278년에 폐지되었다. 이외에도 고려 남부의 탐라 지역과 고려 북부에도 군민정관의 성격을 지닌 다루가치들이 파견되었다.[49]

쿠빌라이 시대에는 동남아시아의 여러 정권들을 초유하여 복속시키고자 했고, 이에 불응하고 저항한 세력들을 상대로 군사 원정을 감행했다. 1258년에 몽골의 무장 우량카다이가 군사를 이끌고 안남으로 진군했고, 결국 안남은 몽골에 복속되었다. 쿠빌라이는 제위에 오른 이후 안남과의 관계를 공고히 하고자 했으며 1262년에 나시르 앗 딘[Nāsir ad-Dīn, 納速剌丁]을 첫 안남다루가치로 파견했다.[50] 이때부터 1277년까지

---

47) 김호동 역주, 『몽골제국기행 : 마르코 폴로의 선구자들』, 까치, 2015, 114~115쪽.
48) 『元高麗紀事』, "置達魯花赤七十二人鎭撫, 卽班師"(『史料叢編』 4編, 臺北 : 廣文書局, 1972), 4쪽.
49) 『高麗史』 권27, 元宗 14年 閏月 丙辰, "元置達魯花赤於耽羅".

안남에도 다루가치들이 파견되었다.

이상의 내용을 살펴보면 다루가치 제도가 기본적으로 몽골제국 전 영토의 범위에서 실시되었고 특히 대칸의 직접 지배 영역과 종왕 분봉 지역에서 제국이 멸망할 때까지 존속했음을 알 수 있다. 또한 몽골은 복속국에도 다루가치를 파견하여 정권에 대한 통제를 강화하고자 했다. 그러나 복속국 군주의 다루가치 폐지를 위한 끈질긴 요청과 行省 등 새로운 기구를 통한 복속국 관리 방식으로 전환되면서 다루가치 제도가 폐지되었다. 다루가치 제도는 몽골이 정복한 지역을 통제하고 관리하기 위해 실시했던 제도였으며, 다루가치의 설치 시기와 파견 지역의 범위를 고려해 볼 때 몽골제국의 존속 기반으로서 핵심적인 통치 제도였다고 할 수 있겠다.

제2절 대몽골 시기 다루가치의 파견과 활약

몽골 정복전쟁 초기, 칭기스칸은 정복 지역에 대한 관리와 통치의 의도를 갖지 않았고 정복 지역의 자원을 획득하고 정기적으로 공납을 받는 데 만족했다. 그러나 정복지 민족과의 부단한 접촉 과정에서 '통치'에 관한 관념을 갖게 되었고, 정복지 전역을 통치하여 '四海의 군주'가 되겠다는 욕망을 갖게 되었다. 다루가치 제도는 몽골 통치자의 점령지 정책이 '약탈'에서 '지배(통치)'로 전환되는 과정에서 나타났다.[51] 그러나 칭기스칸 제위 기간에는 피정복 지역에 대한 통치가

---

50) 『元史』 권209, 「安南傳」, 4635쪽.
51) 학계에는 몽골이 정복 지역에 대해 약탈에서 지배로 전환하게 된 시점과 계기를 둘러싸고 여러 관점이 존재한다. 셔먼(Schumann)은 사회경제사 관점

구체화되지 않았다. 그 이유는 칭기스칸은 정복전쟁에 주력하고 몽골에게 귀부한 피정복지 수령에게 통치를 위임하는 방식을 취했기 때문이다. 정복 지역에 대한 통치제도가 본격적으로 갖추어지기 시작한 것은 우구데이와 뭉케 제위 시기부터였다. 그들은 피정복 지역으로부터 물자를 안정적으로 공급 받을 수 있는 수취체계를 비롯하여 제국 통치를 위한 구체적인 제도를 마련해갔다. 이때 다루가치의 운용 방식과 그 역할에 변화가 나타났다.

1. 칭기스칸 시기 다루가치

1) 몽골 정복 전쟁 초기 다루가치

몽골 초원의 제 부족을 통합하고 대칸의 지위에 오른 칭기스칸은

에서 몽골의 정치체제를 3 시기로 구분했다. 이 가운데 첫 시기는 칭기스칸이 칸으로 옹립된 부족연맹 시기로 이때 정복지는 단순히 전리품과 수공업자들을 얻는 원천지로 간주되었고, 몽골 통치자들은 점령지로부터 公賦를 징발하기 위한 안정적인 시스템을 마련하지 않았다. 그는 몽골의 정복으로부터의 영구적인 징세 관념이 1234년 몽골이 금을 멸망시킨 제2시기에야 비로소 형성되었다고 보았다. 이 시기 유목연맹체는 비로소 정주 지역을 정복한 국가로 변모시켰다(Shurmann, "Mongolian tributary practives of the thirtheenth century" *Havard Journal of Asiatic Studies* 19, 1956, 304~305쪽). 유목민족인 몽골인들이 정주 지역에 대해 '지배'라는 관념을 갖게 된 것은 의식의 큰 전환이었다. 이와무라 시노부(岩村忍)는 이것이 유목국가가 정주국가로 전환하는 과정에서 발생하는 것으로, 정복 지역에 다루가치를 파견한 것은 곧 몽골 통치자의 정복 지역에 대한 '지배'를 목적으로 한 것이라고 했다(岩村忍,『モンゴル社會經濟史の硏究』, 京都 : 京都大學人文科學硏究所, 1968, 22~24쪽). 필자는 칭기스칸 시기 정복 지역 및 무슬림 상인들을 비롯한 정주 민족들과 접촉하는 과정에서 정주 지역에 대한 지배 욕구를 점차 갖게 되었다고 생각한다. 다루가치의 파견은 이러한 배경에서 이해할 수 있다. 몽골의 피정복지 지배는 우구데이와 뭉케 시기에 더욱 체계화되었다.

95개 千戶조직을 기반으로 에케 몽골 울루스Yeke Monɣol Ulus를 세우고, 그 군사력을 바탕으로 유라시아 정복전쟁을 감행했다. 당시 중앙아시아는 호레즘과 카라 키타이의 두 무슬림 강국이 실크로드의 무역로와 교역권을 장악하고 있었고 사마르칸트, 부하라 등 중앙아시아의 도시들과 실크로드 상의 소국들은 이 두 나라에 공납을 바치고 있었다. 칭기스칸은 1205년 나이만을 대패시킨 후 西夏를 침공하면서 위용을 떨치기 시작했다. 그의 명성이 중앙아시아로 전해지자 소국 위구르와 카를룩은 각각 1209년과 1211년 쇠락해가는 카라 키타이에 등을 돌리고, 몽골에 귀부했다.[52] 1211년 칭기스칸은 對金 정복전쟁을 개시했고[53], 그 과정에서 다루가치를 임명하기 시작했다.[54]

1214년 금의 수도 중도를 압박한 칭기스칸은 금의 화친을 받아들인 후 무칼리에게 요동 경략을 명하고 북방으로 회군했다. 1215년 2월 금의 北京이 함락되었고 전쟁에 공을 세운 거란인 石抹也先은 北京다루가치에 임명됐다. 그는 곧이어 燕南[55]의 점령되지 않은 州郡 경략의 명을 받고 진군했다.[56] 1215년 3월 금에서 전쟁을 재개하자, 몽골군은 중도 경략에 주력했고 마침내 이곳을 점령했다. 전쟁에서 공을 세운

---

52) 『칭기스칸기』, 254~258쪽 ; The History of the World Conqueror, 74~77쪽.

53) 몽골의 대금 경략 초기의 구체적인 과정에 대해서는 韓儒林 主編, 『元朝史(上)』, 北京 : 人民出版社, 2008, 101~110쪽 ; 최윤정, 「元代 동북지배와 遼陽行省」, 『東洋史學研究』 10, 2010, 191~199쪽 참조.

54) 사료상에 나타난 최초의 다루가치는 몽골의 대금 경략 과정에서 砲石術로 공을 세웠던 아무카이였다. 이를 통해 다루가치가 원래부터 정복 지역에 파견되었던 鎭守官, 軍政長官을 의미하지 않았으며, 어의 그대로 長, 首領을 의미하여 소부대를 이끈 지도자들의 칭호로 사용했음을 알 수 있다. 대금 전쟁 과정에서 정복 지역에 대한 鎭守의 필요성이 대두되면서 다루가치는 정복 지역을 監治하는 鎭守官으로 그 함의가 변화했다.

55) 黃河以北의 河北, 河南, 山東의 접경지대.

56) 『元史』 권150, 「石抹也先傳」, 3542쪽, "授禦史大夫, 領北京達魯花赤 …… 又命也先 副脫忽闌闌裏必, 監張鯨等軍, 征燕南未下州郡".

石抹明安은 管蒙古漢軍兵馬都元帥에 임명되어 정복 지역 鎭撫를 담당했고, 중도 함락에 결정적인 공을 세운 무슬림 자파르 호자는 黃河以北鐵門以南天下都다루가치에 임명됐다.[57] 鐵門은 중도의 서북변에 위치한 居庸關으로 금이 북방세력이 중원으로 들어오는 것을 저지하기 위해 철저히 방비했던 철옹성이나 다름없는 곳이었다.[58] 그 범위는 대략적으로 중도와 河北 및 山東의 일부 郡縣을 포괄하는 광역 행정구역으로 판단된다.[59] 앞서 중도 경략을 앞둔 시점에 칭기스칸은 자파르 호자를 금에 사신으로 보냈으나, 금에서는 그를 예우하지 않고 돌려보냈다. 칭기스칸은 거용관을 눈앞에 두고 중도 경략의 계책을 자파르 호자에게 자문했고, 그는 정탐을 통해 파악된 지리·군사적 정세에 기반해 침공 전략을 제시하여 몽골군의 중도 함락에 크게 기여했다. 그렇다면 칭기스칸 시기 다루가치들은 어느 정도 범위의 구역을 관할했으며, 다루가치를 임명한 목적은 무엇이었을까?

1215년 북경을 경략하는 과정에서 몽골이 투항한 興中府元帥 石天應을 興中府尹에 임명했던 사례[60]에서도 알 수 있듯이 몽골은 투항한 현지 세력들에게는 금의 府, 州, 縣 首領에 상응하는 관직을 주어 점령 지역을 다스리게 했으며[61], 북경, 중도와 같이 정치·군사 전략적으로

---

57) 『元史』권120, 「札八兒火者傳」, 2961쪽, "授黃河以北鐵門以南天下都達魯花赤".

58) 『元史』권120, 「札八兒火者傳」, 2961쪽, "金人恃居庸之塞, 冶鐵錮關門, 布鐵蒺藜百餘裏, 守以精銳".

59) 당시 河北의 郡縣은 몽골에 거의 점령당했고, 산동의 일부 郡縣만 함락되지 않은 상황이었다. 『元史』권1, 「太祖紀」, 17쪽, "是歲(1213), 河北郡縣盡拔, 唯中都·通·順·眞定·淸·沃·大名·東平·德·邳·海州十一城不下". 몽골에게는 아직 행정구역에 대한 관념이 부재했을 것이나, 中都 함락을 계기로 화북 지역 일대가 자신들의 지배하에 들어왔다고 확신하며 中都뿐 아니라 河北과 山東 일부 지역을 포괄하는 지역을 관할하는 직책을 지닌 黃河以北鐵門以南天下都다루가치를 임명했던 것으로 판단된다.

60) 『元史』권1, 「太祖紀」, 18쪽.

중요한 도시 및 행정구역에 다루가치를 임명하여 관할하게 했다. 관련 기록이 남아 있지 않아 다루가치들의 임무가 무엇이었는지 정확히 파악할 수는 없으나, 北京다루가치에 임명되었던 石抹也先이 다루가치에 임명된 직후 점령되지 않은 州郡 경략에 나섰던 것으로 미루어 초기 다루가치들은 관할 지역을 鎭守하고 軍民을 관할하는 軍政장관의 역할을 담당했던 것으로 파악할 수 있다.

자파르 호자도 다루가치로 임명된 이후에 참전하여 활약을 했다는 기록이 있다. 다만 특별한 점은 그를 다루가치직에 임명하면서 100戶의 사속민들과 산동과 하북에 소재한 금의 네 王府를 하사하여 관할 지역에 머물 수 있도록 배려했다는 점인데[62], 이는 다루가치로 하여금 관할 지역에 주재하게 함으로써 몽골의 화북 점령을 천명함과 동시에 격전 중에 있는 몽골군을 지원하기에 용이한 전략적 거점을 마련하기 위한 조치였다. 금과의 전쟁 중에 최초로 임명되었던 다루가치들은 금의 세력이 汴梁으로 남하한 이후 전쟁이 장기화되자 금을 압박하고 군수 물자를 안정적으로 보급하기 위한 군사적 역할을 담당했다.

중도가 함락되자 무칼리에게 화북 경략을 위임한 칭기스칸은 對호레즘 정복전쟁에 나섰다. 칭기스칸의 중앙아시아 정복전쟁은 호레즘에 파견한 사신 일행이 살해당하자 보복 차원에서 감행되었다.[63] 그러나 '복수'를 명분으로 전개되었던 전쟁은 점차 중앙아시아 전역을 복속하기 위한 정복전쟁으로 전환되었다. 1221년 경 중앙아시아 정복전쟁 과정에서 반포된 칭기스칸의 칙령에는 "아미르들과 대인들과 많은

---

61) 몽골은 對金 전쟁 초기 거란인, 한인 등 재지세력이나 降將에게 금의 관직인 行省, 都元帥, 府尹, 州尹, 縣令 등의 관함을 주어 현지 세력을 회유하여 정복활동의 역량으로 활용했다. 최윤정, 2010, 201쪽 참조.
62) 『元史』 권120, 「札八兒火者傳」, "賜養老一百戶, 並四王府爲居第", 2961쪽.
63) 『칭기스칸기』, 309~312쪽.

백성들은 위대한 신께서 해가 뜨는 곳에서 지는 곳까지 지상의 모든 곳을 내게 주었다는 것은 알라!"[64]라고 기록되어 있다. 몽골의 정복전쟁이 대칸의 통치권을 세계에 천명하기 위한 세계 정복전쟁으로 전환되어 갔음을 알 수 있다.[65]

칭기스칸은 중앙아시의 점령 지역에 다루가치를 주둔시켜 정복 지역을 감독하게 했다. 칭기스칸은 사마르칸트 정복전을 앞두고 "누구라도 복속해 오면 그를 위무하고, 서한과 감관을 [주도록 하라]! 누구라도 반역하고 거역하는 자가 있다면 그를 제압하라."[66]고 명했다. 몽골은 중앙아시아 정복전쟁 과정에서 백성들이 투항하기만 하면 그곳에 보급품을 두었고 다루가치를 남겨둔 후 떠났다.[67] 결국 정복전쟁에서 점령된 중앙아시아의 각 성에 다루가치들이 배치됐고[68] 이는 몽골 정복전쟁의 중요한 관행이 되어 칭기스칸의 후예들에 의해 감행된 정복전쟁에서도 칭기스칸의 '聖制[야삭]'로서 지켜졌다.[69]

당시 역사를 기록해 놓은 페르시아어 사료에는 다루가치가 모두 샤흐네로 기록되어 있다.[70] 1220년 몽골이 호레즘을 공격할 때 주치는

---

64) 『칭기스칸기』, 349쪽.

65) 몽골의 정복전쟁이 세계정복전으로 전환된 시점에 관한 논의는 김호동, 「몽골 제국의 세계정복과 지배 : 거시적 시론」, 『歷史學報』 217, 2013, 81~83쪽 참조.

66) 『칭기스칸기』, 345쪽.

67) *The History of the World Conqueror*, 173쪽.

68) 『칭기스칸기』, 373쪽.

69) 쿠빌라이는 至元 4년(1267) 안남에 보내는 조서에서도 '군장 친조, 자제 입질, 호적수 보고, 병력 공출, 납세'의 의무와 함께 이를 관할하는 '다루가치의 설치'를 받아들이라고 요구했고, 이를 '칭기스칸의 聖制'로서 지킬 것을 명했다 (『安南志略』 2, 「至元四年七月諭安南詔」).

70) 『元史』에는 "마침내 서역의 모든 성을 정복하고, 다루가치를 두어 그들을 감독하여 다스리게 했다"(遂定西域諸城, 置達魯花赤監治之)라고 기록되어 있고 (『元史』 권1, 『太祖紀』, 22쪽), 페르시아 사료인 『집사』에는 동일한 기사가 "정복한 모든 도시에 감관(shahna)들을 배치했다"고 기술되어 있다(『칭기스칸

칭기스칸의 명을 받들어 잔드와 양기켄트의 두 성을 공격했다. 잔드가 큰 저항 없이 함락되자 전리품을 확보한 후, 그들은 알리 호자에게 [잔드를] 관리하도록 맡겼는데, 알리 호자는 부하라 키즈다완 출신으로 칭기스칸이 제위에 오르기도 전에 그에게 투항한 자였다. 몽골군은 이어 양기켄트 성을 공격했다. 그들은 양기켄트를 함락한 후에도 감관(shahne)을 배치했다."[71] 1221년 부하라에도 '몽골인 한 명과 타직인 한 명'에게 '바스칵Basqaq'이라는 직함을 주어 임명하고 군인들이 백성들을 괴롭히지 못하게 했다.[72] 칭기스칸은 사마르칸트까지 함락한 후 바스칵 타우샤를 부하라로 파견하여 관할하게 했다.[73] 제베와 수부데이는 발흐를 정복한 후 감관 하나를 남겨두고 왔다.[74] 1221년 칭기스칸은 사마르칸트성을 공격하여 점령한 후, 사마르칸트의 고관 가운데 씨카트 알 물크Thiqat al-Mulk와 아미르 아미드 보조릭Amir Amid Buzurg을 지명하여 생명을 부지한 자들로부터 목숨 값을 징수하게 하고, 감관 하나를 임명했으며[75], 다음 해 호레즘의 왕자인 술탄 잘랄 앗 딘을 추격하여 가즈닌에 이르렀고, 술탄이 떠났다는 소식을 듣고 바바 얄라바치를 감관에 임명했다.[76]

이때, 다루가치는 鎭守官으로서 현지의 이반의 움직임을 감시하고

기』, 373쪽). 이를 통해 페르시아 사가 라시드 앗 딘이 몽골어 어휘 다루가치를 중앙아시아, 서아시아 세계에서 통용되던 관명 '샤흐네'로 대체했음을 알 수 있다.

71) 『칭기스칸기』, 329~331쪽. 『집사』 漢譯本에서는 '샤흐네'를 都督·監國, 長官 등으로 번역했고 한국어 역주본에서는 監官으로 번역했다.
72) 『칭기스칸기』, 339쪽.
73) *The History of the world Conqueror*, 107쪽.
74) 『칭기스칸기』, 346쪽.
75) 『칭기스칸기』, 343~344쪽.
76) 『칭기스칸기』, 369쪽.

저항 활동을 진압하는 역할을 했다. 이는 아이젠슈타트Eisenstadt가 언급한 바 있는 제국의 "통제와 감찰을 담당하는 관원들(controlling and inspecting officers)"의 성격에 부합한다.[77] 이러한 관원은 대개 황제를 대신하여 파견된 '欽差' 관원으로서 특수한 사명을 담당했다. 다루가치 역시 몽골 대칸이 정복한 지역의 鎭撫라는 특수한 사명을 맡기고 파견한 자들이었다.

다루가치의 성격에 변화가 나타난 것은 칭기스칸이 중앙아시아의 諸 도시들을 점령하고 난 직후였던 1223년경이었다. 앞서 살펴보았듯이 『몽골비사』에도 이에 관해 기록되어 있다. 칭기스칸의 호레즘 정복 이후에 호레즘 출신 얄라바치와 마수드 부자는 칭기스칸을 방문하여 정복 지역 통치의 효용성과 그 방안을 건의했고, 칭기스칸은 그들의 견해를 수용하여 그들에게 각각 중앙아시아 도시들과 중도성의 통치를 맡겼다. 아울러 이들과 함께 각 도시를 치리할 다루가치들을 파견했다.

칭기스칸은 중앙아시아 정복전쟁 과정에서 몽골 특유의 군사적 전략과 관행에 따라 중앙아시아의 도시들로부터 물자와 노동력을 징발한 직후 도시들을 철저히 파괴했다.[78] 이에 대해 얄라바치 부자는 위험을 무릅쓰고 칭기스칸을 알현하여 중앙아시아의 도시들에 대한 안정적인 통치가 지속적으로 가져올 수 있는 경제적 이익을 역설하여 중앙아시아 지역이 황폐화되는 것을 막고자 했던 것이다. 그런데 여기에서 주목되는 점은 칭기스칸이 이들의 제안을 적극 수용했다는 사실이다. 중앙아시아 지역의 부유한 도시들을 접하게 되면서 칭기스칸이

---

77) "controlling and inspecting officers-the commissaries, the intendants, the visitores, etc"(S. N. Eisenstadt, 1993, 145쪽).
78) 『칭기스칸기』, 335~355쪽.

정복 지역 도시들을 지배의 대상으로 인식하기 시작한 것이다.

몽골에게 복속된 지역을 포괄하는 몽골제국의 영토를 크게 세 영역으로 나누어 보면 그 기층은 농경과 수공업 생산, 상업 조직을 중심으로 하는 정복된 정주 지역들로 구성되어 있고 상층부로는 다양한 정복 지역들 사이의 스텝지대를 점유한 몽골 통치자들과 그 군대가 주둔해 있었다. 그 사이에는 경제적으로 상이한 이 두 지역을 잇는 지대로서 몽골 왕공들의 오르도가 있는 도시들이 있었으며, 그곳에는 정주 지역으로부터 수취된 재화가 저장되어 있었다.[79] 여기에서 다루가치들은 몽골 통치자들의 자원 공급처인 정주 지역의 도시들을 관할하고 자원을 수취하여 몽골 왕공들에게 공급하는 역할을 담당했던 것이다.

중앙아시아 지역에서 정복전쟁이 종식되면서정복 지역에 주둔하며 군대를 이끌고 정복 지역의 반란을 감시하던 다루가치가 도시를 치리하는 民政장관으로 전환되는 양상이 나타났다. 이 시기 다루가치들은 파괴된 도시를 복구하고 사회질서를 회복하는 데 주력했다. 대표적인 예로 칭기스칸을 따라 중앙아시아 정복전쟁에 참여했던 거란인 耶律阿海는 부하라와 사마르칸트 등의 도시를 함락하는 데 혁혁한 공을 세웠고, 전쟁이 종결되자 사마르칸트에 남아 '撫綏之責'[80] 즉, 정복 지역을 정치·사회·경제적으로 안정시키는 管民행정에 주력했다. 또한 출신이 불분명한 타우샤塔兀沙[81]는 부하라다루가치에 임명되었는데 주베이니

---

79) John W. Dardess, "From Mongol Empire to Yuan Dynasty : Changing forms of Imperial Rule in Mongolia and Central Asia", *Monumenta Serica* 30, 1972~1973, 121쪽.

80) 『元史』 권150, 「耶律阿海傳」, 3549쪽.

81) 뷔엘(Buell)은 塔兀沙(Tausha)가 太師를 의미한다고 보았다. 그는 타우샤가 太師에 임명되었던 耶律阿海이며, 그가 사마르칸트와 부하라다루가치를 겸했다는 견해를 제시한 바 있다. 중요 도시에 대개 한 명 혹은 두 명의 다루가치를 파견했던 몽골의 관행으로 미루어 볼 때, 耶律阿海가 중앙아시아의 중요한

의 기록에 따르면 그의 덕행과 공정 무사한 치리로 말미암아 도시가 안정되고 과거의 번영을 되찾았다.[82] 중앙아시아 지역에서 다루가치들은 지방세력을 감시하는 감독자의 기능을 유지하면서도 몽골지배의 경제적·정치적 목적에 부합하는 민정장관으로서 면모를 갖게 되었던 것이다. 한편, 북중국 지역에서 대금 전쟁이 장기화되자 管軍의 기능과 함께 관할 지역 치리를 담당하는 軍民다루가치들이 등장하기도 했다.[83]

몽골제국 초기 다루가치들은 정복전쟁 시기의 불안정하고 유동적인 상황에서 파견되어 점령된 지역을 진무하는 역할을 담당했다. 대개 정복전쟁 중에 파견된 다루가치들은 군정관으로서 군대를 통솔하고 정복 지역을 鎭守하는 역할을 담당했다. 반면 정복전쟁이 종결된 후에 파견된 이들은 점령 지역에 몽골의 통치 질서를 세우고 장기적인 통치로의 전환을 위해 지역사회 안정과 회복을 도모하는 管民官으로서 역할했다. 管民의 성격을 갖는 다루가치들은 기본적으로 軍, 民, 財를 총괄하며 정복 지역을 감찰, 치리하는 임무를 맡았다. 이외에도 華北 지역에는 양자의 성격을 함께 지닌 管軍民다루가치도 존재했다.[84] 사서에 반영된 칭기스칸 시기 다루가치들을 통해서 몽골제국 초기에 임명된 다루가치들의 특성을 파악해볼 수 있겠다.

두 도시 사마르칸트와 부하라를 모두 監治했다는 견해는 재검토되어야 할 것이다(Paul D. Buell, "Sino-Khitan Administration in Mongol Bukhara", *Journal of Asian History* 13, 1979, 122~124쪽).

82) *The History of the world Conqueror*, 107쪽.

83) 『元史』 권149, 「移剌捏兒傳」, 3530쪽, "丹·延十餘城皆降, 遷軍民都達魯花赤".

84) 다루가치들은 기본적으로 정복한 지역의 주민과 물자를 감독하고 관리하는 역할을 담당했다. 그러나 직임에 따라 다양한 다루가치들이 출현한 것으로 보건대, 각 시기와 지역의 상황 및 몽골 통치자의 필요에 따라 그 기능이 유동적으로 바뀔 수 있었던 것으로 보인다.

〈표 1〉칭기스칸 시기(1215~1227년) 다루가치[85]

이름	종족	경로	임명시기	직임	출처
아무카이唵木海	몽골인	軍功	1214년	隨路砲手다루가치	『元史』권122,「唵木海傳」
자파르 호자	무슬림	軍功	1215년	黃河以北鐵門以南天下都다루가치	『元史』권120,「札八兒火者傳」
石抹也先	거란인	軍功	1215년	北京다루가치	『元史』권150,「石抹也先傳」
耶律天佑	거란인		1217년	滄·棣州다루가치	『元史』권193,「耶律忒末傳」
移剌捏兒	거란인		1218년	丹·延十餘城軍民都다루가치	『元史』권149,「移剌捏兒傳」
알리 호자	부하라		1219년	오트라르다루가치	『칭기스칸기』, 331쪽.
바르마스	不詳		1221년	메르브다루가치	『世界征服者史』, 98쪽.
바바 얄라바치	무슬림		1221년	가즈니다루가치	『칭기스칸기』, 369쪽.
타우샤 塔兀沙	不詳		1222년	부하라다루가치	『世界征服者史』, 116쪽.
耶律阿海	거란인	軍功	1222년	사마르칸트다루가치	『元史』권150,「耶律阿海傳」
얄라바치	호레즘		1223년	西域諸城다루가치	『몽골비사』, 274쪽.
마수드 벡	호레즘		1223년	西域諸城다루가치	『몽골비사』, 274쪽.
유투치이날 月朶失野訥	위구르		1225년	獨山城다루가치	『元史』권124,「哈剌亦哈赤北魯傳」
시리두스 昔李都水	서하인		1226년	肅州다루가치	『雪樓集』권25,「魏國公先世述」
호르베고치 闊里別斡赤	위구르	軍功	1223년 이후	坤閭城다루가치	『元史』권120,「昔班傳」
샤고르紹古兒	몽골인	軍功	不詳	洺磁等路다루가치	『元史』권123,「紹古兒傳」
耶律綿思哥	거란인	세습	不詳	사마르칸트다루가치 中都路예케다루가치	『元史』권120,「耶律阿海傳」
移剌買奴	거란인	세습	不詳	高州等處다루가치	『元史』권149,「移剌捏兒傳」
石抹贍德納	거란인		不詳	베쉬발릭다루가치	『元史』권150,「石抹也先傳」

〈표 1〉에 따르면, 대몽골국 초기 다루가치는 일찍이 몽골에 귀부한 거란인, 위구르인, 무슬림 등 비몽골인이 주를 이루었고, 洺·磁等路다루가치 샤고르만이 몽골인이었다. 칭기스칸은 다루가치의 종족 출신에 제한을 두지 않았는데, 이는 칭기스칸이 몽골 초원에서 대몽골국을

---

85) 〈표 1〉은『元史』,『집사』,『세계정복자사』,『몽골비사』에 기재된 칭기스칸 시기의 다루가치들을 중심으로 작성한 것이다. 사료에 기재되지 않아 명단이 누락된 다루가치들의 있기 때문에 다루가치의 전모를 반영한다고는 볼 수 없겠으나, 이들을 통해 당시 다루가치의 특징을 대략적으로 파악할 수 있겠다.

건설하는 과정에서 그가 지향했던 공동체의 성격과 관계가 깊다. 앞서 자파르 호자의 사례에서도 살펴보았듯이 칭기스칸이 대몽골국을 건설할 당시 칭기스칸의 측근에는 비몽골인들이 칭기스칸을 보좌하고 있었으며, 몽골 정복전쟁 과정에서도 투항한 위구르인, 호레즘인 등 중앙아시아의 여러 종족 출신들과 거란인을 중용했다. 칭기스칸은 중앙아시아의 반목반농 접경 지역의 도시와 정주 농경 지역을 지배하고 있던 금을 정복하는 과정에서 현지의 지리와 정치적 형세를 잘 파악하고 있는 투항자들을 적절히 잘 활용했으며, 그들 중 일부는 다루가치로 임명되었다. 칭기스칸은 투항한 자들 중 군공을 세운 자들에게 '다루가치'라는 영예의 직책을 맡김으로써 충성을 이끌어 낼 수 있었다. 또한 비몽골 출신 다루가치들은 피정복지 현지인들과의 소통의 측면에서도 중요한 역할을 발휘했다.

데니스 시노르Denis Sinor는 몽골제국에서 협력자, 또는 투항자들이 피정복민과의 소통의 편의를 위해 발탁되었다고 했다. 그는 몽골의 정복이 유라시아 제 종족의 교류를 가져왔으며, 이로 인해 정복지 백성 관리를 포함한 대부분의 행정 업무는 현지 출신의 협력자 또는 투항자에게 의존하게 되었다고 했다. 이러한 배경에서 몽골을 위해 공을 세운 거란인, 중국인들은 사절, 수행원, 서기[비쳬치], 그리고 행정관에 임명됐고, 투르크어를 구사하는 위구르인은 행정부를 장악하고 있었다.[86] 이 가운데 거란어가 몽골어에 가장 근접한 언어여서 몽골제국 초기 거란인들이 다수 중용되었다.[87] 상업 활동에 능한 서역 출신이 몽골제국에서 발탁된 데에도 그들의 언어 능력이 중요하게

---

86) Denis Sinor, "Medieval Interpreters an Inner Asia", *Journal of Popular Culture* 16, 1982, 307~308쪽.
87) Denis Sinor, 1982, 309쪽.

작용했다. 몽골 정복전쟁 초기, 그리고 이후 방대한 제국의 관리에서 몽골 통치자는 피정복민과 언어적 소통 문제에 직면했다. 이에 칭기스칸은 언어 구사 능력을 갖춘 이민족을 다루가치에 임명했던 것이다.

칭기스칸 시기 다루가치는 출신에 따라 크게 세 부류로 나눌 수 있다. 첫째 칭기스칸을 따라 親征에 참여하여 공을 세운 자. 둘째 피정복 지역의 귀족, 상인 혹은 관원. 셋째, 부친의 직책을 承襲한 자이다. 첫 번째 사례로는 메르키트부 출신의 샤고르와 위구르인 유투치이날月菊失野訥, 무슬림 자파르 호자가 있다. 샤고르는 발주나 맹약 당시 칭기스칸을 따랐던 장수로 이후 칭기스칸의 친정에 동행했던 인물이었다.[88] 유투치이날은 케식으로 봉사했고 칭기스칸을 따라 서정에 나섰던 자로 이후 베쉬발릭 동편에 위치한 獨山城다루가치에 임명됐다.[89]

피정복 지역의 귀족, 상인, 관원 출신으로 다루가치가 된 자들도 적지 않았다. 오트라르를 관할하는 다루가치에 임명된 알리 호자는 부하라 부근 기즈두반 출신이었다. 앞서 살펴보았듯이 얄라바치 부자는 호레즘 상인 출신으로 정복 지역의 정세를 잘 파악하여 칭기스칸의 고문을 역임하고 이후 정복 지역의 다루가치가 되었다. 이외에도 肅州 출신의 서하인 시리두스昔李都水 역시 몽골군에 귀순한 후 다루가치에 임명되었다.

부친의 직을 承襲한 사례로는 야율매노移剌買奴가 있는데, 그는 丹·延 10여 성의 軍民都다루가치 야율날아移剌捏兒의 아들로, 高州等地다루가치에 임명되었다.[90] 中都路예케다루가치 耶律綿思哥는 일찍이 사마르칸트에서 太師에 임명된 적이 있었는데, 역시 부친 耶律阿海의 직을

---

88) 『元史』 권123, 「紹古兒傳」, 3025쪽.
89) 『元史』 권124, 「哈剌亦哈赤北魯傳」, 3046쪽.
90) 『元史』 권149, 「移剌捏兒傳」, 3530쪽.

세습하여 中都路예케다루가치에 임명되었다.[91] 칭기스칸이 임명한 다루가치의 자제들은 이후로도 종종 그 부친의 직을 승습했다. 가령 砲手다루가치 아무카이의 아들 쿠투다르忽都答 역시 부친의 직을 승습했다.[92] 肅州다루가치 시리두스의 자손은 대대로 그 지역의 다루가치 직을 맡았고[93], 獨山城다루가치 우투치이날의 아들 키치송코르乞赤宋忽兒도 부친의 직을 승습했다.[94]

몽골제국 초기의 다루가치는 다음과 같은 특징이 있다. 우선, 그들은 정복전쟁에서 전략, 전술 방면에 탁월한 공적을 남겼다. 대표적 사례로 隨路砲手다루가치 아무카이, 黃河以北鐵門以南天下都다루가치 자파르 호자, 北京다루가치 石抹也先, 洺·磁等路都다루가치 샤고르, 軍民都다루가치 야율날아, 坤閭城다루가치 호르베고치闕里別斡赤 등이 있다. 이 가운데 砲手다루가치 아무카이는 공성용 포의 활용을 제안하고 포수를 훈련하여 양성하는 중책을 맡아 화북의 성들을 함락하는 데 기여했다. 몽골군은 중도로 진격하던 중 居庸關에서 길이 막혔다. 금의 군대가 "居庸의 요새에 의지하여, 철로 틈새를 납땜해" 문을 닫았기 때문이었다. 칭기스칸이 자파르 호자에게 계책을 묻자, 그는 "이곳에서부터 북쪽의 黑樹林까지 샛길이 있는데, 말을 타고 한 사람이 지나갈 수 있습니다. 臣은 가본 적이 있습니다. 만약 병사의 행렬을 정돈하고 조용히 나서신다면, 저녁에는 이를 수 있습니다."[95]라고 했다. 그의 계책으로 몽골군은 마침내 금의 방어선을 돌파할 수 있게 되었다.

91) 『元史』 권150, 「耶律阿海傳」, 3550쪽.
92) 『元史』 권122, 「唵木海傳」, 3010~3011쪽.
93) 程鉅夫, 『雪樓集』 권25, 「魏國公先世迹」(『元代珍本文集彙刊』, 台北 : 國立中央圖書館編印, 1970), 972쪽.
94) 『元史』 권124, 「哈剌亦哈赤北魯傳」, 3047쪽.
95) 『元史』 권120, 「札八兒火者傳」, 2960쪽.

거란인 야율날아移剌捏兒는 침착하고 책략이 많았다. 무리 백여 인을 거느리고 진영을 찾아 칭기스칸에게 열 개의 책략을 바쳐 '사인비체치 賽因必闍赤'라는 이름을 하사받고, 霸州 元帥에 임명되었으며 후에 다루가 치에 임명되었다.

두 번째로 현지의 지리, 정치적 형세에 익숙했다. 칭기스칸이 서하를 정벌할 때 肅州城을 포위했는데, 그 城의 州將인 시리두스는 투항 후 肅州다루가치로 임명되었다. 肅州는 중국과 서방 사이의 교통 요지에 위치했는데, 시리두스가 그곳의 형세에 밝았기 때문에 그 지역을 관리하는 직책을 맡겼던 것이다. 유투치이날 역시 그의 아버지와 칭기스칸에게 투항했다. 칭기스칸의 서방 원정 당시 베쉬발릭 동쪽의 獨山城을 지나갔 다. 유투치이날은 칭기스칸에게 "이 지역은 북에서 이르는 요충지이기 에 농사를 지어 방비해야 한다."96)라고 하며 獨山城의 전략적 중요성을 고했다. 이후 칭기스칸은 그를 獨山城의 다루가치에 임명했다. 이처럼 정복전쟁 기간에 다루가치는 鎭守官으로서 피정복 지역에 주둔하여, 군대를 통솔하고 현지의 반란 활동에 대비하고 진압했다.

정복전쟁이 끝난 후, 다루가치에게 새로운 역할이 부여되었다. 耶律 阿海는 칭기스칸의 서방 원정에 참여하여 참여하여, 호레즘의 술탄 이날칙 을 사로잡았고 이어서 부하라와 사마르칸트 등의 성을 함락시키는 데 혁혁한 공을 세웠다. 서방 원정이 끝난 후 칭기스칸은 야율아해에게 "사마르칸트에 머물러 감시하고, 撫綏하는 직책을 맡겼다."97) 이로 미루어 정복전쟁이 종료된 지역에서 다루가치의 주요한 임무가 현지 를 위무하고 안정시키는 것이었음을 알 수 있다. 『세계정복자사』의 기록에 따르면, 몽골 통치자는 알리 호자에게 오트라르를 맡기면서

---

96) 『元史』 권124, 「哈剌亦哈赤北魯傳」, 3047쪽.
97) 『元史』 권150, 「耶律阿海傳」, 3549쪽.

"지역[甋的 : 오트라르]의 복과 이익을 관리"하게 했다.[98] 다루가치들은 파견 지역에서 무너진 사회 경제적 질서를 회복하고, 현지 백성을 안정시키며, 생산력을 회복시키는 중임을 맡았던 것이다.

이상에서 살펴본 바와 같이 몽골제국 초기 다루가치들은 반유목·반정주 출신으로서 유목 지역과 정주 지역에 대한 이해와 언어능력을 갖추었고 몽골 통치자와 피정복 지역을 소통시키는 '조정자'의 역할을 담당하며[99], 현지의 경제질서 회복에 주력하는 등 몽골제국 건설에서 중요한 역할을 담당했다.

2) 칭기스칸 시기 피정복지 관리 필요성의 대두와 다루가치

(1) 칭기스칸 대외 전쟁의 목적

칭기스칸의 서방 원정 이전까지 호레즘은 중앙아시아의 패자로서 중앙아시아의 통상 교역 노선을 장악하여 막대한 경제적 이익을 얻었다. 칭기스칸이 몽골 초원에서 흥기하여 초원을 재패하고 북중국과 투르키스탄 지역으로 진출해 "키타이와 투르키스탄 대부분의 지방에서 폭군들과 압제자들을 쓸어내고 도로에는 초병들을 설치하여 상인들이 안전하게 통행할 수 있도록 한다."[100]는 소식이 전해지자 중앙아시아 상인들이 칭기스칸의 어전을 찾았다. 그들의 권유대로 칭기스칸은 호레즘과 교역 관계를 맺어 통상 무역으로 경제적 이익을 확보하고

---

98) *The History of the world Conqueror*, 90쪽.
99) 뷔엘(Buell)은 耶律阿海가 지역의 중재자이자 몽골의 총독으로서 다양한 개체로 분할되어 있는 지역들을 하나로 묶는 역할을 담당했다고 지적했다(Paul D. Buell, 1979, 135쪽).
100) 『칭기스칸기』, 309쪽.

자 했고 그들을 호레즘에 사신으로 파견했다. 『세계정복자사』의 기록
에 따르면,

"칭기스칸 통치 후반 그는 평화롭고 안정적인 환경을 이룩하였고 번영
과 부강함이 이루어졌다. 길은 완전해졌고, 소란은 종식되었다. 이로
인해 무릇 취할 이익이 있어 도모할 만한 지역이 설령 서방의 끝과
동방의 구석진 곳일지라도 상인들이 모두 그곳을 향해 갔다. 몽골인들
은 어떠한 성과 도시에도 정주하지 않았기에 상인들은 그들이 있는
곳에 모여들지 않았다. 이에 그들이 있는 곳에는 衣物이 매우 부족했고
그들과의 교역을 통해 이익을 얻었다는 것을 모두가 알고 있었다."[101]

이로 미루어 몽골에는 상업이 발달하지 않아 무슬림 상인들은 그들
에게 물자를 공급하여 물질적 욕구를 충족시킴으로써 자신들의 경제
적 이익을 보장받을 수 있다고 생각한 것이 분명하다. 이에 한 무리의
무슬림 상인들이 몽골과 호레즘 사이의 통상을 주선했고 칭기스칸은
그들을 파견하여 다음과 같은 내용의 전갈을 전하게 했다.

"[이제] 내게 가까운 변경에서 적들이 일소되었고 모두 복속했으니,
[우리] 양측의 이웃 관계는 견고하오. 지혜와 용기에 근거하여 양측은
협력의 길을 걸어야 할 것이오. 사건이 생길 경우에는 반드시 서로 도움
과 지원을 주도록 하고, 도로의 위험에서 마음을 놓게 해줍시다. 그래
서 왕래를 통해 세상의 번영을 가져다 주는 상인들이 마음놓고 올 수
있도록 합시다. [우리의] 연맹을 통해 이후로는 불안을 일으키는 근원

---

101) *The History of the World Conqueror*, 85쪽.

이 사라지고 분쟁과 반란을 부추기는 요인이 끊어지도록 합시다."[102]

이 기사를 통해 칭기스칸이 호레즘샤에게 안정적인 통상 관계를 맺자고 제안했음을 알 수 있다. 이는 단순히 양국 간의 물자 교역만을 위한 것은 아니었고 국제 무역상들의 안정적인 교역을 보장함으로써 경제적 이익을 확보하기 위한 정치, 군사적 협력이었다. 그러나 호레즘의 술탄이 칭기스칸이 파견한 상단을 살해하고 진상품을 빼앗아버리면서 이로 인해 양국 관계는 파국으로 치닫게 되었다. 칭기스칸은 이때부터 서역 원정에 나섰고 사마르칸트, 부하라와 같이 상업적, 학술적으로 번영했던 중앙아시아의 여러 성들을 정복했다. 중앙아시아의 물적·인적 자원은 고스란히 몽골제목에 흡수되었다. 칭기스칸은 西征을 통해 중앙아시아의 통상 교역망을 장악했고, 이후 서아시아로 원정을 이어갔다.

13세기 초 칭기스칸이 정복한 중앙아시아와 북중국의 정주 지역은 경제와 문화가 고도로 발달한 곳이었다. 중앙아시아의 여러 성은 초원에 가까운 중앙아시아 오아시스 지대에 위치해 있었다. 이 성과 도시들은 고대부터 원거리 무역을 통해 다양한 종교·문화를 꽃피웠다. 중앙아시아에서 여러 민족은 실크로드 무역에 적극적으로 참여하여 동서 간의 경제·문화 교류에서 중요한 역할을 했다. 대표적으로 중앙아시아 남부의 무역로를 따라 활동했던 소그드인들은 사마르칸트, 부하라 등의 주요 도시에 거점을 두고 국제 무역을 주도했던 것으로 유명했다. 중앙아시아의 상업민족들은 고대 페르시아가 멸망한 이후 유목 집단들로부터 군사적·경제적 압박을 받았고 때로는 유목 세력의 군사력과

---

102) 『칭기스칸기』, 310~311쪽.

패권에 기대어 무역의 활로를 개척하여 국제적 교역망을 형성했다.[103]

한편, 북중국 지역은 안정적인 경제 시스템을 갖추고 있었다. 금은 중원 왕조의 제도를 기반으로 안정적인 경제체제를 갖추었다. 여진인들은 화북 지역으로 진출한 후 농업에 주력했고, 북송의 수공업과 여러 제조업들을 계승했다. 또한 금은 송·고려·서하 등의 국가는 변경에서 權場 무역을 진행했는데, 이는 금의 경제에 중요한 부분을 차지했고, 그 수입은 송이 보낸 세폐액을 초과했다.[104] 13세기 몽골 초원 주변 양측의 정주 세계는 안정적인 생산 체계, 징세 체계, 대외 무역으로 경제적 번영을 누렸다. 금과 호레즘 왕조의 자원은 신생 유목국가를 형성한 몽골 유목 집단에게 매력적으로 다가왔을 것이다. 칭기스칸은 상업적으로 번영한 중앙아시아의 여러 성들을 점령하여 안정적인 물자 공급 체계를 갖추고 동방에서 서방으로 이어지는 교역망을 장악하여 중개 무역을 통해 지속적으로 경제적 이익을 얻으려 했던 것이다.

(2) 몽골 통치자의 정복지에 대한 '관리' 관념의 형성

칭기스칸은 사마르칸트 원정에서 자신들의 장수들에게 "누구라도 복속해 오면 그를 위무하고 서한과 감관을 [주도록 하라]! 누구라도 반역하고 거역하는 자가 있다면 그를 제압하라."[105]고 명했다. 몽골이 지배하는 세계에서는 '카안'의 지배에 자발적으로 복종하는 집단[il irgen]과 몽골의 지배를 거부한 반역자들[bulɣha irgen]만이 존재했으며[106], '카안'의 지배에 복종하지 않는 집단은 군사적 응징의 대상이

---

103) 羽田明, 「遊牧民と都市」, 『中央アジア史研究』, 京都 : 臨川書店, 1982, 381~382쪽.
104) The Cambridge History of China, volume 6, 298쪽.
105) 『칭기스칸기』, 345쪽.

되었다.[107]

1222년 호레즘 정벌 전쟁이 끝난 후, 중앙아시아의 정복된 성에 다루가치들이 파견되었다. 부하라에 임명된 바스칵 타우샤는 "번영했던 이 성을 회복시키는" 임무를 받았다. 칭기스칸이 서방 원정 후 정복한 중앙아시아의 여러 성을 방치하지 않고 감관을 통해 정복한 중앙아시아 지역을 통치하려 했음을 알 수 있다. 정복전쟁 기간에 파견된 다루가치가 鎭守官으로서 피정복 지역을 감시하는 군정 장관의 성격을 지녔다면 정복전쟁 이후에 파견된 다루가치는 피정복 지역에 대한 감찰뿐 아니라 경제, 정치적 질서를 회복하고 민생을 안정시키는 관민관의 성격을 갖게 되었다.

대몽골 울루스를 건립한 칭기스칸은 유목민들의 관습에 따라 풍부한 물자 공급처를 맞닥뜨렸던 초기에는 일회적이고 파괴적인 약탈 행위만 일삼았을 뿐, 이러한 성들로부터 지속적으로 경제적 자원을 공급받을 수 있으리라고는 생각하지 못했다. 이때 중앙아시아 출신의 얄라바치 父子가 칭기스칸에게 정복지의 풍부한 재화의 '관리'의 필요성과 구체적인 방식을 제안하면서 몽골 통치자는 정복지의 풍부한 자원에 눈을 뜨게 된 것이다.

칭기스칸과 중앙아시아 상인 간의 관계는 일찍이 칭기스칸이 몽골 초원을 통일한 후 반포했던 대야삭의 법령을 통해서도 엿볼 수 있다. 칭기스칸이 "한 법령을 반포하여 이를기를, 그의 영토로 들어가는 모든 상인들은 반드시 일률적으로 증명서를 발급받아야 하고, 칸이

---

106) Thomas T. Allsen "the Yüan Dynasty and the Uighurs of Turfan in the 13th Century", *China among Equals : the Middle Kingdom and Its Neighbors, 10th-14th Centuries*, Berkeley : University of California Press, 1983, 243쪽.

107) 김호동, 『몽골제국과 고려』, 서울 : 서울대학교출판부, 2007, 92쪽 ; 고명수, 「몽골의 '복속'인식과 蒙麗관계」, 『韓國史學報』 55, 2014, 48쪽.

거둘 만한 물자는 반드시 주인과 함께 칸에게 보내야 한다."108)라고
했다. 상인들은 몽골 칸이 발급해준 통행증으로 무역로를 안전하게
통행할 수 있었고, 그 대가로 일정 수익을 바쳐야 했다. 여기에서도
유라시아의 유목 제국과 오아시스 상인 간의 상호 의존적인 관계가
드러난다.

당시 중앙아시아의 무슬림 상인들은 중앙아시아·서아시아·중국 북
부 각지에서 활동하면서 몽골 통치자의 정복 활동에 필요한 중요한
정보를 제공했다. 바르톨드 Barthold는 칭기스칸의 서방 원정 이전에
호레즘은 이슬람 세계의 중심이 되어 중국을 정복하고 세계 제국을
건설하려 했으나 결국 실현되지 못했다고 주장했다. 당시 이슬람 세계
에서는 제국이라는 관념이 자리 잡지 못했으며, 유럽사에서 볼 수
있는 정치 세력의 성장과 상업 문화와의 연계가 이루어지지 않았기
때문이었다. 무슬림 상인들은 정부의 어떠한 도움도 없이 동부의 몽골
초원처럼 이슬람 군대가 도달했던 곳보다 더 먼 지역에서 활동했고,
심지어 몽골과 중국 사이의 무역 역시 그들이 장악하고 있었다.109)
12~13세기 중앙아시아의 무슬림 상인들이 중앙아시아·서아시아·남
러시아 및 중국에서 활동하며, 각 정권의 지리·정치·경제 상황을 잘
파악하고 있었기에 칭기스칸의 정복 활동과 세계 제국 건설에 공헌할
수 있었던 것이다. 칭기스칸이 정복 활동 지역의 지리와 정세에 밝았던
것도 이 상인들이 길잡이가 되었기 때문이었다.110) 나아가 중앙아시아
상인의 영향으로 몽골 통치자는 피정복지, 특히 번성한 도시들의 관리
에 대한 필요를 갖게 되었다.

---

108) *The History of the world Conqueror*, 77쪽.
109) V.V. Barthold, 耿世民 譯, 2005, 32~33쪽.
110) V.V. Barthold, 耿世民 譯, 2005, 42쪽.

중앙아시아와 화북에서 정복한 주요 성들은 주로 상업적 교역로상에 위치했으며 이 도시들에 대한 관리는 도시의 자원을 안정적으로 확보하는 것을 의미했다. 칭기스칸이 임명한 다루가치는 정복 지역 도시와 자원들을 관리하는 역할을 맡았다. 그들의 임무는 곧 몽골 통치자들이 새롭게 확보한 경제적 자원을 관리하는 것이었다.

2. 우구데이에서 뭉케 시기 다루가치

1) 몽골제국 초기 통치제도의 정비와 다루가치

(1) 우구데이 시기 화북 지역 통치제도와 다루가치 파견

대칸의 자리에 오른 우구데이는 칭기스칸의 유지를 받들어 대외 팽창 정책을 지속적으로 추진하여 러시아, 서아시아를 정복하고 1234년에는 금을 멸망시켰다. 1235년에서 1241년 바투의 서방 원정 기간에는 러시아, 아르메니아 등지에 다루가치를 파견했다. 1246년에 몽골을 방문했던 유럽의 수사 카르피니는 이에 관해 다음과 같이 기록했다.

"타타르인들은 귀환을 허락한 사람들의 나라에는 자신들이 임명한 지사, 즉 바스칵[111]들을 두는데, 지배자는 물론 다른 사람들도 그의 명령에 복종해야만 한다. 만약 어떤 도시나 지방의 사람들이 이 바스칵들이 원하는 것을 수행하지 않으면, [바스칵들은] 그들이 타타르에 충실하지 않다고 비난했다. 그리고 그 결과, 그 지방을 통치하는 총독

---

111) Basqaq. 몽골어로 다루가치를 의미한다.

이 이방에서 막강한 타타르 군대를 불러와서 돌연히 공격을 가하여 그 도시나 지방을 파괴하고 주민들을 죽인다."[112]

카르피니는 우구데이의 서거 이후 키예프를 거쳐 몽골초원의 수도 카라코룸에 도착했다. 그는 여정에서 몽골이 러시아와 코카서스 등지에 파견한 다루가치에 관한 정보를 얻게 되었다. 우구데이는 일찍이, "칭기스칸 아버지께서 고생하며 세우신 나라를 괴롭게 하지 말자. 그들의 발을 흙에, 그들의 손을 땅에 놓게 하고 즐기게 하자."[113]라고 했다. 이는 그가 복속지 백성에 대한 안정적인 통치의 필요성을 인식하고 있었음을 드러낸다.

그는 피정복 지역에 안정적인 물자 공급 체계를 갖추기 위한 기본적인 징세 기구를 세웠다. 1230년 화북에 '十路征收課稅使'를 두었는데[114], 이는 몽골제국에서 정식으로 임명된 징세 관원이었다. 1231년에는 "中書省을 처음으로 세우고, 侍從의 관명을 바꾸었다. 耶律楚材를 中書令으로 삼고, 粘合重山을 左丞相으로, 친카이를 右丞相으로 삼았다."[115] 그는 반농반목 지역 출신의 모사들을 중앙정부의 관원으로 임명했고, 이후로 몽골제국의 관리 기구들을 설치해갔다. 1233년 몽골은 북중국의 점령 지역에서 戶口 조사를 실시했고 73만여 戶를 확보하여 몽골제국에 편입시켰다. 1234년 금이 멸망하자 우구데이는 다음 해 斷事官, 즉 자르구치였던 쿠투쿠에게 명하여 북중국 전역에 걸쳐 호구 조사와 編籍을 실시하게 했다.[116] 편적에서 중요한 작업은 民戶와 驅口, 즉

---

112) 『몽골제국기행 : 마르코 폴로의 선구자들』, 114~115쪽.
113) 『몽골비사』, 298쪽.
114) 『元史』 권2, 「太宗紀」, 30쪽.
115) 『元史』 권2, 「太宗紀」, 31쪽.
116) 『元史』 권2, 「太宗紀」.

노예를 구분해 내는 일이었다. 우구데이는 몽골인, 무슬림, 거란인, 여진인, 한인 군인들이 전쟁에서 사로잡은 자들 중에서 노역을 하는 자들은 驅口로 판정하여 주인의 사속인으로 등록하고, 외부에 거주하는 자들은 籍에 기록하여 '카안'의 백성으로 삼았다.117) 민호는 각 州縣에 등록을 했고 군인, 종교인, 수공업자는 별도의 戶로 등재되었다. 이러한 과정을 통해 몽골제국 시기 북중국 지역의 110여만 호가 몽골제국에 편입되었고 戶計로서 民戶, 驅戶, 軍戶, 宗敎 戶, 站戶, 匠戶의 戶計 분류 체계가 갖추어졌다. 이러한 시스템에 기반하여 징세 제도가 마련되었다. 또한 피정복지에는 探馬赤과 한군 부대를 주둔시켰고, 이외에도 站赤을 설치하여 몽골제국의 통치 체계를 갖추었다.

정복전쟁 초기 몽골은 귀부한 金의 관원과 지방 재지세력들에게 관직을 수여하여 그 지위를 보장해주면서 대금 전쟁의 군사력으로 활용했다. 금이 멸망하고 지방행정체제가 와해되자 이들은 漢人世侯로 불리며 각 지역에 할거했다. 우구데이 시기 지방에 路급 행정 단위를 정비하여 한인세후의 관할 지역과 몽골 왕공들의 食邑을 포괄하는 지역의 관할 기구로 路總官府를 두었다.118) 그런데 한인세후들은 독자적인 영역에서 무소불위의 권력을 행사했다. 관련 기사에서 그들이 백성들을 "수탈하여 사리사욕를 채우니 쌓은 (부가) 수만에 이르렀지만 관아에는 쌓여 있는 것이 없었다."119)라고 기록될 정도였다. 이러한 연유로 몽골 통치자는 피정복 지역의 중요한 도시에 다루가치를 파견하여 지방 세력들을 감사하게 했다. 이처럼 우구데이는 각 路와 州縣에

---

117) 『元典章』 권17, 「戶部三·戶計·籍冊」(陳高華·張帆·劉曉·党寶海 点校本, 天津 : 天津古籍出版社, 北京 : 中華書局, 2011), 586쪽, "戶口條畵".

118) 張帆, 2002, 6~7쪽.

119) 『元史』 권146, 「耶律楚材傳」, 3458쪽.

다루가치를 파견하여[120] 대칸의 지배체제를 강화했다.

우구데이 시기 다루가치는 기본적으로 한인세후 및 지방장관의 지방행정을 監督하는 임무를 맡으면서[121], 지방행정에 직접 간여하기도 했다. 다루가치는 대칸의 명령에 따라 편적을 담당하여 민호 확보에 주력했으며[122], 十路課稅所에서 주관하는 징세활동을 감독하기도 했다.[123] 이외에도 지방행정의 司訟에 간여하여 사건의 審理와 治罪를 주관했다.[124] 몽골제국 초기 民政과 軍政을 겸하던 다루가치들은 몽골의 통치제도가 확립되어 가면서 점령지를 직접 치리하는 管民장관으로서의 면모가 뚜렷해졌다. 우구데이 시기 南宋人이 기록한 『黑韃事略』에서 다루가치를 管民官으로 기재했다는 것을 통해서도 확인할 수 있다.[125]

우구데이 시기 북중국에서 통치제도가 정비되었지만, 몽골의 유목

---

120) 姚燧, 「譚公神道碑」, 『牧庵集』 권24(『影印文淵閣四庫全書』 201), 654쪽, "州縣守令上皆置監".

121) 胡祗遹, 「大元故懷遠大將軍懷孟路達嚕噶齊兼諸軍鄂勒蒙古公神道碑」, 『紫山大全集』 권15, 273쪽, "郡縣之守令, 例以歸義效順者就爲之, 仍選蒙古人一員鈐壓其上, 謂之達嚕噶齊".

122) 胡祗遹, 「元故懷遠大將軍懷孟路達嚕噶齊兼諸軍鄂勒蒙古公神道碑」, 『紫山大全集』 권15(『影印文淵閣四庫全書』 196), 273쪽, "歲丁未, 淮漢諸城隨下隨叛, 民無所依者南北奔竄, 邊將上官爭掠以爲功. 公(蒙古巴爾)以恩信招諭萬餘戶, 悉以爲民, 三尺之童不遺也. 間歲比不登, 賦役督逼, 屋空十三四.公命官四出告諭 : 還業者複三年. 是歲, 招來萬七千戶".

123) 『元史』 권124, 「阿台傳」, 3044쪽, "丁巳, 憲宗命阿台爲平灤路達魯花赤. 始至, 請蠲銀·鹽·酒等稅課八之一, 細民不征".

124) 胡祗遹, 「元故懷遠大將軍懷孟路達嚕噶齊兼諸軍鄂勒蒙古公神道碑」, 『紫山大全集』 권15, 273쪽, "元戎察罕知公廉明寬仁, 每遇諸路解送死囚, 卽委公審問, 推情據法, 冤伸罪減, 前後不可計. 安陽農家得罪於貴人, 責斷處女六名, 寄留而去. 至是將十年, 公申明於貴官阿勒楚爾, 悉嫁爲良".

125) 彭大雅·徐霆 撰, 『王國維遺書』(箋證本, 上海 : 上海古籍出版社, 1983), "管民則曰達魯花赤".

70

적 정치 전통에 따라 분권화 경향이 여전히 뚜렷하게 나타났다. 대칸이 파견한 다루가치와 宗王 사이에 갈등이 생겼을 경우 후자의 정치적 영향력이 전자를 압도했다.126) 1236년에는 우구데이의 명에 따라 대규모 分封이 실시되어127) 제왕들은 投下領을 받았고, '카안'의 조정은 이들에 대한 징세권과 징병권을 유지했다. 당시 야율초재는 분봉지 백성들에 대한 제왕의 징세권에 대해 극렬히 반대했고 결국 우구데이는 "각각의 제왕들이 (독자적으로) 다루가치를 파견하는 것을 중단시키고, 조정에서 관리를 두고 그 세금을 거둔 후 이를 별도로 구분하고, 조서를 받든 것이 아니면 兵賦를 징발할 수 없게 하라."128)고 명했다. 이러한 사실을 통해 이 시기 카안이 임명한 다루가치와는 별개로 제왕들이 자신들의 投下領에 投下다루가치를 독단적으로 임명하고 있었음을 알 수 있다.

북중국에서 몽골의 통치가 안정되자 몽골제국 초기 軍政과 民政의 경계를 모호하게 넘나들었던 다루가치들은 지방행정을 담당하는 管民다루가치와 군정을 담당하는 管軍다루가치, 수공업자와 그 생산을 관할하는 管匠다루가치, 몽골 왕공의 투하를 관리하는 투하다루가치로 그 역할에 따라 세분화되었다. 한편 우구데이는 한지에 대한 통치체제를 정비하는 한편 군사원정을 지속적으로 추진했고, 점령된 지역에

---

126) W. Barthold, *Turkestan down to the Mongol Invasion*, New Delhi : Munshiram Manoharlal Publishers Pvt Ltd, 1992, 401쪽.

127) 『元史』 권2, 「太宗紀」 窩闊台八年七月, 35쪽, "詔以眞定民戶奉太後湯沐, 中原諸州民戶分賜諸王, 貴戚, 斡魯朶 ; 拔都, 平陽府 ; 茶合帶, 太原府 ; 古與, 大名府 ; 孛魯帶, 邢州 ; 果魯幹, 河間府 ; 孛魯古帶, 廣寧府 ; 野苦, 益都, 濟南二府戶內撥賜 ; 按赤帶, 濱, 棣州 ; 斡陳那顔, 平, 灤州 ; 皇子闊端, 駙馬赤苦, 公主阿剌海, 公主果眞, 國王査剌溫, 茶合帶,鍛眞, 蒙古寒札, 按赤那顔, 坼那顔, 火斜, 尤思, 並於東平府戶內撥賜有差".

128) 『元史』 권2, 「太宗紀」, 35쪽.

는 다루가치들을 급속히 파견함으로써 몽골의 통치권을 천명했다. 다루가치의 파견은 복속 지역에 상당한 위협으로 간주되어 격렬한 抗戰을 야기하기도 했다. 예컨대 우구데이 시기에 고려에서는 王京 및 州郡에 파견한 다루가치들을 살해하고, 장기간에 걸쳐 抗蒙전쟁을 전개했다.[129] 서아시아 지역에서도 현지인들에 의해 다루가치들이 피살당하는 사건이 심심치 않게 발생했다.[130]

(2) 구육에서 뭉케 시기 통치제도의 정비와 다루가치[131]

1241년, 우구데이 사후 투르게네 카툰이 일정 기간 섭정을 맡았고, 1246년에서야 쿠릴타이를 통해 구육Güyük이 대칸으로 추대되었다. 그는 자신을 추대했던 자들에게 막대한 금액을 賜與했는데 이는 결과적으로 몽골제국의 재정에 타격을 주었다. 이 기간 주치의 아들 바투는 볼가강 하류의 숙영지를 중심으로 영역을 확장하여 '황금 오르도'로 알려진 주치 울루스를 형성했다. 다른 제왕들 역시 그들이 관할하는 울루스에서 독자적인 지위를 누렸다. 구육은 몽골제국에 대한 카안의 지배력을 행사하는 데 소극적인 편이었다. 1248년 구육이 후계자를

---

129) 고려에 설치된 다루가치에 관해서는 池內宏, 「高麗に駐在した元の達魯花赤について」, 『東洋學報』 18-2, 1929 ; 주채혁, 「고려 내지의 다루가치 치폐에 관한 소고」, 『청대사림』 1, 1974 ; 이개석, 「『高麗史』 元宗·忠烈王·忠宣王世家中 元朝關係記事의 注釋연구」, 『東洋史學研究』 88, 2004 참조.

130) 라시드 앗 딘 저, 김호동 역주, 『칸의 후예들』, 사계절, 2005, 81쪽.

131) 뭉케 카안 시기 몽골제국 정치사에 관해서는 Thomas T. Allsen, *Mongol Imperialism*, California : University of California Press, 1987 참조. 이 중에 구육 카안 시기의 정치사에 대해서도 지면을 할애하고 있다(*Mongol Imperialism*, 18~30쪽 참조). 이 밖에도 오타기 마쓰오는 중원을 중심으로 뭉케 카안 시기 중앙집권적인 간접 지배 통치에 관해 논의했다(愛宕松男, 『東洋史學論集 4 元朝史』, 1988, 65~73쪽 참조).

남겨두지 않고 갑작스레 사망했고 3년 후 톨레이의 장자 뭉케Möngke가 쿠릴타이를 통해 대칸으로 옹립되었다.

뭉케는 대칸에 오른 직후 카안 중심의 권력을 공고히 하기 위해 경제·정치적인 측면에서 집권화 정책을 추진했다. 뭉케는 中書省을 비롯하여 우구데이가 설치했던 지방의 징세 기구를 유지했다. 그리고 대칸의 직할령을 세 개의 광역 행정구로 나누었는데, 북중국 지역을 관할하는 燕京等處行尙書省, 위구르 지역부터 아무 다리야 북부 지역의 베쉬발릭等處行尙書省, 페르시아 서부 지역을 관할하는 아무다리야等 處行尙書省이 이에 해당한다. 뭉케는 부지르, 얄라바치, 알로타 등을 燕京等處行尙書省에 임명했고, 마수드 벡은 베쉬발릭等處行尙書省을 관할하게 했다. 이외에도 뭉케는 그의 동생 쿠빌라이와 훌레구를 각각 북중국과 이란에 파견하여 쿠빌라이에게 북중국의 군정과 민정을 총 괄하여 감독하게 했고, 훌레구에게 압바스 왕조를 정복하도록 명했다.

뭉케 제위 연간에 호구 조사가 실시되었다. 우구데이 제위 말기 세금에 대한 부담과 酷吏들의 수탈로 逃戶가 늘면서 편호 체계가 동요하자 뭉케 카안은 제위에 오른 후 括戶를 실시했던 것이다. 이 편적 작업에서는 거주지 기준으로 괄호가 진행되었고, 우구데이 시기 괄호를 실시하지 않았던 河南, 陝西, 遼東의 일부 지역에서도 조사가 진행되어 대략 20여만 호가 증가되었다. 북중국에 거주하는 한인들뿐 아니라 몽골인, 무슬림, 위구르인들도 모두 '靑冊(kökö debter)'에 기록되었다.[132]

『집사』에 이와 관련된 내용이 기록되어 있다. (뭉케 카안 제위 연간 에) "[모든 울루스와 군대를 대상으로] 새로운 호구 조사를 실시하여 정액세를 확정하고 그 임무를 수행한 뒤 폐하의 어전으로 귀환하라는

---

132) 陳高華, 史衛民, 『中國經濟通史(下)』, 北京 : 中國社會科學出版社, 1998.

명령을 내렸다."[133] 중앙아시아에서도 동시에 호구 조사가 실시되었다. 뭉케는 아르군에게 관할하는 아무다리야行尚書省의 호구와 부세를 기록하고, 완성 후 러시아에서도 호구를 조사하게 했다. 세제 방면에서도 제도를 정비하여, "각각의 행정관들이 매일같이 액수를 할당할 수 없기 때문에 연액을 정하게 했다."[134]

몽골제국 시기 지방 통치는 현지의 장관이 호구 관리, 징세 등의 업무를 관장하고 다루가치가 업무 제반을 감독하는 방식으로 이루어졌다. 시간이 지나면서 다루가치는 지방 장관이 담당하는 각종 업무에 실제로 참여하게 되었다. 이는 피정복 지역에 대한 '카안'의 지배력이 강화되어 가고 있음을 드러낸다.

2) 우구데이 시기부터 뭉케 시기 다루가치 임용의 특징

칭기스칸은 함락한 금의 정치적 중심지 中都·北京·河東 등지에 다루가치를 파견했다. 우구데이 카안은 이 정책을 계승하여 금을 멸망시킨 후 "알긴치와 탐마치를 남겨두고 南京과 中都 각 로의 성에 다루가치를 두고 평안하게 돌아와 카라코롬에 설영했다."[135] 이후 우구데이는 북중국 "州縣의 수령 위에 監을 두도록 명했다."[136] 여기에서의 監이란 감관 다루가치를 의미하는 말로, 이를 통해 다루가치가 북중국의 지방 말단 관부인 縣에까지 임명되었음을 알 수 있다. 그러나 이 시기의 관련 사료에는 州縣다루가치의 구체적 사례에 관한 기록이 많이 남아

---

133) 『칸의 후예들』, 334쪽.
134) 『칸의 후예들』, 335쪽.
135) 『몽골비사』 273절, 289쪽.
136) 姚燧, 『牧庵集』 권24, 「譚公神道碑」(『影印文淵閣四庫全書』, 第1201冊), 654쪽.

있지 않아 그 전반적인 양상을 파악하기는 어렵다.

이하에서는 『원사』 열전과 문집 사료에 기록된 우구데이 카안에서부터 뭉케 카안 시기 다루가치들을 표로 정리해 보았다. 이 표는 북중국 지방관부 중 路, 州 단위에 파견된 다루가치를 중심으로 정리한 것으로 이 기간 임용된 다루가치들의 특징을 대략적으로 파악하는 데 유용할 것이다.

다음 〈표 2〉에 따르면 우구데이 시기부터 뭉케 시기 임명된 다루가치의 특징은 칭기스칸 시기와 매우 유사하다. 종족 출신을 살펴보면 칭기스칸시기 주요 종족 출신이었던 몽골인, 무슬림, 위구르인, 거란인에 여진인, (북중국) 한인이 추가되었다. 이들 역시 군공과 세습이 주요 선발 경로가 되었다. 다만 우구데이에서 뭉케 시기 북중국에서 다루가치가 임명된 지역은 路, 州 급 지방행정 단위의 民政다루가치, 軍政과 民政을 총괄하는 軍民다루가치, 수공업자들을 관할하는 人匠다루가치 등으로 분화되었음을 확인할 수 있다.

이 표에 따르면, 우구데이에서 뭉케 시기에 임명된 다루가치 가운데

〈표 2〉 원대 사료에 나타난 우구데이에서 뭉케 시기 다루가치

이름	종족	경로	임명시기	직임	출처
사이드 아잘 샴스 앗 딘 賽典赤瞻思丁	무슬림 (부하라)	軍功	1229년 후	豐淨雲內三州都다루가치/太原·平陽二路다루가치	『元史』 권125, 「賽典赤瞻思丁傳」
보로카야 布魯海牙	위구르인	怯薛	1229년	眞定路다루가치	『元史』 권125, 「布魯海牙傳」
코스말릭 曷思麥里	서역인 (발라사군)	軍功	1232년	懷孟州다루가치	『元史』 권120, 「曷思麥里傳」
石抹査剌	거란인	軍功	1233년	眞定·北京兩路다루가치	『元史』 권150, 「石抹也先傳」
完顔拿住	여진인	軍功	1232년	同州管民다루가치	『元史』 권165, 「完顔石柱傳」
趙珪	중국인	軍功	1233년	中山·眞定二路다루가치	『元史』 권150, 「趙珪傳」

수게 速哥	몽골인 (케레이트)		1235년	山西예케다루가치	『元史』 권165, 「完顔石柱傳」
출차카이 純只海	몽골인		1235년 전후	益都行省軍民다루가 치/京兆行省都다루 가치	『元史』 권123, 「純只海傳」; 黄溍『金華黄先生文集』 권7, 續稿4 「純直海加贈宣忠協 力崇仁佐運功臣太傅開府 儀同三司上柱國追封定西 王改諡武穆制」
몽골바르 蒙古巴爾	몽골인		1236년	彰德路다루가치	胡祗遹『紫山大全集』 권15, 「大元故懷遠大將軍懷孟路 達嚕噶齊兼諸軍鄂勒蒙古 公神道碑」
遊顯	한인		1236년	襄陽府副다루가치	『牧庵集』 권22, 「榮祿大夫 江淮等處中書省平章政 事遊公神道碑」
지토르直脫兒	몽골인	軍功	1237년	涿州路다루가치	『元史』 권123, 「直脫兒傳」
쿠투쿠忽都虎	몽골인 (메르키트)		1237년	隨州다루가치	黄溍『金華黄先生文集』 권 28, 「答祿乃蠻氏先塋碑」
아졸바토르 阿尢魯拔都兒	몽골인		1238년	다루가치	『元史』 권123, 「月里麻思傳」
욜라마고스 月里麻思	색목인 (나이만)		1238년	다루가치	『元史』 권123, 「月里麻思傳」
네지빅捏只必	서역인	承襲	1239년	懷孟州다루가치	『元史』 권120, 「曷思麥里傳」
石抹庫祿滿	거란인	承襲	1242년	眞定·北京兩路다루 가치	『元史』 권150, 「石抹也先傳」
何實	한인		1237년	禦用局工匠다루가치	『元史』 권150, 「何實傳」
시리감보 昔里鈐部	탕구트인		1247년	大名路다루가치	『元史』 권122, 「昔里鈐部傳」
나린자준 納琳居准	몽골인		1257년	彰德路다루가치	『紫山大全集』 권15, 「大元故 懷遠大將軍彰德路達嚕噶 齊揚珠台公神道碑銘」
아타이阿台	위구르인	承襲	1257년	平灤路다루가치	『元史』 권124, 「阿台傳」
타스호르치 塔思火兒赤	몽골인 (타타르)	軍功	미상	東平路다루가치	『元史』 권131, 「忙兀台傳」
자리禮禮	몽골인		미상	北京等路다루가치	『元史』 권120, 「吾也而傳」
하산나哈散納	몽골인 (케레이트)		미상	平陽, 太原兩路다루 가치	『元史』 권122, 「哈散納傳」
劉德寧	여진인		미상	益都路軍民다루가치	許有壬『至正集』 권48, 「劉平 章神道碑」
王德眞	한인		미상	德興燕京太原人匠다 루가치	『紫山大全集』 권16, 「德興 燕京太原人匠達嚕噶齊王 公神道碑」

몽골인의 비율이 증가했다. 위의 25명 중 10명은 몽골인으로[137], 이들은 정복전쟁이 끝난 후 피정복 지역에 잔류하여 鎭守官의 임무를 담당했던 무장들이었다. 우구데이 시기부터 몽골인 무장들이 피정복 지역의 관할에도 참여했음을 알 수 있다. 이 시기 비몽골인 출신 다루가치는 15명으로 여전히 절반 이상의 비율을 점하고 있으며 이 가운데 금의 지배하에 있던 북중국의 여진인, 거란인, 중국인은 모두 8명으로 일정한 비율을 차지하고 있다. 북중국에서 몽골이 지배 체제를 정비하는 과정에서 적지 않은 현지 출신들을 다루가치에 임명했음을 알 수 있다. 이 밖에도 이후 색목인의 범주에 들어가는 서역 출신들은 모두 6명이다. 부하라, 위구르, 탕구트인을 비롯하여 그 출신이 불분명한 자들이 포함되어 있다. 『세계정복자사』와 『집사』 등의 페르시아 사료에는 이 기간 중앙아시아와 서아시아에 임명된 다루가치에 관한 기록이 잘 나타나지 않는다. 북중국의 상황을 비추어 볼 때 몽골인과 함께 현지인을 포함한 색목인들이 주로 선발됐을 것으로 추정된다.

다루가치는 몽골을 대표하는 관원이었기에 몽골 통치자들과의 소통에 능해야 했을 것이다. 姚燧의 기록에 따르면 "태종 8년(1236) 丙申일, 州縣의 수령 위에 모두 監을 두고 오직 國言(몽골어)만을 사용하게 했다." 중국어에 능통하지 않았던 비한인 다루가치들은 통역관에 의지해야 했을 것이다. 사료에 다음과 같은 사례가 소개되어 있다. 당시 交城 縣令에 임명된 譚公(譚澄)은 몽골어를 구사하지 못해 다루가치와 직접 교류할 수가 없어 "오직 역관에게 의존할 수밖에 없었다 …… 속임을 당할까 염려되어 곧 개인적으로 몽골어를 구사하는 자와 어울리면서 날이 저물고 달이 뜰 때까지 그와 떠들었고 한 해가 지나자

---

137) 당시 케레이트인들은 넓은 의미에서 몽골인의 범주에 속했다(箭內亘, 『元代社會の三階級』, 271~276쪽 참고).

완전히 능통하게 되었다."[138] 이는 다루가치가 파견 지역에서 '언어적 소통'이라는 현실적 문제에 부딪혔음을 보여준다. 북중국 출신의 거란인, 여진인 다루가치라면 이러한 어려움이 덜했을 것이다.

이 시기 다루가치의 주요 선발 경로는 군공, 세습, 케식, 그리고 다른 관직에서 轉任하는 경우였다. 우구데이 제위 전반기 금과의 전쟁에서 공훈을 세운 자들이 전쟁 이후 다루가치에 임명되는 경우가 적지 않았다. 대표적으로 "河南, 關西의 路들을 수복한"[139] 지토르直脫兒와 금을 멸망시키는 데 큰 공을 세운 石抹査剌이 있다.[140] 공훈을 세운 자를 다루가치직에 임명하는 것은 그의 공적을 치하하는 상징적인 의미가 있었다.

다루가치가 부친의 직책을 승습하는 것은 칭기스칸 이래로 관례화되었다. 일찍이 칭기스칸은 肅州 출신 시리두스昔李都水에게 "그 州의 다루가치직을 승습하게 했다."[141] 위 표에 나와 있듯이 懷孟州다루가치 코스말릭曷思麥里의 장자 네지빅捏只必도 아버지의 직위를 이어받았다.[142] 涿州다루가치 지토르의 아들 하라추哈蘭朮는 후에 아버지의 직책을 승습했고[143], 眞定·北京路다루가치 석말차랄의 아들 석말고록만 역시 아버지의 직위를 이어받았다.[144]

우구데이 시기부터 케식 출신이 다루가치에 임명되는 사례가 있었다. 보로카야布魯海牙는 일찍이 톨레이의 아내 소르칵타니 베키를 수행

---

138) 姚燧, 『牧庵集』 권24, 「譚公神道碑」, 654쪽.
139) 『元史』 권123, 「直脫兒傳」, 3035쪽.
140) 『元史』 권150, 「石抹也先傳」, 3543쪽.
141) 程鉅夫, 『雪樓集』 권25, 「魏國公先世述」, 972쪽.
142) 『元史』 권120, 「曷思麥里傳」, 2970쪽.
143) 『元史』 권123, 「直脫兒傳」, 3035쪽.
144) 『元史』 권150, 「石抹也先傳」, 3603쪽.

했는데, 그녀가 그를 우구데이에게 추천하여 민호와 수공업자들을 관할하는 眞定路다루가치에 임명되었다. 이 시기 케식 출신 다루가치는 주로 대칸이나 제왕 투하령의 수공업자들을 관리하는 경우가 많았다.

다루가치 중에는 다른 관직에서 전임되어 다루가치가 되는 사례도 있었다. 斷事官을 맡고 있던 탕구트인 시리감보昔里鈐部는 1246년에 大名路다루가치에 임명되었다. 이후 뭉케는 그를 燕京行省 관원으로 임명했고, 이후에 다시 "大名의 監이 되었다."[145] 아타이阿台는 앞서 부친의 직위를 세습 받아 興平 등의 지역에서 行省都元帥를 역임하다 1257년 平灤路다루가치에 임명되었다.[146]

우구데이 시기부터 뭉케 시기까지 다루가치는 크게 管軍, 管民, 管軍民, 管匠의 유형으로 분화되기 시작했다. 정복전쟁 중 선발된 管軍다루가치의 주요 임무는 부대를 이끌고 전투에 참전하는 것이었으며 대표적으로 욜라마고스月里麻思와 아졸바토르阿尢魯拔都兒가 있고[147], 이 밖에 출차카이純只海는 우구데이의 명을 받고 益都行省軍民다루가치에 임명되어 군사를 이끌고 徐州를 진공한 후 금 군 지휘관을 사로잡았다는 기록이 있다.[148]

우구데이가 정복 지역의 통치체제를 정비하는 과정에서 다루가치의 管民官으로서의 역할이 강화되었다. 이들은 앞서 살펴보았듯이 현지 한인 장관들에 대한 감독뿐 아니라 실제적으로 행정 업무에 참여했다. 이 밖에도 특수 관할 지역에 軍民政을 함께 관할하는 軍民政다루가치들이 파견되었다.

---

145) 『元史』 권122, 「昔里鈐部傳」, 3012쪽.
146) 『元史』 권124, 「阿台傳」, 3044쪽.
147) 『元史』 권123, 「月裏麻思傳」, 3036쪽, "同阿尢魯拔都兒充達魯花赤, 破南宿州".
148) 『元史』 권123, 「純只海傳」, 3030쪽.

우구데이 시기 정복지에 탐마치군과 다루가치가 함께 파견되었다.[149] 『몽골비사』의 기록에 따르면 "(몽골은) 아소드, 세수드, 볼라르(볼가 볼라르), 만케르만[키예프]을 비롯한 성들의 백성을 약탈하고 귀순시켜 다루가치, 탐마치들을 남겨두고 돌아왔다."[150] 여기에서 탐마치는 '선봉'을 의미하는 투르크어 'tapmači'에서 기원하며 대개 천호, 만호에서 차출된 정예 병사들로 구성되었다. 『원사』에 이들의 구성원을 '諸部族' 출신으로 언급한 것은 초기에 몽골군의 핵심 세력이었던 몽골의 우루우트, 망쿠트, 쿵기라트, 이기레스, 잘라이르부의 다섯 부족 출신들이 탐마치군을 구성했기 때문이었다.[151] 우구데이 시기 몽골은 금을 멸망시켜 북중국을 편입시켰으며 서부로는 중앙아시아의 코카서스 일대를 지배하에 두게 되었다. 이때 몽골제국 초기 전투에서 선봉군으로 활약하던 탐마치군은 주둔군으로서의 역할을 하게 되었다.

이들과 함께 일부 다루가치들 가운데는 특정 지역에서 軍民을 함께 관할하거나 군사를 직접적으로 관할하기도 했는데 이들을 管軍民다루가치와 管軍다루가치로 분류할 수 있겠다. 이들은 직급이 높았고, 우구데이 시기 임시 군정기구 혹은 관직을 나타내는 行省都다루가치로 불리기도 했다.

칭기스칸 시기부터 각지에서 포로가 된 많은 수공업자들은 몽골제국의 수공업 생산에서 주요 인적 자원이 되었다. 우구데이는 그들을 匠戶로 분류하여 다루가치를 두어 관리하게 했는데 이때 임명된 자들

---

149) 오스트로브스키(Ostrowski)는 다루가치가 민정을 담당하고, 탐마치가 군정을 전담했다고 보았다. 다루가치의 鎭守官으로서의 성격이 사라지고, 주로 민정만을 관할한 것이다(Ostrowski, 1998, 40~41쪽 참조). 그러나 胡祗遹의 「大元故懷遠大將軍懷孟路達嚕噶齊兼諸軍鄂勒蒙古公神道碑」의 기록을 살펴보면, 우구데이 시기 다루가치들은 여전히 鎭守官의 성격을 지니고 있었음을 알 수 있다.
150) 『몽골비사』 274절, 290쪽.
151) 賈敬顔, 「探馬赤軍考」, 『元史論叢』 2輯, 1983, 41쪽.

이 管匠다루가치이다. 칭기스칸이 원정 중에 거두어 길렀던 王德眞은 우구데이 시기 '舊臣'으로 예우를 받아 '德興·燕京人匠다루가치'에 제수되었고, 이후에 또한 太原의 장인들까지 함께 관할했다. 이외에도 앞에서 언급한 바와 같이, 북중국에서 실시한 투하 分封으로 제왕들이 임명한 투하다루가치도 등장하기 시작했다. 그들은 기본적으로 제왕들과 예속관계에 있었다. 西夏 왕족 출신의 李惟忠은 전쟁 중 칭기스칸의 동생인 카사르에게 收養되었고, 이후 카사르 일족의 투하 분봉지인 淄川路에 투하다루가치로 임명되었다.152)

3) 管民官다루가치와 직무

몽골은 금의 지배 영역을 장악하면서 와해되었던 지방행정체제를 새롭게 재편했다. 이 과정에서 투항한 한인세후 세력들을 회유하기 위해 그들이 관할하는 지역의 행정 등급을 높여 路급 행정구역으로 편성했다. 몽골 귀족의 食邑도 路總管府에 편입시켰다. 금대 路급의 행정기구인 總管府·轉運司·提刑司·統軍司·宣撫司에 대해서도 전면적인 조정이 이루어졌다. 금의 總管府는 일종의 군사·치안 기구였으나, 우구데이 시기에 路總管府의 수가 늘어나면서 지방을 감찰하는 기구로서의 성격은 약화되고 路 단위의 유일한 지방행정기구가 되었다.153)

금에서 설치한 路는 주로 軍務와 治安을 담당했는데 이는 금의 정복 왕조로서의 면모를 반영하고 있는 것으로 금의 軍事, 治安의 측면에서 중요한 역할을 했다. 금에서 路總管府 長官의 역할이 몽골의 북중국 지배로 전환되면서 다루가치에게로 전해진 측면이 있다. 다루가치는

---

152)『元史』권129,「李恒傳」, 3155쪽.
153) 張帆, 2002, 4~5쪽.

한인 세후 세력을 감독하고 지방 사회의 치안을 주관하는 동시에 징세, 사법, 감찰 등의 각종 구체적인 업무에도 간여했다.

懷孟路다루가치 몽골바르의 神道碑의 기록에는 우구데이 시기 관민관 다루가치의 역할과 직무들에 관해 비교적 상세히 기록되어 있다.

> "太祖 황제가 천명을 받아 萬方을 신속했다. 太宗 황제는 선왕의 법도를 받들어 官制를 일신하고 간소화하고 번잡하게 하지 않으니 하나의 원칙으로 통합되었다. 안으로는 승상이 백관을 이끌며 제왕의 다사한 정무를 보좌하고, 밖으로는 郡縣을 설치하여 위를 받들고 아래를 섬겼다. 군현의 수령은 의로움을 따르고 순종하는 자를 모본으로 삼고 또한 몽골인 한 명을 선발하여 그 위에서 감독하니 이를 다루가치라고 했다. 수령은 그 다음으로 그의 명을 모두 따랐다. 백성의 화복과 정치의 옳고 그름은 실로 다루가치의 현명함과 부족함에 달려 있다."[154]

이 기사를 통해 우구데이 시기 管民官다루가치가 지방행정관부에 두루 임명되었으며, 대칸의 대리자로서 파견 지역의 장관의 정무를 감독했을 뿐만 아니라 지방행정 업무에 참여하며 결정권을 행사했음을 알 수 있다.

(1) 백성들의 招集과 民戶 관리

백성들의 편적은 피정복 지역의 인적, 물적 자원을 관리하는 데

---

154) 胡祗遹, 『紫山大全集』 권15, 「大元故懷遠大將軍懷孟路達魯噶齊兼諸軍鄂勒蒙古公神道碑」, 273쪽.

선결 과제로서 다루가치의 중요한 업무 중 하나였다. 몽골바르의 神道碑에 이에 관해 다음과 같이 기록되어 있다.

> "丁未年(1247) 淮漢 지역 여러 성에서 반란이 일어나 백성들 가운데 의탁할 곳이 없는 자들은 남북으로 도망쳤고 변경의 土官들이 (그들을) 잡아 공을 세우고자 했다. 公은 은혜와 신의로 만 여 戶를 초유하여 모두 民으로 삼기를 삼 척의 어린아이도 빠뜨리지 않았다. 격년으로 흉작이 되어 賦役을 독촉하니 빈집이 열서너 채에 이르렀다. 公이 관원에게 명하여 사방에 알려 '본업에 복귀하는 자는 3년 치(의 賦稅)를 면해주겠다.'고 하자 그 해 1만 7천 명이 돌아왔다."[155]

이를 통해 다루가치가 지방의 백성들을 모아 농업 생산을 안정화시키는 데 주력했음을 알 수 있다. 黃溍의 「答祿乃蠻氏先塋碑」에도 이와 유사한 기록이 있다.

> "성지를 받고 파견된 쿠투쿠, 留乞과 公[156) 세 사람과 조를 받든 萬戶들은 西京으로 파견되어 大名·眞定·河間 등의 여러 州郡의 군사 4천 60여 명을 편적하여 출정하게 하고, 천 명마다 관원 한 명이 통솔하게 했다. 그리고 鎭守하고 있는 州의 백성들은 모아 쿠투쿠와 해당 州의 다루가치들에게 넘겨주었다."[157]

---

155) 胡祗遹, 『紫山大全集』 권15, 「大元故懷遠大將軍懷孟路達嚕噶齊兼諸軍鄂勒蒙古公神道碑」, 273쪽.
156) 나이만 태양칸의 증손, 챠오스(抄思).
157) 黃溍, 『金華黃先生文集』 권28, 「答祿乃蠻氏先塋碑」(『四部叢刊』本).

위 기사를 통해 우구데이 당시 북중국에서 행해진 백성들에 대한 招集과 편적은 파괴된 농지를 개간하고 농업 생산을 회복시켜 식량 자원을 확보하기 위한 기초적인 작업이었음을 알 수 있다. 1239년 相州와 衛州 등지에 蝗害가 발생하여 "들판에 풀이 나지 않고, 백성들이 먹을 것이 없었다." 懷孟路다루가치 몽골바르는 "집정대신 쿠투쿠에게 보고하여 군량미 5천 石을 나누어 굶주린 자들을 구제하니 이로 인해 백성들 가운데 떠돌아다니다 餓死하는 자가 없었다."[158) 이 기사를 통해 다루가치들이 피정복 지역에서 民生 회복을 위해 취한 구체적인 조치를 엿볼 수 있다.

뭉케는 통치 후반에 남송 원정을 본격적으로 추진하면서 조를 내려 "지나는 官路마다 1里에 한하여 軍營의 牧地로 삼으라."고 명했다. 이때 彰德路다루가치 나린자준納琳居准은 군사를 이끌고 남하하고 있는 쿠빌 라이에게 "농지를 빼앗아 군영의 牧地로 삼으면 남방의 토양은 쉽게 황폐해지고, 잡초와 가시덤불만 무성해져 좋은 풀이 자라나지 못합니 다. 백성들이 오곡을 재배하게 하는 것이 좋습니다. 군사가 행군할 때 말들을 목양하고, 군사를 정돈시키고 나머지는 백성들에게 거두어 들이도록 하면 군사와 백성이 모두 이로울 것입니다."라고 건의했다. 결국 쿠빌라이가 이를 수용했고 "백성들이 본업에 다시 복귀하여 토지 1만 5천 경을 얻을 수 있었다."[159) 이 기사에 따르면 농경지에 대한 이해가 부족한 몽골 통치자에게 현지의 사정을 잘 파악하고 있던 다루가치들이 농업의 유용성을 제언하고 있다. 유목 문화를 배경으로

---

158) 胡祗遹, 『紫山大全集』 권15, 「大元故懷遠大將軍懷孟路達嚕噶齊兼諸軍鄂勒蒙古公神道碑」, 273쪽.
159) 胡祗遹, 『紫山大全集』 권15, 「大元故懷遠大將軍彰德路達嚕噶齊揚珠台公神道碑銘」, 271~272쪽.

하는 몽골 통치자와 농경 문화를 지닌 피정복민 사이의 중재자로서의
그 면모를 엿볼 수 있다.

(2) 치안 유지와 사회 질서 회복

　몽골의 정복전쟁으로 전란에 휩싸였던 피정복 지역 사회는 실상
사회 질서가 와해되었으며 이를 복구하는 것이 다루가치의 주요 임무
가운데 하나였다. 몽골바르의 神道碑에는 이와 관련하여 다음과 같은
내용이 기록되어 있다. 몽골바르가 懷孟路다루가치에 임명되면서 다
음과 같이 명했다.

> "감히 백성을 학대하는 자는 마땅히 법으로 구속하라. 수공업자들이
> 시장에서 각자 교역을 하고, 가구마다 즐겁고, 생업이 평안하여 놀라
> 고 두려워할 것이 없게 하라. 농민은 각자 농무를 안정시키도록 하라.
> 시세에 적응하여 힘써 경작하고, 소홀히 함과 게으름이 없게 하라.
> 너희를 괴롭게 하는 자가 있다면 내가 능히 훈계하여 이를 금하게
> 하고 다스릴 것이다. …… 명하노니 강폭한 자는 순종케하여 감히
> (범죄를) 저지르지 못하게 하라."

　다루가치가 민생 안정의 일환으로 法治 질서의 회복에 주력했음을
알 수 있다. 1248년 봄 輝州의 도적 朱葛이 무리를 모아 반란을 일으켰
다. 관병이 기회를 엿보고 권세에 기대어 이를 소홀히 하자 몽골바르는
"나라는 나를 귀하게 여겨 나에게 맡겼다. 병권을 나에게 맡겨주고,
한 郡의 명을 나에게 기탁했는데 나로 도적을 평정하려는 것인가?
아니면 내가 도적이 되게 하려는 것인가? 너희 무리는 망령되이 나를

높일 필요가 없다. 적을 잡지 않아 난이 평정되지 못한다면 내가 그 책임을 져야 한다!"라고 호통한 후 곧 휘하를 이끌고 가서 黑鹿山에서 38명을 사로잡았다.[160] 이처럼 다루가치는 치안을 비롯하여 반란세력의 감시와 반란에 대한 신속한 대처를 통해 사회질서 유지에 주력했다.

뭉케 시기 彰德路 다루가치로 파견된 나린자준納琳居准은 당시 彰德路에 大奴婢, 小奴婢라 불리는 강도들이 백성들의 재산을 강탈하고, 捕盜官을 살해하자 그 흉악함이 두려워 그를 사로잡기를 꺼린다는 소식을 접하고 "관원들을 엄히 질책하고 즉시 衛州의 시장에서 (그들을) 사로잡았다." 그는 도적떼와 연루된 자들이 있다는 사실을 알고 있었으나 예기치 못하게 옥사를 일으키면 백성들에게 피해가 갈까 염려하여 우두머리 7명만 참수했고 민심은 곧 평안해졌다.[161]

(3) 징세

앞서 살펴보았듯이 칭기스칸은 서방 원정을 마친 후 호레즘 상인 출신 얄라바치와 마수드 부자의 건의에 따라 다루가치들을 파견하여 각각 북중국과 중앙아시아의 여러 성과 도시들을 관할하게 했다. 얄라바치 부자는 우구데이가 즉위한 이후까지 이 직무에 충실했다. 『집사』에도 이 내용이 다음과 같이 기술되어 있다.

"카안은 키타이 왕국들 전부를 마흐부드 얄라바치에게 맡겼다. 또한

---

160) 胡祗遹, 『紫山大全集』 권15, 「大元故懷遠大將軍懷孟路達嚕噶齊兼諸軍鄂勒蒙古公神道碑」, 273~274쪽.
161) 胡祗遹, 『紫山大全集』 권15, 「大元故懷遠大將軍彰德路達嚕噶齊揚珠台公神道碑銘」, 271쪽.

위구리스탄 지방인 비시발릭[베쉬발릭]과 카라호초[카라 호자], 그리고 호탄·카쉬가릭[카슈가르]·알말릭·카얄릭·사마르칸트·부하라 및 아무다리야에 이르기까지는 얄라바치의 아들인 마수드 벡에게 [맡겼다]. 후라산에서부터 룸과 디야르바크르의 변경까지는 아미르 쿠르구즈에게 [맡겼다]. 이 지방들에서 거두어들이는 세금은 전부 해마다 [황실] 재고로 보내졌다."162)

라시드 앗 딘은 특별히 얄라바치 부자의 업무 가운데 징세 업무에 주목하여 기술했다. 이 업무가 다루가치들과 공조로 진행되었던 것으로 보인다. 우구데이 시기 十路課稅所가 설치되면서 다루가치의 징세 업무는 약화되었으나 지방관부에서 다루가치의 관민관으로서의 역할이 강화되면서 지방관의 주요 업무인 징세 업무에 대한 감독권을 행사하여 한인세후에서 課稅所 관원에게 이양되는 전반을 감독했다.163)

우구데이 2년(1230), 十路課稅所를 설치하고 한인 출신 士人을 관리로 임용하여, 몽골을 위해 북중국 세수에 대한 관리를 담당하게 했다. 초기에 課稅所가 설치된 지역은 燕京·宣德·西京·太原·平陽·眞定·東平·北京·平州·濟南의 十路였는데, 후에 몽골에 복속된 河間·益都·河南 등의 路로 관할 범위가 늘어났다. 이들 路에 다루가치가 임명되어, 세금 징수의 감독 업무를 맡았다. 『大元倉庫記』에 따르면 "태종 황제 5년(1233) 癸巳일에 조서에 이르기를 …… 沿河 이남의 州府의 다루가치 등 관리는 각 수로변에 위치한 각 州의 城에 河倉을 세우고, 差官으로 (세금을) 거두게 하고 稅石은 서둘러 기한내에 通州倉으로 보내도록 하라."164)고 했다. 이로 미루어 다루가치가 징세 업무를 포함한 피정복

162) 『칸의 후예들』, 147쪽.
163) 김성한, 1986, 27~28쪽.

지역의 물적 자원 관리를 주관하고 있었음을 알 수 있다.

뭉케 시기에도 다루가치는 여전히 징세 업무를 담당했다. 『元史』 「阿台傳」에 따르면 "憲宗(뭉케)은 아타이를 平灤路다루가치로 삼았다. 처음에 (그는) 銀, 鹽, 酒稅 등의 세금의 8분의 1을 감해주고, 평민에게는 징수하지 않을 것을 요청했다."[165] 이를 통해 다루가치가 지방의 사정을 고려하여 세금 감면을 카안에게 청하는 경우가 있었음을 알 수 있다.

(4) 사법

다루가치는 審理, 斷罪, 處罰의 사법권을 지니고 있었다. 몽골바르의 神道碑에는 이에 관한 내용이 다음과 같이 기록되어 있다.

"元帥 차간은 公이 청렴하며 너그럽고 어질다는 것을 알아서 여러 路에서 사형수를 호송할 때마다 公에게 맡겨 심문하게 했다. 공에게 심리를 맡기면 정황을 참작하고 법에 근거하여 억울함을 풀어 죄를 감면해주니 그 이전과 이후로도 셀 수가 없었다. 安陽 農家에서 高官에게 죄를 지어 처녀 6명이 처벌되었고 (그는) 잠시 머물다 떠났다. 10년이 지나 公은 貴官 알추르에게 사건을 상세히 조사하여 밝혔고, 모두 혼인하여 양인이 되었다."[166]

---

164) 『大元倉庫記』, 北平 : 文殿閣書莊, 1926, 12~13쪽.

165) 『元史』 권124, 「阿台傳」, 3044쪽.

166) 胡祇遹, 『紫山大全集』 권15, 「大元故懷遠大將軍懷孟路達嚕噶齊兼諸軍鄂勒蒙古公神道碑」, 274쪽.

이 기사에 따르면 다루가치 몽골바르는 시간이 한참 지난 사건을 재심하여 백성들의 억울함을 풀어주었다. 神道碑라는 기록물의 성격을 고려해볼 때 관민관 다루가치로서 그의 업적이 미화되었을 가능성도 있지만 적어도 다루가치가 파견된 지역에서 그가 사법권을 행사했음을 확인할 수 있다.

　우구데이 시기 북중국에 몽골의 지배체제를 정비하는 과정에서 몽골의 다루가치 파견 관행이 점차 제도화되었으며 피정복 지역에서 다루가치의 역할과 직무가 다양해지고 구체화되었다. 몽골이 북중국 통치 과정에서 직면한 지방사회의 각종 업무가 모두 다루가치의 소관이 되었다. 다루가치의 직무가 지방사회의 다양한 측면을 망라하고 있다는 점에서 중원왕조의 牧民官의 전형을 드러내는 듯하지만 몽골제국 초기부터 지녔던 監官로서의 성격을 여전히 유지하고 있었다. 그러한 점에서 그들은 대칸을 대신하여 정복 지역을 감시하는 감독자이자 몽골 대칸과 정복 지역 백성들 간의 중개자로서 이중적인 성격을 지니고 있었다고 생각된다. 금과 북송 시기 특정 지방 기구를 중심으로 지방행정 업무가 이루어졌던 방식과는 달리 몽골의 다루가치 제도는 중앙에서 파견한 관원과 현지 관원들 혹은 현지 세력들 간의 공조를 통해 지방의 행정 업무가 이루어졌다는 점에서 몽골 통치의 특수성을 드러낸다.

제 2 장

다루가치 제도의 지속과 변화

몽골은 유라시아 대륙에서의 정복전쟁을 통해, 풍부한 인적, 물적 자원을 획득했고, 점령 지역이 확대되어감에 따라 피정복 지역의 각 민족과 각 지역의 사회적인 문제들을 다스려야 하는 문제에 직면했다. 家産制(patrimonialism) 국가의 특징을 가지고 있는 유목제 국으로서의 몽골제국은 초기 公共化된 행정기구의 통치체제가 미비한 상황 하에 대칸이 신임하는 家臣을 통해 국가를 관리하게 했다. 우구데이는 한인 모사들의 건의에 따라 중원에서 왕조를 세운 요, 금의 통치체제를 답습하여 통치제도를 마련했고, 야율초재, 얄라바치와 같은 피정복민 출신들을 등용하여, 복잡하고 다원적인 피정복지의 치리를 위임했다. 아울러, 몽골 통치자들은 각 피정복 지역에 대한 간접 통치 방식을 취했다. 투항한 현지 무장세력들이 수령에 임명되어 피정복지 지방 통치를 맡았으며, 다루가치가 파견되어 지방의 수령들을 감독하는 동시에 지방 통치에 직접 참여하는 監治의 임무를 맡았다.

뭉케 사후, 몽골제국은 대칸을 중심으로 하는 각 宗王 울루스 체제로 재편되었다. 쿠빌라이가 대칸의 지위에 오른 뒤 몽골제국의 정치 중심이 한지로 옮겨졌다. 새로운 정치, 사회적 조건에 부합하는 통치제도의 정비가 요구됨에 따라 새로운 통치체제가 마련되었다. 쿠빌라이는 중원의 전통적인 관료제도를 기본적인 통치 시스템으로 차용하고, 여기에 몽골식 家産制 관리기구들을 결합시킨 방대하고 복잡한 국가 통치체계를 마련했다.[1] 이에 따라 대칸의 통치 영역이 유목적 사적

---

1) 원의 방대한 국가 행정기구에 관해서는 David M. Farquhar, "Structure and Function in the Yuan Imperial Government", *China under Mongol Rule*, New Jersey : Princeton University Press, 1981 참조.

통치 영역에서 정주 지역식 공공 행정 관리 영역으로 확대되었다. 아울러 새로운 통치체제에 부합하는 규범화된 제도의 마련과 그에 부합하는 새로운 행정 관리인재가 요구되었다.

몽골 통치자는 이 방대한 행정 관료기구 곳곳에 다루가치를 수장으로 임명했다. 이때 다루가치는 원 조정의 행정기구에 설치되어 몽골제국의 행정 관원의 역할을 맡았고 동시에 대칸과 몽골 왕공들의 오르도와 각 투하령에 설치되어 몽골 통치자의 家政기구 관리자 역할을 담당하기도 했다. 즉, 원대 다루가치는 몽골제국의 신식 행정관원으로서의 다루가치, 대칸과 諸王의 가산 관리자로서의 다루가치 등 다양한 형태로 존재했다. 그 결과 대몽골국 시대와 비교하여, 여러 유형의 다루가치가 나타났고, 그 직능과 역할 또한 세분화되었다.

원의 방대한 관료체계 내에 설치된 다루가치의 각종 유형과 직임 및 몽골의 한지 통치에서 다루가치의 역할에 대해 다음과 같이 살펴볼 필요가 있겠다.

제1절 원 전기 다루가치 임명과 제도화

1. 원대 다루가치의 임명과 유형 : 軍職, 民職, 雜職, 投下職 다루가치

우구데이 시기 피정복 지역에 대한 지배체제가 정비되면서, 직임에 따라 管軍, 管民, 管軍民, 管匠의 네 가지 유형으로 분화되었다. 관군 다루가치는 만호, 천호 등의 鎭戍軍의 수령직을 맡았고, 관민 다루가치는 한지의 지방관부에 감관으로 파견되어 한인 관원들을 감독하는 역할을 맡았으며, 특정 지역에서는 管軍民을 겸하기도 했다. 칭기스칸 정복전쟁 이래로 각지에서 포로로 끌려온 장인들은 몽골 통치자를 위한 수공업품의 생산을 담당했다. 몽골 통치자들은 그들을 匠戶로서 분류하고 그들을 관리하는 다루가치를 두었다. 이외 북중국에 투하 분봉을 실시하여 투하 영주 관리 하에 있는 투하다루가치가 등장했다. 이와 같이 대몽골국 시기 한지에서 크게 네 가지 유형의 다루가치가 나타났고, 이러한 양상은 원대에 이르러 더욱 세분화되었다.

『元典章』「官職一·職品」의 〈內外文武職品〉[2] 항목에 따르면, 다루가치 설치 기구는 크게 內任과 外任으로 나눌 수 있다. 이 중 외부 기구는 民職·軍民職·軍職·諸職·匠職으로 나뉜다. 현재 관련 내용 목록은 다음 표와 같다.

〈표 3〉 『元典章』「官職一·職品」〈內外文武職品〉條에 반영된 다루가치 설치 기구

	内任	外任				
		民職	軍民職	軍職	諸職	匠職
正二品	大都留守司達魯花赤兼少府監事 上都留守司本路總管府達魯花赤					
正三品	上都留守副達魯花赤兼本路總管府副達魯花赤 昔保赤八剌哈孫達魯花赤	上路總管府達魯花赤	軍民安撫司達魯花赤[盧番靜海軍·金石番太平軍·羅番遏蠻軍·臥龍番南寧州·程番武靜軍·方番河中府 小龍番靜蠻軍洪番永盛軍·耽羅國·大龍番應天府·南丹州等處·新昌葛蠻軍]	李店文州蒙古漢軍元帥府達魯花赤 上萬戶府達魯花赤 漕運萬戶府達魯花赤 萬戶副達魯花赤 海舡達魯花赤	京畿都轉運使司達魯花赤 大護國仁王寺 昭應宮規運財賦都總管府達魯花赤	諸路總府達魯花赤[諸路金玉人匠·異樣局·管領諸路怯憐口人匠織染雜造人匠·管領本位下隨路諸色民匠打捕鷹房本位下諸色人匠都總管]
從三品	昔保赤八剌哈孫副達魯花赤 只哈赤八剌哈	大都路都總管府副達魯花赤		中下萬戶府達魯花赤	諸總管府達魯花赤[江淮等處財賦·息州等處	諸總管府達魯花赤[諸色人匠·大都人匠·

2) 『元典章』 권7, 「官職一·職品」 〈內外文武職品〉條, 192~223쪽.

	孫副達魯花赤	下路總管府達魯花赤			管民·益都般陽等處淘金·延安屯田打捕·懷東西屯田打捕·德安等路軍民·管領諸路打捕鷹房納綿等處·管領本投下大都路打捕鷹房民匠諸色人匠·四川鹽茶運使·軍儲使]	大都等路諸色人匠]
正四品		散府達魯花赤			大都·上都路兵馬都指揮使司達魯花赤 寶鈔都提舉司達魯花赤 淮東淮西屯田打捕總官府達魯花赤	諸路金玉人匠總管府副達魯花赤
從四品		上州達魯花赤 副達魯花赤	上千戶所達魯花赤 諸衛千戶所達魯花赤		大都南北兩城兵馬都指揮使司副達魯花赤 檀州采金都提舉司達魯花赤 寧夏府路營田使司達魯花赤	
正五品	上都提舉萬億庫達魯花赤	中州達魯花赤				
從五品	庫達魯花赤[備用·供膳·寶源總庫·宣徽院資善庫]	下州達魯花赤			達魯花赤[豐贍昌國·廣濟·濟民·豐潤·濟寧等路向珍署] 河渠達魯花赤[成都路·沙州路·興元路·永昌西涼府] 安西路河渠營田司達魯花赤 諸提舉司達魯花赤3)	大同路廣濟庫達魯花赤 監造諸般寶具達魯花赤 諸路提舉司達魯花赤4)
正六品		上都警巡院達魯花赤 大都左右警巡院達魯花赤			上都萬盈倉達魯花赤 廣積倉監支納達魯花赤	提舉司達魯花赤[大名雜造·通州甲匠·大都甲匠保定軍器人匠·大名織染·軍器人

96

品	民職	軍民職	軍職	諸職	匠職
					匠(平陽·眞定·蔚州)]
從六品	上縣達魯花赤				
正七品	中縣達魯花赤				鹹平府甲局達魯花赤 太原路軍器人匠達魯花赤
從七品	下縣達魯花赤			上都八作司達魯花赤	管懷孟等處人匠打捕達魯花赤
正八品	錄事司達魯花赤			燒鈔東西庫達魯花赤	

〈표 3〉에 따르면 원의 행정관료 관직은 크게 조정 내의 사무를 맡은 內職과 그 이외의 지역에 있는 外職으로 분류되어 있다. 외직은 다시 民職, 軍民職, 軍職, 諸職, 匠職의 다섯 가지로 분류된다. 원대 다루가치는 내직과 외직에 모두 설치되었다. 내직 다루가치로는 정2품의 大都留守司, 上道留守司와 종3품의 昔保赤八剌哈孫와 只哈赤八剌哈孫 다루가치들이 있으며 이들은 大都의 궁성과 행성의 관리를 맡은 자들[5]로 지방행정관원보다 그 品秩이 높았다. 다음으로 외직 다루가치는 民職과 軍民職을 포함하는 軍職, 그리고 諸職과 匠職을 묶은 雜職의

---

3) 『元典章』권7, 「吏部一·官制·職品」〈內外文武職品〉條, 204쪽, "諸提舉司達魯花赤 包括：都城所(上都同)·富寧庫·覆實司·砂糖局·營田·魚綱湖泊·新運糧·舊運糧·江淮營田·柴炭·各處田財賦·寶德雲陽銀場·分寧等處成造西番茶貨·鴛鴦泊倉糧酒務·屯田(揚州·通·泰)·塔山徐邳等處山場野物·打捕(蘄黃等處·安豐廬州等處·鎮巢等處)·淮東西屯田怯憐口·屯田打捕(淮安等處·高郵·安東海州·招泗)".

4) 『元典章』권7, 「吏部一·官制·職品」〈內外文武職品〉條, 205~206쪽, "諸路提舉司達魯花赤包括：禦衣局·尙衣局大同雜造·雜造諸色人匠·凡山採木·蕁麻林人匠·江西織染田賦·建康織染人匠·管領怯憐口諸色人匠·軍器人匠(大同路·東平等路·大寧路·宣德等路)".

5) 元代大都留守司에 관해서는 와타나베 겐야(渡邊健哉)의 연구가 있다. 그는 大都留守司를 대도의 관민 기구가 아닌 황실에 속한 기구로 보았다(渡邊健哉, 『元朝の大都留守司について』, 『文化』 66-1·2, 2002 참조).

세 가지로 분류될 수 있다.

民職 다루가치는 원대 지방관부인 諸路, 散府, 州, 縣, 錄事司에 설치되어, 지방행정을 담당했다. 姚燧의『牧庵集』기록에 따르면, 우구데이 때부터 州縣의 지방장관 위에 다루가치를 두어 監治하게 했다.[6] 이때부터 피정복지의 기층에까지 몽골의 통치가 미치기 시작했다. 민직 다루가치는 지방행정의 책임자로서 勸農, 징세, 사법, 치안유지, 인구 관리 등 지방행정의 모든 영역에 관여했다. 원대 다루가치는 3품에서부터 8품 사이, 각 관부의 급에 해당하는 秩品을 받았으며 조정에서는 그 질품에 따라 奉錄을 지급하는 등 관리에 차등을 두었다. 이러한 民職 다루가치는 수도에도 설치되어 수도의 民事를 관할[7]하는 大都左右警巡院과 上都留守司에 소속된 警巡院[8]에도 설치되었다. 원에는 대략 127개의 錄事司가 존재했고, 다루가치는 이들 도시에 두루 설치되었다.[9] 錄事司 다루가치는 정8품으로 다루가치 중 지위가 가장 낮았으며, 城의 民戶 관리를 비롯해 각종 행정을 담당했다.

軍職 다루가치는 원의 군사 조직에 설치된 다루가치들이다. 원대 군사 조직은 크게 대칸의 친위부대인 중앙의 시위군과 지방의 鎭戍부대로 나눌 수 있다. 쿠빌라이 시기부터 테무르 시기까지 중원에 설치된 몽골군도만호부와 山東河北몽골군만호부, 河南淮北몽골군만호부, 四川몽골군도만호부[10]가 진술 부대에 속한다. 상술한 만호부와 그에

---

6) 姚燧,『牧庵集』권24,「譚公神道碑」(『影印文淵閣四庫全書』第1201책), 654쪽, "州縣守令上皆置監".

7)『元史』권58,「地理志一」, 1347쪽, "分領坊市民事".

8) 원대 警巡院 다루가치에 관해서는 韓光輝,『宋遼金元城市建制研究』, 北京 : 北京大學出版社, 2011, 103~113쪽 참조.

9) 오타기 마쓰오(愛宕松男)는 대몽골국 시기 도시제도의 발전이라는 맥락에서 원대 錄事司 제도와 다루가치 설치 문제를 고찰하였다(愛宕松男,「元代都市制度とその起源」,『東洋史學論集 4 元朝史』, 1988, 300~324쪽 참조).

소속된 대부분의 천호소에 다루가치가 설치되었다. 이외에 砲手軍, 屯田軍과 같은 특수부대와 북방의 屯田 총관부 등 군정과 관련된 기구들에 다루가치를 설치했다. 한편, 케식 계통의 숙위군은 한인 시위군, 색목 시위군, 몽골 시위군으로 편성되어 있으며, 대부분의 시위군에 다루가치가 설치되었다. 먼저, 한인 시위군 가운데에는 漢人軍과 新附軍으로 구성된 五衛軍, 武衛親軍, 虎賁親軍과 海口侍衛에 다루가치가 설치되었다. 색목 시위군은 至元 18년에 색목인 중 용맹한 자들로 조직된 부대로, 隆鎭衛, 阿速衛, 貴赤衛, 左右欽察衛, 龍翊侍衛, 哈剌魯萬戶府, 西域親軍에 모두 다루가치를 두어 관리하게 했다. 그러나 몽골 시위군에는 다루가치가 설치되지 않았다.

軍民職 다루가치는 서남, 남방 소수민족 지역의 軍民관리를 맡은 安撫司다루가치들이다. 이외에도 서남 소수민족 지역에 세워진 諸夷長官司에 軍民 관리를 맡은 다루가치를 두었다. 軍民職 다루가치는 軍政과 民政을 모두 맡고 있지만, 軍政에 보다 중점적인 역할이 주어졌다.

雜職 다루가치는 『元典章』「官職一·職品」〈內外文武職品〉條 중에 諸職과 匠職 다루가치를 합쳐서 지칭한 것이다. 이들은 원의 방대한 행정기구 내 특수한 업무를 위해 설치한 각종 하속 기구들의 관리를 맡았다. 대칸 울루스에서 생산과 유통 등 경제와 관련된 기구들로서 크게 鈔幣(元鈔)와 漕運의 관리기구, 工匠 관리기구, 屯田 관리기구, 몽골 귀족들의 수렵활동을 위해 설치된 鷹房 관리기구들로 나눌 수 있다. 이 기구의 다루가치들은 관련된 특수戶에 대한 관리를 비롯하여 생산, 유통과 관련된 특수한 직무를 관할하는 책임을 맡았다. 이 가운데,

---

10) 이 밖에도 사료 중에 陝西몽골군도만호부가 기록되어 있는데, 李治安은 四川몽골군도만호부와 陝西몽골군도만호부가 일치한다고 보았다. 그의 논거에 타당한 면이 있어 본서에서는 그의 견해를 따랐다(李治安, 2010, 66~79쪽).

鈔幣 관리기구로는 燒鈔東西庫, 寶抄總庫, 印造寶鈔庫 등이 있으며 이곳에 설치된 다루가치는 원대 지폐의 발행과 관리의 역할을 담당했다.

이외에도 漕運 관리기구인 京畿都轉運使司에 다루가치를 설치했으며 중요한 糧倉에도 다루가치를 설치했다. 원의 조정에는 大司農司, 宣徽院, 太醫院, 將作院, 中政院 등등의 특정 사무 혹은 관리를 위해 설치한 수많은 기구들이 분포되어 있고, 특정 사무를 맡은 기구들의 명칭 끝에는 提擧司 혹은 總管府의 명칭이 붙는데, 이들 대부분의 기구들에 다루가치를 두어 관리하게 했다. 이 기구들에 설치된 다루가치들은 원 정부 내의 생산, 유통과 관련된 각종 기구들을 관장하고, 몽골 통치자를 위한 물자 공급체계를 관리하는 역할을 담당했다.

몽골 통치자들은 대몽골국 시기 정복전쟁 때 포로가 되어 북중국에 끌려온 수공업자들을 匠戶로 묶어 관리했다. 이들은 이민족들로 구성되어 몽골 통치자들의 장식품과 의복을 비롯한 무기와 각종 수공업품의 생산을 담당했다. 몽골 통치자는 다루가치를 두어 匠戶와 이들이 생산한 각종 수공업품을 관리하게 했다.

쿠빌라이는 정복전쟁이 끝나자 남방과 북방의 농업 생산을 회복하기 위해 軍民 둔전[11]을 조직하기 시작했는데, 각 둔전에 다루가치를 두어 관리하게 했다. 중앙기구에서 관리하는 둔전들은 대부분 宣徽院에서 관할했다. 그 가운데 尚珍署, 大都柴炭局, 上都柴炭局, 沙糖局과 淮東淮西屯田打捕總官府에 다루가치를 두어 몽골 통치자를 위한 공급을 담당하게 했다. 지방에는 淮安州, 高郵, 招泗, 安東, 海州, 揚州 등 9곳의 屯田打捕提擧司에 다루가치를 두어 관리하게 했다. 이외에 兵部에 소속되어 있으며, 몽골 귀족의 수렵 활동을 위해 세운 打捕鷹房戶에

---

11) 陳高華 編,『中國經濟通史·元大經濟券』, 北京 : 中國社會科學出版社, 2007, 127~131쪽.

다루가치를 두었다.

　원조의 內外職 행정기구들 외에 북중국에는 투하 분봉 지역이 분포되어 있었는데, 이곳에도 몽골 諸王 귀족들을 대신하여 다루가치가 설치되었다. 투하다루가치는 분봉 지역의 영주에 의해 천거되어 조정의 비준을 거쳐 임용되었다. 투하 분봉 지역의 다루가치는 우구데이 시기에 야율초재의 건의에 의해 설치되기 시작했다. 쿠빌라이는 대칸에 오른 뒤 점령지와 民戶를 몽골 왕공들과 귀족, 공신들에게 분봉했다. 남송 정벌 이후 至元 18년(1281) 강남 지역에서 括戶를 실시한 후 몽골 귀족, 공주, 부마 등에게 江西, 湖廣, 福建, 廣東 등지와 浙東, 淮西의 일부 지역 103만여 호를 분봉했는데, 이때 각 투하 분봉 지역의 州, 縣에 투하다루가치가 설치되었다.

　상술한 대로, 쿠빌라이는 중국을 통치하는 과정에서 몽골식 통치체제와 중원 지역의 행정 관료체제를 결합하여 방대한 행정 관료체제를 마련했고, 각종 기구에 다루가치를 두어 관리하게 했다. 기구의 성격에 따라 이들은 軍織, 民職, 雜職 다루가치로 분류될 수 있으며, 이외에도 원의 투하 영지에 投下主가 임명한 투하다루가치들이 있었다. 다루가치는 몽골대칸의 家政기구와 군사 기구, 제국의 지방행정기구의 각 영역에 임명되어, 북중국의 물자와 인구를 관리하는 역할을 담당했다.

2. 쿠빌라이 초기 다루가치 임명

1) 쿠빌라이 초기 지방행정제도의 정비와 다루가치 임명

　쿠빌라이는 제위 초기 중앙집권적인 통치체제를 정비했고, 북중국 지역의 지배를 직접 통치로 전환하기 시작했다. 그 정책의 일환으로 지방 행정 기구를 세웠다. 이는 대몽골시기 이래로, 북중국 지역에서 정치적·경제적 특권을 누리던 한인세후 세력과의 갈등을 야기했다. 반란을 계기로 쿠빌라이는 한인세후 세력들의 권한을 박탈하는 등 한층 강화된 지배 정책을 취했다.[12] 쿠빌라이는 지방 통치기구를 통해 기존의 위임 통치 방식으로 직접 통치로 전환해갔다. 이때 다루가치는 지방행정체제에 편입되어 몽골의 북중국 통치에서 직접적인 역할을 담당하게 되었다. 원 초 다루가치의 지방행정체제 편입 과정은 지방행정기구의 置廢와 더불어 단계적으로 진행되었다.

中統 원년(1260), 쿠빌라이는 제위 직후 북중국에 十路宣撫司를 세우고, 자신의 한인 막료들을 宣撫使와 副使들로 임명했다. 이들로 하여금 지방의 管民행정을 총괄하여[13], 農桑을 장려하게 하고, 백성의 어려움을 파악하며, 지방의 인재를 천거하게 했다.[14] 宣撫司는 여러 개의 路를 관할했는데, 각 路에 설치된 다루가치는 宣撫司의 관할하에 세금을 거두는 일을 담당했다. 그러나 宣撫司를 통한 지방 통치 강화는 몽골 투하 세력의 반대와 宣撫司 내 한인 신료들에 대한 쿠빌라이의 불신으로 결국 中統 2년(1261)에 폐지되었다.

그 다음 해 발생한 李璮의 반란은 쿠빌라이의 중앙집권적 통치를 강화하는 데 중요한 요인으로 작용했다. 쿠빌라이의 漢地에 대한 직접

---

12) 한인세후와 그 세력의 약화 과정에 대해서는 愛宕松男, 1988, 80~83쪽 ; 陳高華, 「大蒙古國時期的東平嚴氏」, 『元史論叢』 6, 1996 ; 到何之, 「關於金末元初的漢人地主武裝問題」, 『內蒙古大學學報』, 1978-1 ; 趙文坦, 「金元之際漢人世侯的興起與政治動向」, 『南開學報』, 2000-6 ; 蕭啓慶, 「元代幾個漢軍世家的仕宦與婚姻」, 『內北國而外中國(上冊)』, 北京 : 中華書局, 2007 ; 符海朝, 『元代漢人世侯群體研究』, 保定 : 河北大學出版社, 2007 참조.

13) 史衛民, 「元朝前期的宣撫司與宣慰司」, 『元史論叢』 5, 1993.

14) 『元史』 권4, 「世祖紀一」, 69쪽.

지배 정책은 지방 할거 세력의 권한 삭탈과 지방 관제와 행정기구 정비의 두 가지 방면으로 나타났다. 이단의 반란을 평정한 이후, 쿠빌라이는 세후들의 세습을 금하고, 그들을 파면하는 강경한 조치를 취했다.[15] 나아가 산동, 하북 등지의 투하 분봉 지역을 여러 관할 구역으로 나누어 분할 관리하게 하는 등 지방세력의 기반을 약화시켰다. 나아가 몽골 훈신 자제들을 한인세후의 근거지역인 산동, 하북 등지에 다루가치로 파견했다. 그들의 근거지에 몽골 다루가치를 카안의 대리자로 파견하여 한인세후의 권력을 대체하게 했다. 그 대표적인 예가 무칼리가의 후예인 타타르타이塔塔兒台를 東平路다루가치로 삼은 것[16]이다.

이어서 中統 3년(1262)에 軍, 民을 分治하는 조치를 취했다. 河南·山東에 주둔했던 한인세후의 군대는 각 漢軍 만호부대로 편입시켰고, 민정은 앞서 설립했던 宣慰司가 관리했다. 다루가치는 그 관리하에 있었다. 쿠빌라이는 조를 내려, "行中書省, 宣慰司, 諸路다루가치, 管民官으로 하여금 백성을 권유하여 토지를 개간하게 하고, 桑棗를 심게 하며 게으름으로 農時를 놓치는 일이 없도록 하라."[17]고 명했다. 이를 통해 지방 통치 체제를 강화하는 과정에서 다루가치가 行省, 宣慰司와 긴밀히 협조하여 관할 지역의 민생을 안정시키고, 생산력을 회복시켰으며, 사회를 안정시키는 管民행정을 담당하게 되었음을 알 수 있다.

쿠빌라이는 한인세후가 대대로 근거지에 할거하는 것을 금하도록 조를 내리고 동시에 遷轉法을 제정하여 반포했다. 至元 원년(1264)에

---

15) 『元史』 권5, 「世祖紀二」, 101쪽, "罷諸侯世守".
16) 『元史』 권118, 「塔塔兒台傳」, 69쪽.
17) 『元史』 권5, 「世祖紀二」, 89쪽.

반포된 「新立條格」의 기록에 따르면, "省과 州縣의 관원 수를 정하고, 관직에 따라 품계를 나누며, 봉록을 지급하고, 公田을 나누어 지급하고, 월일을 계산하여 殿最를 시행하라"[18]고 했다. 이는 지방행정체제 정비와 더불어 원 조정의 지방행정관원에 대한 관리를 강화하기 위한 제도적 조치였다. 아울러 路, 府, 州, 縣의 모든 지방관부에 다루가치를 두어 지방행정을 감독하게 했다.[19] 뿐만 아니라 쿠빌라이는 다루가치 선발 조건에 있어 민족 제한을 두었다. 至元 2년(1265) 쿠빌라이는 조를 내려 "몽골인으로 각 路다루가치를 삼게 하고, 한인은 總管, 무슬림[回回]은 同知로 삼도록 하라"[20]는 규정을 반포했다. 至元 5년(1268)에 다시 한인 다루가치들을 면직시키라는 조[21]를 내렸다. 이는 이단의 반란으로 말미암은 쿠빌라이의 한인 전반에 대한 불신에 연유한 조치였다.

원 초 다루가치는 쿠빌라이의 통치체제 정비 조치에 따라 지방행정 조직에 편입되었다. 지방 할거 세력을 방지하기 위해 마련한 遷轉法이 다루가치에게도 적용되었다. 民職과 投下州, 縣다루가치는 管民官의 법에 따라 30개월을 임기로 하여 解由에 이상이 없는 경우 遷轉할 수 있었다.[22] 당시 원의 遷轉法 규정에 따르면, 內任의 [임기는] 30개월을 기준으로 하고, 外任은 3년을 기준으로 했다.[23] 이를 통해 원 초기 다루가치는 內任官으로 간주되었음을 알 수 있다. 그러나 일마 후, 원 조정은 다시 다루가치 遷轉 규정을, "3년마다 한 차례씩 법에 따라

---

18) 『元史』 권5, 「世祖紀二」, 98쪽.

19) 劉敏中, 『中庵集』(『北京圖書館古籍珍本叢刊』第92冊, 北京 : 書目文獻出版社, 1987).

20) 『元史』 권6, 「世祖紀三」, 106쪽.

21) 『元史』 권6, 「世祖紀三」, 118쪽.

22) 『元典章』 권9, 「吏部三·官制三·投下官」 〈投下達魯花赤遷轉〉條, 292쪽.

23) 『元史』 권83, 「選擧志三」, 2064쪽.

給由하는 것"[24]으로 정했다.

이뿐 아니라, 다루가치 행정 제도화 과정에서 다루가치 자제의 蔭敍 규정이 제정되었다. 대몽골시기 이래로 다루가치의 선발에 고정적인 선발 기준이 정해지지 않았고, 다루가치의 자제가 부친 사후에 그 직위를 세습하는 것이 일반적이었다. 그러나 원 조정에서는 이것이 중원식 관료제도에는 부합하지 않는다고 판단하여 다루가치 자제에 대한 음서 규정을 마련했다.

至元 초년 中山府 管民官다루가치 보고르博兒의 아들 喊赤이 부직의 세습을 요청하자 원 조정에서는 다음과 같은 규정을 마련했다. "(路)總管府 다루가치직을 세습해야 하는 자는 下州다루가치로 임용하고, 散府 다루가치직을 세습해야 하는 자는 縣다루가치로 임용하게 했고", 이외에 "縣다루가치직을 세습해야 하는 자는 출신 배경[根脚]에 따라, 縣尉나 巡檢에 임용한다." 아울러 "대칸이 직접 임명한 자는 이 규정에서 예외이다."라고 했다. 여기에서 주목되는 점은 원 조정에서 이 규정을 적용할 때 종족적 차등을 두었다는 것이다. 즉 '몽골, 무슬림, 위구르, 나이만, 서하' 출신의 다루가치직 계승자들에게는 위의 조항을 적용하나, 이들을 제외한 '거란, 여진, 한인' 출신의 다루가치직 계승자들은 管民官 규정에 따라 蔭授[25]하게 했다. 일반 管民官 자제의 음서 규정에 따르면 "정3품 (관원의) 자제는 종7품관에 임용한다."고 되어 있는 반면, 다루가치 자제 음서 규정에 따르면 정3품 路總管府 다루가치의 아들은 종5품 下州다루가치에 임용되었다.

이 규정을 자세히 보면, 몽골과 색목인 출신 다루가치에 한해서는 그 특권적 지위를 보장하는 반면 여진, 거란, 북방 한인들에 대해서는

---

24) 『元典章』 권9, 「吏部三·官制三·投下官」〈投下達魯花赤遷轉〉條, 292쪽.
25) 『元典章』 권8, 「吏部二·官制二·承蔭」〈達魯花赤弟男承蔭〉條, 257쪽.

일반 管民官과 동일한 규정을 적용하고 있음을 알 수 있다. 다루가치 음서 규정은 몽골식 유목제도와 중원식 관료제도가 결합된 제도적 산물이었다.[26] 물론 이 음서 규정은 民職 다루가치에 한하여 적용되는 것으로, 軍職다루가치는 여전히 직위 세습을 통해 특권적 지위를 보장 받고 있었다.

대몽골국 시기 다루가치는 대칸의 家産 관리자이자, 피정복지에서 대칸의 대리자 신분으로 특권적인 지위를 누렸다. 대부분 다루가치는 정복전쟁 기간의 공신과 그 자제들에게 세습되었고, 케식 출신들이 대칸 혹은 몽골 왕공들에 의해 직접적으로 임명되었다. 다루가치의 임기가 정해져 있지 않아, 임시로 파견되어 임관 지역에 단기간 머무르는 다루가치들도 있었고, 평생을 임관 지역에서 머무르고 그 직위가 대대로 세습되는 경우도 적지 않았다. 이는 대몽골국 시기 다루가치에 대한 특별한 관리제도가 마련되지 않았음을 알려주는 동시에 그 특권적 지위를 반영하고 있다. 이에 반해 원대 초기 다루가치에 대한 遷轉法 과 음서 관련 규정들은 원대 다루가치의 行政管民官으로의 성격 변화를 보여주고 있다.

2) 원제국 초기(남송 정복전쟁 이전) 다루가치의 특징

『元史』열전과 원대 문집에 원제국 초기 다루가치들에 관한 기록들이 남아 있다. 〈표 4〉는 쿠빌라이가 제위에 오른 1260년부터 남송전쟁이 본격화되기 이전인 1272년까지 다루가치 임용의 대략적인 현황을 표로 정리한 것이다.

---

26) 원대 음서제도에 관하여, Elizabeth Endicott-West, "Hereditary Privilege in the Yüan Dynasty", *Journal of Turkish studies* Vol.9, 1985 참조.

〈표 4〉 원제국 초기(남송전쟁 이전) 다루가치

이름	종족	경로	초임	직임	임명시기	최종관직	출처
바쿠스 孛古思	몽골인 (케레이트)	軍功	益都等路 宣撫使	東平路副다루가치, 南京路·保定路다루가치	1262-1267년	保定路다루가치	『元史』권120,「鎭海傳」
쿠야후세인 忽押忽辛	몽골인		宣撫使	河中府다루가치	1262년	河中府다루가치	『元史』권134,「闊里吉思傳」
뭉케	몽골인			陵州다루가치	1263년 이전	陵州다루가치	『元史』권5,「世祖紀二」
몽골다이 忙兀帶	몽골인	承襲		陵州다루가치	1263년		『元史』권5,「世祖紀二」
오량기 兀良吉	몽골인			上都路다루가치	1263년		『元史』권5,「世祖紀二」
타타르타이 塔塔兒台	몽골인	承襲	東平路다루가치	東平路다루가치	1264년	東平路다루가치	『元史』권118,「木華黎傳」
수게速哥	몽골인	軍功	軍總管	德州다루가치	1265년	河東陝西等處萬戶府다루가치	『元史』권131,「速哥傳」
톡토르 脫朶兒	몽골인			高麗다루가치	1270년		『元史』권7,「世祖紀四」
탐마치 探馬赤	몽골인	軍功	蒙古漢軍萬戶	崇慶府다루가치	1272년	崇慶府다루가치	『元史』권132,「探馬赤傳」
아미르기 密里吉	색목인 (무슬림)	承襲	必闍赤	懷孟州다루가치	1255-1262년	懷孟州다루가치	『元史』권120,「曷思麥里傳」
시반 昔班	색목인 (위구르인)	케식	必闍赤長	眞定路다루가치	1260년	中書右丞, 翰林承旨	『元史』권134,「昔班傳」
나시르앗딘 訥剌丁	색목인 (무슬림)			安南다루가치	1262년		『元史』권5,「世祖紀二」
重喜	색목인 (티베트인)	軍功	征行元帥	臨洮府다루가치	1263년	鞏昌二十四處宣慰使	『元史』권123,「趙阿哥潘傳」
텡기 唐驥	색목인 (위구르)	케식	裕宗潛邸必闍赤	다루가치	元初	다루가치	『元史』권134,「唐仁祖傳」
사르기스 撒吉思	색목인 (위구르)	케식	幹眞必闍赤,北京宣撫	山東行省都督經略·統軍二使, 兼益都路다루가치	1260년대	益都路다루가치	『元史』권134,「撒吉思傳」
愛魯	색목인 (탕구트인)	承襲	大名路다루가치	大名路다루가치·中慶路다루가치	1260-1270년	雲南行省右丞	『元史』권122,「愛魯傳」
타란 鐵連	색목인 (나이만)	케식	宿衛王府(케식)	監隰州·平陽馬步站다루가치	1260년대 초	絳州다루가치	『元史』권134,「鐵連傳」

벡테긴 別的因	색목인 (나이만)	承襲	副萬戶	壽穎二州屯田府다루가치	1263년	台州路다루가치	『元史』권121,「別的因傳」,黃潛『金華黃先生文集』권28,「答祿乃蠻氏先塋碑」
夾穀留乞	한인 (여진인)	軍功		蓋州三頃合不哥民戶다루가치	元初	淄萊路總管	『金華黃先生文集』권35,「上都新軍管軍千戶夾穀公墓志銘」
王璋	한인			渠州다루가치	1262년		『元史』권5,「世祖紀二」
趙瑨	한인			眞定路다루가치	1266년이전		『元史』권5,「世祖紀二」
李福	한인			魚通·岩州等處다루가치	1267년		『元史』권6,「世祖紀三」
張庭珍	한인	케식	闓州安撫使	安南國다루가치	1269년	大司農卿	『元史』권167,「張庭珍傳」
焦天翼	한인			高麗다루가치	1270년		『元史』권7,「世祖紀四」

〈표 4〉에 열거된 다루가치의 수는 모두 24명이다. 원 초기에 임명된 다루가치의 출신 배경을 살펴보면 다수가 몽골제국 초기 정복전쟁 과정에서 공훈을 세운 공신 가문의 자제들임을 알 수 있다. 몽골인 다루가치 가운데에는 칭기스칸의 重臣 친카이의 아들 바쿠스勃古思[27], 칭기스칸 시기 원정 활동에서 선봉을 이끌었던 바스부카의 아들 구야후세인忽押忽辛[28], 무칼리의 동생으로 몽골제국 초기에 활약했던 名將 타이순帶孫의 후예 타타르타이塔塔兒台[29], 대금 전쟁에서 활약한 챠오스抄思의 아들 벡테긴別的因[30]이 있다. 색목인 가운데에는 티베트 출신으로 몽골제국 초기 전장에서 활약한 무장 趙阿哥潘의

---

27) 『元史』권120,「鎭海傳」, 2964쪽.
28) 『元史』권134,「闊里吉思傳」, 3261쪽.
29) 『元史』권118,「木華黎傳」, 2942쪽.
30) 『元史』권121,「別的因傳」, 2994쪽.

아들 重喜[31], 탕구트인 시리감보昔里鈐部의 아들 愛魯[32]가 있다. 선출 배경을 살펴보면 軍功과 父職의 承襲과 더불어 다른 직책에서 선발된 경우가 각각 동일한 비중을 차지하고 있다. 우구데이, 뭉케 시기와 마찬가지로 軍功과 承襲이 여전히 다루가치 선발의 주요 기준이 되었다. 그런데 이외에 宣撫使, 安撫使, 비쳬치 등 다른 軍官 혹은 문서행정관 등의 직책을 맡다가 다루가치로 선발된 경우들이 있어 주목된다. 이 가운데 비쳬치들은 대개 케식 출신으로 제왕의 측근에서 문서행정을 담당한 자들이었으며, 대표적인 예로 색목인 아미르기密里吉, 시반昔班, 唐驥, 타란鐵連, 사르기스撒吉思, 그리고 한인 張庭珍이 있다. 쿠빌라이 제위 초기 문서 행정 능력을 갖춘 일군의 다루가치들이 선발되었음을 알 수 있다.

원제국에서 몽골인, 한인을 제외한 다양한 종족 집단을 의미하는 색목인과 여진인, 거란인, 북중국인을 포함시켜 한인으로 분류하기 시작했다. 본 표에서도 원제국 이후의 종족 구분에 따라 크게 몽골인, 색목인, 한인으로 종족 출신을 구분했다. 종족 출신을 살펴보면 24명 가운데 몽골인이 9명, 색목인 9명, 한인이 6명이다. 당시 원제국 조정에서 다루가치의 종족 출신에 제한을 두는 규정을 마련했지만 이를 적용하는 과정에서 예외가 있었음을 알 수 있다. 이 중 한인 李福은 魚通(현 사천성 깐즈 캉딩), 岩州(현 베트남 북부) 등 지역의 다루가치에 임명되었고, 張庭珍과 焦天翼은 복속국인 安南과 高麗에 다루가치로 파견되었다. 蔡春娟의 연구에 따르면, 원제국 초기 다루가치 종족 출신을 몽골인으로 제한했음에도 불구하고 한인들이 다루가치로 파견되는 경우가 종종 있었는데 이는 기후 환경, 언어 소통의

---

31) 『元史』 권123, 「趙阿哥潘傳」, 3029~3030쪽.
32) 『元史』 권122, 「愛魯傳」, 3012쪽.

어려움으로 몽골인들이 기피하는 지역에 대체 인력이 필요했기 때문이었다. 이들은 때로 전공을 세워 몽골인들이 가기 어려운 변경 지역이나 복속국과 같은 특수 지역에 다루가치로 파견되었다.[33] 복속국의 경우를 살펴보면 한인 다루가치들이 부다루가치로 파견되어 몽골인 혹은 색목인 다루가치들의 의사소통을 도우며 정다루가치를 보좌했다. 가령 高麗 다루가치에 임명된 焦天翼은 부다루가치로서 몽골인 다루가치 톡토르脫朶兒를 보좌하는 역할을 맡았다.[34] 몽골 통치자들은 한자문화권인 安南과 高麗의 언어 문화적 환경을 고려하여 한인 다루가치들을 파견했던 것이다.

원제국 초 지방행정제도가 완비되기 전까지 북중국에서는 한인 세후를 통한 간접통치의 방식으로 몽골의 통치가 이루어졌다. 앞의 〈표 4〉에 나열한 다루가치의 임명 시기는 북중국에서 몽골의 통치가 간접통치에서 직접통치로 전환되는 시점과 거의 일치한다. 원 초 한인세후들이 북중국에서 할거하고 있을 때, 몽골 통치자는 다루가치를 파견하여 한인세후들과 함께 관할 지역을 다스리게 했다. 이때 다루가치들은 한인세후들을 견제하는 역할을 담당했는데, 한인세후의 주요 할거 지역인 東平路와 眞定路에 파견된 몽골 世家 출신의 타타르타이와 케식 출신의 색목인 시반 모두 그 대표적인 사례이다. 사르기스는 山東行省 都督經略·統軍二使와 益都路다루가치직을 겸했는데, 이단의 반란을 평정한 후 임명되어 益都路에서 한인세후 잔여 세력을 축출하고 몽골의 지배체제를 구축하는 데 기여했다.

---

33) 원대 한인 다루가치에 관해서 蔡春娟, 『元代漢人出任達魯花赤的問題』, 『北大史學』 第13, 2008, 126~129쪽 참조.
34) 『元史』 권7, 「世祖紀四」, 128쪽.

제2절 남송 정복 이후 다루가치 위상의 변화

1. 남송 정벌 시기 강남 지역 다루가치

1) 남송 정벌 시기 鎭守官으로서의 다루가치

유목국가는 점령한 정주 지역으로부터 공급되는 물자를 통해 경제
적인 안정을 누렸다. 이들은 제국 건설에 만족하지 않고 기동성을
바탕으로 재원을 확보할 수 있는 공급처를 지속적으로 찾았다. 쿠빌라
이는 대외 정복전쟁을 통해 남방의 풍부한 재원을 확보하고, 이를
통해 제국의 방대한 경제체제를 확립하고자 했으나 뭉케 사후 유라시
아의 정복지 전역에 宗王 울루스가 편재하면서 서방 진출이 가로막히
자 대외 정복의 방향을 동남아시아로 돌렸다. 그는 남송 정벌을 필두로
동남 해상의 諸國을 복속하고자 했다.

원의 南宋 정복전쟁 준비는 일찍이 시작되었으나, 滅宋을 목적으로
한 전쟁은 至元 10년(1273) 몽골군이 襄陽을 점령한 후 본격화되었다.
至元 13년(1276), 몽골은 남송의 수도인 臨安을 점령했고, 至元 16년
(1279) 남송은 멸망했다. 정복전쟁 기간, 몽골군이 점령한 성에 다루가
치가 신속히 파견되어 몽골의 점령 지역 지배를 공고히 했다. 전쟁이
끝난 직후에는 피정복 지역에서 반란의 가능성[35]이 남아 있어 원은
관례대로 점령된 도시에 安撫司[36]를 설치하고 다루가치를 두어 현지

---

35) 『元史』 권163, 「張雄飛傳」, 3821쪽, "民懷反側".
36) 安撫司는 金의 제도를 계승한 것으로 쿠빌라이는 潛邸 시기에 처음으로 한지에
邢州安撫司, 河南經略司, 陝西宣撫司를 설치하였다. 이는 과도기적 성격을 띤
監臨 기구이다(張帆, 2002 참조).

백성들을 감시하고 다스리게 했다. 형세가 안정된 후에 원 조정에서는
安撫司를 폐지하고 路總管府를 설치하여 정복 지역의 민정을 담당하게
했다. 또한 각 성에는 錄事司를 두어 관리하게 했다.

원의 강남 통치가 공고해지면서 강남 지역에 路總管府를 통한 지방
행정 체제가 갖추어졌다. 가장 먼저 湖南北, 江東西, 兩浙, 兩淮 지역에
路總管府가 설치되었고, 다음으로 廣東, 海南海北, 四川 지역에 세워졌
으며 마지막으로 廣西諸路에 路總管府가 설치되었다. 이로써 路總管府
의 설치는 至元 16, 17년에 기본적으로 완성되었다.37) 이 시기 남송
정부의 많은 관리들은 끝까지 몽골에 저항할 것인지 아니면 투항할 것인지
의 기로에 섰고, 이 가운데 일찍이 몽골에 투항한 자들은 몽골의 협력자들
이 되었다. 至元 12년(1275) 원 조정은 몽골인, 위구르인, 한인 14명으로
구성된 자들을 남방의 行省으로 보내 新附한 州郡에 관원을 임명하게
했는데, 이때 다수의 남송 관원들이 지방관으로 재임용되었다.38)

다루가치는 중원 지역과 마찬가지로 路總管府를 비롯하여, 그 이하
散府, 州, 司, 縣의 모든 지방관부 管民長官 위에 임명되었다. 원 조정에
서는 강남의 정복 지역을 안정시키고, 질서를 회복하는 管民행정이 급선
무였다. 至元 15년(1278) 원 조정에서는 다음과 같은 조서를 내렸다.

"남방의 州府 백성들 가운데 이미 조정에서 임명한 다루가치와 관민관
사의 관리를 받는 곳이 있다. (일찍이) 군관에서 거두어들였던 民戶들
은 聖旨가 도착하는 날부터 규정대로 府, 州, 司, 縣 관민관에게 보내
관리하게 하라. 오늘 이후로 군관은 예전처럼 사사로이 (백성)을 거두
어서는 안 된다."39)

---

37) 張金銑, 『元代地方行政制度研究』, 合肥 : 安徽大學出版社, 2001, 205쪽.
38) 植松正, 『元代江南政治社會史研究』, 東京 : 汲古書院, 1997, 227쪽.

원 정부에서는 군관이 백성을 私占하는 것을 금하고, 다루가치를 수뇌로 하는 지방관부에서 民戶를 관리하게 했다. 그러나 강남 지역 지배가 완전히 안정되지 않은 상황에서 다루가치의 鎭守官으로서의 성격은 여전히 유효했다.

전쟁이 끝난 직후 강남 민중의 격렬한 저항으로 말미암아 다루가치들과 그의 가족들이 피살되는 경우가 종종 있었다.[40] 다루가치의 軍事, 鎭守의 임무는 여전히 중요했고 강남 정복전쟁과 직후까지 상당수의 무장 출신이 다루가치직을 맡았다. 鎭江路의 경우 至元 13년(1276)에서 15년(1278)까지 무장 출신이 다루가치직을 맡았고, 그 이후에는 문관 출신자들이 다루가치직을 맡았다.[41] 일본 원정에서 중요한 군사기지 역할을 했던 慶元路는 至元 14년(1277)에서 28년(1291)까지 무장 출신 다루가치가 임명되었다.[42]

至元 16년(1279), 원 정부는 남송 정복 지역에 다루가치를 증설하는 조치를 취하여, 강남의 上, 中路에 다루가치를 두 명씩 두었고, 下路에는 그대로 한 명의 다루가치를 임명했다.[43] 다루가치의 증설은 강남의 불안정한 정치 군사적인 상황을 고려하며 鎭守를 강화하기 위한 조치로 판단된다. 아울러 경제적인 측면을 고려해 본다면, 경제가 발달한 강남 지방은 인구 10만 이상의 路가 북방보다 월등히 많았다. 익숙하지 않은 남방의 지리 환경을 관리하기에 한 명의 다루가치로는 불충분하다는 판단 하에서 上路와 中路에 다루가치를 증원하여 파견했다. 원의

39) 『元典章』 권34, 「兵部一·軍役·正軍」 〈省諭軍人條畵〉條, 1171쪽.
40) 『元史』 권150, 「趙賁傳」, 3584쪽, "龍泉縣張三八合衆二萬, 殺慶元縣達魯花赤也速台兒, 且屠其家".
41) 『至順鎭江志』 권15, 「元刺守」(南京 : 江蘇古籍出版社, 1999).
42) 『延祐四明志』 권2, 「職官考上」(『宋元方志總刊』本).
43) 『元史』 권10, 「世祖紀七」, 214쪽.

제도에 따르면, 대개 路는 10만 호 이상의 上路와 10만 호 이하의 下路로 나뉘며[44], 10만 호에 미치지 못하더라도 요충지인 경우 上路로 지정했다.[45] 『元史·百官志』에는 中路에 관한 기록이 없다. 이곳에 언급된 中路은 남송을 평정한 초기 남방에 임시로 취한 행정적 조치였다.

2) 남송 정벌 이후 강남 지역 다루가치

강남 정벌전쟁 기간에 참여한 상당수의 무장들은 논공행상 과정에서 강남 지역의 다루가치로 임명되었다. 이들의 민족 구성은 몽골인과 색목인, 한인 등 모두 다양했다. 몽골 통치자는 강남 정복 과정에서 여전히 한인 무장세력의 역량을 활용했는데 이는 新附 지역의 鎭守에 현지 환경에 익숙하고, 현지인들과 소통이 가능한 한인을 활용하는 것이 적합하다고 판단했기 때문이었다. 그리하여 참전한 한인 무장들은 전쟁이 끝난 후에도 강남 지역에 남아 다루가치로서 鎭守를 담당했다.

다음 〈표 5〉는 『元史』 열전과 원대 사람의 문집·원대 지방지 등에 산재되어 있는 다루가치 관련 기록을 바탕으로 쿠빌라이 제위 중후반기에 강남 지역에서 파견된 다루가치들이다. 당시 다루가치들은 지방

〈표 5〉 쿠빌라이 중후기 강남 지역 路摠管府에 파견된 다루가치

이름	종족	초임	직임	임명시기	최종관직	출처
호라초 忽剌出	몽골인	益都路蒙古萬戶	江陰鎭江安撫使司다루가치·湖州路다루가치	1275-1276년	江浙行省平章政事	『元史』 권133, 「忽剌出傳」, 『至順鎭江志』 권15, 「元剌守」
시라가 昔剌罕	몽골인		鎭江府路다루가치	1276년		『至順鎭江志』 권15, 「元剌守」

---

44) 『元史』 권91, 「百官志七」, 2316쪽 ; 『事林廣記』 前集권4, 「郡邑類」.
45) 『元史』 권91, 「百官志七」, 2316쪽.

중시 重喜	몽골인	征行萬戶	婺州路다루 가치	1276년	婺州路다루 가치	『元史』권132, 「重喜傳」
쿠투쿠 忽都虎	몽골인	洺磁等路都 다루가치	嘉興路다루 가치	1277년	邠州萬戶府 萬戶	『元史』권123, 「紹古兒傳」
코샹 和尙	몽골인	管軍百戶	常德路다루 가치	1277년	江南浙西道 提刑按察使	『元史』권134, 「和尙傳」
테무르부카 帖木兒不花	몽골인 (타타르)	淄萊水軍萬 戶	台州路다루 가치	1276-1278 년	四川等處行 平章政事	『元史』권132, 「帖木兒不花傳」
토곤 脫歡	몽골인 (잘라이르)	萬戶	太平路다루 가치·福州 路다루가치	1277-1278 년	武昌路다루 가치	『元史』권132, 「脫歡傳」
벡테긴 別的因	색목인 (나이만)	副萬戶	常德路副다 루가치	1279년	台州路다루 가치	『元史』권12, 「別的因傳」
馬天民	색목인 (웅구트인)	山東諸路榷 鹽使	太平江州等 路다루가치	至元中期		『金華黃先生文集』 권43,「馬氏世譜」
샤추잔 沙全	색목인 (카를룩)	管軍百戶	華亭府다루 가치·松江 萬戶府다루 가치·隆興 萬戶府다루 가치	1275-1283 년	松江萬戶府 다루가치	『元史』권132, 「沙全傳」
살치고아 바토르 苫徹拔都兒	색목인 (킵착)	百戶	滁州路다루 가치	1276년	滁州路다루 가치	『元史』권123, 「苫徹拔都兒傳」
올제이투 完者都	색목인 (킵착)	千戶	高郵路다루 가치	1276-1279 년	江浙行省平 章政事	『元史』권131, 「完者都傳」
마세르기스 馬薛里吉思	색목인 (也裏可溫)		鎭江府路다 루가치·副 다루가치	1278년		『至順鎭江志』권15, 「元刺守」
마고 麻兀	색목인 (킵착인)		滁州路다루 가치	1280년		『元史』권123, 「苫徹拔都兒傳」
잘라르 앗딘 札剌兒丁	색목인 (무슬림)		鎭江府路다 루가치	1283년		『至順鎭江志』권15, 「元刺守」
힌도차스 忻都察	색목인 (무슬림)		鎭江府路다 루가치	1285년		『至順鎭江志』권15, 「元刺守」
탁추 鐵哥朮	색목인 (위구르인)	棣州다루 가치	德安府다루 가치·婺州 路다루가치	至元中期	婺州路다루 가치	『元史』권135, 「鐵哥朮傳」
하라부카 合剌普華	색목인 (위구르인)	商山鐵冶都 提擧	寧海路다루 가치	至元中期	廣東都轉運 鹽使	『元史』권193, 「合剌普華傳」
李占哥	한인 (여진인)	壽州等處招 討使	江陰鎭江安 撫使司다루 가치	1275년		『至順鎭江志』권15, 「元刺守」

史弼	한인	管軍總管	揚州路다루가치	1276년	江西行省平章政事	『元史』 권162, 「史弼傳」
嚴忠傑	한인		鎮江府路다루가치	1276년		『至順鎮江志』 권15, 「元刺守」
張君佐	한인	炮水手元帥	安慶府安撫司軍民다루가치	1276년	炮水手元帥	『元史』 권151, 「張榮傳」
趙伯成	한인	百戶	建寧安撫司다루가치	1276년	漳州新軍副萬戶	『滋溪文稿』 권15, 「元故武義將軍漳州新軍萬戶府副萬戶趙公神道碑銘並序」
張炤	한인	中書省掾	揚州路다루가치·鎮江府路다루가치	1276,1278년	東昌路總管	『紫山大全集』 권15, 「張彦明世德碑銘」, 『至順鎮江志』 권15, 「元刺守」
成聚	한인		慶元路다루가치	1277년		『延祐四明志』 권2, 「職官考上」
趙賁亨	한인	行軍千戶	處州路다루가치	1277년	處州路管軍萬戶	『元史』 권151, 「趙賁亨傳」
張雄飛	한인	平陽路轉運司同知	澧州路다루가치	1277년	燕南河北道宣慰使	『元史』 권163, 「張雄飛傳」
張禧	한인	新軍千戶	江陰路다루가치	1277년	行省平章政事	『元史』 권165, 「張禧傳」
秦珪	한인		慶元路다루가치	1278년		『延祐四明志』 권2, 「職官考上」
史桓	한인		鎮江府路總管府	1279년		『至順鎮江志』 권15, 「元刺守」
何瑋	한인	行軍千戶	太平路安撫司다루가치	至元中期	河南行尚書省平章政事	『雪樓集』 권8, 「梁國何文正公神道碑」
張庭珍	한인	閬州安撫使	平江路다루가치	至元中期	大司農卿	『元史』 권167, 「張庭珍傳」
邸澤	한인	管軍總押	郴州路다루가치	至元中期	潁州漢軍萬戶	『元史』 권151, 「邸順傳」

관부인 路, 府, 州, 縣급에 두루 임명되었는데 〈표 5〉에서는 남송 멸망 직전인 至元 12년(1275)에서 몽골의 강남 지배가 안정화된 至元 22년(1285) 사이에 路摠管府에 파견된 다루가치들을 중심으로 그 특징들을 살펴보았다.

〈표 5〉에는 다루가치 33명이 나열되어 있다. 초임과 최종 관직이

모두 밝혀진 이는 23명이고 이 가운데 20명이 무장이다. 초임 혹은 최종 관직이 누락된 10명 가운데 鎭江府路의 시라가^{昔刺罕}, 嚴忠傑, 마세르기스^{馬薛里吉思}는 임용 당시 武散官이었다는 사실로 미루어 무관이었을 가능성이 높다. 이를 통해 33명 가운데 최소 23명이 무관 출신이었음을 알 수 있다. 이들은 대개 남송전쟁에서 공적을 세우고 남송이 멸망한 후 강남 지역의 다루가치로 임명된 자들이었다. 몽골의 강남 지배가 안정화됐지만 여전히 반란의 위험이 도사리고 있는 상황에서 무장 출신의 다루가치들은 반란을 진압하고, 몽골의 지배를 공고히 하는 데 중요한 역할을 담당했다.

위 표에서 무장 출신이 아닌 다루가치들은 기사가 누락된 경우를 제외하고 대개 두 가지 부류로 나눌 수 있다. 張炤와 張庭珍은 모두 문관 신분으로 남송전쟁에 참전하여 공을 세운 자들이었다. 張炤는 淮西行中書省左右司郎中에 임명된 후 揚州 전투에 참전하여 "아직 정복되지 않은 州郡에 격문을 전했고, 모두 형세를 보고 복속했다."[46] 張庭珍은 일찍이 襄陽行省郎中에 임명되었고, 송의 장수 呂文煥이 투항하는 과정에서 중요한 역할을 했다.[47] 하라부카와 張雄飛는 강남 다루가치로 파견된 자들이었는데, 『원사』의 기록에 따르면, 모두 권신 아흐마드^{阿合馬}의 미움을 사서 강남 지역으로 전출된 자들이었다.

종족 출신을 살펴보면 33명 가운데 몽골인이 7명, 색목인이 11명, 한인이 15명으로 한인의 비중이 가장 높고, 그 다음이 색목인이다. 이는 강남 지역에 임명된 다루가치에 종족 출신의 제약이 없었음을 반영하고 있다. 몽골 통치자들은 남송전쟁 과정에서 북중국 한인 무장 세력에 상당 부분 의존했고, 전쟁이 종료된 이후 새롭게 복속된 지역을

---

46) 『元史』 권170, 「張炤傳」, 3997쪽.
47) 『元史』 권167, 「張庭珍傳」, 3921쪽.

鎭守하기 위해서도 한인 출신 다루가치를 임명했는데, 이들이 몽골인들보다는 상대적으로 남방의 기후 환경에 적합한 자들이었다.

남송 정복전쟁을 전개한 몽골은 남송 지역의 지방행정기구 중 상급 관할 구역을 맡은 路에 단계적인 개편을 단행했다. 이 조치는 각 지역의 점령 시기와 점령 지역의 정치, 군사적 상황에 따라 다소간 차이를 보인다. 원대 지방지인 『至順鎭江志』에는 鎭江路의 조직 개편 사례가 비교적 잘 반영되어 있다. 원 조정에서는 至元 12년(1275) 鎭江路를 점령한 후, 임시적 軍政기구의 성격을 지닌 江陰鎭江安撫使司를 설치하고 다루가치와 安撫使를 두었다. 이듬해 至元 13년(1276) 安撫使司는 鎭江府路總管府로 바뀌었고, 다루가치와 路總官이 설치되었다. 至元 26년(1289), 원의 남송지배가 궤도에 오르고 강남 지역에 대한 통치가 안정된 이후, 鎭江府路總管府는 民政기구인 鎭江路總管府로 그 명칭이 바뀌었다. 路의 성격이 변화해 감에 따라, 다루가치의 성격 또한 달라졌다.

다음 〈표 6〉은 원대 지방지 『至順鎭江志』에 기재된 至元 12년(1275)에서 지원 26년(1289) 사이 임관한 다루가치 명단이다. 이 표에 따르면, 至元 12년에서 13년까지 江陰鎭江安撫使司에 몽골만호인 호라초忽剌出와 여진인 李占哥가 다루가치직을 맡았으며 이들은 무장으로서 관할지역의 鎭守를 담당했다. 至元 13년(1276) 2월에 江陰鎭江安撫使가 폐지되고 管民기구인 鎭江府路總管府가 세워졌다. 이 시기부터 路에 임관한 다루가치는 管民 장관의 역할을 맡았으나, 강남 지역이 형세가 완전히 안정되지 않은 상황에서 至元 15년(1278)까지 무장 출신이 다루가치직을 맡았다. 그런데 위 표의 다루가치의 散官을 보면 至元 15년 11월 張炤에서부터 문관 출신이 다루가치직을 맡았음을 알 수 있다. 또한 至元 12년, 13년 단기간 몽골인이 강남에 다루가치로 파견되었으나,

<표 6> 鎭江路와 관할 錄事司, 縣에 임명된 다루가치(1277~1289년)

이름	종족	직임 및 작위	임기(임명시기)
江陰鎭江安撫使司다루가치(1275~1276년)			
호라초忽刺出	몽골인	蒙古萬戶(兼다루가치)	1275년 3월
李占哥	한인(여진인)	壽州等處招討使(行다루가치)	1275년 3월
鎭江府路總管府다루가치(1276~1289년)			
시라가昔刺罕	몽골인	昭勇大將軍	1276년 2월
嚴忠傑	한인	昭勇大將軍兼管軍萬戶	1277년 3월~1278년 5월
마세르기스馬薛里吉思	색목인(에르케운)	懷遠大將軍	1278년 정월~8월
張炤	한인	太中大夫	1278년 11월~1279년 5월
史桓	한인	嘉議大夫	1279년 10월
잘라르 앗 딘札刺兒丁	색목인(무슬림)	朝列大夫	1285년 8월~1285년 11월
힌도차스忻都察	색목인(무슬림)	通議大夫	1285년 11월~1289년 정월
錄事司다루가치			
侯景安	몽골인		1276년 윤3월
田願	한인	進義校尉	1278년 5월
힌도忻都	색목인(위구르)	進義副尉	1283년 11월
라마단亦刺馬丹	색목인(무슬림)		1287년 2월
丹徒縣다루가치			
蒼博都察	색목인(察刺溫)	忠翊校尉	1275년 10월
바야구데伯牙兀歹	색목인(하서인)	敦武校尉	1277년 정월
알 라 앗 딘阿老瓦丁	색목인(무슬림)	忠顯校尉	1277년 2월
요샤프테직亦速福鐵直	색목인(무슬림)	修武校尉	1284년 정월
테무카아帖木海牙	색목인(위구르)	承務郞	1288년 2월
丹陽縣다루가치			
張振	한인	進義副尉	1275년 3월
우마르烏馬兒	색목인(무슬림)	敦義校尉	1277년
호자치火者赤	색목인(무슬림)	進義校尉	1281년
무샤피木斜飛	색목인(무슬림)	進義校尉	1288년
金壇縣다루가치			
이그미슈亦黑迷失	색목인		1276년 9월
張振	한인		
사브 앗 딘沙不丁	색목인(무슬림)		
아실 앗 딘愛速丁	색목인(무슬림)	敦武校尉	1282년 9월
衆家奴		承務郞	1283년 7월
拜降		承事郞	1285년 10월
요세프要斜不	색목인	敦武校尉	1286년 10월

이후에는 한인과 색목인들만이 鎭江路다루가치직을 맡았다는 사실도 확인할 수 있다. 몽골인 시라가昔刺罕는 至元 12년(1275) 3월에 鎭江路다루가치로 부임했다가 어떠한 연고인지 알 수 없지만, 그 다음날 북방으로 바로 돌아갔다.[48] 구체적인 사정은 알 수 없으나, 몽골인이 강남지역의 기후와 언어 환경에 적응하지 못한 경우에 해당하는 사례였을 가능성이 있다. 한편 위 표의 嚴忠傑과 史桓은 각각 한인세후 東平嚴氏와 眞定史氏 출신이다. 이는 원 초 李璮의 반란 이후 한인세후 세력들이 약화되었음에도 불구하고, 강남정벌 과정에서 이들은 중요한 역할을 했을 뿐 아니라 가문의 배경을 입고 여전히 몽골 통치자의 협조자로서 지위를 보전하고 있었던 사실을 드러낸다.

2. 원 중기 다루가치 위상의 변화

1) 원 조정의 강남 파견 다루가치에 관한 관리 규정

앞서 살펴보았듯이 이단의 반란을 평정한 후, 至元 2년(1265) 쿠빌라이는 "몽골인으로 각 路다루가치를 맡게 하고, 한인은 路總官, 무슬림은 同知로 충임하며, 이를 영원히 규정으로 삼는다."[49]라는 조서를 내렸다. 그리고 至元 5년(1268)에 "모든 한인 다루가치를 해임하라"[50]고 명했다. 그런데 남송 정벌전쟁 기간과 강남 지역이 안정된 이후의 다루가치를 살펴보면, 상당수의 한인이 남방 다루가치에 임명되었다. 이를 통해 원제국에서 반포된 규정이 현지 상황에 따라 유연하게 시행되었

---

48) 『至順鎭江志』 권15, 「元刺守」.
49) 『元史』 권6, 「世祖紀三」, 106쪽.
50) 『元史』 권6, 「世祖紀三」, 118쪽.

음을 확인할 수 있다. 그런데 至元 16년(1279) 강남의 형세가 안정되자 원 조정에서는 한인 다루가치의 해임에 관해 다시 논의했다.[51] 위 표에서 史桓을 마지막으로 한인 다루가치가 임용된 기록이 없다는 사실을 통해 이 조치가 시행되었음을 알 수 있다.

그런데 강남의 일부 지역에서 한인들이 여전히 다루가치로 파견되었던 것으로 추정된다. 『元典章』에 수록된 至元 22년(1285)의 어느 上奏文에 기록되어 있기를, "앞서, '몽골, 무슬림, 위구르인으로 하여금 남인들과 함께 일하도록 하라'고 성지를 내리셨는데, 현재 남방 지역을 보니 성에 몽골인, 무슬림, 위구르인들이 있는 곳도 있고 없는 곳도 있습니다."[52] 이때 언급된 '몽골인, 무슬림, 위구르인'들이 다루가치를 지칭하는 것인지 정확히 알 수 없지만, 남방 지역의 지방관부 중에 몽골인, 색목인을 제외한 한인들만 재직하고 있는 곳이 있었음을 알 수 있다. 적응이 어려운 강남의 기후 환경에서 임관을 기피한 몽골, 색목인 관원의 사례가 있었던 것이다.

얼마 후 원 조정에서는 강남 변방 지역의 다루가치로 한인들을 파견할 수 밖에 없는 현실을 인정하고 이를 반영한 규정을 새로 마련했다. 至元 25년(1288), 湖廣 行省에서 올린 奏에 따르면, "左, 右江口溪洞[53] 蠻獠[54]에 네 개의 總管府를 두고 州, 縣, 60개의 洞을 통할하게 했는데, 임명된 관원들이 瘴癘에 걸리는 것이 두려워 감히 가지 못하고 있습니다. 청컨대, 한인들을 다루가치로 임명하고 군관들에게 民職을 맡기십시오."라고 제안했다. 이에 조정에서는 이를 수용하여 시행했다.[55]

---

51) 『元史』 권10, 「世祖紀七」, 216쪽, "議罷漢人之爲達魯花赤".
52) 『元典章』 권8, 「吏部一·官制二·選格」 〈色目漢兒相參勾當〉條, 246쪽.
53) 고대의 苗族·侗族·壯族과 그 거주 지역을 지칭한다.
54) 고대 서남방 소수민족에 대한 蔑稱이다.
55) 『元史』 권15, 「世祖紀十二」, 315쪽.

남방의 소수민족 지역에 한해 시행된 특수한 규정이지만, 이를 통해 한인들이 다루가치에 임명될 수 있는 공식적인 길이 정식으로 마련되었다.[56]

원 조정은 남송 정벌 이후 남방 지역에 다루가치 선발 제도 중의 하나인 음서의 규정을 조정했다. 至元 7년(1270)에 반포된 「다루가치 弟男 음서」 규정에 따르면, 다루가치의 자제[몽골, 색목인에 한하여]들은 일반 管民 관원보다 더 높은 관품으로 관직을 받았다. 그런데 至元 19년(1282)에 반포된 「江淮致仕, 身故官員」條의 음서 규정에서는 "江淮 다루가치 관원 가운데 이전 경력이 (기준에) 부합하지 않는데도 갑작스럽게 승진하는 자가 많은 까닭에, 腹里의 기준으로 결정하는 데 어려움이 있다"[57]고 했다. 강남에 파견된 다루가치들의 경력과 자격이 북방 지역을 기준으로 한 다루가치 弟男 음서 규정에 부합하지 않아, 북방의 다루가치에 상응하는 규정을 적용할 수 없다는 것이다. 원 조정에서는 자격이 충족되지 않는 자를 남방 다루가치에 임명하는 것을 금하고 남방 다루가치 자제는 반드시 1년간 관품이 없는 임시직 관원인 儤使직을 맡게 했다. 또한 음서로 남방 다루가치가 된 자는 평생 강남에서만 관직 생활을 해야 했다.[58]

남방 다루가치 관리 규정의 강화는 남송 정벌전쟁 기간을 거치며 강남 지역에서 다루가치의 선발 기준이 느슨해진 것과 관계가 깊다. 몽골인과 공신 가문 출신 색목인들이 익숙지 않은 강남 지역 전출을

---

56) 蔡春娟은 至元 초년 원 조정에서 한인 다루가치의 임용을 금지했지만 이후에도 번속국 파견, 邊遠 소수민족 지역 파견, 전시 공적을 세운 특수한 경우에 한해 한인 다루가치가 임명되었다고 보았다(蔡春娟, 「元代漢人出任達魯花赤的 問題」, 『北大史學』 13, 2008, 126~129쪽 참조).

57) 『通制條格』 권6, 「選擧·蔭例」(方齡貴校注本, 北京 : 中華書局, 2001), 266~267쪽.

58) 『通制條格』 권6, 「選擧·蔭例」, 267쪽.

기피하자 자격 요건이 떨어지는 이들이 강남 지역의 다루가치에 임명되었다. 결국 원 조정에서는 남방 다루가치에게 일반 관민관에 준하는 처우를 하기로 결정했던 것이다.

2) 음서 규정을 통해 본 원 중기 다루가치의 지위 변화

至元 31년(1294) 쿠빌라이가 사망하고 成宗 테무르가 즉위했다. 이시기 다루가치 제도는 전국적으로 확대 시행되었으며, 관리 규정과 임용 특징 등에서 몇 가지 새로운 변화가 나타났다. 大德 4년(1300), 원 정부는 새로운 음서 규정을 반포했다. 이 규정에 따르면 다루가치가 음서를 통해 누리던 일종의 특권을 상실하게 되었으며, 다루가치들의 음서 규정은 일반 관원들과 동일해졌다. 이는 다루가치 관리에서 나타난 중요한 변화였다. 『通制條格』에 수록되어 있는 관련 규정을 살펴보면 다음과 같다.

'공신 가문[根脚] 출신으로 황제가 알고 있는 몽골인들 자손 가운데 父職, 兄職을 承蔭한 자는 카안이 승인하는 대로 하라. 그들 이외에 1품의 자제는 정5품으로 음서하고, 종2품은 종5품에 음서하고 정2품의 자제는 정6품에 음서하고, 다음 차례는 7품이다. 색목인은 한인보다 一等 높게 결정한다.'
'諸色目人은 한인보다 一等 높게 음서한다. 다루가치의 자손은 民官 자손과 동일하게 음서한다.'
'正蒙古人이 만약 황제가 아는 공신 가문 출신의 중요한 인물이라면, 대칸의 결정을 따른다.'[59]

이 내용을 표로 정리하면 다음과 같다.

〈표 7〉 대덕 4년(1300) 관민직 다루가치 음서 규정

직무	品級	受蔭者 品級		
		'정몽골인' 가운데 황제가 알고 있는 공신 가문 출신 몽골인	몽골인 색목인	한인
上路總管府達魯花赤	正三品		從六品	正七品
下路總管府達魯花赤	從三品		正七品	從七品
散府達魯花赤	正四品		從七品	正八品
上州達魯花赤	從四品		正八品	從八品
中州達魯花赤	正五品	카안이 직접 결정	從八品	正九品
下州達魯花赤	從五品		正九品	從九品
上縣達魯花赤	從六品		巡檢	近上錢穀官
中縣達魯花赤	正七品		近上錢穀官	酌中錢穀官
下縣達魯花赤	從七品		酌中錢穀官	近下錢穀官

이 규정에서 음서 대상이 되는 종족 집단은 크게 정몽골인, 색목인, 한인의 셋으로 분류되고 있다. 여기서 언급된 정몽골인은 대몽골국 건립 이전의 몽골 부족의 후예들로서, 몽골인으로 통칭되는 일반적인 몽골인들과는 구별되는 몽골의 핵심적인 통치 집단을 지칭했다. 이들은 음서 규정의 제한을 받지 않고 대칸의 특별한 예우를 받았다. 그렇다면, 키리예트, 메르키트, 타타르부와 같이 칭기스칸에 복속된 몽골 초원 부족 출신의 몽골인들은 어떻게 대우했을까? 관련 규정이 『元史』에 다음과 같이 기록되어 있다.

　　(大德 4년) 8월 癸卯朔, 음서 법령을 개정했다. 정1품의 자제는 정5품, 종5품의 자제는 종9품, 그 사이의 正從은 이렇게 차등을 둔다. 몽골·색목인은 특별히 한 등급을 우대한다.[60]

---

59) 『通制條格』 권6, 「選擧·蔭例」, 268~269쪽.
60) 『元史』 권20, 「成宗紀三」, 432쪽.

이를 통해 정몽골인 이외의 몽골인들은 색목인과 동일한 규정을 적용했음을 알 수 있다. 따라서 『通制條格』의 개정된 음서 규정에 명시되어 있지는 않지만, 諸色目人이 정몽골인 이외의 몽골인들을 포함하는 광의의 개념으로 사용된 것이라고 볼 수 있겠다.[61] 이 규정에 따르면, 테무르 시기 다루가치 자손은 음서에서 특권적인 지위를 누리지 못하고 일반 관민관과 동일한 대우를 받았다. 또한 몽골제국에서 특수한 지위를 차지하는 정몽골인과 공신 세가 출신들을 제외한 몽골인과 색목인들의 자제들은 한인 관원에 비해 한 등 높은 관품의 다루가치직에 제수되었다. 쿠빌라이 시기의 관원 음서 규정과 비교해 볼 때, 民職 다루가치가 더 이상 특수한 지위를 누리지 못하고 일반적인 管民 관원으로 그 지위가 하락했음을 말해주고 있다.

〈표 8〉 남송전쟁 전후 지방관민관부 수 비교

시기	路	府	州	縣	총수
至元前期(~1271)	31	10	134	427	512
至元後期(1288~1292)	175	32	295	1076	1578

원 중기 다루가치의 지위가 하락한 주요 원인은, 그 수적 급증에서 찾아볼 수 있다. 원은 대 남송 정복전쟁을 통해서, 강남의 풍부한 물자와 노동력를 확보했다. 그런데 그만큼 관리해야 하는 인구의 수도 급증했다. 至元 8년(1271)까지 路, 府, 州, 縣 관부 수를 합쳐보면 모두 대략 512개로 집계된다. 그런데, 남송 정복전쟁이 끝나고 강남 지역의 행정체계가 정비된 이후(至元 25년에서 29년)의 지방관부 수는 모두

---

61) 船田善之는 원대 '色目'에 대한 광의의 개념에서는 몽골인이 포함된다는 견해를 제시한 바 있다. 船田善之, 「色目人與元代制度, 社會―重新探討蒙古·色目·漢人·南人劃分的位置」, 『元史論叢』 9, 北京 : 中國廣播電視出版社, 2004, 162~171쪽 참조.

합쳐서 약 1578개로 늘어났다.[62]

　이 시기 강남 지역에 1066개 지방관부가 증설된 것이다. 새롭게 수복된 남방 지역에 많은 수의 다루가치 설치가 요구되는 과정에서, 자연스레 다루가치의 선발 기준이 낮아지게 되었다. 앞서 살펴보았듯이 몽골인 무장들은 기후와 낯선 생활 환경 때문에 남방 지역에서의 관직 생활을 기피했다. 결국 원 조정에서 다루가치 선발 조건을 완화하여 출신 배경이 없거나, 경력이 미비한 자들을 강남 지역 다루가치로 임명했던 것이다.

　〈표 8〉에서 볼 수 있듯이, 남송 정복으로 인해 至元 전기부터 후기까지 지방 管民官府의 수가 두 배로 증가했고, 民職 다루가치의 수도 이와 함께 증가했다. 다음 〈표 9〉를 보면, 至元 29년(1292)에 이르기까지 남방에 총 1,095명의 民職 다루가치를 두었는데, 대부분이 송 정벌 이후 새로 증원된 수이다.

〈표 9〉 1292년 북방과 남방 관민관부 및 다루가치 수의 비교

지역	路(괄호 안은 上路 수)	府	州	縣	錄事司	民職 다루가치의 수
北方	39(2)	20	134	435	23	653
南方	136(39)	25	180	641	74	1095

　몽골제국 초기부터 원 전기에 이르기까지 다루가치는 정복전쟁 시기 참전하여 큰 공을 세운 자들이거나 훈신귀족의 자제, 혹은 대칸의 케식으로 출신 배경이 우수한 자들이었다. 경력이 탁월한 자들 또한 제국의 다루가치로 선발되었다. 원대 중기에 이르러 다루가치의 선발

---

62) 이 수치는 『元史·地理志』와 李治安 主編의 『中國行政區劃通史·元史卷』에 의거한 것으로, 오차가 있을 수 있다. 그러나, 원 지방관부의 대략적인 상황을 반영한 것으로 보고 논거로서 사용하였다(李治安, 薛磊, 2009 참조).

合쳐서 약 1578개로 늘어났다.[62]

요건과 그 출신 배경에 변화가 발생했다. 새로운 정복 지역의 통치 환경에 맞추어 다루가치들의 선발이 고려되었으며, 특히 남방의 환경과 풍토에 잘 적응하고, 언어 소통이 가능하며, 강남 지역의 한인들을 다스리기에 적합한 자들이 강남 지역의 다루가치로 선발되었다. 이는 다루가치의 정치적, 사회적 지위의 전반적인 하락이라는 결과를 낳았다.

【부록】 원 중후기 民職 다루가치

이름	종족	경로	초임	직임	임명시기	최종관직	출처
아이부게차르 愛不哥察兒	몽골인	王府怯薛	韶州路 다루가치	韶州路 다루가치	1308년	韶州路 다루가치	『申齋集』권8,「大元宣武將軍韶州路達魯花赤愛不哥察兒公神道碑」
다르마시리 達爾瑪吉爾迪	몽골인		秘書省官	常州路 다루가치	1310~1311년		『牆東類稿』권9,「常州路達嚕噶齊太中大夫德政碑」
道家奴	몽골인	怯薛必闍赤	資成庫副使	大同路朔州 다루가치	1312년	道州路總管府同知	『金華黃先生文集』권35,「眞定路總管府達魯花赤致仕道家奴嘉議公墓志銘」
두구치 禿忽赤	몽골인	吏員	通山縣 다루가치	安定州 다루가치	1312~1314년	安定州 다루가치	『吳文正集』권35,「故奉義大夫安定州達魯花赤禿忽赤墓表」
베르케부카 別兒怯不花	몽골인	怯薛	八番宣撫司 다루가치	八番宣撫司 다루가치	1320~1323년	中書右丞相	『元史』권140,「別兒怯不花傳」
마자르타이 馬札兒台	몽골인 (메르키트)	怯薛	典用太監	大都路 다루가치	1327년 이전	中書右丞相	『元史』권138,「馬箚兒台傳」
암돌라 諳都剌	몽골인 (케레이트)	吏員	翰林院札爾里赤	襄陽路 다루가치	1330년	益都路總管	『元史』권192,「良吏傳二」
타부타이 塔不歹	몽골인			撫州路 다루가치	1330~1332년		『吳文正集』권35,「撫州路達魯花赤禱雨記」
바시 拔實	몽골인 (케레이트)	怯薛	長秋寺丞	大都路 다루가치	1340~1350년 사이	河西隴北道肅政廉訪使	『金華黃先生文集』권25,「資善大夫河西隴北道肅政廉訪使凱烈公神道碑」

이름	종족	출사	관직1	다루가치직	연도	최종관직	출전
카라부카 合剌不花	몽골인 (케레이트)			台州路 다루가치·徽州路다루가치	1340~1350년 사이		『師山集』권5,「徽州路達魯花赤合剌不花公去思碑」
타이부카 泰不華	몽골인	進士	集賢修撰	台州路 다루가치	1350년	台州路 다루가치	『元史』권143,「泰不華傳」
시림 識里木	몽골인	軍功		襄陽 다루가치	1352년		『元史』권142,「答失八都魯傳」
밍간투 民安圖	몽골인	承襲	靖安縣 다루가치	靖安縣다루가치	1352년	靖安縣 다루가치	『元史』권195,「忠義傳三」
보얀부카 普顏不花	몽골인	進士	翰林修撰	益都路 다루가치	1356년	知樞密院事·山東行省平章	『元史』권196,「忠義傳四」
타부타이 塔不台	몽골인	進士		襄陽錄事司다루가치	1350~1360년	襄陽錄事司다루가치	『元史』권194,「忠義傳二」
초르카이 潮海	몽골인	國子生		靖安縣 다루가치	1350~1360년	靖安縣 다루가치	『元史』권195,「忠義傳三」
우룩부카 月魯不花	몽골인	進士	台州路錄事司다루가치	台州路錄事司다루가치·南陽府穰縣다루가치·保定路다루가치·大都路다루가치	順帝연간	山南道肅政廉訪使	『元史』권145,「月魯不花傳」;『金華黃先生文集』권35,「明威將軍管軍上千戶所達魯花赤遜都台公墓志銘」,「元統元年進士錄」
톡토 脫脫	몽골인 (케레이트)		縣 다루가치	潭州路 다루가치	원후기	翰林學士承旨	『金華黃先生文集』권25,「翰林學士承旨仕脫脫公塋碑」
사오리 守禮	색목인 (나이만)	進士		武州 다루가치	文宗연간		『金華黃先生文集』권28,「答祿乃蠻氏先塋碑」
보랑키 孛蘭溪	색목인 (나이만)	蔭敍		寧國路宣城縣다루가치	文宗연간		『金華黃先生文集』권28,「答祿乃蠻氏先塋碑」
벡테긴 別的因	색목인 (나이만)	承襲	副萬戶	台州路 다루가치	1309년	台州路 다루가치	『元史』권121,「別的因傳」
낭기야타이 囊加歹	색목인 (나이만)	軍功	都元帥府經歷	蘄縣萬戶府다루가치	1307~1311년	河南行省平章政事	『元史』권131,「囊加歹傳」
코케초 闊闊出	색목인 (탕구트)	怯薛	大同路廣勝庫다루가치	大同路武州다루가치,建州·利州다루가치	1297년	大寧路總管	『元史』권134,「朶羅台傳」
양주부카 揚珠布哈	색목인 (위구르)	怯薛	福建廣東道提刑按察司僉事	沅州路다루가치·南安路다루가치	1305~1307년	廣東道宣慰使都元帥	『牆東類稿』권12,「中奉大夫廣東道宣慰使都元帥墓志銘」

이름	색목인	입사		다루가치 직책	연도	관직	출전
벡테무르 柏鐵木兒	색목인 (카를룩)	仕薛	懷孟路 다루가치	懷孟路다루가치	1307년	大都留守兼少府監·武衛親軍都指揮使	『金華黃先生文集』권43,「太傅文安忠憲王家傳」
루트 婁圖	색목인 (킵착)			無錫州다루가치	1308~1320년		『雪樓集』권6,「林國武宣公神道碑」
베르케 別里怯	색목인 (킵착)			長興州다루가치	1308~1320년		『雪樓集』권6,「林國武宣公神道碑」
압둘라 諳都剌	색목인 (무슬림)	吏員	中都留守司都事	大都路警巡院다루가치	1314~1315년	大都路警巡院다루가치	『至正集』권53,「西域使者哈只哈心碑」
테무르부카 帖木兒補化	색목인 (위구르)	仕薛	領大都護事	鞏昌等處都總帥다루가치	1314~1320년	中書左丞相	『元史』권122,「巴而尤阿而忒的斤傳」
보얀 普顔	색목인 (위구르)	北安王仕薛	贛州路石城縣다루가치	贛州路石城縣다루가치	1314~1320년	淮西江北道肅政廉訪使	『至正集』권61,「故奉政大夫淮西江北道肅政廉訪使贈嘉議大夫禮部尙書上輕車都尉追封恒山郡公諡正肅普顔神道碑銘」
카이린 凱霖	색목인 (무슬림)	薦舉	寶慶路邵陽縣다루가치	寶慶路邵陽縣다루가치·彰德路臨漳縣다루가치·林州다루가치·彰德路다루가치	仁宗에서順帝연간		『至正集』권53,「西域使者哈只哈心碑」
우마르 烏馬兒	색목인	仕薛	杭州稅務提領	陳州다루가치·光州다루가치	1320~1323년		『石田文集』권10,「光州達魯花赤烏馬兒公去思碣」
시알 師安兒	색목인 (탕구트)	國子生	江州彭澤縣다루가치	江州彭澤縣다루가치	1323~1328년		『待制集』권10,「師氏先塋碑銘並序」
마이노 買奴	색목인 (카를룩)	仕薛	禦藥局다루가치	大都留守兼宮相都總管府다루가치	1328~1332년	翰林學士承旨	『金華黃先生文集』권24,「宣徽使太保定國忠亮公神道碑」,「宣徽使太保定國忠亮公神道第二碑」
힌도 忻都	색목인 (카를룩)	仕薛		上都留守兼本路都總管府다루가치	1328~1332년	上都留守兼本路都總管府다루가치	『金華黃先生文集』권24,「宣徽使太保定國忠亮公神道碑」
愒朝吾	색목인 (위구르)	進士		枝江縣다루가치	1328~1332년	循州同知	『至正集』권54,「合刺普華公墓志銘」,『金華黃先生文集』권25,「合刺普華公神道碑」

善著	색목인 (위구르)	進士		淮安路錄事司다루가치	1328~ 1332년	鞏昌總帥府經歷	『至正集』권54,「合剌普華公墓志銘」,『金華黃先生文集』권25,「合剌普華公神道碑」
福壽	색목인 (탕구트)	怯薛	長寧寺少卿	饒州路다루가치	1328~ 1332년	江南行台禦史大夫	『元史』권144,「福壽傳」
라마단 剌馬丹	색목인 (무슬림)	進士		溫州路錄事司다루가치	1333년		『元統元年進士錄』
道同	색목인 (위구르)	進士		江州路錄事司다루가치	1333년		『元統元年進士錄』
鐸護倫	색목인 (위구르)	進士		袁州路錄事司다루가치	1333년		『元統元年進士錄』
偰文質	색목인 (위구르)	蔭補		吉安路다루가치	1333~ 1335년	吉安路다루가치	『圭齋文集』권11,「高昌偰氏家傳」
에센토인 也先脫因	색목인 (위구르)			休寧縣다루가치	1333~ 1335년		『師山集』권6,「休寧縣達魯花赤也先脫因公去思碑」
元童	색목인 (위구르)			長洲縣다루가치	1335년		『僑吳集』권11,「長洲縣達魯花赤元童君遺愛碑」
天祐	색목인 (탕구트)	進士		新城縣다루가치	1340년		『金華黃先生文集』권10,「新城縣學大成殿記」
道童	색목인 (위구르))	怯薛	中書直省舍人	大都路다루가치	1341년	江西行省平章政事	『元史』권144,「道童傳」
閻爾	색목인 (위구르)			建德路다루가치	1341년		『金華黃先生文集』권9,「重修釣台書院記」
보얀시로 寨雅實立	색목인 (위구르)			吳江州다루가치	1344년		『僑吳集』권12,「江西行中書省左右司郎中高昌普達實里公墓志銘」
아란나시르 阿蘭納實立	색목인 (위구르)			不陽州다루가치	1341년		『僑吳集』권12,「江西行中書省左右司郎中高昌普達實里公墓志銘」
六十	색목인 (탕구트)		同知濠州	平江路다루가치	1349년		『夷白齋稿』권12,「平江路達魯花赤西夏六十公紀績碑頌」
첸보옌사리 全普庵撒里	색목인 (위구르)		中書省檢校	贛州路다루가치	1340년 대	江西行省參政	『元史』권195,「忠義傳三」
샤르앗딘 沙剌甫丁	색목인 (무슬림)			彰德路다루가치	1340년 대		『至正集』권43,「景韓堂記」
차간부카 察罕不花	색목인 (캉글리)	怯薛	監察禦史	隆禧總管府副다루가치	1340년 대		『元史』권134,「韓羅思傳」

130

이름	종족	출신	이전 관직	다루가치	연대	이후 관직	출전
바얀테무르 葡顔鐵木兒	색목인 (탕구트)	怯薛	太常署丞	大都路다루가치	1340년 대	江浙行省平章政事	『元史』권144,「葡顔鐵木兒傳」
偰列篪	색목인 (위구르)	進士		潮州路潮陽縣다루가치	1340년 대		『金華黃先生文集』권25,「合刺普華公神道碑」
偰烈圖	색목인 (위구르)	蔭敍		紹興路上虞縣다루가치	1340년 대		『金華黃先生文集』권25,「合刺普華公神道碑」
偰直堅	색목인 (위구르)	進士		宿松縣다루가치·淸河縣다루가치	1340년 대		『圭齋文集』권11,「高昌偰氏家傳」,『金華黃先生文集』권25,「合刺普華公神道碑」
밍간다르 明安達爾	색목인 (탕구트)	進士	宿州判官	潛江縣다루가치	1340년 대	潛江縣다루가치	『元史』권195,「忠義傳三」
보로테무르 字羅帖木兒	색목인 (위구르)	怯薛		襄陽路다루가치	1340년 대	襄陽路다루가치	『元史』권195,「忠義傳三」
바트마시르 八忒廔失里	색목인 (위구르))	吏員	江浙行省宣使	休寧縣다루가치	1352년		『東山存稿』권4,「休寧縣達魯花赤八侯武功記」
차간테무르 察罕帖木兒	색목인 (위구르)	軍功	汝寧府다루가치	汝寧府다루가치	1352년	中書平章政事·知河南山東行樞密院事	『元史』권141,「察罕帖木兒傳」
伯篤魯丁	색목인 (무슬림)			紹興路다루가치	1352년		『金華黃先生文集』권9,「紹興路新城記」
마르코스 邁里古思	색목인 (탕구트)	進士	紹興路錄事司다루가치	紹興路錄事司다루가치	1354년	江浙行樞密院判官	『元史』권188,「邁裏古思傳」
馬祖憲	색목인 (웅구트)	進士		吳縣다루가치	원 후기		『金華黃先生文集』권43,「馬氏世譜」
馬獻子	색목인 (웅구트)	進士		舍山縣다루가치	원 후기		『金華黃先生文集』권43,「馬氏世譜」
보랄키 李蘭奚	색목인 (탕구트)			德淸縣다루가치	원 후기		『金華黃先生文集』권10,「德淸縣學祭器記」
고타스부카 高塔失不花	한인	怯薛	章佩監丞	納綿府다루가치	1310년	集禧院使	『元史』권153,「高宣傳」
가바옌 賀伯顔 (賀勝)	한인	怯薛	集賢學士	上都留守兼本路總管府다루가치	1310년	上都留守兼本路總管府다루가치	『元史』권179,「賀勝傳」
바시스부카 八時思薄化	불명	進士		浦江縣다루가치	順帝연간		『金華黃先生文集』권10,「浦江縣三皇廟記」
볼로르 波羅	불명	吏員	陝西行中書省掾史	浦江縣다루가치	1341년		『待制集』권17,「浦江縣官題名序」

제3절 다루가치의 선발 및 관리제도

쿠빌라이 시기 몽골의 정치 중심이 북중국의 대도로 이동하면서 몽골제국에 구조적 변화가 나타나기 시작했다. 중원의 대칸 울루스, 러시아에서의 조치 울루스, 이란에서의 훌레구 울루스는 각각 관할 영역에서 지배체제를 정비해 갔으며 각 지역에서 몽골의 통치가 보다 구체화되어 갔다. 그 일환으로 중원에서 쿠빌라이는 북중국에 대한 직접통치를 공고히 하기 위해 유목적인 통치체제 위에 중원의 제도를 차용하여 방대한 행정 관료체제를 마련했다. 至元 원년(1264) 원 정부에서는 행정 관료의 銓選 전반을 포괄하는 條格을 반포했다.[63] 이때 다루가치 제도는 중원의 지방행정체제와 결합하여 운용되었으며, 다루가치 관원의 선발과 관리 방식에 관한 규정이 마련됐다.[64] 행정 관료체제가 확립되면서, 管民다루가치의 역할은 지방행정의 실질적 참여자로서 더욱 구체화되어 갔다. 이러한 몽골 통치의 사회적 조건의 변화는 다루가치 入仕 경로에 영향을 끼쳤고, 다루가치 선발 방식은 몽골제국 초기 이래로 다루가치 선발의 주요 경로였던 軍功, 세습, 케식으로부터 다양해졌다. 본장에서는 원대 다루가치 선발 경로를 크게 軍功, 세습, 케식, 음서, 吏員, 進士, 國子生의 일곱 범주로 나누어 구체적인 사례들을 중심으로 원대 다루가치 임용 방식의 변화를 살펴보고자 한다.

---

63) 『元史』 권5, 「世祖紀二」, 98쪽, "省并州縣, 定官吏員數, 分品從官職, 給俸祿, 頒公田, 計月日以考殿最".

64) 쿠빌라이 재위 초기, 지방행정제도의 정비와 管民다루가치의 지방행정체제 편입에 관해서는 조원, 「元 前期 達魯花赤의 제도화와 그 위상의 변화」, 『동아시아문화연구』, 2012 참조.

1. 다루가치의 선발

1) 다루가치의 선발 유형

(1) 軍功

몽골제국의 팽창 과정에서 몽골 대칸들은 전쟁에서 공을 세운 자들에게 포상하고, 그에 상응하는 관직을 하사했다. 그 과정에서 功積이 뛰어난 자들이 다루가치에 임명되어 정복 지역 감시와 安撫의 책임을 맡았다. 쿠빌라이는 즉위 직후, 아릭 부케 세력과 격전을 치르고 한인 세후의 반란에 부딪혔으며 이를 진압하는 과정에 투입되었던 무장 가운데 軍功을 세운 자들을 민족에 상관 없이 다루가치로 임명했다. 이후 南宋 정복전쟁에 참전하여 戰功을 세운 무장들 가운데에서도 상당수가 강남 각 지역 官府의 다루가치직에 임명되었는데, 이들은 무장으로서 관할 지역을 鎭守하며 지역 세력을 감시하는 管軍다루가치의 성격을 지녔다.[65] 대표적인 예로 張懋는 승상 바얀을 따라 남송 정벌전쟁에 참전했고 수륙전에서 활약하여 송을 멸망시키는 데 큰 공을 세웠다. 승상이 쿠빌라이에게 그의 功을 보고했고 至元 13년(1276) 카안은 그를 泗州安撫司다루가치에 임명했다.[66]

남송 정벌에서 활약했던 몽골인 차간察罕 역시 같은 해 절강성에 소재한 瑞安縣다루가치에 임명됐고, 정복전쟁에서 編籍 지역을 이탈한

---

65) 至元 16년(1279) 남송 정복전쟁이 끝날 때까지, 몽골군이 점령한 성에 安撫司를 설치하고 다루가치를 신속히 파견하여 정복 지역을 진압하게 하였다. 형세가 안정된 후 원 조정은 安撫司를 폐지하고 路總管府를 설치하여 강남 지역의 民政을 담당하게 했다.

66) 『元史』 권152, 「張懋傳」, 3599쪽.

십여만 호를 이주시켜 관할했다.[67] 같은 해 臨安과 楊州를 정복하는 데 큰공을 세웠던 킵착 출신의 올제이투完者都는 남송 지역이 평정된 후 入朝했다. 쿠빌라이는 그의 공적을 치하하여 '바타르'라는 이름을 하사하고, 高郵軍다루가치에 임명했다.[68] 이렇듯 남송 정벌에 공을 세웠던 몽골, 색목, 한인 武將들은 강남 지역의 다루가치에 임명되어 새롭게 복속된 강남 지역을 군사·정치적으로 안정시키는 데 주력했다.

원 중기 이후 전쟁의 종식으로 軍功을 통해 임명된 다루가치의 수는 급감했으며, 다루가치 선발의 주요 경로가 되지는 않았지만 몽골제국 초기 軍功을 통해 다루가치직에 임명되었던 자의 후예들이 세습을 통해 그 지위를 보전하여 특권적인 지위를 누렸듯이, 원대 무장 출신 다루가치들도 그 특권적 지위를 세습하며 가세를 보전했다.

(2) 세습

몽골제국 초기 이래로 다루가치직은 세습되었으며, 이를 통해 몽골 제국 내에서 군사귀족 가문이 형성되었다.[69] 그 대표적인 예로 몽골제 국 초기 다루가치를 역임했던 耶律阿海 가문이 있다. 칭기스칸을 따라 호레즘 정벌에 나섰던 耶律阿海는 西征이 종결된 이후 사마르칸트다루 가치에 임명되어 현지에 남게 되었다. 그 직위는 아들 耶律綿思哥에게 세습되어 그 역시 사마르칸트에 주재했으며, 우구데이 시기에 이르러 북중국의 中都路 예케 다루가치직을 맡았다. 그 직위는 다시 아들

---

67)『元史』권153,「哈八兒禿傳」, 3039쪽.

68)『元史』권132,「完者都傳」, 3193쪽.

69) 몽골제국 시기 대표적인 공신 가문에 관해서는 蕭啓慶,「元代四大蒙古家族」,『內北國而外中國』, 北京 : 中華書局, 2007, 509~578쪽 참조.

耶律買哥에게 세습되었다.

쿠빌라이는 제위 초기 한인 저항세력을 약화시키고 대칸의 권위를 강화하는 과정에서 몽골제국의 공신 자제들을 다루가치에 임명하여 父職을 계승하게 했다. 몽골제국의 대표적인 공신 가문인 무칼리木華黎와 질라운赤老溫의 가계에서 다루가치들이 배출되었고 그 직위는 세습되었다. 무칼리의 동생 타이손帶孫의 후예인 타타르타이塔塔兒台는 아릭부케와의 전투에 참전했던 자로, 至元 원년(1264) 세습을 통해 산동성東平路다루가치로 임명되었다. 그 직위는 장자 지빅只必에게 계승됐고, 그가 후사를 남기지 않고 사망하여 타타르타이의 차남 톱신禿不申의 자손이 그 직위를 세습했다.[70] 愛魯는 구육과 뭉케 시기 大名路다루가치였던 탕구트 출신의 명장 시리감보昔里鈐部의 아들로서 부직을 세습하여 쿠빌라이 초기 大名路다루가치에 임명됐다.[71] 몽골 정복전쟁에서 활약했던 무장들의 후예들은 원대 대칸의 직속령인 腹里를 중심으로 하는 지역의 다루가치에 임명되어 원 초 대칸의 세력기반을 공고히 하는 데 일익을 담당했다.

至元 4년(1267) 쿠빌라이가 다루가치 음서 규정을 제정한 이후 管民다루가치의 자제가 父職을 이어받는 지위 보전 방식이 음서로 전환되었다. 그에 따라 다루가치 세습 규정은 管軍, 管軍民, 管匠다루가치에게만 제한적으로 적용됐다. 원 중후기 세습을 통해 다루가치가 된 사례는 管軍 계통의 萬戶府다루가치의 몇 사례에서만 나타난다.[72] 管軍다루가치가 몽골제국 내에서 여전히 특권적 지위를 유지했던 반면, 管民다루가치는 그 지위를 점차 상실해 가고 있음을 보여준다.

---

70) 『元史』 권118, 「木華黎傳」, 2943쪽.

71) 『元史』 권122, 「昔裏鈐部傳」, 3012쪽.

72) 『元史』 권132, 「昂吉兒傳」, 3028쪽 ; 『元史』 권132, 「哈剌歹傳」, 3217쪽 ; 『元史』 권135, 「脫因納傳」, 3287쪽 참조.

(3) 케식

대칸의 친위부대이자 일상 생활의 전반적인 업무를 담당했던 케식은 몽골제국에서 특수한 지위를 누렸다. 그들은 대칸이 신임하는 몽골, 색목인, 한인 관료·귀족의 자제들로 구성되었고, 대칸을 보좌하여 政事에 참여했으며, 일부는 몽골제국 정계의 핵심부로 진출하기도 했다. 쿠빌라이 시기에도 케식은 대칸의 궁정에서 대칸을 보좌하다가 명을 받아 중앙 혹은 지방의 주요 관직에 배속되는 경우가 있었으며 일반 관원에 비해 승진 속도도 빠른 편이었다. 그 가운데에는 다루가치로서 지방에 파견되는 사례가 발견되며, 일정 기간의 임기를 마친 후 최종적으로 2품 이상의 최고위 관직에 오르기도 했다. 대표적인 사례로, 위구르인 시반昔班은 쿠빌라이 潛邸시기에 비체치 장을 맡았고, 中統 원년(1260)에 眞定路다루가치에 임명되었다. 후에 戶部尙書, 宗正府 자르구치를 역임한 후, 카이두 반란 때 공을 세워 中書右丞이 되었고, 翰林承旨로 致仕했다.[73] 서하인 立智理威는 東宮 비체치로서 문서를 관리하는 케식이었으며, 至元 18년(1281) 쿠빌라이가 蜀 지역을 평정하고 그 지역민을 安撫하고자 近臣 중에 그를 발탁하여 嘉定路다루가치에 임명했다. 후에 그는 刑部尙書로서 중앙관직에 진출했고, 大德 10년 (1306) 湖廣行省左丞으로 致仕했다.[74]

다루가치의 入仕경로로서 케식이 차지하는 비중이 높지는 않았지만, 원대 전반에 걸쳐 이들은 지속적으로 路, 州의 상급 다루가치로 충원되었다. 이들 가운데 임기가 만료된 후 중앙으로 복귀하여 정계의 요직에 오르는 경우가 있었다. 至元 6년(1340), "케식관을 뽑아 路,

---

73) 『元史』 권134, 「昔班傳」, 3246쪽.
74) 『元史』 권120, 「立智理威傳」, 2958쪽.

府, [州], 縣다루가치로 삼도록 하라."는 조가 내려졌다. 이 조서의 구체적인 배경은 알 수 없지만, 원 후기 정국이 불안정하고 중앙과 지방의 관계가 느슨해진 상황에서 케식들을 다루가치로 파견하여 지방정부와 긴밀한 관계를 회복·유지하기 위한 조치였다고 판단된다.

(4) 음서

음서는 원대 관료제도가 정비되는 과정에서 管民官의 주요 入仕 경로였다. 至元 4년(1267) 원 정부는 1품부터 7품까지 관원들의 음서 규정에 관해 명시한 「官子孫蔭敍格」을 반포했다.[75] 至元 7년(1270) 이어서 원 조정에서는 다루가치 자제에 대한 음서 규정을 제정하여 「達魯花赤弟男承蔭」 규정을 반포했고, 그 이후 두 차례 관련 규정을 보완·개정하여 실시했다.

앞서 살펴보았듯이 남송을 평정한 이후 원 정부에서는 강남 지역 다루가치들을 대상으로 북방 漢地의 다루가치들과 차등을 둔 음서 규정인 「達魯花赤弟男承蔭」을 반포했다.[76] 그 연유는 강남 다루가치 다수가 腹里다루가치의 경력·출신에 못 미치는 자들이라는 것이었다. 大德 4년(1300)에 반포한 음서 규정에서 다루가치 자제와 일반 管民官 자제에 차등을 두었던 기존의 규정을 개정했다. 이 규정에서는 管民다루가치들에게 管民官과 동일한 음서 규정을 적용하고, 색목인 子弟는 한인들보다 한 등급 위의 官品에 해당하는 다루가치직에 제수했다. 또한 예외 조항으로 몽골인 가운데 대칸이 잘 알고 있는 자이거나, 공신

---

75) 원대의 음서제도에 관해서 Elizabeth Endicott-West, 1985 ; 梁慧, 「元代官制中的世襲和음서」, 西北師範大學碩士學位論文, 2009 참조.
76) 『通制條格』 권6, 「選擧·蔭例」, 266~267쪽.

귀족 가문 출신[根脚深重]은 대칸이 임의로 (官品을) 결정한다는 규정을 마련했다.[77] 至元 전기의 官員 음서 규정과 비교하여 볼 때 管民다루가치들은 특수한 지위를 상실하고 일반적인 管民官의 지위로 전락해 갔음을 알 수 있다.

몽골제국 시기의 대규모 정복전쟁이 끝나고 軍功에 의한 다루가치 임명이 어려워진 상황에서 음서는 다루가치의 주요 入仕 경로가 되었다. 쿠빌라이 시기 지방 통치를 강화하는 과정에서 路, 府, 州, 縣, 錄事司의 각급 지방관부에 파견되는 다루가치의 수가 증가했다. 남송 정벌이후 南宋의 지방관부가 원의 지방행정체제에 편입되면서 다루가치의 수가 최소한 1000여 명 증가한 것으로 추정된다.[78] 이러한 상황에서 다루가치子弟 음서 규정은 급증했던 縣과 錄事司의 하급 관부에 다루가치들을 충원하기 위한 현실적인 고려에서 마련된 제도였다.

(5) 吏員

몽원제국 시기 중앙으로는 中書省, 아래로는 縣과 錄事司에 이르기까지 각급 행정 관부와 감찰기구에 吏員이 분포했다. 이들 가운데 吏員 출신으로서 官界로 진출하는 경우가 적지 않았다. 이러한 점에서 원대 吏員의 지위가 여타 중원 왕조에 비해 높았던 것으로 평가된다. 吏員의 지위와 그에 따른 대우는 그가 소속해 있는 관부의 品級에 따라 결정되었으며, 소속 관부의 급이 높을수록 고위 관원으로 出職할 수 있는 기회가 열려 있었다.[79]

---

77) 『通制條格』 권6, 「選擧·蔭例」, 268~269쪽.
78) 〈표 9〉 참조.
79) 許凡, 「論元代的吏員出職制度」, 『歷史研究』, 1984-6, 50쪽.

몽골인, 색목인 吏員 출신 가운데 다루가치로 入仕하는 사례도 종종 발견된다. 대표적인 예로 몽골인 두구치禿忽赤는 모국어인 몽골어 이외에도 여러 언어에 능했다. 유가경전과 吏文에도 탁월하여 江西省通事와 樞密行院의 行院通事로 발탁되어 근무하다가, 至元 29년 國路 通山縣다루가치에 임명되었다.[80] 또 위구르인 이디쿠르亦都忽立는 中書省에서 몽골어 譯史로 발탁되었다. 여러 언어에 능통하고 근면 성실하며 재상의 신임을 얻었다. 이후 몽골이 濟 지역을 점령하는 데 공을 세우면서 경력을 쌓아 完州다루가치에 임명되었다.[81] 至正 원년(1341) 陝西行省 掾史였던 색목인 볼로르Bolor(波羅)라는 인물이 浦江縣다루가치로 발탁된 사례도 있다.[82]

이들은 주로 중앙과 지방의 상위 官府에서 근무하며 탁월한 언어능력과 문서행정 처리 능력을 갖춘 인물들로서 재상을 비롯하여 원 정부의 고위 관료들에게 신임을 얻어 다루가치로 추천 혹은 선발되었다. 吏員이 다루가치가 된 사례의 비율은 상대적으로 낮은 편이지만, 이는 다루가치 入仕 경로의 하나로서 제국 통치에서 몽골 통치자의 실용성과 개방성을 드러낸다.

(6) 進士, 國子生

원 후기 進士와 國子生 출신자들은 원 후기 새로운 다루가치 집단을

---

80) 吳澄,「故奉義大夫安定州達魯花赤禿忽赤墓表」,『吳文正集』 권35(『文人文集珍本總刊』 3, 臺北:新文豊出版公司, 1985), 580쪽.

81) 劉塤,「中大夫延平路宣相杏林公墓志銘」,『水雲村稿』 권8(『全元文』 10, 南京:江蘇古籍出版社, 1999), 428쪽.

82) 柳貫,「浦江縣官題名序」,『待制集』 권17(『全元文』 25, 南京:江蘇古籍出版社, 1999), 156쪽.

형성했다. 몽골이 중원을 통치한 이래로 중원 왕조의 관료 행정체제를 차용했지만, 과거제는 장기간 실시하지 않았다. 몽골 통치자들은 귀족 세력 혹은 그 자제들을 관원으로 등용하거나, 吏員들을 관원으로 발탁했다. 몽골의 중원 통치가 안정화되고 행정적 치리에서 문서 행정력이 요구되자, 仁宗 아유르바르와다 시기에 과거제가 회복되었고, 國子學의 규모 역시 확대되었다.

이러한 변화에 따라 원 중기부터 進士와 國子生 출신자들이 다루가치로 충원되기 시작했다. 『元史』와 『元統元年進士錄』에는 進士 출신으로 다루가치가 된 자들의 기록이 남아 있다. 몇 가지 사례를 살펴보면, 위구르인 善著는 泰定 4년(1327) 과거에 응시한 후 진사급제하여 淮安路 錄事司다루가치에 임명되었다. 무슬림 라마단은 元統 원년(1333) 진사급제하여 溫州路 錄事司다루가치로 파견되었으며, 같은 해 위구르인 鐸護倫은 袁州路 錄事司다루가치에 임명됐고, 몽골인 우룩 부카月魯不花는 台州路 錄事司다루가치로 파견됐다. 우룩 부카는 원대 理學者였던 韓性으로부터 漢文을 배웠으며 당대 몽골인 출신 詩人으로 이름을 남겼던 인물이다.

이상의 사례에서 드러나듯이 원 중후기에 과거를 통해 다루가치에 임용된 자들은 대부분 색목인과 소수의 몽골인들이었으며, 진사급제하여 初任官으로 최하위 관부인 정8품의 錄事司 다루가치에 임명됐다.

쿠빌라이는 중앙에 國子監을 세워 문화적 소양을 가진 國子生들을 양성했는데, 원 관료 자제들이 다수를 점했다. 國子生들은 歲貢을 통해 관직에 진출했고, 科擧制 실시 이후 科擧를 통해 官職에 나갔다. 몽골인들은 종6품의 官職에 진출하고, 색목인은 정7품의 官職에 올랐으며, 한인과 남인은 종7품의 관직에 진출했다. 科擧 출신보다 높은 官品의 관직에 임명된 것이었지만, 실제로 그 수는 상당히 적었다. 이와 관련하여 다음과 같은 사례들이 있다. 몽골인 초르카이潮海는 國子生 출신으로 靖安縣다루가치에 임명됐고, 서하인 師安兒는 江州彭澤縣다루가치에 임명됐다. 이외에도 國子監伴讀生[83] 출신으로 다루가치로 임명된 자도 있었다. 國子生伴讀제도 3품 이상의 관원이 백성들 가운데 준수한 자를 천거하여 國子生을 도와 伴讀하게 하는 제도로서, 몽골인 國子生들의 학습 효과를 제고하기 위해 시작되었다. 董炳은 몽골어를 구사할 줄 아는 한인이었는데 통역 실력이 뛰어나 몽골 國子伴讀生이 되었고, 후에 濟陽縣다루가치에 임명된 것이다.[84]

2) 入仕 유형별 다루가치 轉任 양상

몽골제국 초기 다루가치들은 軍功을 통해 선발되어 대개 자손 대대로 그 지위를 세습하며 특권적인 지위를 누렸다. 그러나 몽원제국 시기 다루가치가 관료 행정체제에 편입되면서 다루가치 선발방식에 변화가 생겼고, 원 조정의 다루가치 관리 방식과 그 지위에 변화가 발생했다. 다루가치는 파견되는 관부의 品級에 따라 정3품부터 정8품으로 등급이 나뉘었고 그 官品에 따라 俸祿도 차등을 두어 지급되었다.

원대 다루가치들은 임기가 만료되면 원칙적으로 상급기구와 감찰기구에서 考核[85]과 解由[86]에 의거하여 고과를 평가하고 吏部에 보고한

---

83) 至元 29년(1292)에는 國子伴讀生도 歲貢의 형식으로 令史 혹은 府州敎授로 임명되는 규정이 마련되었다(王建軍,『元代國子監硏究』, 曁南大學博士學位論文, 2002, 158쪽 참조).

84) 劉敏中,「奉議大夫規運所提點董君墓銘」,『中庵集』권8(『北京圖書館古籍珍本叢刊』 92, 北京 : 書目文獻出版社, 1998), 336쪽.

85) 고과에서는 "戶口의 증가, 田野의 개간, 詞訟의 간소화, 盜賊의 평정, 賦役의

다. 그러면 吏部에 의해서 다루가치의 승진과 좌천을 결정하는 銓注가 이루어졌다. 이에 따라 다루가치들의 轉任이 이루어졌는데, 그 양상을 정확하게 파악할 수는 없으나 크게 세 유형으로 분류해 볼 수 있다. 먼저 다루가치로 入仕하여 다루가치직에서 遷轉하다가 致仕하는 경우도 있고, 다른 관직에서 다루가치로 轉任한 후에 다시 品級이 높은 다른 관직으로 승진하여 고위 관직에 오르는 경우가 있다. 또 다루가치직과 다른 관직을 오가며 경력을 쌓는 이들도 있었다. 이들의 승진에 영향을 미치는 것은 원칙적으로 이들의 고과였지만, 실제로는 그들의 출신, 入仕 방식에 따른 初任 官品이 중요한 요소로 작용했다. 다루가치들의 遷轉 양상을 살펴보면, 원대 특수한 지위를 유지했던 다루가치 집단이 존재했던 반면 특권적 지위를 상실하고 원대 管民행정관과 다름없는 처우를 받았던 이들도 있었다. 이하에서는 入仕 유형별로 다루가치 遷轉 양상을 검토하여, 원대 전반기에 나타난 다루가치의 위상의 변화에 대해서 살펴보겠다.

원대 다루가치들 가운데 특권적 지위를 누린 자들은 軍功을 세운 무장 출신들이었다. 원대 軍功 출신 다루가치는 쿠빌라이 집권시기인 원 전기에 대부분 임명되었다. 이들 대다수는 다루가치들 가운데 官品이 가장 높은 3품의 路다루가치에 임명되었고. 遷轉 과정에서도 대개 그 品級을 유지하여 3품관으로 致仕했다. 몇 사례를 통해 이를 확인해 보면 張懋는 至元 13년(1276), 남송정벌 과정에서 功을 세워 泗州安撫司 다루가치(정3품)에 임명됐고, 至元 14년(1277), 同知淮西道宣尉司事(종

          균분"의 다섯 항목을 기준으로 삼아 평가했다. 『元史』 권82, 「選擧志二」, 2038쪽.
86) 解由에는 다루가치의 개인 신상으로서 민족, 호적, 신분, 언어능력, 入仕 경위,
    경력 등이 기록되었는데, 특히 경력에는 재임 기간, 재임 기간 중의 업적,
    녹봉 지급 내역, 과실 여부 등이 구체적으로 기록되었다. 『通制條格』 권6,
    「選擧·解由」, 294~295쪽 ;『通制條格』 권16, 「田令·司農事例」, 470쪽 참조.

3품)를 거쳐, 至元 16년(1279) 吉州路總官(종3품)으로 致仕했다. 카를룩 출신의 沙全은 至元 12년(1275), 功을 세워 華亭軍民다루가치(정3품)에 임명되었고, 이후 松江萬戶府다루가치(3품)를 거쳐 隆興萬戶府다루가치(3품)로 致仕했다. 이외에도, 색목인이나 몽골인 가운데에는 軍功 출신으로 2품의 고위 관직에 오르는 경우도 있었다. 남송 정벌에 참전했던 킵착인 올제이투바토르完者都拔都는 高郵路다루가치(3품)에 임명되었고, 이후 종2품 江西等處行樞密院副使兼廣東宣慰使로 致仕했다. 軍功으로 다루가치가 된 경우 전쟁에서의 功積이 직접적인 영향을 미쳤으며, 戰時의 특수한 상황이 함께 고려되어 높은 官品의 다루가치에 임명되었다.

다음으로 몽골제국에서 특권적 지위를 누렸던 케식 출신 다루가치의 轉任 상황을 살펴보자. 몽원제국 시기에도 케식은 여전히 중앙집권적인 행정관료 조직을 초월하여 존재하는 집단이었다. 蕭啓慶이 지적한 바대로, 케식은 몽골제국 내에서 고위 관직에 오를 수 있는 첩경이자, 몽골제국 공신 귀족 사회의 특권을 유지하는 특권집단의 요새였다.[87] 케식 출신 다루가치의 轉任 상황을 보면, 크게 두 가지 유형으로 나눌 수 있다. 3품의 路다루가치로 임명되는 경우와 初任으로 5품에서 7품 사이의 다루가치직으로 入仕하는 경우이다. 전자의 경우 3품의 路다루가치을 역임한 후 1, 2품의 중앙 요직으로 진출한 경우가 적지 않게 발견되지만, 후자의 경우 원대 官員 遷轉 규정에 따라 승진하여 대개 3품에서 致仕했다. 원대 제도에서는 관원 선발과 遷轉에 관하여 "7품부터는 법령에 의거하여 3품에까지 오를 수 있으며, (이후로는) 같은 品級 내에서 이동한다. 2품 이상의 직위는 特旨를 통해

---

87) 蕭啓慶, 2007, 220쪽.

선발한다."[88)고 규정하고 있다. 따라서 케식 출신으로 路다루가치에 입사한 자들은 대칸의 特旨에 따라 정계의 고위관직에 발탁되었던 셈이다.

전자의 예들을 살펴보면, 케식 출신으로서 台州路다루가치로 임명되었고 四川等處行平章政事에서 致仕한 테무르 부카帖木兒不花, 八番宣撫司다루가치 출신으로 中書右丞相의 지위에 오른 베르케 부카別兒怯不花, 大都路다루가치로서 中書右丞相으로 致仕한 마자르타이馬札兒台, 眞定路다루가치에 入仕하여 中書右丞의 지위에서 致仕했던 시반昔班 등의 인물이 있다.

후자의 대표적인 예로는 뭉케 시기 비체치를 담당했고, 至元 6년(1269) 安南國다루가치로 파견되었던 張庭珍이 있다. 그는 남송 정벌과정에서 공을 세워 襄陽總管, 府尹을 거쳐 4품의 郢·復二州다루가치에 임명됐다. 이후 3품의 平江路다루가치를 거쳐 3품의 大司農卿직에 올랐다가 路總官의 신분으로 致仕했다.[89) 이상의 사례와 같이 軍功, 케식 출신으로서 다루가치가 된 자들은 몽골제국에서 고위직을 차지하며, 정부로부터 경제적·사회적인 신분적 보장을 받고 특권적 지위를 누렸다. 반면에 음서, 進士, 國子生, 吏員 출신자들은 대개 初任으로 縣, 錄事司의 7, 8품의 다루가치직에 임명되어 고위 관직에까지는 오르지 못했다.

음서로 다루가치에 임명된 자의 轉任 상황을 살펴보자. 至元 7년(1270), 尚書省에서 「다루가치 弟男 음서」 규정을 반포한 이후, 管民다루가치의 자제들은 국가의 규정에 따라 음서를 통해 관직에 오를 수 있었다. 南宋 평정 이후, 至元 19년(1282) 원 조정에서 「江淮致仕身故官

---

88) 『通制條格』 권6, 「選擧·蔭例」, 266쪽.
89) 『元史』 권165, 「張庭珍傳」, 3919쪽.

員蔭敍」 규정을 반포했다. 관련 규정을 살펴보면, 蔭子는 정상적인 국가의 승진 규정에 따라 승진하고, 그 가운데 청렴하고 성실하며 재주가 뛰어난 자[廉愼才幹者]는 일반적인 승진 규정을 초월할 수 있으며 대칸의 '特恩'으로 발탁된 자는 이 규정에 해당되지 않는다고 명시되어 있다.[90]

음서 출신 다루가치들의 轉任 상황에 대해 알 수 있는 사료는 많이 남아 있지 않다. 음서 출신자들이 지방 관원으로서 활약했거나 고위 관직에 오른 사례도 거의 보이지 않는다. 사실 음서는 몽골 혹은 색목인 공신 귀족가문의 특권적 지위를 유지하기 위해 도입된 세습제와는 달리 원 초기 지방 통치의 강화와 남송 정벌전쟁을 통해 급증한 지방관부에 파견할 인력의 확보라는 현실적인 고려가 반영된 제도였다. 이들은 대개 初任으로 縣, 錄事司 다루가치에 임용되고, 지방 하급 관부의 다루가치직 내에서 轉任을 하다가 致仕하는 경우가 대부분이나, 사료의 부족으로 정황을 구체적으로 파악하기는 어렵다. 원 중기 이후에는 문화적 소양을 갖춘 進士, 國子生으로서 入仕한 자들과 케식 출신들의 활약으로 그들의 승진 속도를 따라가지 못했을 것이다. 물론 예외적인 경우로 고위직에 오른 자들도 있었다. 몽골인 톡토脫脫는 음서를 통해 昌平·寧陵·穰·吳 네 縣의 다루가치를 역임하고, 大都路兵馬都指揮使와 大宗正府郎中의 직위를 거쳐, 至正 원년(1341) 1품의 翰林學士承旨직으로 致仕했다. 톡토가 정계의 요직에 오를 수 있었던 것은 재임 기간 동안의 업적도 있었겠지만, 그의 부친 테구데르帖古迭兒가 원 조정에서 河南江北等行省平章政事라는 고위 관직을 역임한 몽골인 관료였다는 가문의 배경과도 무관하지 않겠다.

---

90) 『通制條格』 권6, 「選擧·蔭例」, 266쪽.

원 중기 科擧가 실시되면서, 문화적 소양을 갖춘 進士[91] 출신의 다루가치가 새로운 집단으로 대두되었다. 원대 進士 출신이 제수받을 수 있는 관직은 종1품부터 정8품에 이르기까지 다양했다. 원대 進仕 출신 관원의 遷轉은 크게 세 유형으로 분류할 수 있는데, 하나는 內任에서만 遷轉을 하는 경우, 두 번째는 內任과 外任을 오가며 관직을 맡는 경우이고, 세 번째는 外任官 내에서만 遷轉하는 경우로서 승진 속도가 상대적으로 느린 편이었다.[92] 進士 출신 다루가치는 이 가운데 두 번째와 세 번째 경우에 속하는데, 특히 進士 출신으로 다루가치가 된 자들 가운데 세 번째 유형에서 다수 발견된다. 대표적인 사례로서, 偰朝吾는 진사급제 후 技江縣다루가치직을 맡았고, 이후 循州 同知직에서 致仕했으며 이르구스逸里古思는 紹興路錄事司다루가치에 任職했다가, 江浙行樞密院 判官에서 임기를 마쳤다. 善著는 初任으로 淮安路 錄事司 다루가치에 임명되었고, 이후 恐昌總帥府 經歷에서 致仕했다. 이상의 사례들은 모두 進士로 入仕하여 5, 6품관에 오른 다루가치들로서, 이전 중원 왕조의 진사급제 출신들에 비해 정계 진출에서 큰 실력을 발휘하지 못한 것이었다.

한편 특수한 경우로서 두 번째 유형과 같이 內任과 外任을 오가며 고위 관직에 오른 사례도 있다. 이들은 初任으로 官品이 낮은 縣 혹은 錄事司 다루가치직을 역임한 후 조정의 內任官에 임명되었고, 이후 조정에서 3품 이상의 관직에 올랐다. 우룩 부카月魯不花의 경우, 元統 원년(1333)에 진사급제하여 정8품의 台州路 錄事司 다루가치직에 임명되었고, 이후 內任官과 外任官직을 오가며 遷轉했다가, 종3품

---

91) 黃溍, 「翰林學士承旨致仕脫脫公先塋碑」, 『金華黃先生文集』권28 후고25(『全元文』 30), 67~68쪽.
92) 桂棲鵬, 「元代進士仕宦硏究」, 『元史論叢』 6, 1996, 72~73쪽.

保定路다루가치, 정3품 大都路다루가치를 역임했다. 출신 배경과 개인의 능력에 힘입어 이후 정2품의 江南行御史台中丞, 散階로는 종1품에까지 올랐다.[93]

마지막으로 吏員 출신 가운데 다루가치로 出職한 사례를 살펴보면, 고위 관직에 오르는 경우는 드물었다. 과거제가 실시되지 않는 상황하에서 상당수의 한인들은 吏職을 관직으로 나아가는 첩경으로 삼았다. 원 조정에서는 이와 관련하여 몇 차례에 걸쳐 규정을 개정했다. 쿠빌라이는 吏員 출신자들은 4품에까지만 오를 수 있다는 규정을 반포했으나 아유르바르와다 시기에 종7품으로 낮추었고, 泰定帝 예순 테무르 시기에 다시 4품으로 개정했다.[94] 吏員은 官品이 없으나, 그들이 소속되어 있는 官衙의 品級에 따라 진출할 수 있는 관직의 品階가 결정되었다. 예를 들어, 路總官府, 廉訪司의 吏員은 임기가 만료된 후 9품관으로 진출했고, 宣慰司 吏員은 8품, 9품에 임용될 수 있었으며, 行省 吏員은 6, 7품관으로 나아갈 수 있었다. 그리고 中書省 吏員은 최고로 6품에까지 오를 수 있었다.[95]

원대 다루가치들 가운데 吏員 출신자들은 대개 通事를 역임했던 몽골인 혹은 색목인이었다. 대표적인 예를 살펴보면, 江西行省通事를 역임했던 몽골인 두구치禿忽赤는 至元 29년(1292)에 종7품 興國路 通山縣 다루가치를 역임했다. 이후 湖廣行省 通事에 복귀되었다가 江浙行省副都鎭撫로 出職했고, 다시 中書省 通事의 지위에 올랐다가 정7품의 吉州路 判官을 역임한 후, 정5품 安定州다루가치직에서 致仕했다.[96] 이외에

93)『元史』권145,「月魯不花傳」, 3448~3451쪽.
94)『元史』권27,「泰定帝一」, 642쪽;『元史』권25,「仁宗二」, 566쪽.
95) 許凡, 1987, 13~38쪽.
96) 吳澄,「故奉義大夫安定州達魯花赤禿忽赤墓表」,『吳文正集』권35(『文人文集珍本總刊』3), 580쪽.

위구르인 압둘라誥都剌는 中書左司令史, 戶部令史, 宗王府令史, 中西右司
掾의 吏職을 거쳐 종7품의 中都留守司都事직으로 관직에 진출했고,
정6품의 大都路警巡院다루가치직에서 致仕했다.[97] 이상의 사례에서
도 확인되듯 吏員에서 出職한 다루가치들은 대체적으로 吏員의 관직
진출에 관련된 규정을 따랐으며 대개 5, 6품에 해당하는 관직까지
올랐다.

吏員 출신으로서 3품관의 지위에 오르는 특수한 경우도 발견된다.
中書省 譯史 출신의 위구르인 이디쿠르亦都忽立는 종5품의 完州다루가치
직에 올랐고, 이후 동일한 관품의 許州, 眞州다루가치를 거쳐 정5품
萬億庫提擧의 지위에 올랐으며 종4품 江陵路同知를 거쳐 종3품 延平路
다루가치에서 致仕했다.[98] 몽골인 吏員 출신으로 다루가치를 역임하
고 3품의 관직에 오른 사례도 있다. 압둘라誥都剌는 經史에 통달하고,
여러 언어 구사 능력이 있었던 자로서, 그의 조부는 남송 정벌에 공을
세워 冀寧路다루가치를 역임했던 자였다. 그는 成宗 테무르 시기에
翰林院에서 조서의 초안 작성을 담당하는 자를릭치를 역임했고, 정5품
의 翰林待制로 관직에 진출했으며, 이어서 종5품의 遼州다루가치에
임명됐고, 정3품 襄陽路다루가치를 거쳐 益都路總官에서 致仕했다.[99]
그가 吏員 遷轉의 일반적인 규정을 뛰어넘는 官品에 오를 수 있었던
데에는 중앙정부에서 通事를 담당했던 경력과 뛰어난 문서행정 능력,
戰功으로 임명된 다루가치의 자제라는 배경이 함께 작용한 것으로
보인다.

---

97) 許有壬, 「西域使者哈只哈心碑」, 『至正集』 권53(『元人文集珍本叢刊』 7), 251쪽.
98) 劉塤, 「中大夫延平路宣相杏林公墓志銘」, 『水雲村稿』 권8(『全元文』 10), 428쪽.
99) 『元史』 권12. 「良吏傳」, 4364쪽.

2. 원제국 다루가치 선발 절차

1) 다루가치 선발의 제도화

원제국에서 관원의 遷轉法이 시행되면서 관리들의 고과와 기록에 기반한 등용 방식으로 관원 선발 임명 절차가 제도적으로 정비되었다. 대다수의 관원은 中書省이나 吏部에서 선발하는데, 이를 '常選(일반 선발)'이라고 했다. '카안'이 특채로 선발한 것을 '別里哥選'이라고 하였는데 대개 케식들이 그 대상이 되었다. 강남의 변경 省에서는 중앙에서 파견한 관원의 감독하에 관원이 선발되었다. '常選' 중에서 종7품 이하는 이부에서 관할했고 정7품 이상은 중서성에서 주관했다. 3품 이상은 관부에서 임명이나 박탈을 할 수 없고, 중서성에서는 이를 승인하거나 진행을 중지할 수 있다.[100] 다루가치 대부분은 '常選'을 통해 선발됐다. 3품 이상 관원의 임명 절차는 "중서성에서 선발하여" 대칸의 재가를 받는 방식으로 이루어졌는데, 정3품·종3품의 路다루가치가 이 경우에 해당한다.

　3품 아래 관원의 승진과 전출은 주로 이부와 중서성에서 담당했다. 기본적으로 종7품 이하의 선발은 이부에서 담당했고, 정7품 이상은 중서성이 주관했다. 그 구체적인 과정을 살펴보면, 이부에서 선발을 주관하고 중서성에서 이를 최종적으로 승인하는 방식으로 인사가 이루어졌다. 종7품 이하에서 종9품은 이부에서 청하여 올리면 등록하고 임명했다. 정7품 이상은 이부에서 그 공과를 조사하고, 그 秩祿과 黜陟에 관한 내용을 문서를 갖추어 올리면 중서성에서 결정하여 관직에

---

100) 『元史』 권83, 「選擧志三」, 2064쪽.

제수했다.[101]

  民官다루가치의 경우 散府 이하, 中縣(정7품)이상의 관아에 파견된 다루가치는 중서성에서 선발하고 下縣(종7품)과 錄事司다루가치(정8품)는 이부에서 선발했다. 至元 7년(1270)에 반포한 다루가치 음서 규정에 따르면 府·州·縣에서 사망한 몽골, 무슬림, 위구르, 나이만, 탕구트 등 출신의 다루가치들의 직위를 계승하고자 하는 자제들은 부친이 받았던 宣敕[임명장]을 베껴서 첨부하고 공문서를 발급받은 후 이부에 관직을 요청하면 중서성에서 이를 결정하도록 했다. (부친의 관직이) 정7품 이상인 자는 관원 선발 공문을 별도의 奏로 올리고, 下縣 다루가치에 임명하게 했다. 그곳에 결원이 없으면, 공문서를 이부로 보내 인사를 진행할 것을 청하게 했다.[102] 歐陽玄의 『圭齋文集』의 다음 관련 기록은 위의 규정에 부합한다. "分宜縣과 袁上邑에 다루가치와 縣尹을 두고, 丞·主簿·尉 각 한 명씩을 두었다. 尹 이상은 중서성에서 선발하고, 丞 이하는 이부에서 선발했다."[103] 袁州路 分宜縣은 上縣에 속하는 곳으로 위의 선발 규정에 따라 다루가치와 縣尹은 중서성의 주관으로 종6품관에 임명된 것이다.

  이외에, 강남의 일부 변경 지역 관원은 조정에서 파견한 특사가 行省의 관원과 함께 관원을 선발했다. 至元 19년(1282)의 관련 공문서에 따르면 "福建·兩廣 官員은 5품 이상으로 결원이 있는지를 조사하여 행성에 공문을 보내 선발하게 했고, 6품 이하는 편한 대로 위임하여 선발하고 공문을 갖추어 행성에 올리게 했다."[104] 이후 이 정책은

---

101) 許有壬, 『至正集』 권38, 「記選目」(『元人文集珍本叢刊』 第7冊), 193쪽.
102) 『元典章』 권8, 「吏部二·承蔭」〈達魯花赤弟男承蔭〉條, 258쪽.
103) 歐陽玄, 『圭齋文集』 권6, 「分宜縣官題名記」(『四部叢刊』本).
104) 『元史』 권83, 「選擧志三」, 2061쪽.

雲南과 四川 지역으로 점차 확대되었다.[105] 文宗 톡 테무르 시기에 이르러 중앙에서 강남 지역으로 파견된 관원이 종6품에서 3품 이하 관원의 선발을 주관하게 되었다.[106] 이를 통해 원대 강남 변경 지역 다루가치 선발이 다소 예외적인 방식으로 진행되었음을 알 수 있다.

2) 원 후기 천거를 통한 다루가치 선발

다루가치는 몽골인, 색목인 위주로 선발해야 한다는 기본적인 원칙이 있었다. 그러나 앞서 살펴보았듯이 원제국 전기에 이 규정은 실제로 엄격하게 준수되지 않았으며, 몽골 통치자들의 필요에 따라 한인들이 다루가치에 임명되는 사례도 적지 않았다. 그런데 원 후기 이러한 규정이 강화되는 양상이 나타났다.

종족 배경을 제외하고 관원 선발의 일반적인 기준을 살펴보면 다루가치와 일반 관원들의 선발에 큰 차이는 없었다. 歐陽玄의『高昌偰氏家傳』기록에 따르면 위구르인 偰文質은 아유르바르와다 시기 廣西宣慰司同知에 임명되어 도적을 진압한 공로가 있었고, 屯田을 다시 설치하여 방비의 계책을 마련하고 길을 정비하여 통하게 했다. 行省과 行臺의 적극적인 추천에 힘입어 그는 吉安路다루가치에 임명되었다.[107]

원 후기 정국이 불안정한 상황에서 원 조정에서는 지방관 선발을 중시했고, 이때 천거를 통해 다루가치의 선발 비중이 늘어났다. 陳基의「平江路達魯花赤西夏六十公紀績碑頌」에 따르면 至正 6년(1346), 惠宗 토

---

105) 『元史』권19,「成宗紀二」大德二年五月, 419쪽, "命中書省遣使監雲南·四川·海北海南·廣西兩江·廣東·福建等處六品以下選".

106) 『元史』권34,「文宗紀三」至順元年七月, 760쪽, "敕中書省·禦史台遣官詣江浙·江西·湖廣·四川·雲南諸行省, 遷調三品以下官".

107) 歐陽玄,『圭齋文集』권11,「高昌偰氏家傳」(『四部叢刊』本).

곤 테무르는 대신들에게 조서를 내려 이르길, "짐은 천하의 다스림이 守令을 통해 이루어진다고 생각한다. 너희 대신들은 각각 아는 이를 천거하여 짐의 뜻에 부합하게 하라."고 했다. 이에 재상은 당시 濠州 同知인 탕구트인 六十의 아들이 賢才라는 소식을 듣고 천거하여 平江路 다루가치에 임명했다.[108]

至正 8년(1348) 4월, 中書省에서는 '수령 선발'의 구체적인 규정안을 마련했다. 이 규정에 따르면 "조정의 六部·司農司·集賢·翰林國史·太常禮儀院·秘書·崇文·國子·都水監·侍儀司, 지방의 宣慰司·廉訪司, 각 路府의 다루가치·總管·知府는 임기 3개월 이내에 각자 수령직을 맡을 만한 인재를 천거하고, 州 이하에서는 다루가치·州尹·知州·縣尹·錄事에서 임기가 만료되기 3개월 이내에 각자 한 명씩을 대신할 자를 천거하게 하고, 中書省에서는 조사하여 임명하도록" 명했다. 또한 "中書省에서 각 관의 임기가 다 차면, 解由에 천거한 자의 이름을 쓰게 하고, 연좌를 꺼려 기한이 지나도 천거하지 아니한 자는 3품 이상인 경우 감봉하고 감찰기구에 서류를 보내게 하도록 했다."[109] 이 규정을 통해 원 말 지방관 선발이 원활히 이루어지지 않자 천거 제도가 적극적으로 활용되었음을 확인할 수 있다.

3. 俸祿

몽골제국 초기에는 급여에 대한 개념이 없었다.[110] 우구데이는 중원에 징세기구인 十路課稅所를 세우고 관원들에게 급여를 지급하기 시작

---

108) 陳基, 『夷白齋稿』 권12, 「平江路達魯花赤西夏六十公紀績碑頌」, 458쪽.
109) 『南台備要』, 〈守令〉條, 222쪽.
110) 彭大雅·徐霆, 『黑韃事略』, 82쪽.

했고 쿠빌라이 시기에 이르러 원제국을 세운 이후 정식으로 봉록제도를 마련했다. 원제국 봉록제도에 관해서는 沈仁國의『元代的俸祿制度』에서 비교적 상세하게 다루고 있다.[111] 그의 연구를 기반으로 몽골제국 초기 다루가치의 경제적 기반과 원제국 시기 다루가치의 봉록에 대해 살펴보겠다.

1) 몽골제국 초기 다루가치의 경제 기반

몽골의 대금 전쟁 시기 북중국의 경제적 기반이 상당 부분 파괴되었다. 야율초재의 건의로 우구데이는 북중국에 徵稅 체계를 마련하여 "모든 路에 課稅를 정하여 酒稅는 조사하여 10분의 1의 이자를 취하고, 雜稅는 30분의 1의 이자를 취했다." 또한, 十路征收課稅使를 두어 징세 업무를 담당하게 했다.[112] 그러나 다루가치들이 백성들로부터 자의로 세금을 거두는 일이 지속되었다. 우구데이 제위 5년(1233) 다음과 같은 聖旨가 반포되었다.

太原路다루가치 타타부카 등이 주를 올려 이르기를 '太原府다루가치와 더불어 오래 머문 使客, 投下人 등이 술, 고기, 쌀, 면 등을 취하는 일이 많습니다. 매년 합쳐 양 1천 4백여 마리 정도 됩니다.' 타타부카 등은 스스로 양식을 준비하게 하고 지출해야 하는 물자에 간여하지 못하게 해달라고 청했다. …… 太原路에 宣諭하여 이르기를, '이후로 오고 가는 사신은 기존 법령에 따라 지급해 주고 나머지는 모두 지급하

---

111) 沈仁國,「元代的俸祿制度」,『元史及北方民族史研究集刊』第12~13期, 1990. 이외에 원대 봉록제도에 관해서 潘少平의『元代俸祿制度研究』(中國社會科學院博士學位論文, 2003)가 있다.
112)『元史』권2,「太宗紀」, 30쪽.

기를 중단하라. 官民, 官匠 다루가치는 만약 양식이 있으면 지급하지 말고, 없으면 매일 쌀 1升을 지급하도록 하라. 만약 이전처럼 멋대로 술, 고기, 쌀, 면을 취하는 자가 있다면, 按答奚罪[113]로 처벌할 것이다.' 라고 했다.[114]

이 사료에 따르면 太原路다루가치 타타부카 등이 太原 관원들의 가렴주구 상황을 고발하는 상소를 올렸다. 十路課稅所를 설립한 이후에도 정식으로 급여를 받지 못했던 다루가치, 使臣, 投下에 소속된 자들이 징세를 명목으로 자신들의 물질적 필요를 채우고자 했음을 알 수 있다. 녹봉이 정식으로 지급되지 않는 상황에서 다루가치를 포함하여 지방 관원들이 일종의 '갈취'의 방식으로 경제적 필요를 채우고 국가의 징세 체계를 문란케 한 것이다. 이러한 상황에서 조정에서는 명을 내려 管民, 管匠 다루가치들에게 조건부로 급여를 지급하게 하여 "양식이 있는 자는 지급하지 않고, 없는 자에게는 매일 미곡 1升을 지급했다."[115]

위의 聖旨의 내용을 살펴보면 다루가치들 가운데에는 '자신의 糧食'으로 자급자족할 수 있는 자들이 있었다. 그들은 나름의 기반을 가진 자들이었다. 다루가치들은 카안의 賞賜 혹은 약탈을 통해 노동력[驅口]과 경제적 자원을 확보했다. 대표적인 예로 칭기스칸 시기 사파르호자는 中都를 鎭守하라는 명을 받고 黃河以北鐵門以南天下都다루가치직에 임명되면서 "養老 100戶와 사저로 四王府를 하사받았다."[116] 뭉케

---

113) 원대의 재산 몰수형에 해당하는 죄를 일컫는다.
114) 『經世大典』, 「站赤」太宗 5년 癸巳 2월 5일條.
115) 沈仁國, 『元代的俸祿制度』, 38쪽.
116) 『元史』권120, 「札八兒火者傳」, 2961쪽.

카안은 "부마 라진刺眞의 아들 치반乞版을 다루가치에 임명하여 러시아 지역의 鎭守를 맡기면서 말 300마리, 양 5000마리를 하사했다."[117] 이를 통해 몽골제국 전기 다루가치에 임명되었던 자들이 카안에게 하사받은 것으로 자신의 경제적 기반을 삼았음을 알 수 있다.

姚大力의 연구에 따르면 노얀Noyan—몽골 귀족—들은 자신이 관할하는 千戶나 百戶들로부터 현물과 노동력을 징발했다. 이는 관습법에 규정된 것으로, 황금 씨족을 위한 봉사의 대가로 받은 일종의 보수였다.[118] 몽골제국 시기 다루가치들은 피정복 지역의 鎭守官으로서 대칸을 대신하여 피정복민을 관리하는 책임을 맡았다. 그들이 대칸을 위해 貢物을 징발할 때 징발한 물자의 일부를 남겨두었다. 우구데이 시기 징세를 전담하는 課稅所 관리를 두기 시작하자 다루가치는 징세권을 비롯하여 그로부터 확보할 수 있었던 수입을 상실하게 되었다. 그런데 앞서 살펴본 우구데이의 聖旨에 따르면 여전히 관할 지역에서 물자를 확보하여 '스스로 자신의 식량'을 준비할 수 있는 다루가치들이 있었던 반면, 그렇지 못한 자들도 있었음을 확인할 수 있다. 백성을 상대로 한 다루가치들의 수탈이 심각한 상황에 이르자 우구데이는 물적 기반이 없는 다루가치에게 '매일 쌀 1升' 분량의 일종의 봉록을 지급하게 했던 것이다.

2) 원대 다루가치 급여의 제도화

원대 봉록제도는 관료제도와 징수제도를 기반으로 갖추었다. 『元史』의 관련 기록에 따르면, "봉록제도는 조정의 職官을 대상으로 中統

---

117) 『元史』 권120, 「鎭海傳」, 2964쪽.
118) 姚大力, 『蒙古遊牧國家的政治制度』, 中國社會科學院博士學位論文, 1986, 121~124쪽.

원년(1260)에 제정되었다. 6部 관원의 것은 (中統) 2년에 정해졌고, 路·州·縣 관원의 것은 10월에 정해졌다."[119] 至元 원년(1264)에는 새로운 법령[條格]이 제정되어 "州縣을 병합하고 관리의 수를 정하고, 官職에 따라 품계를 나누어 봉록을 지급하고, 公田을 배분하며, 매달 날을 세어 고과를 평가하라."[120]고 했다. 이를 기반으로 至元 3년(1266) 11월에 처음으로 "京·府·州·縣·司의 관리들에게 봉록과 職田을 지급했다."[121] 이후 '轉運司官과 모든 匠官'의 봉록은 4년 후인 至元 7년(1270)에 관련 규정이 마련되면서 기본적으로 모든 관원들의 봉록 체계가 갖추어졌다.[122]

원대 관리의 녹봉은 俸鈔와 職田으로 구성되었다. 중앙기구 관원은 봉초만 지급받았던 반면, 管民官다루가치를 비롯하여 路·府·州·縣의 지방 관원들은 봉초와 더불어 직전을 함께 지급받았다. 직전 제도는 至元 4년(1267)에 마련되었는데,『元典章』의 관련 기록에 따르면, "路·府·州·司·縣의 관원들이 면밀히 검토하여 봉초를 정했고, 이외에 職田의 근거는 마땅히 옛 법[泰和律]에 따라 지급했다."[123] 金의 법령에 따라 직전 지급을 실시했던 것이다. 지방 관원들은 직전에서 소작인들을 모아 경작을 하게 하고 地租를 걷었다. 재임 기간을 통해 직전의 使用權이 주어졌던 것이다.

남송 평정 이후, 강남 관원들에게도 봉록과 직전 지급을 확대하여

119)『元史』권96,「食貨志四」, 2449쪽.

120)『元史』권5,「世祖紀二」, 98쪽.

121)『元史』권6,「世祖紀三」, 112쪽.

122)『元史』권96,「食貨志四」, 2449쪽, "內而朝臣百司, 外而路府州縣, 微而府史胥徒, 莫不有祿".

123)『元典章』권15,「戶部一·祿廩·職田」〈官員標撥職田〉條, 552쪽. 여기에서 '舊例'란 金의 법령을 의미한다. 姚大力,「論元朝刑法體系的形成」,『元史論叢』3, 105~106쪽 참조.

실시하고 봉록의 액수도 조정했다.[124) 至元 22년(1285)에 반포된 규정에 따르면, "근년에 여러 물건의 가격이 올라, 봉록으로 청렴하게 생활하기가 어려워져 백성들을 착취하여 공적으로나 사적으로 유익함이 없게 되었다. 이후로 內外 官吏의 봉급을 10分을 비율로 하여 5分을 더 지급했다."[125) 이때 반포된 「백관의 봉급령[百官俸例]」에 따르면, 각 品階를 上中下의 3등급으로 나누도록 했다.[126) 즉 동일한 품계의 관원이라도 그 직무의 경중에 따라 등급을 나누어 봉록에 차등을 두어 지급했다. 그리고 녹봉 인상은 조정 관료들에게만 적용되고 지방관들에게는 적용되지 않았다.[127)

『元典章』 권15, 「戶部一·祿廩」에 지방 관원들의 봉록 액수가 기재되어 있는데 이를 바탕으로 路·府·州·縣의 각급 지방관부 다루가치, 관민관, 그리고 한 등급 낮은 관원의 봉록을 비교하여 정리했다.

〈표 10〉에 따르면 다루가치의 봉록 액수는 동일한 직급에 있는 관민장관의 봉록과 동일하다. 그리고 路·府·州의 바로 한 등급 아래에 있는 同知의 봉록은 대략 다루가치의 절반으로 차이가 크다. 반면에 警巡院, 縣, 錄事司와 같은 하급 관부에서 다루가치보다 1품 낮은 관원, 院副, 縣丞, 簿尉, 錄判의 봉록은 다루가치와 차이가 크지 않음을 확인할 수 있다.

至元 21년(1284), 강남 관원의 직전은 "腹里의 절반으로" 정해졌다.[128)『通制條格』의 관련 기록을 살펴보면, 至元 21년 11월 5일, 각 省과 御史臺에서 중서성에서 다음과 같은 주를 올렸다. "관원 직전은

---

124) 『元史』 권10, 「世祖紀七」, 203쪽.
125) 『元典章』 권15, 「戶部一·祿廩·俸錢」〈官吏添支俸給〉條, 545쪽.
126) 『元史』 권96, 「食貨志四」, 2451쪽, "至元二十二年百官俸例, 各品分上中下三等".
127) 沈仁國, 1990, 43쪽.
128) 『元史』 권96, 「食貨志四」, 2450쪽.

다루가치	俸鈔(兩)	職田(頃)	管民長官	俸鈔(兩)	職田(頃)	한 급 낮은 官員	俸鈔(兩)	職田(頃)
上路	80	16	路總管	80	16	同知	40	8
下路	70	14	路總管	70	14	同知	35	7
散府	60	12	知府	60	12	同知	30	6
上州	50	10	州尹	50	10	同知	25	5
中州	40	8	知州	40	8	同知	20	4
下州	30	6	知州	30	6	同知	18	4
警巡院	20		大使	20		院副	17	
上縣	20	4	縣尹	20	4	縣丞	15	2
中縣	18	4	縣尹	18	4	縣丞	13	2
下縣	17	4	縣尹	17	4	簿尉	12	2
錄事司	15	3	錄事	15	3	錄判	12	2

江淮, 閩廣 지역의 토지가 같지 않으니 중원에서 轉任한 관원은 봉초 5貫마다 公田 1頃을 지급해야 합니다." 이에 중서성에서 "腹里 관원에 해당하는 직전 법령을 참고하여 저촉되는 바가 없다면 관민관에게 荒閑地 내에서 절반을 지급하라."고 했다.[129] 『元典章』 권15, 「祿廩」에 기재된 직전의 면적을 살펴보면 강남 관원의 직전은 북방 관원이 받는 직전의 절반을 받았다.

다음 〈표 11〉은 다루가치의 직전 면적을 북방과 강남으로 구분해서 정리한 것이다.

〈표 11〉 다루가치의 職田(단위는 頃)

品級	正三	從三	正四	從四	正五	從五	從六	正七	從七	正八
官府名	上路	下路	散府	上州	中州	下州	上縣	中縣	下縣	錄事司
北方職田數	16	14	12	10	8	6	4	4	4	3
江南職田數	8	7	6	5	4	3	2	2		1.5

---

129) 『通制條格』 권13, 「祿令·俸祿職田」, 372쪽.

그런데 북방 다루가치의 직전 면적은 남방 다루가치의 두 배에 달했지만, 실제로 북방의 단위면적당 식량 생산량이 상대적으로 적어 세수가 남방보다 적었다. 따라서 남방 다루가치가 직전을 통해 얻은 실제 수입이 북방의 직전 수입과 차이가 크지 않았을 것이다. 다루가치를 비롯한 지방관의 봉록 수입은 동일한 관품의 조정 관원보다 낮았지만 지방관들은 직전으로부터 더 많은 토지세를 확보할 가능성이 있었기 때문에 사료에 나온 액수보다 실제 수입은 조금 더 높았을 것으로 추정된다.[130] 沈仁國은 江西行省 袁州路 사례를 들어 至元 연간 강남 관리들의 봉록에서 직전 수입이 약 40%를 차지했을 것으로 추산했다.[131] 북방의 사정도 이와 다르지 않았을 것이다. 이후 물가가 오르고 화폐가치가 떨어지면서 지방관의 녹봉에서 직전 수입은 중요한 비중을 차지하게 되었다.

원 중기 인플레이션으로 원 조정에서는 여러 차례 봉록을 인상했다. 大德 3년(1299), 吏員과 일부 首領官에게 俸米를 더 지급했다.[132] 大德 7년(1303), 다시 "祿米를 더 지급했고", "外任官 중 公田이 없는 자에게도 계산하여 지급해 주었다."[133] 그러나 관원들의 '급여 부족[俸薄]' 문제가 완전히 해결되지는 않았다. 武宗 카이샨은 즉위 후, 尚書省을 세워 재정을 관할하게 하고 관리의 급여 문제를 개선하고자 했다. 지방에

---

130) 沈仁國, 1990, 56~59쪽 ; 潘少平, 2003, 75~76쪽.

131) 沈仁國, 1990, 59쪽.

132) 『元史』 권20, 「成宗紀三」, 425쪽.

133) 『元史』 권21, 「成宗紀四」, 546쪽, "京朝官月俸外, 增給祿米 ; 外任官無公田者, 亦量給之" ; 『元典章』 권15, 「戶部一·祿廩·俸錢」〈官吏添支俸給〉條, "無職田官吏俸米, 除甘肅行省與和林宣慰司官吏一體擬支口糧外, 其餘內外官吏俸一十兩以下人員, 依大德三年添支小吏俸米例, 每一兩給米一鬥, 十兩以上至二十五兩, 每員支米一石. 餘上之數, 每俸一兩, 與米一升, 扣算給付. 若官無見在, 驗支俸去處時直給價. 雖貴, 每石不過二十貫. 上都·大同·隆興·甘肅等處不系産米去處, 每石合支中統鈔二十五兩. 價賤者, 從實開坐各各分例".

파견되어 職田을 받는 관원 가운데 3품관에게는 매년 祿米 100石을 지급하고, 4품관에게는 60石, 5품관에게는 50石, 6품관에게는 45石, 7품 이하에게는 40石을 지급하고, 俸錢은 中統鈔보다 화폐가치가 5배 높은 至元鈔로 지급하게 했다. 기존에 받은 職田은 관부에서 회수했다.[134] 표면적으로 관리들의 수입이 어느 정도 증가했다. 그러나 職田 환수와 미곡 지급을 실시한 후 지방관들이 지급 받은 미곡량이 직전을 통해 얻은 수입에 훨씬 못 미치자 정부 정책에 거세게 반발했다.[135] 至大 4년 (1311) 아유르바르와다는 즉위 후 尙書省을 폐지하고 조를 내려 기존 제도로 복원했다."[136]

至正 11년(1351)에는 廣東, 廣西, 雲南, 海北의 지방 관원들에게 봉초를 올려주었으며, 이는 현지의 다루가치들에게도 적용되었다.[137] 이는 1340년대 지속적으로 발생했던 자연재해와 기근, 화폐제도의 혼란 그리고 지방 반란세력의 활개 등 다방면의 사회적 위기를 배경으로 한다. 至正 8년(1248) 江浙行省에서 方國珍의 반란이 발발하면서 반원 운동이 고양되었다. 화북과 강남 일대에서 사회적 혼란이 가속화되는 가운데 변경 지역 관원들이 사망 후에도 고향에서 장례를 치르지 못하는 경우가 많았다. 변경 지역에 파견된 다루가치들에게 봉초를 올려 지급한 것은 원제국 말 변경의 위기를 타개하고 안정을 도모하기 위한 정책의 일환이었다.[138]

---

134) 『元典章』 권15, 「戶部一·祿廩·俸錢」〈官吏添支俸給〉條, 547~548쪽.
135) 沈仁國, 1990, 60~61쪽 참조.
136) 『元典章』 권15, 「戶部一·祿廩·俸錢」〈俸鈔改支至元〉條, 549쪽.
137) 『南台備要』〈均祿秩〉條(杭州:浙江古籍出版社, 2001), 219~221쪽 참조.
138) 『元史』 권39, 「順帝二」, 836쪽.

4. 任期와 考課

1) 임기

몽골제국 시기 피정복 지역에 임명된 지방 관원들은 비교적 오랜 기간 재직했고, 대개 그 자손들이 부친의 관직을 대대로 이어받았다. 이외에 특정한 임무를 맡아 임시로 파견되는 경우도 있었다. 이렇듯 몽골제국 전기 관원들의 '임기'가 고정적으로 정해지지 않았다.

쿠빌라이가 제위에 오른 이후 관원들의 遷轉제도가 마련되었다. 至元 원년(1264) 中書省에서「職官新制」를 반포했다. 그 규정을 살펴보면 다음과 같다. "管民官은 3년에 한 번 다른 城으로 가서 교대하라. 諸王들은 모든 곳의 관원들을 30개월에 한 번 고과를 시행하고, 그 功過를 살펴 이를 근거로 승진과 강등, 전근[遷轉]을 정하도록 하라."고 명시했다. 규정에서 管民官과 投下官을 구분하고 있는데 관민관의 경우 30개월마다 전근을 하고, 투하관은 30개월 임기를 마친 후 고과를 살펴 전근하게 했다. 한편 다루가치들에게는 이 규정을 적용하지 않는다고 명시되어 있다.

至元 4년(1267)에 이르러서야 원 조정에서는 官員, 投下와 州縣 다루가치들 모두 관민관의 관련 법령을 따라, 30개월을 임기로 규정했다.[139] 정부에서 파견한 다루가치와 투하다루가치에게 30개월의 임기 및 전근에 관한 규정을 적용한 것은 이들을 행정 官員으로 간주하여 관리하고자 한 조치였다. 至元 5년(1268) 원에서 최고 감찰기구인 御史臺를 세우고 관원 遷轉에 대한 감찰 규정을 마련하여 "전근을 해야

---

139)『元典章』권9,「吏部三·官制三·投下官」〈投下達魯花赤遷轉〉條, 292쪽.

하는 관원이 임기가 만료되었음에도 전근하지 않거나 전근에 부합하는 자격을 갖추지 못한 자는 감찰하여 바로잡도록 하라."고 명했다.[140]

몽골제국 초기 이래로 다루가치는 대개 그 직위를 세습해 왔다. 원제국에서 도입한 중원식 遷轉제도는 몽골 전통의 承襲제도와는 확연히 다른 것이었다. 그럼에도 불구하고 다루가치에게 임기제를 적용하게 된 것은 지방행정 조직의 수장인 다루가치에 대한 관리의 필요성이 대두되었기 때문이다. 각 지역 관부의 吏員들 가운데 종종 다루가치들과 오래 재직하면서 그 心腹이 되어 새로 부임한 관원들 사이를 이간하고 불화를 일으켜 모든 업무에 피해를 끼치는 상황이 발생했다.[141] 이러한 문제가 中書省에까지 보고되었다. 至元 4년(1267) 중서성에서 주를 올려 이르기를, "관민관은 이미 遷轉을 시행하고 있는데, 만약 承襲을 하게 되면 遷轉제도에 저해가 될 것입니다."[142]라고 했다. 원 조정에서는 결국 다루가치가 한 지역에 오래 머물러 지방행정에 폐해를 가져오는 상황을 근절하기 위해 다루가치의 30개월 임기와 遷轉제도를 시행하게 되었다.

『紫山大全集』에 소개된 원 초기 다루가치 몽골바르의 사례를 살펴보면, 새로운 임기가 그에게 적용되었음을 확인할 수 있다. 몽골바르는 中統 4년(1263)에 中山府다루가치에 임명되었고, 至元 7년(1270)에 河中府다루가치로 파견되었다. 이후 至元 11년(1274) 봄에 懷孟路다루가치 겸 諸軍奧魯를 맡았다.[143] 그는 새 규정이 공포되기 전까지 7년 동안 中山府다루가치로 재직했고, 임기 규정이 마련된 후 3년여 동안 河中府다

---

140)『元典章』권5,「台綱一·內台」〈設立憲台格例〉條, 143쪽.
141)『元典章』권6,「台綱二·體察」〈察司體察等例〉條, 157쪽.
142)『元典章』권8,「吏部二·官制二·承蔭」〈品官蔭敍體例〉條, 253쪽.
143) 胡祗遹,『紫山大全集』권15,「大元故懷遠大將軍懷孟路達嚕噶齊兼諸軍鄂勒蒙古公神道碑」, 274쪽.

루가치직을 맡고 임기가 만료된 후 懷孟路다루가치직으로 전근했다.

당시 원에서는 고려에 다루가치를 파견했다. 至元 7년(1270) 焦天翼이 고려에 다루가치로 부임했는데, 『高麗史』에는 至元 10년(1273) 9월에 "임기가 만료되어 조정으로 돌아갔다."[144]는 표현이 나온다. 또한 至元 9년(1272) 4월, 李益은 고려다루가치에 부임했는데 마찬가지로 11년 12월에 "李益은 교대하여 돌아갔다."[145]라고 기록되어 있다. 이를 통해 번속국에 파견된 다루가치 역시 기본적으로 30개월이라는 임기 규정에 따랐음을 알 수 있다.

남송을 평정한 이후 원의 행정관료 체계가 강남 지역까지 확대되었다. 남송을 평정한 이듬해인 至元 14년(1277)에 원 조정에서는 「循行選法體例」를 반포했다. 이 규정에 따르면, "지방에 파견된 관원은 3년에 한 번 考課 평가를 한 후 전근을 가게 하고 다루가치와 무슬림 관원에 대해서는 별도로 결정했다." 이 기록을 통해 다루가치와 무슬림 관원들에게 이 규정이 보다 유연하게 적용되었음을 알 수 있다.

『至順鎭江志』에 반영된 강남 지역 다루가치의 임기 규정을 살펴보면 제도적 변화 과정을 엿볼 수 있다. 남송이 평정된 至元 13년(1276)부터 강남 지역 지배가 안정된 26년(1289)까지 鎭江府다루가치의 임기 현황을 살펴보면 재임 기간이 짧았던 것으로 확인된다. 가령, 다루가치 시라가(昔剌罕)는 지원 13년(1276) 2월 1일에 부임하여 다음 날 귀환했고, 嚴忠傑은 至元 14년(1277) 3월부터 15년(1278) 5월, 마세르기스는 至元 15년(1278) 정월부터 8월, 張炤는 至元 15년(1278) 11월부터 16년(1279) 5월까지 재직했다. 몽골이 남송을 정복한 직후 강남 지역에 배치되어 鎭守官으로서 역할을 맡았던 다루가치들은 재직 기간이 짧았다. 이는

---

144) 『元高麗紀事』, 38쪽.
145) 『元史』 권95, 「高麗傳」, 4620쪽.

그들이 강남 복속 직수 정복 지역을 관할하기 위해 임시로 파견되었던 자들이거나 사유는 알 수 없지만 강남 지역에 오래 머물기가 어려워 임기를 채우지 않고 북방으로 귀환한 것으로 추정된다. 至元 20년(1283) 이후 임명된 다루가치들의 임기는 비교적 잘 지켜졌다. 잘라르앗 딘札剌兒丁의 경우 至元 20년(1283) 8월부터 22년(1285) 11월까지 재직했고, 힌도차스忻都察는 至元 22년(1285) 11월부터 26년(1289) 정월까지 거의 3년을 재직했다.[146] 강남 지역에서 몽골 통치가 안정된 至元 20년(1283) 이후 관민 다루가치들의 임기가 잘 지켜졌음을 확인할 수 있다.

원 중기에 이르러 다루가치의 임기는 3년으로 고정되었다. 程鉅夫의 「溫州路達魯花赤伯帖木兒德政序」에는 벡 테무르伯帖木兒가 大德 11년(1307)에 溫州路다루가치에 임명된 후 至大 3년(1310)에 "교대하고 떠났다."[147]고 기록되어 있다. 柳貫은 『浦江縣官題名序』에서 원이 남송을 평정한 이후 60년 동안 浦江縣에 임관한 다루가치의 현황을 집계하여 "3년이 차면 교대를 하니 이를 셈해 보면 한 관직에 20명 남짓이었다."라고 기록했다. 이를 통해 원 중기 이후 다루가치 임기가 대개 3년으로 준수되었음을 확인할 수 있다.

2) 考課와 解由

考課는 관원이 전임하는 중요한 근거가 되었다. 至元 8년(1271)에 원 조정은 지방행정관원의 평가 기준을 반포했는데, 그 기준이 되는

---

146) 『至順鎭江志』 권15, 「元刺守·達魯花赤」.
147) 程鉅夫, 『雪樓集』 권15, 「溫州路達魯花赤伯帖木兒德政序」(『元代珍本文集彙刊』, 台北 : 國立中央圖書館編印, 1970), 593쪽.

항목은 "戶口의 증가·田野의 개간·詞訟의 간소화·盜賊의 평정·賦役의 균분"이었다. 관련 규정은 다음과 같았다. "만약 '5가지 사항'이 모두 갖추어져 있으면, 上選이 되어 해당하는 품계에서 한 등급 승급할 수 있었다. 4개를 갖춘 자는 1資를 감했다. 세 가지 사항에 준하는 자는 中選이 되어, 상례에 따라 전임한다. 4개를 모두 갖추지 않은 자는 一資를 더한다. 5개를 모두 갖추지 않은 자는 1등을 강등시키도록 했다."[148]

심사는 상급 기구와 감독 기구가 공동으로 진행했으며, 고찰 결과는 解由에 명확하게 기록했다. 지방 관원이 임기를 마친 후 상급 관부에서 解由를 발급했다. 감찰부서에서 "관리의 부정부패, 사기, 기한 위반 행위를 발견하고 그 죄가 형법에 저촉된다면, 매년 그 수와 죄목을 정리하여 보고하고, 이를 중서성에 보관했다."[149] 吏部에서는 解由와 원래 파악한 상황을 대조한 후, 최종 銓注를 결정한다.

解由는 임기가 다 되어 직위를 면하는 것을 의미하는 解와 고과를 조사하는 것을 의미하는 由가 결합된 용어이다.[150] 그 내용에는 관원의 개인 정보와 관원에 대한 상급 기관의 보증 문서[保結]의 두 부분으로 구성되어 있다. 中統 3년(1262), 원 정부는 관원의 인사기록 편찬을 명령하여, "문서의 형식과 규범을 규정하고, 각 관원의 관리의 성명, 본적, 나이, 관직 입사 순서를 취합하게 했다." 남송을 멸망시킨 후 관원 관리제도를 더욱 확대하여 실시했다. 至元 19년(1282)에 "관원의 解由가 성부에 도달하면, 그 공과를 심사하고, 이를 근거로 승진시키거나 강등시키는"[151] 규정을 마련했다. 至元 21년(1284)에는 "각 路·府·州

---

148) 『元史』 권82, 「選擧志二」, 2038쪽.
149) 『元史』 권102, 「刑法志一」, 2617쪽.
150) 『吏學指南』〈膀據〉條(杭州 : 浙江古籍出版社, 1986), 42쪽.

·司·縣에서 임기를 마친 관원이 만약 중간에 실제 뇌물 수수를 저질러 부정한 일을 저질렀는데 해당 관부에서 사사로이 解由를 작성해 주거나, 관련이 없는 일에 간여하여 의도적으로 업무를 지연시키거나 문제를 일으켰을 경우가 있다면 모두 提刑按察司에서 조사하여 御史臺에 보고하고 中書省에 올릴 것이다."[152]라고 규정했다. 이를 통해 관원에 대한 정부의 관리가 한층 강화되었음을 알 수 있다.

위에서 언급한 解由에 기반한 고과 심사에서 다루가치도 예외는 아니었다. 解由에는 다루가치의 신상 정보로 연령·민족·호적·신체 상태·언어 능력·관직 진출 배경·이력 등이 포함되었으며, 이력에 관해서는 재임 기간의 태도·재임 연월·지급한 俸鈔의 수량·과실 유무·담당 사무 등이 구체적으로 기재되었다. 관련된 기록은 반드시 정확하게 작성해야 했다. 至元 29년(1292), 大司農司는 臨漳縣 다루가치 타이부카 太不花의 解由에서 "농사·학교·樹株·義糧에 관련된 수량과 장부의 기록 간에 차이가 있다"는 사실을 발견했다. 이에 중서성에 보고하여 연루된 관리들을 처벌하게 했다. 이후에 다루가치를 포함한 지방관이 임기를 마쳤을 때, 그 解由에 허위로 신고하여 사실과 달리 기재된 바가 발견되면 각각 10일에서 1개월의 감봉 처분을 하도록 규정을 마련했다.[153]

재직 기간 동안의 업적 외에 解由에는 재직 중 받은 징계도 명시해야 했다. 다수의 관원들은 과실을 숨겨 "기재하지 않고 은폐하며 관직에 나아가길 구했다." 이에 至元 31년(1294) 조정은 공식 문서를 반포하여 이후로 각 부처에서 관리를 등용할 때는 解由에 앞서 저지른 잘못을

---

151) 『元史』 권84, 「選舉志四」, 2094쪽.
152) 『通制條格』 권6, 「選舉·解由」, 294~295쪽.
153) 『通制條格』 권16, 「田令·司農事例」, 470쪽.

기재하게 하고 조사한 후 결정하게 했다. 그러나 이후에도 관원들은 여전히 법을 어긴 사실을 숨기면서 관계에서 활동하는 일이 빈번했다. 이를 통해 원대 解由를 통한 관원의 관리 체계가 허술했음을 알 수 있다.

제 3 장

다루가치와 지방 통치

제1절 管民官 다루가치와 지방 통치

1. 쿠빌라이 시기 지방행정체제 정비와 다루가치의 掌印權

1) 원 전기 지방행정체제 정비와 다루가치 제도의 결합

우구데이는 야율초재 등의 건의에 따라 안정적인 지방행정체제를 마련하고자 했으나, 그러한 시도는 정복 지역에 근거지를 마련했던 몽골 分封 귀족들과 한인세후들의 반대로 실효를 거두지 못했다. 대칸 통치가 중앙집권적인 형태로 전환되어 간 것은 뭉케 집권 시기부터였다. 뭉케는 칭기스칸의 末子였던 톨레이계 출신으로 우구데이계를 비롯하여 반대세력들을 일소하고 대칸 지위의 정통성을 확립하기 위해 중앙집권적인 통치제도 개혁을 추진했다.[1] 뭉케로부터 南宋 경략을 위임 받고 북중국에 주재하던 쿠빌라이는 세력 기반으로서 한지의 정치·경제적 가치에 일찍이 주목했다. 1260년 대칸의 지위에 오른 쿠빌라이는 몽골제국의 새로운 수도인 大都를 건설했다.

아릭 부케와의 경쟁에서 승리하고 대권을 장악한 쿠빌라이의 급선무는 몽골 귀족들에게 대칸으로서 면모를 각인시키고 정통성을 확립함으로써 통치권을 강화하는 것이었다. 이를 위해 자신의 세력 근거지였던 漢地에 대한 지배 질서를 강화시키는 작업을 추진했다. 즉위하던 해인 中統 원년(1260) 최상위 행정통치기구인 中書省을 세우고, 中統 4년(1263)에는 최고 군정기관인 樞密院을 건립했으며, 至元 원년(1264)에 최상위 감찰기구인 御史臺를 건립함으로서 民政·軍政·監察의 방면

---

1) Thosmas T. Allsen, 1987, 78~79쪽.

에서 각각 독립적으로 존재하는 대칸의 직속기구를 마련했다.

쿠빌라이는 지방 통치 강화를 위해 몽골이 점령한 金의 옛 영토에 十路宣撫司를 건립했다.[2] 각 宣撫司는 路總官府의 상급 기구로서 農桑을 장려하고, 백성을 安撫하며, 인재 천거를 담당하는 등 民政 업무에 주력했고[3] 아릭 부케와의 전쟁 중에는 각 지역으로부터 군수물자를 보급하는 역할을 담당하여 전쟁을 승리로 이끄는 데 큰 공헌을 하기도 했다.[4] 각 路總官府의 다루가치들과 總官은 宣撫司의 통제를 받으면서 공조체제하에서 지방행정을 담당했다. 가령 中統 2년(1261) 조정에서는 宣撫司에게 조를 내려 다루가치, 管民官, 課稅所官과 함께 私鹽, 酒醋 등의 제조를 단속하여 금하도록 명했다.[5] 그러나 집권 초기 十路宣撫司를 통해 지방 통치권을 장악하고자 했던 쿠빌라이의 시도는 몽골 투하 세력들의 반대와 宣撫司 내의 한인 관료들에 대한 불신으로 좌절되었고 中統 2년(1261) 11월 十路宣撫司는 폐지되었다.[6] 지방통치제도 정비를 통한 쿠빌라이의 집권 강화는 한인세후 세력들에게 위협적으로 다가왔고, 이는 몽골 통치자와 오랫동안 한지에 할거하고 있던 한인세후들과의 군사적 충돌로 이어졌다.[7]

---

2) 『元史』 권4, 「世祖紀一」, 65~66쪽.
3) 『元史』 권5, 「世祖紀一」, 69쪽, "勸農桑, 抑遊惰, 禮高年, 問民疾苦, 擧文學才識可以從政及茂才異等, 列名上聞, 以聽擢用 ; 其職官汙濫及民不孝悌者, 量輕重議罰".
4) 史衛民, 「元朝前期的宣撫司與宣慰司」, 『元史論叢』 5, 1993, 55쪽.
5) 『元史』 권206, 「叛臣 · 王文統傳」, 4594쪽.
6) 『元史』 권4, 「世祖紀一」, 76쪽.
7) 쿠빌라이 집권 초기 통치제도의 정비 과정과 한인세후 세력의 약화에 관해서는 愛宕松男, 1988, 79~88쪽, 140~148쪽 참조. 쿠빌라이의 중앙집권적 통치체제 구축 과정은 漢地 각 처에 세력기반을 두었던 한인세후들뿐 아니라, 칭기스칸 분봉 이래 독립적으로 울루스를 통치했던 몽골 宗王세력에게도 타격을 주어, 쿠빌라이에 대한 반발을 야기했다(윤은숙, 「쿠빌라이칸의 중앙집권화에 대한 東道諸王들의 대응」, 『중앙아시아연구』 8, 2003 참조).

한인세후들은 칭기스칸 시기부터 몽골의 대금 정벌전쟁에서 적극적으로 협력한 武將들로서 山東·河北 지역에 할거하며 독자적인 세력을 형성했다.[8] 이들은 관할 지역 내에서 軍·民·財권을 모두 장악하고 재지세력 및 下屬들과 聯婚 관계를 통해 근거지에서 깊이 뿌리 내리고 있었다.[9] 몽골제국 초기부터 한지에 파견되었던 다루가치들은 이 한인세후들을 감독하는 상위의 권력을 누렸다.[10] 그러나 쿠빌라이 집권 초기 아릭 부케와의 내전이 진행되고 있고, 南宋과도 대치하고 있는 불안정한 상황에서 한인세후들과 연대하지 않을 수 없었다. 이러한 배경에서 다루가치들이 한인세후의 관할을 받는 경우도 있었다.[11] 쿠빌라이 집권 초기 한인세후들과 다루가치들의 권력관계가 명확하지 않은 특수한 상황에서 한인세후 幕下의 지방 관원들과 다루가치들 사이에 갈등이 종종 발생했으며 이는 민생에 직접적인 영향을 끼치기도 했다.[12]

쿠빌라이의 지방통치제도 정비로 말미암은 한인세후들과의 긴장관

---

8) 몽골제국 시기 한인세후 세력에 관해서는 陳高華, 「大蒙古國時期的東平嚴氏」, 『元史論叢』6, 1996 ; 到何之, 「關於金末元初的漢人地主武裝問題」, 『內蒙古大學學報』1978-1 ; 趙文坦, 「金元之際漢人世侯的興起與政治動向」, 『南開學報』2000-6 ; 符海朝, 『元代漢人世侯群體研究』, 保定 : 河北大學出版社, 2007 참조.

9) 蕭啓慶, 2007, 276~345쪽.

10) 우구데이가 東平路다루가치 塔思火兒赤을 파견하여 嚴實 위에 두게 한 조치에서도 잘 드러난다. 『元史』권131, 「忙兀台傳」, 3186쪽, "塔思火兒赤爲東平路達魯花赤, 位在嚴實上".

11) 中統 2년에 쿠빌라이는 嚴實의 아들 嚴忠範을 東平路行軍萬戶兼管民總管 직에 임명하였고 다루가치 및 지방관들로 하여금 그의 통제를 받도록 명했다. 『元史』권5, 「世祖紀一」, 70쪽, "以嚴忠範爲東平路行軍萬戶兼管民總管, 仍諭東平路達魯花赤等官並聽節制".

12) 王磐, 「中書右丞相史公神道碑」, 『國朝文類』권58(『四部叢刊』本), "國朝之制, 州府司縣, 各置監臨官, 謂之達魯花赤, 州府官往往不能相下.公獨一切莫與之較, 由是唯眞定一路, 事不乖戾, 而民以寧".

계는 급기야 이단의 반란으로 이어졌다.[13] 반란 진압을 통해 쿠빌라이는 한인세후 세력의 기반을 약화시키고 漢地에 대한 직접 지배로 지배 체제를 전환해 갔다. 이때 다루가치 제도는 대칸의 지방 통치 체제 강화의 일환으로 지방행정 제도와 결합되는 양상이 나타났다. 관련 조치들을 살펴보면, 원 조정은 遷轉法을 제정하여 지방에 할거하고 있던 한인세후의 지위가 대대로 세습되는 것을 금하고 지방장관이 호족세력화 되는 것을 방지했다.[14] 한인세후 세력을 약화시킨 쿠빌라이는 至元 원년(1264)에 「新立條格」을 반포하여 省과 州, 縣의 관원 수를 정하고 관직에 따라 품계를 나누어 俸祿을 지급하고 公田을 하사하며 날수를 계산하여 고과를 평가하는 일련의 규정을 반포했다.[15] 이는 정부 관원에 대한 관리를 강화함으로써 중앙집권적인 통치체제를 확립하기 위한 조치였다. 쿠빌라이는 다루가치를 각급 路·府·州·縣의 지방관부에 두어 지방행정을 관할하게 함으로써[16] 다루가치를 통한 監臨체제를 강화시켜 갔다. 한지에 대한 대칸의 직접 지배는 대민행정, 재정, 군사를 아우르는 지방행정 전반에 대한 대칸의 통치력

---

13) 오타기 마쓰오는 쿠빌라이와 한인세후들과의 갈등 및 한인세력에 대한 불신이 中統 3년(1263)에 발발한 李璮의 반란을 계기로 일어난 것이 아니라 쿠빌라이가 한지를 직접 지배할 목적으로 中統 원년(1260) 十路宣撫司를 건설했을 때부터 이미 내재되어 있었다고 보았다. 益都의 李璮과 東平의 嚴忠濟 세력의 반란은 쿠빌라이의 한지 지배 강화 과정에서 나타난 예견된 사건이었던 것이다(愛宕松男, 1988, 192~198쪽). 이렇게 보면 다루가치를 통한 한지 지배 강화는 李璮의 난이 계기가 되었다기보다 쿠빌라이 집권 초기 한지에 대한 직접 지배체제의 구축 과정에서 전개된 지방통치체제 강화의 일환으로서 파악해야 할 것이다.

14) 『元史』 권5, 「世祖紀二」, 101쪽.

15) 『元史』 권5, 「世祖紀二」, 98쪽, "省並州縣, 定官吏員數, 分品從官職, 給俸祿, 頒公田, 計月日以考殿最".

16) 劉敏中, 「鄒平縣普顏君去思記」, 『中庵集』(『北京圖書館古籍珍本叢刊』 92, 北京 : 書目文獻出版社, 1987), 276쪽, "國朝官制, 路·府·州·縣皆置達魯花赤一人, 位長吏上, 監其治也".

강화를 의미하는 것이었다. 다루가치는 대칸의 지배력을 상징하는 존재로서 몽골의 중국 지역 통치에서 관할 지역의 행정 전반을 총괄하게 된 것이다.

원대 지방관부는 다수의 관원으로 구성되어 있었다. 路總官府의 경우 長官인 總官과 同知, 治中, 判官, 推官의 佐貳官이 있었고, 首領官이라고 불리는 經歷, 知事, 照磨가 행정실무를 담당했으며 그 아래는 잡무를 담당하는 司吏, 通事, 譯史의 吏員들이 正官을 보좌했다. 쿠빌라이는 다루가치를 각급 지방관부에 파견하여 행정 수반으로서 행정 사무 전반을 총괄하게 했다. 다루가치를 지방행정관부의 수뇌로 임명한 것은 다루가치로 하여금 지방행정을 장악하게 함으로써 한지에서 대칸의 통치권을 강화하고자 했던 의도가 명확하다. 아울러 다수의 한인관료에게 의지할 수밖에 없었던 지상황에서 몽골의 지배력을 유지·강화하고자 한 측면[17]으로 이해될 수 있겠다.

그런데 여기에서 주목되는 점은 다루가치에게 각급 長官과 동일한 官品을 하사했다는 점이다. 가령 上路의 다루가치는 路總官의 관품과 동일하게 정3품에 임명됐다. 양자는 동일한 액수의 봉록과 公田을 하사 받았고 지방행정에서 동일한 책임을 부여받았다. 지방행정에서 과실로 중앙관부로부터 문책을 받을 경우, 규정상 다루가치와 관민장관은 처벌을 함께 받아야 했다.[18]

그렇다면 지방행정 규정상 다루가치는 어느 범위까지 그 職權을 발휘할 수 있었을까? 다루가치는 지방 통치에 실제로 참여했을까?

---

17) 愛宕松男 지음, 윤은숙·임대희 옮김, 『중국의 역사-대원제국』, 혜안, 2013, 159쪽.

18) 원대 지방관부에서 縣은 州에, 州는 路에 예속되었고, 路는 行省의 관할을 받았으며, 다루가치가 행정상 과실을 범할 경우 禦史臺, 刑部 및 行省으로부터 문책과 처벌을 받았다.

〈표 12〉 원대 管民다루가치와 管民長官 官品[19]

官品	管民다루가치	管民長官
正三品	上路總管府다루가치	上路總管
從三品	下路總管府다루가치	總管
正四品	散府다루가치	知府
從四品	上州다루가치	上州尹
正五品	中州다루가치	中州尹
從五品	下州다루가치	下州尹
正六品	上都警巡院다루가치 大都警巡院다루가치	
從六品	上縣다루가치	上縣尹
正七品	中縣다루가치	中縣尹
從七品	下縣다루가치	下縣尹
正八品	錄事司다루가치	錄事

몽골 통치하에서 지방 정부의 의사 결정은 어떠한 방식으로 이루어졌을까? 이를 규명하기 위해 '圓署' 혹은 '圓議連署'라고 불렸던 원대 지방 관부의 실제적인 행정 과정을 살펴보는 것이 유용할 것이다.

2) 원대 '圓署' 행정과 다루가치의 掌印權

원대 圓署는 중앙의 中書省에서부터 지방의 말단 縣에 이르기까지 행해졌던 의정 회의제이다. 그 연원에 대해서는 다양한 논의들이 있는데, 그것이 유목적인 부족회의제인 쿠릴타이(quriltai)에서 기원했다는 견해가 있고[20], 역대 중원 왕조에서 군주와 백관이 국가 의정에 관해 의논했던 廷議제도와 송대 지방행정에서 지방장관과 함께 지방행정을 감시하며 府州 행정에 간여했던 通判 직무에 주목한 견해도 있다.[21]

---

19) 『元典章』 권7, 「官職一‧職品」 〈內外文武職品〉條(陳高華 等 點校本, 北京 : 中華書局, 2011), 192~223쪽.

20) Elizabeth Endicott-West, 1989, 126쪽 ; 李治安, 『行省制度研究』, 天津 : 南開大學出版社, 2005, 385쪽 참조.

몽골제국 시기의 회의제도는 몽골제국의 정치문화를 구성하있는 중요한 부분으로서, 조정의 대신회의에서부터 지방 말단에까지 몽골의 중요한 정책 결정 방식이었다. 제국통치의 중요 현안이 있을 때마다 대칸을 비롯하여 각 지역의 칸들이 유목식 회의제인 쿠릴타이에 참석하여 제국의 중요 현안을 결정했다. 지방행정 과정에서 圓署회의제가 확립된 것은 쿠빌라이 집권 시기부터였다. 회의에 참석하여 배석하는 圓坐 시에도 관원들 간의 등급이 존재하여 장관이 정면을 바라보고 앉으면, 부관들이 동서로 나누어 자리했다.[22] 路總官府의 경우 다루가치와 路總官, 同知, 治中, 判官이 모두 한자리에 모여 정사를 논의했으며, 논의 과정에서 다양한 의견들이 오고 갔다.[23]

圓署는 系書, 圓坐議政, 簽押, 捺印의 네 단계로 진행됐다. 系書의 단계에서 經歷·知事 등의 首領官들이나 吏員이 의제의 초안을 작성하면, 圓坐議政에서는 작성된 초안을 바탕으로 다루가치와 한인 장관을 비롯한 正官들이 관아에 모여서 徵稅·刑獄·治安·農事 등 행정 전반에 관련된 정무를 논의한다. 의견이 분분하여 의제가 결정되지 않을 경우에는 상급기관에 이를 올리는 것이 관례였다. 회의를 통해 안건이 결의된 후 토의 내용과 그 결과를 바탕으로 首領官들이 작성한 공문서를 올리면 圓署에 참여했던 관원들이 차례로 서명을 하고 마지막으로 捺印을 한다. 문서에 官印이 찍힌 공문서만이 상급 관부에 상달될 수 있고 행정상 효력을 발휘할 수 있었다.[24] 따라서 장관의 날인은 장관의 실권이 발휘된다는 점에서 圓署회의에서 가장 중요한 단계라고

---

21) 張金銑, 『元代地方行政制度研究』, 合肥 : 安徽大學出版社, 2001, 249~250쪽.
22) 『元典章』 권13, 「吏部七·公規·座次」〈品從座次等第〉條, 501쪽.
23) 李治安, 2005, 122쪽.
24) 圓署행정의 구체적 과정에 관해서는 張金銑, 2001, 251~257쪽 참조.

볼 수 있다.

지방행정 절차에서 官印의 중요성을 인식한 몽골 통치자는 그 誤用과 濫用을 방지하기 위해 官印 보관과 사용 절차를 엄격히 구분하여 관리하게 했다. 『元史』 「刑法志」에 따르면 "모든 官府印章은 長官이 맡아서 보관하고 次官이 그것을 封한다."[25]라고 기록되어 있다. '보관[收]'과 '봉합[封]'의 절차를 엄격하게 구분함으로써 장관 혹은 부관이 官印을 독단적으로 사용하는 일을 방지하고자 했던 것이다. 이때 쿠빌라이 시기 지방행정체제에 편입된 다루가치들은 지방장관으로서 官印의 관리를 담당하기 시작했다.

中統 5년(1264) 8월에 반포된 규정에 따르면, 모든 京·府·州·縣 관원들이 작성한 문서는 다루가치가 관원들과 함께 서명을 한 후에, 管民長官이 집행했고 官印을 사용할 때에는 다루가치가 封記하고, 管民長官이 보관을 담당했다.[26] 이는 원 조정이 다루가치와 管民長官이 官印의 보관과 봉합 절차를 각각 담당하게 함으로써 지방행정에서 양자 간에 상호 협력과 견제의 균형을 꾀하려 한 조치로 파악된다. 그런데 다루가치 부재 시에 封記(官印의 봉합을 해제하고, 사용 후에 다시 봉합하고 서명하는 절차)를 이행할 수 없어 징세·사송 등 지방행정 전반에 걸쳐 지장이 초래되자, 같은 해 12월 조정에서는 印信 관리법을 개정하여 반포했다. 左三部(吏部·戶部·禮部)에서는 中書省에서 내린 명을 받들어 다루가치 부재 시에 管民官이 次官으로서 封記를 담당하고 令史, 首領官 등의 아전들이 봉합을 해제하게 했다. 管民長官이 임시로 封押을 대행

---

25) 『元史』 권102, 「刑法一·職制」, 2610쪽, "諸官府印章, 長官掌收, 次官封之".
26) 『元典章』 권13, 「吏部七·公規·掌印」 〈印信長官收掌〉條, 505쪽, "一應京·府·州·縣官員, 凡行文字, 與本處達魯花赤一同署押, 仍令管民長官掌判. 其行用印信, 達魯花赤封記".

하고 이후 다루가치가 돌아왔을 때 이 사실을 보고하게 했다. 다루가치가 부재한 경우 管民長官이 官印의 봉합 절차까지 주도했던 것이다. 흥미로운 것은 조서 말미에 덧붙여진 "다루가치가 보관하고, 장관이 封記를 하라"[27]는 명령이다. 원 조정에서는 다루가치가 封記하고, 管民長官이 보관을 담당할 경우에 발생하는 여러 폐단을 시정하기 위해 임시변통적인 조치들을 마련했으나 이내 보관과 봉기의 담당 주체를 바꾸어 관할케 하는 것이 공무 처리에서 보다 합리적인 조치라고 판단하여 규정을 바꾸었던 것으로 보인다.

官印의 사용 절차에서 나타난 다루가치와 관민장관의 직임에서의 변화는 양자 사이에 발생한 職權의 변화를 반영하고 있다. 다루가치는 관인을 관리하게 되면서 비로소 지방행정의 총괄자라는 지위에 올라 지방행정의 최고결정권자를 의미하는 '掌印官'의 칭호를 얻게 되었다. 반면 印信을 사용하는 데 실제적인 절차인 封記의 과정을 담당하게 된 管民長官은 지방행정의 실무를 관장하는 실무책임자로서 다루가치를 보좌하는 역할을 담당하게 되었다. 이로써 원대 지방행정체제에서 동일한 관품을 지닌 다루가치와 한인 장관이 동등한 직권을 발휘하는 공조체제 형태를 갖추었지만, 실상 다루가치에게 '掌印權'을 부여함으로써 지방관부에서 최고 결정권을 지닌 長官으로서의 지위를 보장했음을 알 수 있다. 이는 "모든 官府印章은 長官이 맡아서 보관하고 次官이 그것을 封한다."는 앞서 살펴본 『元史』「刑法志」의 기록과도 일치한다.

---

27) 『元典章』권13, 「吏部七·公規·掌印」〈封掌印信體例〉條, 505~506쪽, "或達魯花赤事故不在, 遇有緊急公事, 許令管民官以次官封記, 當該令史·首領官公同開拆, 行使長官權行封押, 仍將行過事同候達魯花赤來時卻說交知者, 毋致違錯. 奉此.【令(今)達魯花赤收受,長官封記.】".

원 조정에서 다루가치에게 官印의 보관 책임을 위임한 것은 至元 초년에 시행되었던 쿠빌라이의 지방통치체제 강화의 맥락에서 이해할 수 있겠다. 앞서 언급했듯이 쿠빌라이는 한지에서 대칸의 중앙집권적인 지배체제를 확립하기 위해 지방에 할거하던 한인세후들의 세력기반을 와해시키고, 路·府·州·縣의 중층적인 지방행정체제를 확립하여 광역 행정기구인 行省의 관할하에 두었다. 路·府·州·縣의 각급 행정관부에는 다루가치를 두어 지방행정을 감독하며 관할하게 함으로써 대칸의 직접적인 지배력이 미치지 않는 지방 말단행정구역에까지 몽골의 지배력을 확립하고자 했다. 이러한 정책은 다수의 한인관료들로 구성된 지방행정에 대한 감독체제를 유지하고 몽골의 지배력을 강화할 목적에서 이루어졌다. 이러한 맥락에서 至元 초년 원 조정에서 다루가치에게 掌印權을 부여한 것은 몽골의 한지 지배체제를 강화하기 위한 진일보된 조치였던 것이다.

다루가치가 印信 보관을 담당하면서 행정상 폐단이 적지 않게 발생했다. 大德 원년(1297)의 관련 규정에 따르면 다루가치가 출장, 병가 등의 이유로 자리를 비웠을 때 그 사속 노복들이 다루가치에게 권한을 위임 받아 행정 처리를 임의로 하는 경우가 발생했고[28], 다루가치가 官印 혹은 공문서를 집에 둔 채 자리를 비워 행정상 차질을 빚는 경우도 적지 않았다.[29] 이러한 폐단은 역설적으로 관민행정에서 다루가치의 권한과 책임이 더욱 중해졌음을 반영한다고 볼 수 있겠다. 당대 한인들은 다루가치를 지방관부의 최고위 장관으로 인식하면서, 백성들의 苦樂과 정치의 옳고 그름이 전부 다루가치의 어짊과 부족함으로 말미

---

28) 『元典章』 권13, 「吏部七·公規·掌印」 〈司吏知印信事〉條, 506쪽.
29) 『至正條格』 斷例卷2, 「職制」 拘占印信條(韓國學中央硏究院 校注本, 서울 : 휴머니스트, 2007).

암는다고 했다.[30] 후대 淸人 趙翼은 다루가치를 '掌印辦事之長官'[31]으로 기술하고 있는데, 이는 당대 다루가치에 한인들의 대한 인식이 후세에 그대로 전해졌던 것이다.

2. 다루가치의 職任과 管民行政

1) 다루가치와 漢人 관원 간의 소통

至元 2년(1265) 원 조정은 다루가치 선발 조건에서 종족에 제한을 두어 "몽골인으로 각 路다루가치를 삼게 하고, 漢人은 總管, 무슬림은 同知로 삼도록 하라."는 규정을 반포했다.[32] 몽골인을 掌印權을 발휘하는 다루가치직에 임명함으로써 한인 總官과 무슬림 출신 同知에 대한 감독의 지위를 명확히 하려 했던 것으로 보인다. 그런데 여기에서 주목되는 사실은 몽골인, 한인, 색목인의 공조체제를 명시한 것이다. 이 규정이 실제로 엄격히 준수되었다고는 볼 수 없겠으나, 몽골 지방행정에서 다종족 출신 관원들의 공조체제가 형성된 것은 사실이다. 그렇다면 이렇게 이질적인 문화배경을 지닌 다루가치와 현지 관원 간의 공조 행정은 현실적으로 어떻게 가능했을까?

몽골제국 초기부터 몽골 대칸들은 제국 경영에서 개방성을 발휘하여 피정복 지역 출신의 위구르인, 거란인, 중앙아시아의 무슬림 인재들

---

30) 胡祗遹, 「大元故懷遠大將軍懷孟路達魯噶齊兼諸軍鄂勒蒙古公神道碑」, 『紫山大全集』 권15(『影印文淵閣四庫全書』196), 273쪽, "郡縣之守令, 例以歸義效順者就爲之, 仍選蒙古人一員鈐壓其上, 謂之達魯噶齊. 守令以次, 鹹聽命焉. 生民之休戚, 政治之美惡, 實系於達魯噶齊之賢不肖"; 葉子奇, 「雜制篇」, 『草木子』 권3下, "長官曰達魯花赤, 掌印信, 以總一府一縣之治".

31) 趙翼, 『卄二史箚記』 권28, 「蒙古官名」(南京 : 鳳凰出版社, 2008), 447쪽.

32) 『元史』 권6, 「世祖紀三」, 106쪽.

을 제국의 행정 관료로 임명했다.[33] 이들은 반유목, 반정주 지역 출신들로서 몽골어를 비롯하여 다양한 언어를 구사했고, 정주 지역과 유목지역 문화에 대한 이해를 바탕으로 유목민 지배자와 피정복 지역을 소통시키는 역할을 담당했다. 그 가운데 거란인과 한인들은 몽골 대칸의 사절, 수행원, 비서관, 행정관 등을 역임했고, 투르크어를 구사했던 위구르인들은 몽골어 공문서 사무를 주로 맡았다.[34] 우구데이 시기 몽골의 정복지 지방통치가 구체화됨에 따라, 몽골 상층부와 피정복 지역을 소통시키는 중간자로서의 역할이 더욱 중요해졌다. 1236년, 우구데이는 "州縣 장관 위에 國言[몽골어]을 구사할 수 있는 자만 다루가치로 삼도록 하라."[35]고 명했다. 이 당시에는 다루가치 임명 과정에서 종족상의 제한을 두지 않았기 때문에, 몽골어로 몽골 상층부와 소통하며 피정복 지역을 치리할 수 있는 다수의 비몽골인들이 다루가치로 선발되었고, 종족 출신은 거란인, 여진인, 한인, 위구르인, 서하인, 중앙아시아 무슬림 등으로 다양했다.

쿠빌라이가 집권한 이후에는, 종족에 제한을 두지 않고 인재를 등용하였던 몽골제국의 전통과는 달리 원 정부의 상층부에 한족들이 오르지 못하도록 엄격히 제한을 두었다. 특히 한지에 대한 직접 지배 강화 과정에서 발생했던 한인세후와의 충돌은 쿠빌라이의 다루가치 종족

---

33) 비몽골인 출신 행정 관료들에 관해서는 箭內亘, 「元代社會の三階級」, 『蒙古史研究』, 東京 : 刀江書院, 1966, 306~323쪽 ; Igor de Rachewiltz, "Personnel and Personalities in North China in the Early Mongol Era", *Journal of the Economic and Social History of the Orient* 9, 1966, 34~82쪽 ; 尙衍斌, 『元代畏兀兒硏究』, 北京 : 民族出版社, 1999 ; 김호동, 「蒙元帝國期 한 色目人 官吏의 肖像」, 『중앙아시아연구』 1, 2006, 91쪽 참조.

34) Denis Sinor, "Interpreters in Medieval Inner Asia", *Studies in Medieval Inner Asia*, Vermont : Ashgate, 1997, 307쪽.

35) 姚燧, 「譚公神道碑」, 『牧庵集』 권24, 654쪽.

제한 정책에 영향을 미쳤을 것이다.[36] 그럼에도 불구하고 특수한 경우에 몽골어에 능통한 한인이 다루가치로 발탁되는 경우도 있었다. 대표적인 사례로 한인 董炳은 몽골어에 능통한 자로 몽골인 國子生들의 학업을 돕는 伴讀生을 역임하였고 이후 관직에 발탁되어 濟陽縣다루가치를 역임했다.[37]

원 조정에서는 다종족으로 구성된 중앙의 中, 高級관부에 통역을 담당하는 通事와 문서번역을 담당하는 譯史를 두었고, 지방에는 路總管府에 通事와 譯史를 각각 한 명씩 두었다.[38] 중앙과 지방의 상급 행정관부에 通事와 譯史를 둔 것은 몽골 지배층과 타 종족 출신 관원들 간의 의사소통을 원활히 하기 위해서였다. 한편 路이하의 府, 州, 縣에는 이들을 임명하지 않았다. 이는 원대 하급 관부 다루가치들 가운데 언어 소통 능력을 갖춘 색목인들이 파견되었기 때문에 通事와 譯史를 따로 둘 필요가 없었기 때문이거나, 하급 관부의 다루가치들이 통역이 가능한 사속인을 두었을 가능성을 고려해 볼 수 있겠다.

지방관부에서 직임했던 通事와 譯史들은 다루가치의 행정능력을 提高하고, 지방관원들과의 소통에 기여했을 것이다. 그러나 지방행정 과정에서 이들의 개입은 다양한 폐단을 낳았다. 至元 20년(1283) 中書省에서 진행된 논의에 따르면, "각 路에 설치한 通事들이 다루가치 앞에서 통역을 한 이래로, 遷轉法이 마련되지 않아, 오랫동안 한 관직에 머무르

---

36) 『元史』 권6, 「世祖紀三」, 118쪽, "罷諸路女直·契丹·漢人爲達魯花赤者, 回回·畏兀·乃蠻·西夏人仍舊".

37) 劉敏中, 「奉議大夫規運所提點董君墓銘」, 『中庵集』 권8(『北京圖書館古籍珍本叢刊』 92, 北京 : 書目文獻出版社, 1998), 336쪽.

38) 몽골제국 시기 通事와 譯史에 관해서는 蕭啓慶, 「元代的通史與譯史」, 『元史論叢』 6, 1996, 39~41쪽 ; Denis Sinor, 1997, 293~320쪽 ; 劉曉, 「宋元時代的通事與通事軍」, 『民族研究』 2008-3, 80~88쪽 ; 배숙희, 「蒙元제국의 雲南統治와 諸종족간의 소통」, 『東洋史學研究』 14, 2011, 140~144쪽 참조.

면서 전권을 휘둘러 公私를 모두 어지럽혔다."고 보고되고 있다. 이에 대해 吏部에서는 각 路의 通事와 司吏들에 대해 일체 遷轉을 시행할 것을 명했다.39) 원대 과거제가 실시되지 않는 상황에서 행정조직 내에 通事와 譯史를 비롯하여 행정 실무능력을 갖춘 吏員들이 대거 발탁되었으며 제국 통치에서 몽골 통치자의 실무형 행정관료에 대한 의존은 지방행정에서도 유사하게 나타났다. 지방행정 사무를 처리하는 과정에서 다루가치들은 吏員들의 의견을 적극 수용했으며40) 이는 다루가치와 吏員의 지나친 밀착관계를 형성하기도 했다. 다루가치의 吏員들에 대한 의존은 通事의 지방 詞訟 간여를 비롯하여41) 다루가치 부재시 吏員들의 전횡42) 등 다양한 행정상의 폐단을 낳기도 했다.

원 초기부터 通事와 譯史가 설치되지 않았던 州縣급 지방관부 다루가치들은 음서 출신자들로 충원되었다. 음서 출신들은 대부분 몽골인, 색목인 다루가치 혹은 정부 관원의 자제들로 구성되었으며, 그 직위는 대대로 세습되었다. 이들은 대개 초임으로 縣다루가치직으로 입사하여 縣다루가치직에서 치사했다.43) 원대 음서 출신 다루가치들에 관한 기록이 많이 남아 있지 않아 구체적인 면모를 파악하기는 어려우나, 이들은 지방관부에서 기본적인 의사소통 능력을 갖추고 대개 管民長官

---

39) 『元典章』 권12, 「吏部六·吏制·典史」〈選擇典史通事〉條, 493쪽.

40) 黃溍, 「婺州路重建府治記」 권9, 續稿6(『金華黃先生文集』), 319~320쪽, "治所府署 …… 曆歲滋多, 而繕治弗繼, 複就摧剝. 經曆元君某以爲久必益壞, 且其制度褊陋, 非所以昭等威·蒞衆庶也, 謀撤而新之. 達魯花赤某公·同知府事某公, 因諉公總其役事".

41) 『元典章』 권40, 「刑部二·刑獄·鞠獄」〈鞠囚公同磨問〉條, 1373쪽.

42) 『元典章』 권12, 「吏部六·吏制·典史」〈典史不得權縣事〉條, 492~493쪽, "切見隨路各州·司·縣長次正官, 但遇差故, 將印信分付吏目, 典史權管, 多有不敢處決.兩耽事務·恣縱吏目書吏·典吏人等通同作弊, 於民不便".

43) 원대 음서제도에 관해서, Elizabeth Endicott-West, "Hereditary Privilege in the Yüan Dynasty", *Journal of Turkish studies* 9, 1985 참조.

인 縣令과 대등한 관계를 형성하며 지방행정을 운용해 나갔던 것으로 보인다. 延祐 2년(1315) 萬載縣 縣尉는 다루가치가 동일한 官品임에도 불구하고 의정회의에서 그에게 상석을 내주어야 한다는 것에 대해 불만을 품었다. 어느 저녁 다루가치가 縣尉와 마주쳤고 둘 사이에는 시비가 붙어 싸움으로 번졌는데, 그 와중에 縣尉 일족들이 나서서 다루가치를 구타하는 사건이 발생했다.[44] 이 사건을 통해 하급 지방관부에서 다루가치들과 지방관원 사이에는 기본적인 의사소통이 가능했으며 다루가치와 長官 사이에 권력상의 우열이 명확하지 않았던 것을 알 수 있겠다.[45]

원 중기 이후 실무적 능력을 근거로 한 관리의 임용이 지방과 중앙에서 이루어졌다.[46] 그에 따라 通事와 譯史를 비롯하여 중앙정부에서 문서행정을 담당했던 吏員 출신자들이 州縣급 다루가치로 충원되는 사례가 있었다. 그 대표적인 예로서 몽골인 두구치禿忽赤를 들 수 있는데 그는 모국어인 몽골어 외에 여러 언어 구사에 능하였다. 漢文과

---

44) 『元典章』 권44, 「刑部六·諸毆·品官相毆」 〈縣尉與達魯花赤互相毆詈〉條, 1511쪽.

45) 원대의 다루가치는 管民長官과 官品이 동일했음에도 불구하고 지방행정에서 掌印權을 통해 지방행정 전반을 총괄하는 역할을 담당하면서 지방행정을 주도했다. 또한 배석에서도 管民長官보다 상석에 앉아 지방행정부의 최고위 장관으로 대우 받았다. 그럼에도 불구하고 縣 혹은 錄事司와 같은 하급 관부 다루가치들과 管民長官 간의 권력관계가 불명확하여 갈등을 빚게 된 것은 縣, 錄事司에 임관한 다루가치와 長官의 관품 자체가 낮고 府路의 상급 기구에 비해 그들의 職權이 크지 않았던 사실과 무관하지 않을 것이다.

46) 원 중기 이후로 몽골제국의 재정 상황이 악화되면서 실무형 인재의 선발이 중요 현안이 됐다. 1307년 武宗 카이샨이 집권하면서 尙書省을 부활시켰고, 기존의 관료제 출신 인사들을 배제하고 近臣들과 실무형 관원들을 대거 충원했다. 그러나 이와 더불어 카이샨은 정통성을 확립하기 위해 인사개편 과정에서 많은 관직을 하사했고 이는 冗官 문제를 야기했다(이개석, 「元朝 中期 支配體制의 再編과 그 構造」, 『慶北史學』 20, 1997, 50~59쪽). 본장에서는 원대 실무형 관원을 재정을 관리할 수 있는 理算 능력, 문서행정 능력, 언어 능력을 갖춘 자들로 파악하였다.

吏文에도 탁월하여, 江西省 通事와 樞密行院의 行院通事로 근무했고, 至元 29년(1292) 興國路 通山縣다루가치에 임명되었다.[47] 至正 원년 (1341) 陝西行省 掾史였던 색목인 볼로르波羅가 浦江縣다루가치로 발탁 된 사례도 있었다.[48] 이들은 대개 실무 행정 능력을 갖추고 중앙과 지방의 상위 官府에서 通事, 譯史, 掾史 등을 역임했던 자들로, 행정 능력을 바탕으로 다루가치에 임명되었다.

延祐 2년(1315) 仁宗 아유르바르와다가 과거제를 부활시키면서 진사 급제한 몽골인, 색목인, 한인들이 관직에 진출했고, 그 가운데 일부가 하급 관부의 다루가치로 충원되었다.[49] 元統 원년(1335)에 선발된 다 루가치의 비율을 살펴보면, 一甲, 二甲, 三甲을 모두 합쳐 100명의 급제 자가 나왔는데, 50명의 몽골인·색목인과 50명의 한인들로 구성되었 다. 몽골인과 색목인 급제자들은 대개 원 조정의 中·下級 관료 자제들 로서 進士에 합격된 후, 문서능력을 요구하는 중앙의 集賢修撰과 制誥兼 [國史院編修官]에 제수되거나 지방의 州事, 州判官, 縣丞, 그리고 정8품 의 최하위 관부인 錄事司다루가치직에 임명됐다. 이 가운데 다루가치 의 비율은 전체 몽골인, 색목인 進士 가운데 10%인 5명으로 큰 비중을 차지하는 것은 아니었다.[50] 元統 원년 다루가치가 된 자들을 살펴보면,

---

47) 吳澄, 「故奉義大夫安定州達魯花赤禿忽赤墓表」, 『吳文正集』 권35(『文人文集珍本 總刊』 3), 580쪽.

48) 柳貫, 「浦江縣官題名序」, 『待制集』 권17(『全元文』 25, 南京 : 江蘇古籍出版社, 1999), 156쪽.

49) 仁宗 아유르바르와다가 집권한 직후, 尙書省을 폐지시키고, 다시 인재선발에 주의를 기울였으며, 이를 모색하는 과정에서 科擧制를 부활시켰다. 원대 과거 제의 실시는 漢法에 대한 존숭이라기보다는 실무형 인재 선발이 요구되었던 정치적 상황하에서 내려진 몽골 통치자의 현실적 판단에서 비롯되었다. 우구데 이 시기에 처음 건립되었던 國子學에서는 近臣 자제들이 입학하여 한문을 비롯한 어학 습득에 주력했고, 그들 다수가 通事 혹은 譯史가 되었다.

50) 『元統元年進士錄』, 王頲點校本, 杭州 : 浙江古籍出版社, 1992, 190쪽.

무슬림 라마단羅馬丹은 溫州路錄事司다루가치에 임명됐고, 위구르인 譯護倫은 袁州路錄事司다루가치직을 맡았으며, 위구르인 道同과 몽골인 바이지아나百嘉納는 각각 江州路錄事司와 襄陽路錄事司의 다루가치에 임명됐다. 台州路錄事司다루가치에 임명됐던 우룩 부카月魯不花는 몽골인 부친과 한인 모친 사이에서 태어난 혼혈계였다. 「元統元年進士錄」에 기록된 몽골인, 색목인 출신자들 가운데 절반이 한인 모친을 둔 혼혈 출신이었는데 이는 중원 지역에서 몽골인, 색목인, 한인이 오랜 기간 함께 거주하면서 나타난 자연스러운 현상이었다.

이렇듯 몽골제국 시기 행정에서 다종족으로 구성된 관원들 간의 소통 문제를 극복하기 위해 다양한 노력을 기울였음에도 불구하고, 문화적 간극이 쉽게 극복되지는 않았던 것 같다. 원대 문인이었던 馬祖常은 원대 지방행정 관부의 정경을 묘사하여 다음과 같이 기록하였다. "州縣에는 국초의 관원들을 그대로 두었고, 각지에 다루가치관들을 세웠는데, (그들은) 수령 및 부관들과 함께 의정회의를 할 때 고함을 치면서 이야기를 했고, 풍속이 서로 맞지 않았다. 크게는 관원과 서리들을 노려보며 위협하기도 했다."51) 이는 지방관부에서 다루가치와 한인 관원들 간의 문화적 차이로 인한 갈등을 단적으로 보여준다.

행정 실무 능력은 관원간의 의사소통뿐 아니라 관원의 행정 업무 처리에도 영향을 주었다. 大德 7년(1303) 河東廉訪司의 기록에 따르면, 太原路 總管이었던 무슬림 무사인木撒因은 한문에 익숙하지 않아서 正官에게 행정을 위임하여 錢糧을 관할하게 했고, (액수가) 모자라는 등 과실이 누적되면 감봉 처리하기를 다반사로 하고서도 태연했다. 결국 상위기관에서는 牧民長官으로서 부적합하다고 판단하여 그를 해임시

---

51) 馬祖常, 「覇州長忽速刺沙君遺愛碑」, 『石田文集』권13(李淑毅 點校, 『石田先生文集』, 鄭州 : 中州古籍出版社, 1991), 244쪽.

키고 법에 따라 처벌했다.[52] 이는 비록 무슬림 總管의 사례이지만 피정복 지역에 파견된 장관의 문서행정 능력의 한계가 야기할 수 있는 행정적 폐해를 잘 보여준다.

2) 다루가치의 職任과 지방통치의 실제

앞서 언급했듯이 원 조정에서는 다루가치에게 掌印權을 보장하여 지방행정의 최고 결정권을 부여했다. 그러나 지방 행정 현장에서는 다루가치가 한인 官民官과 긴밀한 협력관계를 유지하며 행정 업무를 처리하고, 업무상의 과실 및 범죄행위에 대해서도 연대책임을 지는 양상이 발견된다.

다루가치는 공조체제 하에서 호구관리, 농업생산의 진흥, 사법, 치안, 징세의 지방행정 업무 전반을 관할했다. 호구관리로는 주로 편적[53]과 '보랄키不蘭奚'라고 불리는 流亡 인구를 관할 지역에서 편적하는 작업을 담당했다.[54] 농업진흥책으로는 勸農, 관개수로 건설, 관할 구역 내의 樹木 관리 임무를 맡았고, 治安유지를 위해 捕盜 활동과 무기관리, 반란세력 진압에 주력했다. 징세업무는 관부 내의 징세활동 전반에 대한 관할과 錢穀이 보관된 창고 관리를 총괄했다.[55] 다루가치가 행정에 직접 참여했다고 볼 수는 없겠으나, 지방행정 업무 전반에 대한 결정권과 책임이 掌印官인 다루가치에게 주어졌다. 다루가치는 상급기구와 중앙정부에 행정 상황을 보고했으며, 중앙정부와 지방정부의

---

52) 『元典章』 권21, 「戶部七·倉庫」〈短少糧斛提調官罪名〉條, 757~758쪽.

53) 『元典章』 권17, 「戶部三·戶計·籍冊」〈戶口條畫〉條, 581쪽.

54) 『元典章』 권56, 「刑部十八·闌遺·孛蘭奚」〈孛蘭奚正官拘解〉條, 1862쪽, "今後委自各路達魯花赤·總管及州縣達魯花赤·管民長官科一員, 不妨本職, 收拾孛蘭奚".

55) 『元典章』 新集「吏部·官制·職官」〈長官首領官提調錢糧造作〉條, 2046쪽.

의견 차이를 조율하는 역할을 담당하기도 했다. 가령, 관부 내에 기근이 들어 징세가 어려운 경우에 다루가치가 중앙관부에 상황을 보고하여 세액을 감면 받는 경우도 있었다.[56] 이외에도 몽골제국을 유지하는 데 있어서 동맥 같은 역할을 했던 驛站과 站戶 관리를 담당했고[57], 관할구역 내의 軍戶를 관리하는 임무도 맡았다. 至元 5년(1268), 원 조정에서는 軍戶 관할을 담당했던 各路의 '奧魯官'을 파하고 管民官으로 하여금 겸직하게 했는데[58], 이를 계기로 管民行政을 담당하는 다루가 치들은 奧魯官을 겸직하게 되어 군사계통 기구인 樞密院의 통제를 받게 되었다.

다루가치들 중에는 지방사회의 입장에서 官民行政을 적극적으로 수행해 나간 경우도 적지 않았다. 農業진흥책의 일환으로 지역사회에 기근이 들면 지방 관원들을 이끌고 기우제를 지내거나[59], 재난이 발생할 경우 제사의식을 거행하는 모습들도 발견된다.[60] 지역민들의 편의를 위해 橋梁과 廟學을 건설함으로써 지역사회에 공헌한 다루가치들의 미담이 한인 文士들에 의해 전해지기도 했다.[61] 이를 통해 다루가치들이 지방행정관으로서 기본적인 행정 업무를 담당하고 중앙에서 하달

---

56) 『江西通志』 권60, 「名臣·瑞州府」.

57) 『經世大典·站赤』, 太宗十二年十一月二十三日條載聖旨, "據燕京路達魯花赤禿魯別迭兒, 管民官鋼疙疸奏 : 過往使臣, 多有無牌札, 及增乘驛馬, 多索分例祇應草料之人, 乞禁約事. 准奏. 仰禿魯別迭兒, 鋼疙疸等委人辨驗過往使臣有無牌札, 增乘驛馬及不合起馬之人, 並據合得分例祇應, 照依已降分例支遣". 몽골제국 시기 역참제도에 관해서는 黨寶海, 『蒙元驛站交通硏究』, 北京 : 昆侖出版社, 2006 참조.

58) 『元史』 권6, 「世祖紀三」, 118쪽, "罷各路奧魯官, 令管民官兼領".

59) 鄭元祐, 「吳江甘泉祠禱雨記」, 『僑吳集』 권9(『元代珍本文集彙刊』), 36쪽.

60) 許有壬, 「五龍廟碑」, 『至正集』 권52(『元人文集珍本總刊』 7), 249쪽, "彰德路安陽縣西北五裏, 洹水之陽, 有五龍廟. …… 以其禱之屢孚也, 路達魯花赤荀公凱霖·同知阿藍·判官毛剌眞嘗修其廢, 築台其前. 至元四年戊寅夏, 旱甚, 甫事請禱. 荀公曰, '五龍廟效靈, 自昔協恭精禱, 神其憫乎!' 於是率僚屬齋沐具香幣禱焉".

61) 陳基, 「吳縣修學記」, 『夷白齋稿』 補遺(『全元文』 50), 433쪽.

한 명령만을 수행하는 것이 아니라 주도적으로 지방사회의 제반사에 간여하며 사회발전을 도모했음을 알 수 있다.

安陽縣다루가치 凱霖은 安陽縣 내에 교량을 건축하기 위해 中書省을 방문하여 교량 건설의 필요성을 설득하고, 관부에 돌아와 總管, 同知, 判官이 한마음으로 협력하여 교량 건설 사업을 추진했다.[62] 이와 같은 노력은 다루가치 개인의 성향과 지방사회에 대한 개인적인 호의에 기인한 측면도 있지만 漢地의 지역 주민들로부터 민심을 얻음으로써 궁극에는 몽골 통치자들이 지향하는 지방통치의 안정을 꾀하고 지역사회로부터 의 물자 수취를 원활하게 하기 위한 현실적인 고려도 있었다.

다루가치와 현지 관원들 간의 협력 양상은 행정업무 과정에서만 나타난 것이 아니라 불법행위의 현장에서도 나타났다. 濟陰縣의 다루가치, 縣丞, 主簿가 단체로 里正으로부터 양, 술 등의 뇌물을 받은 혐의로 해임된 기록이 남아 있는데[63], 이와 같이 원대 다루가치와 지방관원들이 공모 하여 불법을 자행하는 일이 원대 사료에 적지 않게 기록되어 있다.

지방행정의 공조체제 하에서 다루가치와 지방 관원 간의 협력 양상 만 있었던 것은 아니었다. 다루가치 개인의 인성, 소통 능력, 통치 환경, 재지세력과의 관계 등 다양한 요인으로 다루가치와 지방 관원 및 지방민들 간의 갈등은 언제든지 표출될 수 있었다. 다루가치의 독단적 전횡으로 말미암아 현지 관원과 부민들이 피해를 당하는 사례 가 적지 않았다. 원대 麗江 지역에서는 宣撫다루가치였던 揚珠布哈의 횡포로 한인 장관이 쫓겨나는 사건이 발생했다. 이로 인해 지방사회가 동요하여 지역 주민들이 반란을 일으키기에 이르렀다. 이 사건은 조정 이 다루가치를 해임하고 한인 장관을 복귀시키는 것으로 일단락됐

---

62) 許有壬, 「彰德路創建鯨背橋記」, 『至正集』 권37, 190쪽.
63) 『元典章』 권46, 「刑部八·諸贓一·取受」〈官典取受羊酒解任求仕〉條, 1564~1565쪽.

다.[64] 이는 다루가치와 지방 관원 간의 갈등이 지역 사회의 반란으로 이어질 수 있음을 단적으로 보여주는 사례이다. 이외에도 다루가치가 衙屬을 폭행하거나[65], 심각한 경우에는 다루가치가 권력을 휘두르며 백성의 재산과 부녀자를 강탈하는 경우도 있었다.[66] 이에 대해 중앙정부에서는 감찰관들을 정기적으로 파견하여 다루가치들의 불법행위를 감독하고, 불법행위에 제재를 가하도록 했다. 그러나 다루가치에 대한 처벌은 일반 관원들에 비하여 관대한 편이었다.

다루가치의 불법행위 빈도는 원 중후기에 점차 잦아지는데, 이는 南宋 정복이 완료된 이후 다루가치 위상의 전반적인 하락 현상과 연관 지어 볼 수 있겠다. 1279년 강남 지역이 점령된 이후 강남 지역에 1066개 지방관부가 증설되었으며 이에 상응하여 다루가치가 강남 지역에 충원되었는데 이들 가운데 다수는 경력이 없고 출신이 불분명한 자들이었다. 大德 4년(1300) 테무르 시기 원 조정에서는 다루가치 음서 규정을 개정하여 반포했는데 정몽골인과 공신 가문 출신자들을 제외한 다루가치들에게 管民官과 동일한 관리 규정을 적용했다.[67] 이를 至元 7년(1270)에 반포된 「다루가치 弟男 음서」 규정에서 다루가치 자제들에게 管民官보다 더 높은 관품으로 관직을 받게 했던 것[68]과 비교하여 볼 때, 원 중기 이후 다루가치의 지위가 전반적으로 하락했던 것으로 파악할 수 있겠다.[69] 아울러 원 중기 이후 원 정부의 다루가치에 대한 감시와 관리 체계가 해이해진 점도 고려해볼 수 있겠다.

---

64) 許有壬, 「故通議大夫江西等處権茶都轉運使萬公神道碑銘」, 『至正集』 권57, 268쪽.
65) 『元典章』 권44, 「刑部六·諸毆·拳手傷」 〈毆所屬吏人〉條, 1504쪽.
66) 『元典章』 권46, 「刑部八·諸贓一·取受」 〈官員取受身死著落家屬追徵〉條, 1549쪽.
67) 『通制條格』 권6, 「選擧·蔭例」, 268~269쪽.
68) 『通制條格』 권6, 「選擧·蔭例」, 266~267쪽.
69) 원 중기 이후 다루가치 위상의 변화에 관해서는 조원, 2012 참조.

3. 다루가치와 상급 기구의 관계

원대 지방행정체제는 크게 두 단계로 나눌 수 있다. 그 하나는 광역 행정 구역을 관할하는 行中書省·宣慰司이고, 다른 하나는 지방행정을 직접적으로 담당하는 路·府·州·司·縣이다. 行省은 지방행정기구인 路·府·州·司·縣을 관장하는 동시에 변경 지역의 鎭守를 관할한 기구로 中書省과 표리를 이루며[70] 관할 지역의 세금·군사·둔전 경영·조운 등 국가의 주요 업무를 관장했다. 宣慰司는 원제국 초기 지방감찰기구로 설치되었다가 이후 임시 軍政사무 기구로서 기능했고, 남송 원정이 종료된 후 行省 산하의 民政기구로 자리 잡게 되었다. 이와 별도로 宣慰司都元帥府가 설치되어 변경 지역의 軍民政을 담당했다.[71] 그 아래에 路府州縣의 각급 지방행정기구가 설치되어 있었다. 상술한 지방행정체제의 두 층위의 관원을 각각 監官과 牧民官으로 구분하여 볼 수 있겠다.[72] 그렇다면 원대 각급 지방행정기구 간의 관계는 어떠했을까? 먼저 行省과 路總管府 간의 관계를 살펴보면 그 예속관계가 상당히 긴밀했으며 路 이하로 府·州·縣의 관계는 상당히 유기적이었다. 이하에서는 각급 지방관부의 유기적인 관계 속에서 다루가치들이 어떠한 역할을 했는지 살펴보고자 한다.

우선, 路總管府의 다루가치와 상급 기구인 行省 간의 관계를 살펴보자. 路總管府 다루가치는 대개 몽골인, 색목인 공신 가문 출신으로 게식, 承襲, 군공 등을 통해 임명되었다. 路다루가치의 품계는 정3품으

---

70) 『元史』 권91, 「百官志七」, 2305쪽.
71) 『元史』 권91, 「百官志七」, 2308쪽. 원대 宣慰司의 변화에 관해서는 李治安, 『中國 行政區劃通史(元代卷)』, 上海 : 復旦大學出版社, 2009, 4~9쪽 참조.
72) 李治安, 『唐宋元明淸中央與地方關系硏究』, 天津 : 南開大學出版社, 1996, 174쪽.

192

로 조정의 六部 尙書에 준했다. 그들은 특정 사안에 대해 직접 中書省, 行省, 宣慰司에 보고하고 상의할 정도로 중서성 혹은 행성 장관과의 관계가 긴밀했다. 지방행정 업무를 처리할 때 中書省, 行省, 宣徽司의 관할하에서 정책을 결정했고, 다른 지방관부의 간섭은 받지 않았다.

路·府·州·縣에서의 예속관계는 상급 기구의 하급 기구에 대한 행정적 명령과 관할권의 행사로 나타났다. 路 이하의 散府·州·縣은 징세와 사법 업무에서 路總管府의 관할을 받았다. 路總管府에서는 조정의 조서를 받으면 관원을 파견하여 각 하급 관부에 전달하고, 또 자체적으로 발행한 공문서를 통해 소속된 기구의 행정 업무를 관할했다. 원제국 시기 路·府·州·縣의 예속관계를 살펴보면 상급 기구의 하급 기구에 대한 관할이 비교적 철저했음을 알 수 있다.[73]

行省(中書省이 관할하고 있는 腹里 포함)의 지방행정기구에 대한 관할 방식을 살펴보면 다음과 같다. 중요한 정무에 관해 路·府·州·縣에서 公文의 형식으로 행성에 반드시 보고하도록 규정되어 있다. 또한 행성에서는 관원을 파견하여 관할 路·府·州·縣의 업무에 간여할 수 있는 권한이 있었으며 지방관부의 행정 업무를 감독했다. 다루가치는 상급 기구와의 연락 체계를 통해 상급 기관에서 내려온 政令을 전달했으며 이것이 집행되도록 행정 업무를 관할했다. 한편, 다루가치가 지방정부의 입장에서 중요 사안을 보고하고 정책의 조율이 이루어지도록 상급 기관에 요청을 하는 경우도 있었다.

원제국에서 징세는 각급 관부별로 거두었고, 각 관부의 다루가치와 관민장관이 지방의 징세 업무를 담당했다. 지방관부의 징세와 관련하여 건의 사항이 있을 경우에 다루가치는 상급 기구에 관련하여 개선을

---

73) 李治安, 1996, 174~176쪽.

요구했다. 元貞 2년(1296), 江西行省에서 여러 路에 공문서를 보내 夏稅의 징수를 시작했는데 瑞州路 다루가치 實都沙가 官屬과 연장자들을 불러 징세와 관련된 불합리한 측면을 논의하여 상부 기관에 보고했다. 그 내용에 따르면, 袁州 등의 路에서는 밭 1畝마다 糧食 4升을 거두는데, 瑞州路에서만 기존 宋의 제도를 따라 다른 지역보다 실제 두 배를 더 징수했고, 관에서 3분의 1 정도 작은 계량 용기[斛斗]를 사용하고 있었다. 결국 實都沙의 요청대로 세액을 감면 받게 되었다.[74] 이 사례를 통해 다루가치가 지방사회의 입장을 대변하여 상급 기관에 개선을 요구했음을 확인할 수 있다.

지방정부에서 圓座連署의 실시로 관원들 간에 서로 협조와 상호 견제가 이루어졌으나 지방관부에서 다루가치와 동일한 직급의 한인 장관이 실제로 다루가치를 견제하기가 쉽지 않았다. 특히, 지방 관원들이 다루가치의 전횡을 제어하기는 더욱 어려웠다. 상하급 관부 간의 예속관계가 철저했던 원제국의 지방행정체제에서 상급 기관에서는 다루가치의 권력을 제어하여 그 범법 행위에 제재를 가할 수 있었다. 다루가치에 대한 상급 기관의 관리는 다루가치에 대한 상부 기관의 인사 조치 과정에서 나타났다. 다루가치의 선발과 전출은 모두 中書省 혹은 吏部에서 수관했다. 이 가운데 3품의 路總管府 다루가치의 인사고과는 中書省에서 심의하여 대칸이 최종적으로 결정했고, 府·州·縣 다루가치의 전출은 吏部에서 담당했다. 중앙정부는 다루가치에 대한 解由를 근거로 다루가치의 전출을 결정했는데, 대개 大司農司, 戶部, 按察司의 심사 과정을 거쳐 진행되었다. 이외에 다루가치의 위법 행위는 行省, 御史臺, 刑部 등 관련 기구의 관할하에서 처리되었다.

---

74) 『江西通志』 권60, 「名宦·瑞州府」.

상당수의 路다루가치들은 원의 공신 귀족가문 출신으로 신분이 높았으며 정계의 대신들과도 관계가 긴밀한 경우가 많았다. 특히 케식 출신이거나 功勳이 있는 자들은 대칸에 의해 중용되는 경우도 있었다. 대표적인 예로 彰德路다루가치 나린자준納琳居准은 몽골제국의 중신 가문 출신이었다. 그의 神道碑에 따르면 "(그는) 비록 지방의 郡에 거했지만, 때때로 (카안의) 顧問을 맡기도 했다. 고로 京師에 자주 머물렀고 무릇 大宴이 열리면 그곳에 함께하지 않는 경우가 없었다."[75] 재상 등 중앙정부의 권력자가 자신의 親屬이나 수하에 있는 자를 천거하여 上級 다루가치에 임명되기도 했다. 이들 다루가치 가운데에는 일족이 중앙관부에서 재상 등 요직을 맡고 있는 동안 천거되어 다루가치가 되기도 했다. 쿠빌라이 시기 아흐마드가 재상으로 집권하고 있을 때 다루가치에 임명된 그의 차남 마수드抹速忽가 그 대표적인 예이다.[76] 상급 지방관부에 파견된 다루가치들은 원제국의 지배층에 속해 있는 자들로 조정 내의 고관들과 긴밀한 관계를 맺고 있었음을 알 수 있다.

제2절 投下다루가치와 원 정부의 관리

원대 政書『經世大典』에 다음과 같은 기록이 있다. "오늘날의 제도에서 郡縣의 관은 모두 조정으로부터 임명되는데 오직 諸王의 邑司에는 食邑에서 천거된 자로 한다. 그러나 반드시 조정에 아뢴 후 임명이 되었고 다른 관직에 임명될 수는 없어 신중해야 했다."[77] 이 내용에

---

75)『紫山大全集』권15,「大元故懷遠大將軍彰德路達嚕噶齊揚珠台公神道碑銘」, 272쪽.
76)『元史』권205,「奸臣傳」, 4561쪽.

따르면 諸王의 投下를 관리할 관원들은 대개 投下領 내에서 諸王이 선발했다. 그 관원들 가운데에는 다루가치도 포함되어 있었는데 이들은 정부에 소속된 관원이 아니고 投下主가 투하 관리를 목적으로 선발하여 투하다루가치로 불렸다. 원대 지방에는 州縣과 투하가 혼재되어 있었으며, 이는 원대 중국 통치의 이원적 구조를 드러낸다. 전자가 몽골 대칸의 피정복지에 대한 행정적 지배를 위해 마련되었다면, 후자는 투하 諸王세력들의 독립성을 보장해주기 위한 것이었다. 몽골의 통치체제의 이중적 구조는 지방사회에서 부단한 갈등을 야기했다.

몽골 통치시기 투하는 '부락'을 의미하는 몽골어 '아이막ayimagh'에서 기원한 용어이다. 몽골제국에서 투하는 몽골 귀족에게 속한 군민들로 구성되었는데, 李治安은 '투하'에 대해 몽골 귀족에게 속한 千戶 중심의 軍民집단과 분봉된 투하의 두 가지 형태로 나누어 설명했다. 또한 분봉된 투하를 諸王 울루스, 五戶絲 食邑, 私屬戶의 세 종류로 분류했다. 이 가운데 五戶絲 食邑 투하와 私屬戶 투하는 중국에서 보편적으로 설치되었던 유형이다.[78] 私屬戶는 노획, 分封, 招集 등의 방식으로 소유하게 된 人戶로서 몽골어로 '게링 쿠ger-ün kö(怯怜口)'라 불렸다.

북중국에서 투하에는 지방행정 기관과 마찬가지로 관청을 두고 다루가치를 임명했다. 두하다루가치는 투하주의 保擧를 통해 임명되어 투하주의 이익을 대표하면서 중앙정부의 관료행정체계에서 최소한의 관할을 받았다.

77) 『國朝文類』 권40, 「經世大典序錄·投下」(『四部叢刊』本).
78) 李治安, 『元代政治制度研究』, 人民出版社, 2003, 362~366쪽.

1. 投下領의 형성과 원제국 초기 投下다루가치

북중국에서 투하 分封은 우구데이 시기에 시작되었다. 우구데이는 금을 멸망시킨 후 1235년에 소위 乙未籍戶로 불리는 대규모 편적 작업을 실시했고 이를 기반으로 州縣의 民戶 일부를 諸王, 황실 일족, 공신에게 하사했다. 우구데이는 조를 내려 "眞定의 민호는 태후의 湯沐에 바치고, 중원 여러 주의 민호를 諸王, 貴戚, 오르도에 분배하게 했다."[79] 이러한 조치에 대해 야율초재는 "토지를 나누어 백성을 분배하면 쉽게 불화가 생길 수 있습니다. 차라리 금과 비단을 많이 사여하는 편이 더 낫습니다."[80]라고 하며 그 불합리성을 제기했다. 그의 견해를 수용하여 우구데이는 각 투하주가 다루가치를 임명하는 것을 금하게 하고, 조정에서 관리를 파견해 조세를 거두어 이를 분배하게 하고 황제의 명이 아니면 병사의 징발이나 징세를 금하게 했다.[81] 이후 投下戶에서는 2戶마다 1斤의 絲料를 조정에 납부하고, 5戶마다 1斤을 투하주에게 납부했으며, 조정에서 파견된 관원이 거둔 후 투하에 다시 분배해주었다. 우구데이 시기 피정복 지역에서 호구조사 및 편호재민과 함께 시행되었던 分封은 몽골의 유목제국으로서의 성격을 드러낸다.

쿠빌라이는 이단의 난을 평정한 후 북중국의 투하 封地를 조정하는 조치를 취했다. 쿠빌라이는 일부 諸王과 공신 귀족들의 분봉지를 분할, 신설, 변경 등의 방식으로 정부의 행정관리체계에 편입시키고자 했다.[82] 이는 중국에서 대칸의 직접 지배를 강화하는 과정에서 投下領에

---

79) 『元史』 권2, 「太宗紀」, 35쪽.
80) 『元史』 권146, 「耶律楚材傳」, 3460쪽.
81) 『元史』 권2, 「太宗紀」, 35쪽.
82) 李治安, 2003, 371~372쪽.

서 무소불위의 권력을 누리며 백성들에게 착취를 일삼는 투하 세력에 대한 제재 조치였다. 원 조정에서는 諸王, 使臣, 역참의 賦稅·徭役 규정을 마련하여 民戶 징발을 금했다.[83] 이러한 일련의 규정은 至元 원년 (1264) 12월에 각 투하다루가치를 폐지했다.[84] 이 조치는 분명 諸王 투하 세력에게 적지 않은 타격을 입히는 조치였다. 그런데 사료에서 이후 투하다루가치 제도가 완전히 폐지된 정황을 찾아보기가 어렵다.

투하 세력을 제어하기 용이하지 않자 원 조정에서는 투하다루가치를 중앙정부의 행정관리체계에 편입시키고자 했다. 至元 4년(1267) 中書省에서는 조정의 관원과 투하의 州縣다루가치 모두에게 管民官 관리 규정을 적용하여 그 임기를 30개월을 하라고 명했다.[85] 투하다루가치에게 행정체계에 소속된 다루가치에 준하는 관원의 전출 규정을 따르도록 한 것이다. 그러나 이후 상황을 살펴보면 이러한 규정이 엄격하게 실시되지 않았음을 알 수 있다.

2. 남송 정복 이후 원 조정의 投下다루가치 遷轉 규정

남송 평정 이후 쿠빌라이는 강남 지역에서 황실 세력들에게 食邑을 하사했다. 그는 勅을 내려 諸王, 公主, 駙馬 가운데 강남의 토지를 분배 받은 자에게 1만 호의 田租로 鈔100錠을 납부하게 했는데, 이는 중원의 五戶絲 액수에 상응하는 것이었다.[86] 이렇게 分封된 戶는 모두 799,489 戶로 우구데이 시기에 분봉된 호수를 초과했다. 지방행정체제와 分封

---

83) 『元史』 권5, 「世祖紀二」, 95쪽.
84) 『元史』 권5, 「世祖紀二」, 100쪽.
85) 『元典章』 권9, 「吏部三·官制三·投下官」〈投下達魯花赤遷轉〉條, 292쪽.
86) 『元史』 권12, 「世祖紀九」, 249쪽.

체제의 二元的 통치체제가 전국적으로 확대되면서[87] 투하다루가치는
원제국 관료체계에서 관리의 공백을 만들어냈다.

至元 19년(1282), 中書左丞 耿仁은 투하다루가치의 관리에 대해 다음
과 같이 건의했다. "諸王, 公主의 분봉지에 다루가치를 설치했는데
법령에는 轉出제도가 없어 백성들이 고생합니다. 관리의 전임 규정에
따라 임기를 마치면 각 투하주가 대신할 자를 선발하는 것이 마땅합니
다."[88] 이를 통해 투하다루가치의 임기와 순환 근무제가 여전히 시행
되지 않았음을 알 수 있다. 이후 원 조정에서는 다음과 같은 규정을
반포했다. "각 투하 州縣의 다루가치는 3년에 한 번씩 解由를 발급하고,
서로 이동하도록 한다. 이외에 總管府에 소속되어 있거나 이동이 불가
능한 州縣의 다루가치도 3년에 한 번 법규에 따라 解由를 발급하고,
이를 中書省에 보고한다. 이후 문서를 廉訪司로 이관하여 조사하고
御史臺에 보고하게 하라."[89]고 했다. 이 규정을 통해 원 조정에서 투하
다루가치를 원제국의 지방행정 관리체제로 편입시켜 관리하고자 했음
을 알 수 있다. 『元史』「選擧志」에 따르면, 至元 30년(1293)에 원 조정에
서 재차 "각 투하 州縣 장관은 3년에 한 번 解由를 발급하여 서로
遷轉하라."[90]는 조서를 내렸다는 사실을 통해 투하에 대한 관리 규정이
잘 준수되지 않았음을 알 수 있다.

이와무라 시노부岩村忍는 사회경제사적 관점에서 원제국의 투하 분
봉제에 대해 검토했다. 그는 중국 지역에서 실시한 分封制는 몽골

---

87) 몽골의 지방통치에서 나타난 二元制的 특징은 分封制와 行省制의 이중체제를
　　통해서 파악된 바 있다. 胡其德, 『元代地方的兩元統治』, 臺北 : 蒙藏委員會, 1991
　　참고.
88) 『元史』 권12, 「世祖紀九」, 241쪽.
89) 『元典章』 권9, 「吏部三·官制三·投下官」〈投下達魯花赤遷轉〉條, 292쪽.
90) 『元史』 권82, 「選擧志二」, 2052쪽.

'카안'의 중앙집권화 정책에 장애가 되었으며 원 정부의 중국 통치에 폐해를 가져오기는 했지만, 몽골 통치자들로서는 광대한 피정복 지역과 백성을 지배하기 위한 군사적 필요 때문에 정예 병사를 보유한 몽골 諸王세력들에게 의존할 수밖에 없었다고 보았다. 원 통치자는 몽골의 전통적인 諸王 분봉제를 중국에서 食邑의 형태로 유지했던 것이다. 경제적인 측면에서 食邑은 諸王세력의 경제적 기반으로서 중앙정부의 군사 육성과 유지에 필요한 경제적 부담을 경감시켰으며 투하에서 지급하는 五戸絲는 일정 부분 원 정부의 경제적 필요를 충족시켰다. 결국 몽골 통치자들은 군사·경제적 측면의 고려를 통해 유목 전통의 분봉제를 유지했던 것이다.[91] 諸王세력의 비호 아래 투하다루가치들의 발호는 몽골의 중국 지배에서 불안 요소가 되었지만, 몽골의 중국 통치를 위해 이를 현실적으로 용인할 수 밖에 없었던 것이다.

3. 원 중후기 정부의 投下다루가치 관리 시도와 한계

1) 投下다루가치의 몽골인·색목인 사칭과 관리 규정

大德 8년(1304) 江浙行省에서 中書省에 보낸 咨文에 투하다루가치에 관해 올린 상주문의 내용이 수록되어 있다.

"각 투하, 각 기구가 설치된 城에 그들이 위임한 다루가치가 있습니다. 1개월 정도 임기가 만료되지 않았는데 임명된 다른 한 명이 와서 중복되어 있습니다. 그 가운데 1년 넘게 재직한 자 중 한인, 여진인,

---

91) 岩村忍, 1968, 447쪽.

거란인이 타타르(몽골인)의 이름으로 다루가치가 된 자들이 있습니다. 이후로 각 投下와 각 기관에 알려서 몽골인을 선발하여 임명하게 하십시오. 중국인, 여진인, 거란인 가운데 타타르(몽골인)의 이름으로 다루가치를 하는 자들은 모두 면직시키십시오."

원 중기 御史臺에서 한인, 여진인, 거란인 가운데 몽골인을 사칭해 투하다루가치로 임명된 사례, 투하 지역에서 임기가 제대로 지켜지지 않아 다루가치가 중복 파견된 사례를 조사해서 보고를 올렸다. 앞서 살펴보았듯이 몽골은 남송을 평정한 지 오래지 않아 한인이 다루가치를 맡는 것을 금지했다. 그럼에도 불구하고 원 중후기 한인 출신 다루가치들이 임명된 사례가 지속적으로 발견되었다. 결국 원 조정에서는 관련 지침을 마련하여 諸王, 駙馬, 각 투하, 각 기구에 조서를 보냈다. 해당 규정에서는 "선발하여 城에 파견한 다루가치들은 몽골인을 선발하여 임명할 것. 만약 몽골인이 없다면 공신 귀족의 색목인을 선발하여 임명할 것. 3년 임기가 만료되면 법에 따라 직책을 교대하게 할 것. 만약 3년 임기가 만료되지 않았다면 다른 이를 중복하여 임명하지 말 것"을 명시했다.[92] 원 조정에서는 기본적으로 몽골인을 투하다루가치에 임명하도록 규정하고 있으며, 임명할 만한 몽골인이 없을 경우 공신 귀족가문의 색목인까지 다루가치에 임명될 수 있도록 허용해주었음을 알 수 있다.

투하다루가치는 투하주의 천거와 조정의 승인을 거쳐 선발되었기 때문에 다루가치의 출신 신분을 조작할 여지가 충분히 있었으며, 이를 한인들이 적극적으로 이용했던 것으로 보인다. 이러한 배경에서 남송

---

92) 『元典章』 권9, 「吏部三·官制三·投下官」 〈投下達魯花赤遷轉〉條, 292쪽.

출신의 南人이 투하다루가치가 되는 경우도 있었다. 大德 11년(1307) 福建廉訪分司의 牒文에서는 建昌路 南城縣다루가치 바옌을 조사하여 그가 원래 黃祖太라는 강남 지역 출신이라는 사실을 밝혀냈다. 이 사실은 '카안'에게까지 보고되었고 결국 그는 파면되었다.[93]

이후에도 원 조정에서는 금령을 거듭 반포했다. 『元典章』에는 至大 4년(1311)과 延祐 3년(1316)에 반포된 「有姓達魯花赤革去」와 「有姓達魯花赤追奪不敍」 규정이 수록되어 있다. 당시 몽골인과 대부분의 색목인은 대개 성씨가 없었다. 따라서 '성씨가 있는 다루가치'는 漢人과 南人들을 지칭했다. 관련 법령에서는 "이후 (다루가치는) 몽골인으로 위임하라. 만약 없다면, 공신 귀족가문 출신의 색목인 가운데 선발하라."[94]라고 규정되어 있다. 또한 "성씨가 있는 한인 다루가치는 파면하여 敍用하지 않는다."[95]라고 명시했다.

至元 6년(1269) 원 조정에서 한인 다루가치에 대한 파면을 논의[96]한 이후 한인 다루가치의 임명에 대해 수차례 제재를 가했지만 완전히 근절되지는 않았다. 蒙思明은 이러한 현상이 지속된 것은 이들이 이름을 고쳐 상위 관부를 지속적으로 속였거나 몽골인들이 강남 지역의 부임지를 기피했기 때문이라고 했다.[97] 蕭啓慶은 이러한 현상을 몽골 정치의 특권적 구조와 연관지어 설명했다. 원 조정에서는 몽골의 통치 지위를 영구적으로 보장하기 위한 국가의 필요에 소용될 노동력과 물자를 동원하기 위해 根脚제도, 민족 등급제도를 마련했다. 根脚은 개인의 家勢에 근거한 정치적 신분을 의미한다. 황실의 家臣 가문은

---

93) 『元典章』 권9, 「吏部三·官制三·投下官」 〈革罷南人達魯花赤〉條, 293~294쪽.

94) 『元典章』 권9, 「吏部三·官制三·投下官」 〈有姓達魯花赤革去〉條, 294쪽.

95) 『元典章』 권9, 「吏部三·官制三·投下官」 〈有姓達魯花赤追奪不敍〉條, 294~295쪽.

96) 『元史』 권10, 「世祖紀七」, 216쪽.

97) 蒙思明, 『元代社會階級制度』, 上海人民出版社, 2006, 49쪽.

'大根脚'으로서 대대로 恩蔭과 承襲의 특권을 누렸다. 根脚제도에서 大根脚에 소속된 집단은 모두 몽골인·색목인이었고 한인, 특히 남인 根脚은 거의 없어 정치적으로 불리한 지위에 놓여 있었다.[98] 한인·남인들이 몽골인을 사칭하여 투하다루가치가 되는 현상은 根脚제도에서 불리한 위치에 있었던 집단이 根脚에 기반한 통치질서의 한계를 극복하려는 절박한 행위로서 이해할 수 있겠다. 투하다루가치는 투하주에 예속된 자들이었기에 조정에서는 이들에 대한 형식적인 권한만 행사할 수 있었다. 투하의 保舉 절차에 대해서도 조정은 실제로 강력한 권한을 행사할 수 없었다.[99] 투하주가 추천한 자가 관부의 승인을 받지 못하더라도 투하주는 그 자에 대해 다시 保舉權을 행사할 수 있었다.

2) 延祐 연간 投下 副다루가치의 폐지

延祐 2년(1315), 원 조정에서 투하다루가치 관리 규정을 다시 조율했다. 원 조정에서는 케식 가운데 선발한 자를 각 투하에 분포한 路·州·縣에 다루가치로 임명하게 하고, 각 路·州·縣의 관원 가운데 한 명을 감원한 후 투하주가 선발한 자를 副다루가치에 임명하게 했다. 그런데 이러한 규정이 縣·錄事司의 하급 관부에서 錢糧 관리, 捕盜 등의 실무를 담당하는 관원의 감원으로 이어져 행정의 효율성에 영향을 미치자 투하 관할하의 하급 지방관부에서 副다루가치를 별도로 임명하는 규정이 마련되었다.[100] 『元史』에 기록된 관련 기사에는 "諸王 분봉지에서 정부

---

98) 蕭啓慶, 「蒙元支配對中國曆史文化的影響」, 『內北國而外中國(上冊)』, 北京 : 中華書局, 2007, 46~47쪽.

99) 李治安, 『元代分封制度研究』, 北京 : 中華書局, 2007, 74쪽.

관원을 다루가치로 삼고, 각 제위(투하주)는 副다루가치를 선발한다."[101]
고 기록되어 있다. 원 중기 조정에서 투하에 대한 임명권을 회수하여
투하에 대한 통제를 강화하면서 투하주가 副다루가치를 임명하게 했
던 것이다. 이러한 조치의 배경에는 投下主와 원 중앙정부 간의 갈등,
投下다루가치의 각종 범법 행위가 있었다. 仁宗 연간에 투하령에 설치
된 副다루가치는 投下領을 정부의 행정 관리체계 내로 편입하기 위한
조치의 일환이었다. 李治安은 정부 관원을 투하다루가치에 임명한
것은 투하다루가치의 직책을 둘러싼 조정·투하주 간의 반복되는 갈등
과 타협을 드러낸다고 보았다.[102]

　　그러나 이러한 조치는 곧 폐지되었다. 延祐 5년(1318) 원 조정에서는
투하 副다루가치에 대한 조정의 임명권을 폐지하고[103], 기존의 제도로
복원했다. 앞선 투하 副다루가치 제도는 右丞相 테무데르鐵木迭兒가 추
진한 것이었으나 투하주들의 반발이 거세지자 시행한 지 1년도 되지
않아 쿠빌라이 시기의 규정대로 투하주의 다루가치 임명권을 다시
보장하게 된 것이다.[104] 원 후기에 監察御史 李稷이 투하다루가치의
惡政을 보고하며 보좌관으로 강등시킬 것을 건의하자 惠宗 토곤 테무
르가 이를 승인하여 副다루가치로 직위를 낮추었다.[105] 원제국 말기까
지 투하다루가치의 발호가 지속되었으며 조정에서 이에 대한 통제를
위해 제도적으로 고심했던 것 같다.

100) 『元典章』 권9, 「吏部三·官制三·投下」 〈設副達魯花赤〉條, 295~296쪽.
101) 『元史』 권25, 「仁宗二」, 569쪽, "勅諸王分地仍以流官爲達魯花赤, 各位所辟爲副達
　　 魯花赤".
102) 李治安, 2007, 79쪽 참고.
103) 『元史』 권82, 「選擧二」, 2052쪽.
104) 『元典章』 권9, 「吏部三·官制三·投下」 〈改正投下達魯花赤〉條, 296쪽.
105) 『元史』 권182, 「李稷傳」, 4258쪽.

원 조정에서 투하다루가치의 임명권을 정부로 귀속시켜 통제를 강화하려 했던 것은 투하다루가치가 관할 지역 내에서의 전횡 때문이었다. 앞서 언급한 투하다루가치의 遷轉 및 종족 출신 배경에 대한 제한 규정 외에도 원 조정에서는 법적 조치를 통해 투하다루가치의 사당 결성과 각종 전횡을 규제하고자 했다. 관련 사례로 皇慶 원년(1312) 칭기스칸의 아우 카사르의 후예인 바부샤八不沙大王이 사르테게薛兒帖該를 般陽路 某州縣다루가치로 선발했으나 원 조정에서는 사르테게의 형제가 이미 般陽路의 모처에 있는 州縣다루가치로 임직하고 있다는 사실을 파악하게 되었다. 이에 그를 다루가치직에서 파면시켰다. 또한 향후에도 이러한 사례가 발생할 경우 파면 조치를 취하도록 명했다.[106] 天曆 2년(1329) 원 조정에서는 "諸王에게 분배한 食邑의 다루가치가 교대할 때 官所에 머물게 해서는 안 된다고 명했다. 또한 부모형제가 재직하고 있는 관아에 子弟가 임명되지 못하게 했다."[107] 이러한 조치는 투하다루가치 일족이 동일한 투하령에서 재직하며 가세를 통해 백성들을 위협하는 일을 막기 위해서였다.

제3절 쿠빌라이 시기 강남 지역 色目人의 任官과 활약

1. 몽골의 통치와 色目人

몽골제국 시기 대칸들은 서아시아로부터 동아시아에 이르는 광대한 지역을 아우르는 대제국을 건설하는 데 다양한 종족 출신의 협력자들

---

106) 『通制條格』 권6, 「選擧·投下達魯花赤」, 299~300쪽.
107) 『元史』 권33, 「文宗紀二」, 733쪽.

을 활용했다. 이들은 대개 몽골에게 정복된 지역의 관료, 귀족 엘리트 출신들로서 몽골제국 행정관부의 관원으로 기용되어 대칸에게 통치의 지혜를 제공했다. 칭기스칸 이래로 취해졌던 몽골 대칸의 개방주의적 인재 등용 방식은 쿠빌라이에게도 계승되어 한지를 정복하고, 통치체제를 수립하는 데 활용되었다. 色目人[108]들은 몽골제국 초기부터 한인들과 함께 중앙정부와 지방행정 관부의 관직에 중용되었으나, 이들이 다수의 한인들을 관리하는 위치에서 특권적 지위를 누리게 되었던 것은 쿠빌라이 집권시기 이후에 나타난 현상이었다.

쿠빌라이가 대칸의 지위에 오른 이후 몽골제국의 정치 중심이 한지로 이동되면서, 중원 지역에 대한 대칸의 직접 지배가 강화되었다. 그 과정에서, 몽골 집권세력의 비호하에 독자적인 세력을 유지하던 한인세후 중 일부세력이 반란을 일으켰으며, 이를 진압하는 과정에서 화북 지역을 장악하고 있던 한인들의 세력기반이 와해되었다. 또한 중앙정계에서도 반란세력과의 연루를 명목으로 漢人 관료들이 처형당하거나 파면 되면서 한인들의 위상이 축소되었다.[109] 반면에 이는 쿠빌라이 집권 초기 한인들로부터 견제를 받던 무슬림 등 非한인 관원들이 대원제국의 官界에서 부상하는 계기가 되었다.

몽골의 남송 정복 이후 색목인 관료의 비중이 더욱 확대되었다. 몽골의 南宋 병합 이후, 강남 지역이 몽골제국에 편입되었고 강남

---

108) 色目은 諸色戶計에서 연원하여 한인이 아닌 여러(다양한) 종족집단을 포괄하는 개념으로 사용된 용어이다. 몽골 통치자들은 제국을 구성하는 다양한 종족들을 범주화했는데, 그 가운데 위구르, 回回, 也裏可溫, 탕구트, 킵착, 아수인 등 서역에서 이주해온 종족을 통칭하여 色目人이라고 했다. 원대 사료인『南村輟耕錄』에서는 그 수를 31종으로 파악하였다.

109) 쿠빌라이 집권 시기 조정 관원들의 특징과 종족 구성에 관해서는 김호동,「쿠빌라이 카안의 大臣들」,『東洋史學研究』125, 2013 ; 고명수,「쿠빌라이 집권 초기 관리등용의 성격」,『동국사학』55, 2013 참조.

지역에는 화북 지역과 동일한 지방행정체제가 마련되었다. 몽골의 강남 지배체제가 정비되는 과정에서 기존의 南宋 관원들이 원의 지방행정체제에 흡수되었고, 지방행정을 감독하기 위해 중앙에서 파견한 다루가치와 總管들 가운데 색목인의 비중이 늘어났다. 이들은 재정·군사·행정·상업 등 전반에 걸쳐 실무적 재능을 발휘하며 몽골의 지배질서를 정비하고 유지하는 데 참여했다. 특히 몽골 통치자들은 강남 지역의 풍부한 경제 문화적 자원을 관리하는 데 색목인들을 적극적으로 활용했다.

색목인이라는 용어는 쿠빌라이 집권 중기인 至元 15년에 처음으로 나오고, 成宗 테무르가 제위에 오른 이후의 사료에서 빈번하게 등장한다. 이는 몽골이 남송을 정복하고, 중국 전역을 포괄하는 행정적 지배가 안정적으로 구축된 시기와 맞물린다. 쿠빌라이는 강남 지역의 경제를 기반으로 남북 상업권을 통합하고 유라시아의 내륙 교역권을 확보하고자 했다.[110] 이때 강남 지역을 통치하는 데 색목인들이 적극적으로 활용되었다. 재정운용에 뛰어난 무슬림, 위구르 상인들은 일찍이 오르톡을 통해 몽골 통치자들에게 경제적 이익을 안겨주었으며, 강남 지역의 풍부한 물자와 인력이 대원제국에 편입되면서 색목인들은 강남 각 지역의 행정관료로 파견되었다.

몽골제국 내에서 특수한 위치를 점했던 색목인들에 관해서는 다양한 연구가 진행되어 왔다. 일찍이 색목인들을 통한 몽골의 지배가 종족적 계급주의라는 관점에서 연구된 바 있으며[111] 근래에는 색목인

---

110) 고명수, 「쿠빌라이 시기 몽골의 南宋정복과 江南지배-보전, 개발, 발전의 관점에서-」, 『東洋史學硏究』 116, 2011.

111) 일찍이 몽골제국 내에서 색목인들의 특수한 위상에 주목하여 몽골의 종족적 차별의 관점에서 연구가 이루어진 바 있다. 즉 몽골 통치자들이 색목인들을 정부 요직에 배치하여 한인들을 통치하게 함으로써 四等人制와 같은 종족적

의 개념에 대한 재검토[112]와 특정 종족과 인물 등에 관한 연구가 이루어지고 있다. 그 가운데 색목인 관원에 관한 연구로는 대원제국 내에서 색목 관인들의 위상과 종족 구성에 주목한 연구가 있으며[113], 그 밖에도 특정 인물을 중심으로 색목인들의 위상을 파악하고자 한 연구들이 있다. 대표적으로 원의 무슬림 출신 재상 아흐마드에 관한 연구[114], 서아시아 출신의 통역사 이사의 생애와 활동을 중심으로 몽골의 색목인 관리 등용 방식의 특징을 고찰한 연구[115], 文宗 시기 활약한 킵착인 출신의 엘 테무르燕鐵木兒에 관한 연구[116] 등이 있어 몽골제국 내에서 색목인 관원의 특수한 위상을 밝혀주고 있다.

이러한 색목인 집단이 원에서 부상하게 된 것은 쿠빌라이 집권 이후부터 南宋 정복을 통한 강남 지배의 점진적인 과정을 통해서였다. 따라서 원제국에서 색목인의 특수한 위치와 역할을 이해하기 위해서는 몽골의 남송 정복과 강남 지배 과정에서 나타난 그들의 역할에 주목할 필요가 있겠다. 색목인을 통한 몽골의 강남 지배에 주목한 연구 가운데 몽골이 강남 통치를 위해 색목인들을 지배집단으로 양성했다는 견해가 있다. 몽골인들이 중국 문화에 융화되지 않는 서방 계통의 여러 종족을 협력자로 양성해서 그들과 함께 중국을 통치했으

계급이 형성되고 그것을 몽골의 제국통치에서 중요 정책의 일환이라고 파악하였다. 箭內亘,「元代社會の三級制色目考」,『蒙古史研究』, 東京 : 刀江書院, 1930 ; 蒙思明,『元代社會階級制度』, 上海 : 上海人民出版社, 2006 참조.

112) 근래에는 四等人制의 실시 여부를 의문시하고 '색목인'은 대원제국 내에서 관리 임용과 호적관리 과정에서 한인과 구별되어 나타난 개념이라는 견해가 제시되었다. 船田善之,「色目人與元代制度, 社會」,『蒙古學信息』 2003-2 참조.

113) 周采赫,「元朝色目官人의 種族構成研究」,『東方學志』 54·55·56, 1987.

114) 楊志玖,「元朝回族宰相阿合馬新論」,『回族研究』 1995-1.

115) 김호동,「蒙元帝國期 한 色目人 官吏의 肖像」,『中央아시아研究』 11, 2006.

116) 馬娟,「元代欽察人燕鐵木兒事跡考論」,『元史論叢』 10, 1986.

며, 특히 1000만 호가 넘는 인구와 경제적 규모를 갖춘 강남 지역에 대한 일종의 차별은 몽골의 분할통치의 일면을 보여주는 것으로 보았다.[117) 그러나 몽골의 색목인을 통한 강남 지배 방식을 단순히 분할통치로만 파악하기는 미흡한 면이 있다. 몽골의 강남 지배 과정에서 색목인 관원들이 대거 임명된 배경으로는 몽골의 일방적인 통치 방식뿐 아니라 색목인들의 역량과 주체적인 노력도 함께 고찰되어야 할 것이다.

이외에도 몽골의 강남 지배를 강남 지역사회 및 재지 관인들의 역할을 중심으로 고찰한 연구가 있어 몽골의 강남 통치의 양상을 파악하는 데 도움을 준다. 관련 연구에 따르면, 몽골은 南宋을 정복한 이후 新附한 지역에 南宋 정부의 관인을 재임용했다고 보았다. 이를 통해 대원제국 시기 강남은 실상 다수의 한인들을 중심으로 한 남송의 지배체제를 그대로 유지 및 활용 했다고 파악했다.[118) 한편, 강남 지역에 파견된 색목인들과 현지 한인들과의 타협을 통해 강남 통치가 이루어졌다고 보는 '타협론'이 제기되었다. 상인, 관리 등으로 강남 지역에 파견되어 정착한 색목인 僑寓人들에 주목하여 몽골의 강남 지배가 한족 토착 엘리트와 색목인들의 타협을 바탕으로 종족연합적 지배체제를 통해 이루어졌다는 견해이다.[119) 이상의 견해들은 몽골 강남 지배의 실상을 파악하기 위해 색목인 관원의 역할에 주목했다는 점에서 유용한 관점을 제시하고 있다. 그러나 색목인을 통한 몽골의 중국 지배의 특징을 파악하기 위해서 색목인들이 어떠한 과정을 통해 대원제국에서 부상하게 되었으며, 특권적인 지위를 장악하게 되었는

---

117) 愛宕松男 지음, 윤은숙·임대희 옮김, 2013, 203~204쪽.
118) 植松正, 1997, 227쪽.
119) 潘淸, 「元代江南蒙古, 色目僑寓人戶的基本類型」, 『南京大學學報』37, 2000.

지를 보다 면밀히 검토할 필요가 있을 것이다.

원제국 시기 색목인 집단의 부상은 몽골의 한지 정복과 지배체제의 수립 과정에서 나타난 종족 간 경쟁과 색목인 집단의 역량 발휘라는 일련의 과정을 통해 전개되었다. 따라서 본장에서는 대원제국 내에서 색목인들이 어떠한 과정을 통해 정권을 장악하게 되었으며, 중국 통치에서 실제적으로 어떠한 역할을 담당하게 되었는지 분석함으로써 색목인을 통한 몽골의 한지 지배의 특징과 의의를 밝혀보고자 한다. 특히 색목인들이 대원제국 내에서 특권적인 지위를 누리게 된 것이 몽골의 강남 지배 과정을 통해 본격화되었다는 사실에 주목했다. 따라서 몽골의 남송 정복과 강남 지역의 지배질서를 확립하는 과정에서 색목인들이 실제적으로 어떠한 역할을 담당했으며, 이것이 대원제국의 한지 지배에서 어떠한 의미를 갖는가를 고찰해 보고자 한다.

대원제국 내에서 색목인들의 권력이 확대된 계기를 파악하기 위해 먼저 쿠빌라이 집권 초기 아흐마드를 비롯한 색목인 관원들이 중앙정계에서 권력을 장악하는 과정을 간략히 검토할 것이다. 다음으로 南宋 정복 이후 편입된 강남 지역을 관할하는 데 참여한 색목인 관원들의 역할을 살펴볼 것이다. 강남 지역의 行省제도를 정비하고 운용하는 데 南宋 정복전쟁에 참여한 색목인 무장들이 임용되었다. 그 후손들도 강남 지역의 行省 관원에 임명되어 강남 지역의 통치에 참여했다. 본장에서는 湖廣, 江浙, 江西行省 및 屬下 관부에 파견된 색목인 관원 사례를 중심으로 색목 관원들의 강남 지역 몽골 지배질서의 구축 과정과 색목인 世家의 형성 과정을 검토할 것이다. 아울러 江浙行省 鎭江路에서 임직했던 색목인 관원의 사례를 통해 색목인 지방장관의 실제적인 역할과 특징을 파악하겠다.

2. 몽골의 南宋 정복과 色目人 관원의 파견

1) 쿠빌라이 집권 이후 色目人 관원의 부상과 남송 정복

몽골은 남송을 정복하여 남송 지역의 경제적 번영을 흡수하고 장기간 분열체제 속에 있었던 화북과 강남을 통합하여 강남의 물자를 북방으로 공급하는 안정적인 수취체제를 마련하고자 했다. 그 과정에서 南宋의 관원들이 재임용되었으며, 이와 더불어 지방행정기구의 장관직에 색목인들이 임명되어 강남 지역에 파견되었다. 이들이 임명될 수 있었던 요인은 초기 강남 지역의 고관에 임명되었던 자들 중 다수가 根脚 출신이었다는 점과 그들의 우수한 행정 능력과 재정운용 능력의 측면에서 검토될 수 있겠지만, 무엇보다도 중앙정계에서 색목인 집단의 부상과 결코 무관하지 않을 것이다.

몽골제국 초기부터 제국의 관부는 종족을 막론하고 행정 실무능력을 갖춘 다종족 인사들로 구성되었다. 트란스옥시아나의 다루가치직을 맡았던 호레즘 출신의 무슬림 얄라바치, 칭기스칸 시기 문서행정관 직인 비체치를 역임했던 西域人 코스말릭曷思麥里120), 위구르인 이릭추野里朮121), 여진인 粘合重山, 거란인 야율초재가 있다. 이 가운데 야율초재는 칭기스칸에 의해 비체치로 발탁되었다가 우구데이 시기 재상에 임명되어 몽골제국의 행정체제를 마련하는 데 기여했다. 이렇듯 위구르인, 거란인, 중앙아시아, 서아시아의 무슬림 등의 非몽골인들이 중앙정부에서 예케 자르구치[大斷事官], 비체치 등 몽골제국의 문서행정직을 담당하거나 다루가치로서 정복 지역에서 대칸의 통치권을 발휘했

---

120) 『元史』 권120, 「曷思麥里傳」, 3970쪽.
121) 『元史』 권135, 「鐵哥朮傳」, 3271쪽.

다. 쿠빌라이는 몽골제국의 전통을 계승하여, 집권 초기에 다국적·다종족으로 구성된 관료체제를 구성했다.

몽골제국의 정치적 중심을 중원 지역으로 옮긴 쿠빌라이는 대칸의 속령인 한지에 대하여 직접 지배체제로 전환했다. 쿠빌라이는 집권 직후 국정을 주관하는 中書省을 설치하고, 金의 통치체제를 답습하여 樞密院과 御史臺를 두어 대칸의 직속하에 두었다. 그 과정에서 중앙 행정기구에 실무 능력이 뛰어난 한인과 색목인들이 임명되었다.[122]

中統 연간에는 右丞相, 左丞相에 각각 몽골인과 한인을 겸용하는 방식으로 정부를 조직했고, 平章政事직은 색목인과 한인이 담당하게 했다.[123] 이후 원 조정의 최고위 장관직인 右丞相직은 몽골인 功臣 世家 출신자가 담당하는 것을 원칙으로 삼아, 至元 2년(1265)에 무칼리의 후손인 안통安童과 바얀伯顔의 두 몽골인을 右丞相에 임명했으며, 이로부터 쿠빌라이가 몽골인을 수장으로 하고, 색목인과 한인을 병용하여 제국의 정부를 구성하는 체제를 구상했던 것으로 파악된다.

다종족으로 구성된 제국체제 하에서 王文統을 비롯한 한인 모사들은 위구르, 무슬림 등의 색목인 관료들을 견제하여 자신들의 지위를 공고히 하고자 했다. 가령, 中統 초년 왕문통이 집권하던 시기 무슬림들이 백성의 賦稅를 관리하는 과정에서 부정과 비리를 일삼았다는 점을 들어 무슬림 출신 관료들을 비판하고 官界에서 그들의 영향력이 확대되는 것을 저지하고자 했다. 그러나, 至元 초년 한인세후들의 반란을 계기로 왕문통이 실각하면서 색목인 관료들이 중앙정계에서 부상하게

---

122) 쿠빌라이 집권 초기 관료의 구성 및 특징에 관해서는 고명수, 2013 참조.
123) 中統 2년(1261)에는 몽골인 부카(不花)와 한인 史天澤이 우승상직을 맡고 몽골인 쿠르부카(忽魯不花)와 거란인 야율주가 좌승상직을 맡았으며, 王文統이 平章政事에 임명되고 張啓元이 中書右丞에 임명되었고, 回回 출신의 사이드아 잘(賽典赤)이 平章政事직을 맡았다(『元史』 권4, 「世祖紀一」, 71~73쪽).

된다.[124)]

아릭 부케와 이단을 비롯한 반란세력들을 진압하는 과정에서 야기된 재정 문제를 타개하고, 몽골제국의 새로운 통치자로서 대칸의 지위를 공고히 해야 했다. 그 일환으로 그는 공공사업, 건축사업에 주력하고자 했고 여기에 소요되는 자금을 확보하기 위해 쿠빌라이는 재정운용 능력이 탁월한 무슬림들을 재상으로 등용했다. 이는 무슬림을 재정장관이나 관리자로 등용했던 우구데이와 뭉케의 정책을 그대로 계승한 것이었다.[125)] 쿠빌라이는 至元 7년(1270)부터 8년(1271)과 至元 24년(1287)부터 28년(1291)까지 국가 재정을 전담하는 기구인 尙書省을 설치했다. 이를 계기로, 무슬림과 위구르 출신의 색목인들이 원 조정에서 부상하게 되었는데, 첫 시기에는 아흐마드가 平章政事직에 임명되었으며, 이후 至元 24년에는 위구르인 셍게桑哥가 右丞相에 임명되었다. 색목인 출신의 尙書省 수장들은 대칸의 비호하에 막대한 권력을 행사했으며, 아흐마드는 尙書省이 폐지된 이후에도 至元 19년(1282)에 사망할 때까지 국가 재정을 총괄했다.

아흐마드의 등장으로, 색목인들이 中書省의 요직을 장악하기 시작했다. 색목인들의 위상이 높아지면서 몽골인으로만 자격에 제한을 두었던 右丞相직에 색목인이 오르는 경우도 적지 않았다. 그 명단을 보면, 위구르인 셍게, 西夏인 키타이부기乞臺普濟, 위구르인 후툭투, 무슬

---

124) 楊志玖는 원 조정 내에서 아흐마드를 비롯한 무슬림의 부상이 쿠빌라이의 한인관료 및 한인세후들에 대한 불신과 맞물려 나타났다고 보았다. 李璮의 반란을 계기로, 막료 출신인 王文統이 이단과 연루되었다는 혐의를 받아 사형에 처해지면서 한인관료의 영향력이 축소되고 理財에 능했던 무슬림의 위상이 높아졌다는 것이다(楊志玖, 『元代回族史稿』, 天津 : 南開大學出版社, 2003, 184~185쪽 참조).

125) 모리스 로사비 저, 강창훈 역, 『쿠빌라이 칸, 그의 삶과 시대』, 천지인, 2008, 288쪽.

림 핫산, 킵착인 엘 테무르, 캉글리인 딘주定住, 캉글리인 벡살리伯撤里가 대원제국 시기 右丞相의 지위에 올랐다. 左丞相직에는 몽골인들과 史天澤, 耶律鑄, 賀惟一, 한인 王保保을 제외하고 쿠빌라이 집권 이후 모두 14명의 색목인이 右丞相직을 맡았다.[126]

아흐마드가 尙書省 수장직에 오른 뒤 측근들을 관계에 진출시켰다. 그 가운데 중서성의 요직에 알리阿里, 張惠, 마수드 앗딘麥尤丁 등 아흐마드의 측근들이 배치되었다. 알리는 아흐마드가 총애했던 자로 中書省參知政事, 右丞, 江浙平章政事직을 역임하고 中書平章政事직에서 致仕했다. 이외에도 한인 張惠, 마수드 앗딘 등도 아흐마드의 비호하에 중앙정부의 최고위 관직에 올랐던 인물들이었다.[127] 또한 그는 주를 올려 諸路轉運司를 설치하고 轉運司使직에 이버르리친亦必烈金, 자말앗딘札馬剌丁, 張昺, 富珪, 蔡德潤, 紇石烈享, 알리 호자阿里和者, 完顔迪, 薑毅, 알라 앗딘阿老瓦丁, 다울라트 샤倒剌沙를 임명했는데[128], 이들은 아흐마드의 추천으로 관직에 임명된 자들이었다. 이 명단 가운데에는 무슬림이 다수를 점하고 있으며, 소수의 漢族과 女眞人도 포함되었다.

至元 11년(1274) 당시 우승상이었던 안통은 아흐마드가 직권을 남용하여 백성들에게 해를 입히고, 적합하지 않은 자들을 관직에 임명했다고 비난했고[129], 쿠빌라이가 사안을 조사하게 했으나 특정한 조치를 취했다는 기록은 없다. 측근을 관계 요직에 배치함으로써 색목인의 입지를 공고히 하고자 했던 아흐마드는 몽골인 고관들에게 견제를 받고 중서성 관원들의 탄핵 대상이 되기도 했다. 그러나 상서성이

---

126) 張帆, 『元代宰相制度研究』, 北京: 北京大學出版社, 1997, 82~86쪽.

127) 張帆, 1997, 74~80쪽.

128) 『元史』 권205, 「姦臣傳·阿合馬」, 4560~4561쪽.

129) 『元史』 권8, 「世祖紀五」, 158쪽, "安童以阿合馬擅財賦權, 蠹國害民, 凡官屬所用非人, 請別加選擇 ; 其營作宮殿, 貪緣爲姦, 亦宜詰問. 帝命窮治之".

폐지된 이후에도 中書平章政事직을 거쳐 中書左丞相의 지위에 올라 정치적인 영향력을 발휘했던 것으로 미루어 아흐마드의 영향력은 결코 축소되지 않았음을 알 수 있다. 반면 아흐마드가 권력을 장악하고 있던 시기에 우승상이었던 몽골인 안통安童, 위구르인 廉希憲, 그리고 한인 許衡의 영향력은 상대적으로 위축되었다.

남송의 정복과 지배체제가 정비되어 갔던 시기는 중앙정계에서 무슬림 출신 아흐마드와 위구르인 셍게가 권력을 장악하던 시기와 맞물려 나타났다. 중앙정계에서 아흐마드를 비롯한 색목인 관원들은 몽골의 남송 정복과 강남 지배가 색목인들의 역량을 발휘할 뿐만 아니라, 대원제국 내에서 자신들의 영향력을 확대하고 공고히 할 수 있는 好期로 판단하고, 측근들을 강남 지역의 관직에 임명했다. 至元 15년 (1278) 中書左丞 崔斌은 상소에서 "강남에 官員이 넘쳐나는데다, 적합하지 않은 자들이 임명된 경우가 많습니다. 알리 등에게 명하여 대폭 감원하옵소서. 또한 아흐마드의 사사로운 편애로 한 집안의 자제가 모두 요직에 임명되었습니다."[130]라고 했다. 이에 대해 쿠빌라이는 관련된 자들을 파면하라고 명했다.

이러한 조치에도 불구하고 색목인 출신 관원들이 강남 지역의 고위직에 임명된 이후, 그 자제들이 父職을 세습하거나 강남 지역의 관원으로 임명되어, 世家를 형성하는 양상이 나타났다. 아흐마드가 죽고 뒤를 이어 대원제국의 재정정책을 담당했던 위구르인 셍게 역시 중원 지역의 색목인을 적극적으로 후원했다. 그는 回回國子學의 설립 등을 통해 이들의 이익을 보호하고 지속적으로 위구르 학자들의 후원자 역할을 했으며, 지속적으로 중원 지역에 거주하고 있는 색목인들이 보호 받도

---

130) 『元史』권10, 「世祖紀七」, 200쪽, "中書左丞崔斌言：「比以江南官冗, 委任非人, 命阿裏等沙汰之, 而阿合馬溺於私愛, 一門子弟, 並爲要官.」詔並黜之".

록 대칸에 권유함으로써 한족들의 반감을 사기도 했다.[131] 몽골의 남송 정복 이후, 색목인들은 중앙 정계의 대신들을 통해 강남 지역의 관원으로 임명되었으며 음서와 世襲을 통해 대대로 강남 지역의 지배 집단이 되었다. 그렇다면, 색목인들은 남송 정복과 지배체제 정비 과정에서 어떠한 역할을 담당하면서 자신들의 입지를 굳혀나갔던 것일까?

2) 강남 行省체제 정비와 色目人 世家의 형성

至元 16년(1279), 남송을 정복한 쿠빌라이는 막대한 생산력을 보유한 강남 지역을 확보함으로써 화북과 강남을 아우르는 중국의 막대한 인적·물적 자원을 소유하게 되었다. 전쟁이 종식된 후, 반란의 가능성이 잠재되어 있는 점령 도시에 安撫司를 설치하고 다루가치들을 두어 현지 백성을 감시하고 정복 지역의 사회질서 회복을 도모했다. 강남 지역의 상황이 안정된 이후 원 조정에서는 安撫司를 폐지하고 路總管府를 설치하여 정복 지역의 민정을 담당하게 했으며, 각 城에는 錄事司를 두었다. 湖南北, 江東西, 兩浙, 兩淮 지역을 시작으로 강남 지역에 설치되기 시작한 路總管府를 비롯하여 지방행정체제는 至元 17년(1280)에 기본적인 골격을 갖추게 되었다.[132] 강남 지역의 지배를 실제적으로 담당하는 관원의 확보와 임명을 위해 원 조정에서는 몽골인, 위구르인, 한인 14명으로 구성된 관원들을 남방의 行省에 파견했으며, 그 과정에서 몽골에 투항한 다수의 남송 관원들이 지방관에 재임용되었다.[133]

---

131) 모리스 로사비 저, 강창훈 역, 2008, 311쪽.
132) 남송이 정복된 후에 진행된 원 조정의 강남 지역 지방행정체제 정비에 관해서는 조원, 2012, 288~293쪽 참조.

한편, 강남 지역이 대원제국에 편입되고 강남 지역의 지배체제가 확립되는 과정에서, 전시의 임시적 군사기구였던 行省이 지방의 민정과 군정을 관할하는 고정적인 행정기구로 변모되어 갔다. 그 가운데 강남 지역의 주요 三省 즉 湖廣·江浙·江西는 몽골이 남송 부대를 섬멸하는 과정에서 건립된 이후 대원제국의 대군이 주둔하고, 강남 지역의 財賦를 집결하여 북쪽으로 운송하는 轉運站이 설치된 지역이었다. 군사적·경제적으로 몽골 통치집단에게 중요한 가치를 지닌 이 지역을 관할하기 위해 정복전쟁에 참여했던 색목인 根脚들을 투입했으며 行省 체제가 완비된 이후 그 자제들이 行省 관원으로 임명되어 강남 지역의 지배에 활용되었다.

湖廣 지역을 살펴보면, 이 지역을 정복하고 行省을 建置하는 데 있어서 핵심적인 역할을 담당했던 것이 위구르인 아릭카야阿里海牙였다.[134] 湖廣行省의 창건자와 다름 없다고 평가되는 아릭카야는 쿠빌라이의 숙위 출신으로 中統 3년(1262)에 中書省 郎中으로 관직을 시작했고, 至元 원년(1264)에 參議中書省事직을 맡았으며, 이후 南京, 河南, 大名, 順德, 洺, 磁, 彭德, 懷孟 등 路의 行中書省事직을 역임했다.

남송 정벌에 참여했던 그는 至元 10년(1273) 宋將 呂文煥의 투항을 계기로 鄂州 지역을 점령하여, 남송 영토의 절반을 차지하는 湘, 桂, 璟, 黔 등의 성을 정복하는 데 있어 중요한 전략적 거점을 마련했다. 그는 鄂州에 할거하면서 투항한 백성들을 按撫하고, 징세제도를 마련했으며, 군사 주둔과 관리 임용 등 湖廣行省체제의 기초를 닦았다.

---

133) 植松正, 1997, 227쪽.

134) 南宋 경략과 江南 지배체제 구축에서 阿裏海牙가 행한 활약에 관해서는 李治安, 『行省制度研究』, 2005, 239~277쪽 ; 馬娟, 「元代畏吾兒人阿裏海牙史事探析」, 『元史及民族與邊疆研究』 18, 2006, 48~59쪽 ; 植松正, 1997, 271~289쪽 참조.

지원 11년(1274)에는 "伯顔, 史天澤을 左丞, 아주阿朮를 平章政事로 하고, 아릭카야를 右丞, 呂文煥을 參知政事로 하는" 荊湖行省체제가 구성되었다.[135] 이후 至元 13년(1276)에는 平章政事직에 임명됐다. 至元 20년(1283)부터 23년(1286)에는 安南, 占城 등 동남 연해 지역의 정복을 명 받아 그 經略에 나섰으며, 이후 至元 23년(1286) 湖廣行省의 최고위직인 左丞相에 올랐으나, 같은 해 上都에서 생을 마감했다.[136]

아릭카야는 湖廣 평정을 계기로 남송 지배의 중요 기반을 마련했으며 대대로 자제들이 강남 지역 주요 行省의 관직을 역임했다. 아릭카야의 아들 쿠쉬카야忽失海牙는 湖廣行省 左丞을 맡았고, 貫只哥는 湖廣行省 參知政事, 江浙行省參知政事, 河南行省平章政事, 江西行省平章政事를 차례로 역임했으며, 코샹和尙은 湖南道宣慰使직을 맡았다.[137] 또한, 그의 손자인 세인치카야小雲石海涯는 부친이었던 貫只哥의 다루가치직을 세습하여, 兩淮萬戶府다루가치를 역임하며 몽골의 강남 통치의 한 축을 담당했다.

오늘날 중국의 江西, 廣東 대부분과 福建 지역을 포괄하는 江西 지역을 정복하고, 行省체제를 세우는 데에는 탕구트唐兀 李氏 일가의 활약이 두드러졌다. 탕구트 李氏는 西夏 출신의 색목인 세가로서, 宋元 전쟁에서 활약했던 李恒·李世安을 비롯하여 그 일족들이 몽골제국 내에서 武將과 官人으로 명성을 누렸다. 宗王 이순게移相哥를 따라 중원 경략에 참여했던 李惟忠은 이후 한지에 들어와 山東 淄州다루가치에 임명되었으며, 이후 그 일족들이 淄州 지역에 대대로 정착하게 되었다.

---

135) 『元史』 권8, 「世祖紀五」, 154쪽.

136) 馬娟, 2006, 49~50쪽.

137) 『元史』 권128, 「阿裏海牙傳」, 3128쪽 ; 歐陽玄, 『圭齋文集』 권9, 「貫公神道碑」(四部叢刊本).

李惟忠의 아들 李恒은 쿠빌라이 시기 남송 경략에 투입되었고, 江西 지역 경략 과정에서 역량을 발휘했다. 강서 지역이 평정된 후, 至元 14년(1277)에 李恒은 江西宣慰使직에 올라, 탕구트인 塔出, 무슬림 마수 드 앗딘, 서역 출신의 체릭테무르微里帖木兒 등과 함께 江西行省 관원에 임명되어 行省체제의 정비에 주력했다.[138] 李恒의 아들 李世安은 江浙 行省 廣州路다루가치로 관직을 시작하여, 同知江西宣慰司事, 僉江西等處 行中書省事, 江西行省參知政事를 역임했다. 이후 江西行省의 최고위직 인 平章政事직에까지 올라 江西行省을 관장했다.[139] 李恒 부자 이외에 도, 탕구트 李氏 일족은 江西 지역의 정복전쟁에 참여했을 뿐 아니라 강남 지역 行省의 건설에 주력했으며 湖廣, 江浙, 河南行省의 주요 관직 에 임명되어 관할 지역 내의 軍事, 行政, 司法刑獄 등 군정과 민정을 모두 관할하며 몽골의 지배를 공고히 하는 데 주력했다.[140]

상술했듯이, 남송 정복 과정에서 투입되었던 위구르, 탕구트 출신의 무장들은 강남 지역에 행성체제를 정비하는 과정에서 行省 관원으로 임명되어 강남 지역의 지배를 담당하였다. 뿐만 아니라 그 자제들과 일족들 또한 강남 지역의 관직에 임명되어 색목인 世家를 형성하며 湖廣, 江浙, 江西 行省 지역에 몽골의 지배질서를 확립했다. 그렇다면 위구르, 탕구트 세가들이 남방 인구가 80% 가량 밀집하고 있는 강남 지역의 주요 行省 장관으로서 통치에 참여할 수 있었던 요인은 무엇이 었을까?

한 연구에 따르면, 강남 지역 행성의 宰相 가운데 위구르 출신이

---

138) 『元史』 권9, 「世祖紀六」, 191쪽.
139) 吳澄, 『吳文正集』 권42, 「元故榮祿大夫江西等處行中書省平章政事李公墓誌銘」, 580쪽.
140) 몽골의 강남 지배 과정에서 보인 唐兀 李氏世家의 활약에 관해서는 張沛之, 『元代色目人家族及其文化傾向研究』, 天津 : 天津古籍出版社, 2009, 160~171쪽 참조.

가장 많고, 다음으로 탕구트인이 많은 것으로 파악되고 있으며 이들이 몽골 세력의 비호를 받아 새로운 활동의 무대를 남중국 지역에서 찾은 것으로 분석하고 있다.[141] 위구르인들은 몽골 정복전쟁 초기부터 일찍이 몽골에 귀부하여 몽골 통치집단으로부터 특별한 대우를 받은 종족이었다. 그 후예들인 대칸의 케식에 임명되어 몽골 통치집단과 깊은 유대관계를 형성했고, 中書省, 御史臺 등 중앙정계의 요직뿐 아니라 行御史臺, 各道肅政廉訪司의 감찰관직, 行省 장관 및 지방행정관부의 다루가치직에 두루 임명되었다. 이들이 강남 지역을 통치할 수 있었던 데에는 일찍이 중원 왕조와의 교류를 통해 한지의 문화와 상황에 대한 이해를 갖추고 있었기 때문이다.[142] 실크로드상에 자리 잡았던 왕조로서 상업 능력에도 뛰어났던 위구르인들은 몽골 통치집단이 국가의 재정운용을 맡길 정도로 신임을 얻기도 했다. 이렇듯 위구르인들은 유목문화와 농경문화에 대한 이해, 문화적 소양 및 행정, 상업 운용 능력을 두루 갖춘 자들로서 몽골인들을 대신하여 한인들을 통치하기에 적합한 협조자들이었던 셈이다.

탕구트인은 西夏가 몽골에 정복되면서 몽골제국에 편입되었던 종족으로, 탕구트인들로 구성된 부대는 對金, 對宋 정벌전쟁에서 혁혁한 공적을 세워 몽골의 정예부대로 손꼽혔다. 탕구트인들은 御史臺 같은 감찰기구에 임명될 정도로 몽골 통치자들의 신임이 두터웠으며, 몽골의 남송 정복 이후 강남 지역을 지배하는 지배집단으로 투입되어 몽골의 지배체제를 확립하고 유지하는 데 역량을 발휘했다.[143] 반란의

141) 植松正, 1997, 185~221쪽.
142) 원대의 색목인에 관해서는 尚衍斌, 『元代畏兀兒研究』, 北京 : 民族出版社, 1999 참조.
143) 원대 강남 지역 탕구트인들의 활약에 관해서는 葉新民, 「元代的欽察, 康裏, 阿速, 唐兀衛軍」, 『內蒙古社會科學』 1983-6 ; 李娜, 「元代江南地區西夏人的社會生

위협이 지속적으로 존재했던 강남 지역에서 탕구트인과 위구르인들은 군사적인 역량, 행정적인 능력 및 한지에 대한 이해를 바탕으로 한인들을 감독하며 몽골 통치집단과 한인들의 가교 역할을 담당했던 것으로 파악할 수 있겠다.

3. 강남 지역 色目人 지방장관의 증대 : 江浙行省 鎭江路의 사례를 중심으로

원 조정은 남송 정복 과정에서 路總管府를 정비하기 시작하여 至元 16, 17년에 지방행정의 기본적인 형태가 완성되었다. 강남 지역이 대원제국에 편입됨에 따라 지방관부의 수가 급증했고, 路總管府와 그 이하의 府, 州, 縣에 관리들을 임명했다. 또한 각급 관부에 다루가치들을 두어 행정을 총괄하는 임무를 담당하게 했다. 이때, 각급 지방관부에 1000여 명의 다루가치가 파견되었던 것으로 파악된다. 남송 정복전쟁 초기에는 상당수 한인이 남방 지역의 다루가치에 임용되었으나, 至元 16년(1279), 남방 지역의 정세가 안정되자 원 조정에서는 한인 다루가치들을 모두 해임시켰다. 예외적으로, 강남의 일부 지역 가운데 토착 소수 종족들이 거주하고 있는 지역에는 한인들을 다루가치에 임명하여 관할 지역의 軍政과 民政을 담당하게 했다는 기록이 있지만[144], 이와 같은 특수한 지역을 제외하고는 몽골인과 색목인들이 강남 지역 지방관부의 장관직을 맡았다. 그러나 고온다습한 기후와 이질적인 강남의 환경으로 인해 북방에 근거지를 둔 몽골인들과 根脚 색목인들이 전출을 기피함에 따라, 강남 지역의 지방행정 관원에 자격

活」, 西北師範大學碩士學位論文, 2012 참조.
144) 『元史』 권15, 「世祖紀十二」, 315쪽.

요건이 미달한 색목인들이 다수 임명되었다.[145] 이에 따라 원 조정에서는 강남 지역의 다루가치에 대한 관리 규정을 강화하고, 강남 지역 다루가치의 자손은 반드시 1년간 관품이 없는 임시직인 傔使직을 맡게 했으며, 그 자제들은 평생 강남에서만 관직을 맡도록 규정했다.[146]

강남 지역 색목인 관원의 증대는 한지 전역 세수의 3분의 1을 담당하는 湖廣, 江浙, 江西行省 및 屬下 관부를 중심으로 나타나는데, 이는 당시 江浙行省 소속 縣인 鎭江路의 沿革을 담고 있는 『至順鎭江志』에 잘 반영되어 있다. 특히 여기에는 鎭江路와 그 소속 현에서 관직을 역임한 관원들의 임기, 출신 지역 및 종족에 관한 기록이 비교적 소상히 남아 있다. 鎭江路가 소속되어 있던 江浙行省은 오늘날의 浙江과 福建, 江蘇省 남부를 포괄하는 지역으로서 일찍이 농업경제와 상업이 발달했으며, 몽골이 지배하던 당시 "토지 면적은 넓고, 인구는 많으며, 政務가 잡다하고, 세수가 가장 많은 지역"[147]이었다. 뿐만 아니라 대원제국의 대표적인 7대 무역항 가운데 上海·溫州·杭州·慶元이 있는 상업적 중심지로서 경제적인 측면에서 몽골 통치집단에게 매우 중요한 지역이었다. 상업적으로 번영했던 강남의 연해 지역에는 해외무역을 비롯한 각종 상업활동에 참여하기 위해서 모여든 색목인 상인들과 관원 등이 집단적으로 거주하며 僑寓戶를 형성했다.

『至順鎭江志』에 나타난 鎭江路와 소속 錄事司와 縣에 임명된 장관의 명단을 중심으로 그 종족 출신 구성의 변화와 특징을 살표보면 다음 표와 같다.[148]

---

145) 조원, 2012, 294~295쪽.
146) 『通制條格』 권6, 「選擧·蔭例」(方齡貴校注本, 北京 : 中華書局, 2001), 266~267쪽.
147) 吳澄, 「送宋子章郞中序」, 『吳文正集』 권14(『文人文集珍本總刊』 3).
148) 江浙行省 지방관부의 상황이 비교적 상세히 남아 있는 鎭江路는 江浙行省이라는 특수한 상황을 반영하면서도, 財賦의 확보라는 몽골의 강남 통치 목적이 전형적

<表 13> 至元12년(1275)부터 至順2년(1331) 鎭江路다루가치[149]

이름	종족	직임 및 작위	임기
鎭江陰鎭江安撫使司다루가치(至元12~13年)			
호라초	몽골인	蒙古萬戶(兼다루가치)	至元12年3月
李占哥	한인(여진)	壽州等處招討使 (行다루가치)	至元12年3月
鎭江府路總管府다루가치(至元13~26年)			
시라가	몽골인	昭勇大將軍	至元13年2月
嚴忠傑	한인	昭勇大將軍兼管軍萬戶	至元14年3月~15年5月
마세르기스	색목인(에르케운)	懷遠大將軍	至元15年正月~8月
張炤	한인	太中大夫	至元15年11月~16年5月
史桓	한인	嘉議大夫	至元16年10月
잘라르 앗 딘	색목인(무슬림)	朝列大夫	至元20年8月~22年11月
힌도차스	색목인(무슬림)	通議大夫	至元22年11月~26年正月
鎭江路總管府다루가치兼管內勸農使(至元26~至順2年)			
테게추	색목인(위구르)	太中大夫	至元26年正月~28年12月
撤的迷失	색목인(위구르)	昭武大將軍	至元28년12月~元貞元年正月
오르친알리斡魯勸牙里	색목인(위구르)	中議大夫	元貞元年正月~大德元年12月
조마르卓馬兒	색목인(무슬림)	中議大夫	大德元年12月~4年11月
우마르烏馬兒	색목인(무슬림)	少中大夫	大德4年11月~7年6月
구르狗兒	색목인(위구르)	太中大夫	大德7年11月~10年11月
염도로미스카야 廉都魯迷失海牙	색목인(위구르)	少中大夫	大德10年11月~11年7月
고르기스闊里吉思	색목인(에르케운)	亞中大夫	至大元年8月~皇慶元年12月
太平	색목인(에르케운)	中大夫	皇慶元年12月~延祐3年11月
라마단亦剌馬丹	색목인(무슬림)	武德將軍	延祐3年11月~6年6月
도르지朶兒只	색목인(위구르)	安遠大將軍	延祐3年6月~至治2年6月
올로스카르兀魯失海兒	색목인(위구르)	中大夫	至治2年6月~泰定2年6月
다고나答合納	색목인(캉글리)	嘉議大夫	泰定2年6月~天曆元年7月
맹글리다스明里答失	색목인(위구르)	中大夫	天曆元年7月~至順2年6月
구르狗兒	색목인(위구르)	嘉議大夫	至順2年6月

위의 <표 13>에 따르면, 남송 정복전쟁에 武將으로 활약했던 몽골인
과 한인들이 복속 지역의 임시적 軍民政기구인 安撫使司에 임명되었다.

─────────────

으로 잘 드러나는 지역이라는 점에서, 몽골의 강남 통치의 특징을 파악하는
데 중요한 단서가 된다고 본다.
149) 『至順鎭江志』 권15, 「元刺守」(南京 : 江蘇古籍出版社, 1999).

至元 15년(1278) 강남 정복이 완료된 이후부터 11월부터 문관 출신들이 다루가치들을 맡았다는 사실이 주목된다. 이는 몽골의 남송 정벌전쟁이 끝나면서 강남 지역에 대한 무력적 정복이 행정적인 지배로 전환되는 과정에서 나타난 변화였다. 원 조정에서는 至元 12년(1275) 鎭江路를 복속한 직후 임시적 軍政기구의 성격을 지닌 江陰鎭江安撫使司를 일시적으로 설치했으나, 至元 13년(1276)에 安撫使司를 폐지하고, 고정적인 통치기구인 鎭江府路總管府를 설치했다. 원의 남송 지배가 안정된 이후 至元 26년(1289)에 원 조정은 鎭江府路를 鎭江路로 개칭하고 다루가치와 總管에게 勸農使의 직임을 함께 주어 民政에 주력하게 했다.

〈표 13〉에 나타난 路總管府 다루가치의 종족·출신 지역을 살펴보면, 至元 15년(1278) 이후 몽골인은 任官되지 않았으며 至元 20년(1283)부터는 색목인들만 다루가치직에 임명되는 양상이 나타난다. 정복전쟁에 투입되었던 한인 무장들을 불안정한 정복 지역을 감독하기 위해 다루가치에 임명했으나, 至元 16년(1279) 한인들을 다루가치직에서 모두 해임시키면서 색목인들이 그 직위를 독점하게 된 것으로 보인다. 색목인들의 출신을 살펴보면, 위구르인 9명, 무슬림이 5명, 에르케운 3명, 캉글리인 1명으로 구성되어 있어, 鎭江路에 상당수의 위구르인들이 다루가치에 임명되었으며, 무슬림이 그 뒤를 이어 많았던 것으로 파악된다.

〈표 14〉에서도 나타나듯이, 鎭江路의 錄事司와 縣에도 至元 15년(1278)부터 다루가치직에서 한인들은 배제되고 몽골인과 색목인이 임명되고 있다. 특히 소수의 몽골인을 제외하면 대부분 색목인들이 다루가치직을 맡았으며, 그 가운데에서도 무슬림, 위구르인들이 주를 이루었다.

표에도 나와 있듯이 至元 13년(1276)부터 至順 2년(1331)까지 錄事司

<표 14> 至元12년(1275)~至順2년(1331) 鎮江路 관할 錄事司, 丹徒縣다루가치

錄事司다루가치			
이름	종족	작위	임명시기
侯景安	몽골인		至元13年閏3月
田願	한인	進義校尉	至元15年5月
힌도忻都	색목인(위구르)	進義副尉	至元20年11月
라마단亦剌馬丹	색목인(무슬림)		至元24年2月
호니치火你赤	몽골인	將仕佐郎	至元28年2月
무하마드廁合馬	색목인(무슬림)	保義校尉	元貞元年4月
보르한不魯罕	색목인(무슬림)	進義校尉	大德2年2月
마하무드馬合廁	색목인(무슬림)	進義校尉	大德2年2月
토부카托普花	몽골인	將仕郎	大德9年10月
우두만兀都蠻	색목인(무슬림)	保義副尉	至大元年10月
샴스앗딘苫思丁	색목인(무슬림)	敦武校尉	皇慶2年5月
올로스부카兀魯失不花	색목인(위구르)	將仕郎	延祐3年5月
바얀伯顏	몽골인	將仕郎	延祐6年5月
바이람伯籃	색목인(킵착)	將仕郎	至治2年5月
카마카손哈剌哈孫	몽골인	修武校尉	泰定2年5月
사도르薩都剌	색목인(무슬림)	將仕郎	天曆元年7月
獲獨步丁	색목인(무슬림)	將仕郎	至順2年7月
丹徒縣다루가치			
蒼博都察	색목인	忠翊校尉	至元12年10月
바야구다이伯兀歹	색목인(하서인)	敦武校尉	至元14年正月
알라앗딘阿老瓦丁	색목인(무슬림)	忠顯校尉	至元14年2月
요시프테직亦速福鐵直	색목인(무슬림)	修武校尉	至元21年正月
테무카이帖木海牙	색목인(위구르)	承務郎	至元25年2月
샴스앗딘苫速丁	색목인(무슬림)	忠顯校尉	至元29年1月
토간테무르禿千帖木兒	색목인(위구르)	敦武校尉	至元31年4月
마아브라함馬奧剌憨	색목인(에르케운)	忠翊校尉	元貞2年6月
速羅阿的迷釋	색목인(베쉬발릭)	承事郎	大德2年10月
알리阿里	색목인	敦武校尉	大德3年12月
타카이塔海	색목인	修武校尉	大德9年4月
자말앗딘札馬剌丁	색목인(무슬림)		至大元年1月
添受	색목인(탕구트)	昭信校尉	至大4年12月
투로미테무르禿魯迷貼木爾	색목인(위구르)	承務郎	皇慶2年11月
이리부카亦的不花	색목인(위구르)	承事郎	延祐5年12月
蠻家奴	색목인(나이만)	忠顯校尉	至治3年5月

모호비木忽必	색목인(무슬림)	承務郞	泰定4年10月
어로스斡羅斯	색목인(에르케운)	承務郞	天厲2年8月
지르구타이哲里野台	몽골인	承事郞	至順3年9月
아두치阿都赤	색목인(하서인)	進義校尉	至元元年12月

에 17명의 다루가치가 임명되었다. 그 가운데 몽골인이 5명, 색목인이 11명이다. 색목인 가운데 무슬림이 8명으로 가장 많고, 그 다음으로 2명의 위구르인과 1명의 킵착인이 錄事司다루가치직을 맡았다. 丹徒縣에는 20명의 다루가치 가운데 몽골인 1명을 제외하고 19명의 색목인이 관직을 역임했다. 색목인은 무슬림이 5명, 위구르인이 4명으로 다수를 점하고 있으며, 이외에 동방기독교 출신의 에르케운 2명과 탕구트, 비쉬발릭, 나이만 등의 출신자들이 다루가치직을 맡았다.150)

이상에서 살펴보았듯이 江浙行省의 주요 路와 縣의 장관은 색목인들이 상당수를 점하였던 것으로 파악된다. 색목인 가운데에서 路의 다루가치직에는 위구르인이 가장 수가 많았고, 지방 하급관부인 錄事司와 縣에는 무슬림 출신이 주를 이루었다. 이로 미루어 浙江行省의 지방관부에 위구르인과 무슬림 지방관이 가장 많았던 것으로 파악된다.

江浙行省에 예속된 慶元路의 상황을 담고 있는 『延佑四明志』에도 지방장관 명단이 기록되어 있다. 『至順鎭江志』와 달리 그 종족·지역 출신이 기재되어 있지는 않으나, 명단으로 미루어 상당수의 색목인들이 慶元路다루가치에 임명되었던 것으로 파악된다. 至元 14년(1277)부터

---

150) 『至順鎭江志』에는 지방관들의 명단에 출신지가 기록되어 있다. 그런데, 위의 〈표 13〉·〈표 14〉를 보면, 이민족 장관의 출신지로 몽골, 위구르, 탕구트 등의 종족뿐 아니라 河西, 비[베]쉬발릭(別失八里) 등의 출신지명이 기재되거나, 回回, 에르케운 등 종교적 정체성을 반영한 호칭도 기재되어 있다. 이를 통해, 당시 몽골제국에서는 현대적 의미에서 '종족' 관념이 명확히 형성되지 않았으며, 출신 왕조나 지역, 혹은 종교적 정체성을 통해 집단을 파악했던 것으로 보인다.

『延佑四明志』가 완성되기 전해인 延佑 6년(1319)까지의 慶元路 명단을 보면 19명 가운데 적어도 11명 이상의 색목인이 지방관부의 최고위 장관인 다루가치직에 임명되었던 것으로 파악된다.[151]

慶元路의 하급 관부에 임명되었던 무슬림들이 남방의 漢族들과 직접적인 접촉을 통해 지방통치를 관장했다. 이렇듯 浙江의 하급 관부에 무슬림이 다수 임명되었던 데에는 몽골 통치집단의 무슬림에 대한 신뢰, 색목인 재상들의 비호, 무슬림들의 재정운용 능력과 상업 능력 등의 측면을 함께 고려해볼 수 있겠다.

무슬림들은 칭기스칸 시기 1차 西征 과정에서 몽골에 자발적으로 귀부하거나 복속한 자들이었다. 무슬림 출신 상인들 가운데에는 일찍이 몽골에게 통치의 지혜를 제공했던 얄라바치와 마수드 부자처럼 칭기스칸이 정복전쟁을 개시하기 전부터 대칸에게 중앙아시아와 금국에 관한 정보를 제공하고 嚮導를 했던 자들이 적지 않았다. 몽골 통치집단과의 견고한 유대 관계를 바탕으로 몽골제국의 행정체제를 수립하고 국정을 운영하는 데 참여했으며, 재정·문화·교육 등 각 방면에서 몽골 통치자들에게 탁월한 협력을 제공하였다.

이들은 쿠빌라이 집권 이후에도 지속적으로 신임을 얻어 重任되었다. 몽골 대칸의 한인들에 대한 불신이 깊어지고, 중원 지역의 財賦 수익을 증대하기 위한 국정 운용을 위해 무슬림 출신의 아흐마드가 중용되면서 이후 중앙정부에서부터 지방의 縣, 錄事司의 말단 행정관부에 이르기까지 무슬림들은 원제국 조정의 요직에 포진하여 정치력을 발휘했다.[152] 무슬림들은 특히 강남 지역에 다수 파견되어 강남 지역 지배의 중요한 일원이 되었는데, 이는 그들의 상업적인 능력을

---

151) 袁桷, 『延佑四明志』(『宋元方志叢刊』, 中華書局影印本).
152) 楊志玖, 2003, 10~12쪽.

비롯한 경제적인 운용 능력과 결코 무관하지 않을 것이다. 唐宋 이래로 페르시아와 아랍 지역의 상인들은 육로뿐 아니라 해로를 통해 중원 지역에 들어왔으며, 대원제국 시기 쿠빌라이의 상업 장려정책으로 무슬림 상인들이 중원 지역에 들어와 터를 잡고 상업활동을 전개했다. 이들이 주로 거주했던 지역은 해외무역의 거점 항구였던 泉州·杭州 등의 주요 상업 도시들이었으며, 앞서 살펴보았던 鎭江路 역시 杭州에 인접한 지역으로서 상당수의 무슬림 상인, 종교인, 행정관원들이 거주하고 있었다. 재정운용 능력이 탁월했던 무슬림 출신 지방 행정관원들은 대원제국 稅入의 3분의 1을 차지하는 湖廣, 江浙行省의 소속 지방관부에 파견되어 몽골 통치집단을 위한 세수 확보에 주력했다. 또한 江浙行省 鎭江路의 사례에서 보았듯이, 강남 지역에 거주하는 색목인 출신의 거주자 및 상인들의 상업활동을 보호했을 것으로 추정된다.

　이들의 역량은 비단 행정·경제적인 측면에만 국한되지 않고, 몽골제국의 정예부대로서 군사적인 측면에서도 두드러졌다. 일찍이 몽골의 西征 과정에서 징발되어 몽골대군에 편입되었던 무슬림들은 西夏, 金, 大理, 南宋 등의 각 전장에서도 몽골의 승리에 중요 동력이 되었다. 또한 이들 무슬림을 통해 전해진 回回炮는 몽골 정복전쟁에서 중요한 기술력이 되어 남송 정복전쟁에서 襄樊城을 함락하는 데 결정적인 역할을 했다.[153] 이렇듯, 무슬림들은 대원제국 시기 재정운용과 상업능력, 군사력, 기술력, 중앙정계의 무슬림 인맥을 바탕으로 몽골 통치자들에게 중용되어 강남 지역 지방관부의 장관직에 임명되어 강남사회의 치리를 담당하게 되었다. 이들은 한인 豪民들을 비롯하며 강남 지역의 한족들과 교섭하며 몽골 통치집단의 경제적인 이익을 확보하는 데 주력함

---

153) 楊志玖, 2003, 20~23쪽 참조.

으로써 자신들의 정치적인 위상을 공고히 했던 것으로 파악된다.

무슬림이 錄事司다루가치에 다수 임명되었던 것은 당시 鎭江路에 무슬림 거주자가 많았던 상황과도 관련이 깊다. 鎭江路는 江浙行省에 속하며 丹徒·丹陽·金壇縣과 錄事司가 예속되어 있고, 鎭江路의 錄事司를 중심으로 몽골·위구르·무슬림·에르케운·河西 등지 출신의 이주민으로 구성된 僑寓戶를 형성하고 있었다. 丹徒·丹陽·金壇縣과 錄事司에 거주하고 있는 이주민 僑寓戶는 총 僑寓戶 10605戶 가운데 3845戶를 차지했으며 이 가운데 몽골인 가구가 29戶로 163명, 위구르 14戶의 93명, 무슬림 59戶의 374명, 에르케운 23戶의 106명, 河西 출신 3戶, 거란인 21戶, 여진인 25戶, (북방) 漢人 3671戶가 거주했던 것으로 파악된다. 여기에서 무슬림은 색목인 중에서도 가장 큰 비율을 차지하고 있는데, 錄事司와 각 縣에 거주하고 있는 무슬림 59戶 외에도 鎭江路에 310명의 무슬림 출신 驅口가 거주하여 그 수가 총 684명에 달해 색목인 僑寓戶 가운데 가장 많은 수를 점했던 것으로 파악된다.[154]

원대 무슬림 외에도 鎭江에는 네스토리우스파 기독교도인 에르케운들이 106명 정도 거주했으며, 이 가운데 다루가치로 임명된 자들이 있었다. 路總管府에는 모두 3명의 에르케운 출신이 임명되었고, 丹徒縣에 2명의 에르케운이 임명되었다. 至元 15년 路總管府 다루가치직을 역임했던 마세르기스는 재임 기간 동안 교당을 건립하는 데 주력했다. 鎭江路 副다루가치직에 있으면서 鎭江·丹徒·杭州에 7개의 동방기독교 교회를 건립했다. 그는 중앙아시아 사마르칸트 출신으로, 그의 조부는 몽골칸의 醫官을 역임했다. 몽골의 남송 정벌 시기 몽골군을 따라 남하하여, 鎭江路다루가치직을 맡았으며 일가가 함께 이주하여 대대

---

154) 『至順鎭江志』 권3, 「戶口門」.

로 江浙 일대에 정착했다. 이렇듯 鎭江路에서 관원으로 임직한 색목인들의 후예는 대대로 관직을 세습하고 현지에 적응하며 土著化되어 갔음을 알 수 있다.[155] 江浙行省뿐 아니라, 湖廣, 江西를 포함하는 강남 일대의 색목인 관원들 역시 任官을 계기로 강남 지역으로 이주하여 정착하게 된 사례가 적지 않았다.

4. 강남 지역 色目人 지방관원의 활약

1) 溫州路다루가치 벡 테무르와 長洲縣다루가치 元童

溫州는 인구 50만의 중등급 路로서 市舶 무역항이 있어 다양한 색목인 집단들이 거주하며 상업활동을 했던 지역이었다. 大德 11년(1307)부터 至大 3년(1310)까지 溫州路에서 다루가치직을 역임했던 벡 테무르 伯帖木兒는 재임 기간 동안 善政을 베풀어 타 종족 출신의 지방장관이었음에도 불구하고, 그의 德政을 기리는 德政碑가 세워졌다.[156]

그는 溫州路에 와서 학교를 건설하여 교육사업에 주력하고, 관개수로망의 개선 공사를 통해 농업 생산 향상에 힘을 쏟았다. 무엇보다 엄정한 법 집행을 통해 백성을 착취하는 지방의 발호세력을 소탕하고

---

155) 楊志玖, 「從'至順鎭江志'看元代鎭江路的回回人」, 『元史三論』, 北京 : 人民出版社, 1985.

156) 程鉅夫, 『雪樓集』 권15, 「溫州路達魯花赤伯帖木兒德政序」(『元代珍本文集彙刊』 3, 台北 : 國立中央圖書館編印, 1970), 593쪽. 德政碑에는 지방관원의 德政이 강조되어 있는 이상적인 사례로서 색목인 관원들이 지방통치 과정에서 직면했을 다양한 갈등의 양상과 실제적인 측면을 충분히 반영하지는 못하였으나, 원대 색목인 지방관원들이 지방관부에서 행한 다양한 활동을 비교적 소상히 기재하였다는 점에서 대원제국 시기 강남 지역에 파견된 색목인 관원의 단면을 파악하는 데 도움을 주고 있다.

지방사회의 법치 질서를 회복하여 백성들이 刑罰을 두려워하게 했다고 기록되어 있다. 그 일례로 백성들 가운데 高씨 성을 지닌 私鹽업자가 잡혀서 지방관부의 吏員에게 끌려갔는데, 吏員은 高씨로부터 뇌물을 받고, 오히려 그를 잡은 자에게 누명을 씌워 관아에 잡혀가게 되었다. 그 사실을 알게 된 벡 테무르는 사태를 바로잡고 高씨를 비롯하여 연관된 자들을 엄벌에 처했다.

당시 溫州에서는 상업활동을 통해 부를 축적한 자들의 불법적인 소행이 잦았으며 富豪세력들은 지방관아의 관리와 결탁하여 법망을 피해가는 사례가 비일비재했다. 벡 테무르는 이러한 자들을 처벌함으로써 어지러워진 溫州路의 법적 기강을 바로잡았다. 이외에도 그는 忠臣의 사당과 孝子廟 등을 건설하여 지방사회의 禮敎적 질서 회복에도 주의를 기울여 현지 백성들의 칭송을 받았다. 이렇듯, 색목인 출신이었음에도 불구하고 벡 테무르는 현지 정서를 고려한 예교적 정책을 시행함으로써, 管民長官으로서 溫州路의 민심을 모을 수 있었다. 경내에 재해가 발생했을 때는 적극적인 구제 정책을 통해 백성들을 친히 돌보았으며, 溫州路에 역병이 돌아 많은 유민이 발생했을 때에도 백성들에게 식량을 공급하고 거처를 마련하여 그들을 머물게 하고 藥을 제공하여 병을 치료하게 하는 등 善政을 베풀었다.

재임 기간 동안 그는 溫州路 穀倉의 문제를 개선, 정비하고 常平倉을 두어 기근에 대비하게 했으며, 溫州路의 문화사업에 적극적으로 참여했다. 그는 博士와 士人들을 불러 地方志와 지도를 편수하게 하고, 유적지와 경관이 수려한 산천에 대와 정자를 세워 백성들이 산수를 觀覽하게 하는 등 백성들을 위한 德治를 펼쳤다.

벡 테무르의 선정을 통해 살펴보았듯이, 인구 밀집 지역에 설치된 路總管府에 파견된 색목인 장관들은 戶口 관리, 농경지 개간, 법질서의 유지, 도적무리의 소탕, 징세 등의 기본적인 民政 활동에 주력했다. 상업적으로 번영한 溫州路에 파견된 색목인 관원의 경우, 현지 私鹽업자들의 부정행위를 비롯하여 발호세력들의 부정부패를 엄벌에 처하는 등 강남 지역에서 몽골의 통치질서를 확립하는 데 힘을 쏟았다. 이외에도 교육의 활성화, 지도 편찬 같은 문화사업 등을 통해 현지의 士人들과도 적극적인 유대관계를 맺었던 점이 주목된다.

현 단위에 파견된 색목인 관원들은 백성들과 더욱 밀착되어 대민행정을 담당했다. 현의 장관은 징세부터 檢屍에 이르기까지 民政 전반에 간여했다. 위구르인 元童은 後至元 원년(1335)부터 4년(1338)까지 長洲縣의 다루가치직을 역임했다. 長洲縣은 江浙行省 平江路에 소속되어 있는 곳으로서 賦稅가 과중한 곳으로 이름난 지역이었다.

長洲縣에서는 1년에 두 차례 秋夏稅로 세수를 거두고, 秋稅로 30만 石의 糧穀을 납부하고, 夏稅로 84000여 兩의 絹絲를 납부하게 했다. 그러나 長洲縣은 농사를 짓지 않는 休田들이 많았고 가뭄까지 들어, 할당한 세액을 감당하기 어려운 상황이었다. 게다가 토지겸병 사태가 심각하여 개간지가 충분히 조성되지 않은 상황이었다. 원 정부에서는 세금 감면은 불가하다는 입장이었으며, 매 해가 마무리될 때면, 상급기관에서 관리들을 파견하여 현의 장관과 부관에게 징세를 독촉하기 일쑤였다. 이러한 상황하에서 元童은 長洲縣에 다루가치로 任官한 직후 田野에 나가 농부들을 불러 토지의 비옥도를 조사하게 한 후 관개수로를 조성하고 시비를 넉넉하게 하는 등 농지 개간에 힘을 쏟았다. 그는 상벌을 엄격히 하여 농작을 장려하고, 제방을 정비하는 등 長洲縣의 농민이 농업에 주력하게 했다. 당시에 兩稅法 외에도, 「津助賦役法」 등의 명목으로 각종 잡세가 거두어져 백성에게 과중한 부담이 되었다. 元童은 현의 경제적 정황을 다시 세밀하게 조사하여, 균등하게 세를 부과하도록 徵稅 상황을 개선했다. 그의 임기 동안 각종 徵稅 부담이 해소되고, 長洲縣은 부과된 세액을 기한 내에 납부할 수 있게 되었다고 기록하고 있다. 이외에도 그는 長洲縣에 학교를 세우기 위해 백성들로 부터 땅을 기부받아 기금을 마련하는 등 縣의 교육 상황 개선에 앞장서 기도 했다.[157]

당시 색목인 지방관원들에게 위협이 되는 존재는 강남 지역의 豪民 세력들이었다. 대원제국은 財富의 공급처로 주목되었던 강남 지역에 안정적인 수취체계를 마련하는 과정에서 豪民세력들을 포섭해야 했 다. 몽골의 보호를 약속 받은 호민세력들은 일찍이 몽골의 남송 정복전 쟁 시기에 투항하여 원 조정에 협조함으로써 자신들의 특권을 보장 받았으며[158], 원의 지배체제가 확립된 이후에도 南人 출신의 말단 관리들과 결탁하여 지방에서의 지위와 부를 유지하기도 했다.[159] 실제 적으로 지주세력들은 세가 상당하여, 몽골이 강남 지역에 안정적인 수취체제를 마련하는 데 장애가 되었다. 至元 31년(1294) 원 조정에 보고된 上奏文에 이와 관련된 기록이 남아 있다.

"대칸이 제위에 오르시고 반포하신 조서에 따르면, '漢兒·蠻子 백성들 에게 금년의 세액 가운데 三分을 면하라'고 하셨는데, 지금 항주의 성관들이 보낸 문서에 따르면, 蠻子 백성들은 漢兒 백성들과 달리,

---

157) 鄭元佑, 『僑吳集』 권11, 「長洲縣達魯花赤元童君遺愛碑」(『元代珍本文集彙刊』), 475 ~478쪽.

158) 우에마쓰 다다시(植松正)는 朱淸과 張瑄을 중심으로 일찍이 몽골에 투항하여 남송 정벌과 강남 지배에 적극 협조했던 강남 豪民세력들에 관해 분석했다. 植松正, 1997, 297~300쪽.

159) 『元典章』 권12, 「吏部六·職官吏員」 〈保擧官員書吏〉條(陳高華等點校本, 北京 : 中 華書局, 2011), 449쪽, "蠻子田地裏富戶每多, 書吏每蠻子人內委用, 有資那富戶每 來往, 勾當裏窒礙有".

富戸들마다 토지를 가지고 있고, 그 나머지 백성들은 토지가 없어, 부호들의 땅을 경작하고, 또한 세를 납부합니다. 지금처럼 稅糧 가운데 三分을 면하게 된다면, 지주들의 세액을 감면해 주는 것입니다. 지주들이 佃戸들에게 稅糧을 요구한다면, 가난한 백성들에게는 아무런 이익이 없을 것입니다. …… 佃戸들에게 二分만을 감면해 주고, 지주로 하여금 佃戸들에게 부담시켜 요구하는 것을 금지시켜야 합니다."160)

이상의 내용에서 알 수 있듯이, 남송 이래로 형성되어 온 강남 지역의 지주들은 토지겸병을 통해 지역의 부를 독점하며, 佃戸를 수탈함으로써 백성들의 삶을 도탄에 빠뜨리고 몽골의 직접적인 대민지배를 어렵게 했다. 이는 원 조정으로부터 강남 지역에 파견되었던 타종족 출신 지방장관이 강남 지역을 치리하는 데 어려움을 야기하기도 했다. 溫州路다루가치 벡 테무르와 長洲縣다루가치 元童의 예에서 살펴보았듯이, 강남 지역에 임관된 다루가치들은 강남 지역 지배의 장애가 되었던 豪民들과 긴장관계를 형성하는 가운데, 지방의 다양한 현안에 직면하여 府民들의 경제적 어려움을 해소하고, 안정적인 수취체계의 유지를 통해 몽골제국의 원활한 재정 공급이 이루어지는 데 주력했던 것으로 보인다. 그러나 元童 사례는 당대 士人에 의해 기록되어 미담으로 전해질 만큼 이상적인 사례였다는 사실을 간과할 수는 없을 것이다. 당대 德政碑에 기록된 사례 외에, 강남 지역 색목인 관원들의 다양한 불법행위와 현지 漢族들과의 갈등 및 吏員들과 공모하여 불법을 저지르는 경우도 결코 적지 않았던 것이 사실이다.161)

---

160) 『元典章』 권3, 「聖政二·減私租」, 86쪽.
161) 『元史』 권170, 「列傳·袁裕傳」, 3998쪽, "洧川縣達魯花赤貪暴, 盛夏役民捕蝗, 禁不

2) 色目人 관원을 통한 강남 지역 통치의 특징과 성격

몽골의 강남 지배 정책은 남송 통합전쟁 본연의 목적대로 안정적인 수취체계의 정비를 통한 몽골제국 재부의 원활한 공급과 직결되었다. 이후 강남 지역은 실제로 원 정부 세제 수입의 절반 이상을 공급했으며, 그 가운데에서도 湖廣·江浙·江西 3省이 세수입의 70% 이상을 부담했다.[162] 따라서, 몽골의 강남 통치는 대원제국의 안정적인 경제기반의 유지 및 개발이라는 측면에서 중요성을 지닌다고 볼 수 있을 것이다. 이러한 중요성을 지닌 강남 지역을 통치하기 위해 몽골은 원칙적으로 몽골·색목·한인으로 구성된 다종족 관원을 통한 공조체제와 더불어, 몽골인과 색목인을 장관으로 하는 지배체제를 구상했다.

원 조정에서는 일찍이 효율적인 지방행정을 위해 각 지방장관의 종족 구성에서, 몽골·색목인·한인이 공조하는 체제를 갖추도록 至元 2년(1265)에 조를 내린 바 있는데[163], 강남의 지방행정체제를 정비하는 과정에서도 효율적인 강남 지배를 위해 몽골·색목인·한인이 연합하여 공조체제 속에서 효과적으로 강남 지역을 다스리도록 명했다. 至元 22년(1285) 江西行省에서 조정에 올린 上奏文에 따르면, "앞서, '몽골, 무슬림, 위구르, 남인들과 함께 공조하여 일하도록 하라'고 성지를 내리셨는데, 현재 남방 지역을 보니, 城에 몽골, 무슬림, 위구르인들이 있는 경우도 있고, 없는 경우도 있습니다."라고 했다. 이에 대해 원 조정에서는 칭기스칸이 한지를 수복할 때, 몽골인, 서역 출신 무슬

得飮水, 民不勝忿, 擊之而斃, 有司當以大逆置極刑者七人, 連坐者五十餘人";『元史』 권160, 「列傳·王磐傳」, 3752쪽, "衡水縣達魯花赤忙兀歹, 貪暴不法, 縣民苦之".
162) 張沛之, 2009, 31~32쪽.
163) 『元史』 권6, 「世祖紀三」, 106쪽.

림, 한인으로 하여금 함께 공조하여 치리하게 했던 선례를 들어, 강남 지역에서도 몽골, 색목인과 현지인이 함께 공조하여 지방행정을 운용할 것을 명했다.[164]

그런데, 江浙行省 사례를 중심으로 강남 지역 지방관부의 종족 구성을 보면, 강남 통치의 지방통치 양상이 실제로는 대체로 색목인을 장관으로 한 색목인과 한인 관원들의 공조체제로 나타났다. 이를 통해 몽골 통치자들은 색목인 집단을 강남 지역의 실제적인 행정장관으로 임명하고 현지 漢族 관원들과의 공조체제를 통해 강남 지배를 공고히 하려 했음을 알 수 있다. 그런데 위의 상주문에서 '위구르인과 무슬림'을 언급한 부분이 주목된다. 실제로 당시 강남 지역의 지방장관직에 임명된 색목인들 가운데 위구르인과 무슬림 장관들이 다수를 점하고 있으며 이외에도 소수의 몽골 무장들과 네스토리안, 캉글리인 등 서역 출신들이 있었다.

위에서 살펴본 溫州路다루가치 벡 테무르와 長洲縣다루가치 元童의 사례에서도 드러나듯이, 강남 지역 색목인 장관들은 강남 지역의 세수 확보를 위해 농업 생산력의 제고 및 발호 세력의 억제, 세제 개혁 등 다방면에서 재정운용 능력과 행정 능력을 발휘했다. 당시 남송 시기부터 오랜 시간 강남 지역에 뿌리를 내려온 지주세력들은 몽골의 강남 지배와 안정적인 財賦 확보를 위협하며, 지방관원들과 긴장관계를 형성했다. 몽골 통치자들은 이러한 남송의 富戶세력들에 대면하여, 실무 행정과 상업 능력이 우수할 뿐 아니라, 몽골인들보다 정주 지역에 대한 이해도가 높은 색목인들을 강남 지배에 적극 활용했다. 이들의 중원 문화에 대한 이해도와 소통 능력은, 몽골인들 대신 강남 지역의

---

164) 『元典章』 권8, 「吏部一·官制二·選格」 〈色目漢兒相參勾當〉條, 246쪽.

漢人들과의 협상에서 능력을 발휘함으로써 몽골 통치자들이 원하는 재부의 원활한 확보에 중요한 요소가 되었다.

이뿐 아니라 잠재적인 반란 위협이 항상 존재하는 강남 지역에서 한인들에 대한 감독과 감시의 측면에서도 색목인들은 유용한 존재였다. 몽골은 남송을 정복한 이후 至元 22년(1285)에 강남 지역의 무기를 회수하도록 명했다. 그런데 반포된 조령에서 주목되었던 것은 조정에서 "각 路 몽골 군관들이 있는 지역은, 그들이 창고에 들여 관리하게 하라. 몽골 군관이 없는 城에서는 다루가치, 위구르·무슬림·색목 관인들이 거두어 창고에 두고 관리하게 하라."[165]고 명했다는 점이다. 이 詔令에서는 몽골 통치자들의 강남 지역 통치를 색목인 관원들에게 위임한 의도가 단적으로 드러나고 있다. 몽골 통치자들은 강남 지역의 무기들을 회수하면서 그 관리를 몽골 군관과 위구르인과 무슬림을 포함하는 색목 관인들에게 위임했으며, 동시에 (북방) 한인과 남인 관원들의 무기 관리를 금지시켰다.[166] 이를 통해, 몽골 통치자들은 강남 지역 한족들에 대한 감찰이라는 군사적 목적으로 위구르인과 무슬림을 비롯한 색목인을 강남 지역의 지방 관원직에 임명했음을 알 수 있다. 위의 조가 반포된 시점은 남송 정복이 완수된 지 채 10년이 지나지 않았던 때였지만, 몽골에 편입된 강남 지역의 토착세력들은 상시로 몽골 통치자들에게 반기를 들 수 있는 잠재적 반란 지역이었으며, 실제적으로도 대원제국 말기까지 반란이 끊이지 않았다.

색목인들을 통한 몽골의 강남 지배는 색목인들이 갖추고 있는 몽골의 강남 통치 과정에서 요구되는, 재정운용·행정·군사·언어 방면에서

---

165) 『元典章』 권35, 「兵部二·軍器·拘收」〈達魯花赤提調軍器庫〉條, 1218쪽.

166) 『元典章』 권35, 「兵部二·軍器·拘收」〈達魯花赤提調軍器庫〉條, 1218쪽, "漢兒·蠻子官人每休交管者".

의 능력과 몽골 통치자들에 대한 절대적인 충성을 바탕으로 이루어진 것이었다. 서역 지역에서 중원 지역으로 이주해온 다수의 색목인들은 몽골인들의 한지 정복과 지배 과정에서 다방면으로 능력을 발휘하면서 몽골 통치자들에게 통치 파트너로서 손색이 없음을 입증했다.

몽골의 강남 통치에서 색목인 관원의 활용은 몽골의 제국 통치에서 표면적으로 몽골·색목인·한인으로 구성된 다종족의 협력체제를 표방했던 것으로 보이지만 실제로는 몽골 통치자들이 몽골인을 통치의 최정점에 두고, 색목인과 한인의 협력 및 색목인을 통한 한인에 대한 以夷制夷의 견제방식을 함께 구사한 통치방식을 드러내주고 있다.

몽골제국 초기부터 몽골 대칸은 다양한 종족 출신을 등용하여 제국의 건설에 참여시키는 개방주의적인 인재등용 정책을 펼쳤다. 이러한 전통은 그 후계자들에게도 계승되어 무슬림, 위구르, 탕구트, 거란, 여진 등 다양한 종족들이 몽골제국 정부에서 대칸에게 통치의 지혜를 제공했다. 이러한 통치방식은 쿠빌라이 집권 초기에도 계승되어 몽골인·색목인·한인이 공조하는 행정체제가 마련되었다. 그러나 쿠빌라이 집권 초기 몽골의 한지에 대한 직접 지배가 강화되는 과정에서 쿠빌라이에게 협조적이었던 한인세후 세력들이 반란을 일으켰고, 그것을 진압하는 과정에서 원 조정 내의 한인 관원 비중이 대폭 축소되었다. 아흐마드를 비롯한 색목인 관원들이 대칸의 신임을 얻어 중앙정부의 권력을 장악하게 되었으며 그 측근들이 정계 요직에 자리 잡게 되면서 색목인의 영향력이 확대되었다.

무슬림·위구르 출신 재상은 대칸의 비호하에 대원제국의 재정운용을 담당하며 국정을 장악했으며, 색목인 관원들은 문서행정·군사·재정·감찰·교육 등 제국 전반을 관리하는 데 있어 핵심적인 역할을 담당했다. 몽골 통치자들의 신뢰 아래, 색목인 관리들은 各道廉訪司의 장관직을 비롯하여 樞密院, 御史臺 등 군사와 감찰 기구의 관원에 임명되어 중원 지역을 감찰하는 임무를 맡았다. 각 행정부처에서 문서를 담당하는 비체치 必闍赤와 통역을 담당하는 켈레메치직은 색목인들이 주로 담당했다. 그들은 이 직책을 통해 몽골인·색목인·한인으로 구성된 행정관부의 언어적인 소통을 용이하게 했으며, 몽골 지배집단의 이익을 대변했을 뿐 아니라 몽골인과 다수의 한인 피지배자들을 소통시키고 중재하는 완충적인 역할을 담당했던 것으로 보인다. 색목인들이 이처럼 通事와 譯史를 담당할 수 있었던 것은 언어적인 소통 능력뿐 아니라, 유목 문화와 중원 문화 양자에 대한 이해를 두루 갖추고 있었기에 가능한 것이었다.

색목인이 대원제국에서 하나의 특권적인 집단으로 부상되었던 것은 몽골이 남송을 정복하고 강남 지역을 지배하기 시작했던 쿠빌라이 집권 후기부터였다. 이들은 몽골 통치자들을 보좌하던 직위에서 더 나아가 강남 지역 行省 및 지방관부의 다루가치, 路總管 등 수장직을 맡게 되었다. 이외에도 지방관부에서 同知, 治中 등의 일반 관직을 맡아 다수의 한족들과 교섭하며 지방행정을 운용해 갔다.

행성 屬下의 지방관부를 보면 다수의 위구르, 무슬림을 중심으로 소수의 서역인들이 지방행정 장관직에 임명되었던 것으로 나타난다. 무슬림, 위구르인들은 탁월한 재정운용 및 행정 능력을 바탕으로 원활한 徵稅를 위해 농업 환경을 개선하고, 법치를 강화하는 등 지방행정 업무를 총괄함으로써 대원제국의 안정적인 질서유지를 위해 주력하는 면모를 보였다. 이 밖에도 색목인들 가운데에는 漢族과 혼인을 하고, 강남의 土人들과 활발히 교류하여 유대관계를 맺는 등 낯선 환경에서도 적응력을 발휘하는 자들이 적지 않았다.[167)]

이러한 일련의 과정을 통해 색목인 世家 출신뿐 아니라 일반 색목인들까지도 대원제국의 행정적 통치집단 반열에 오르면서 색목인들은 점차 하나의 특권층으로 인식되기 시작했으며, 상대적으로 한인들은 '종족적 차별'이라는 인식을 갖게 되었다. 대원제국 말기 李齊賢 같은 고려의 대표적인 지식인들을 중심으로 고려 내부에서 고려인을 색목인과 동일하게 취급해 달라고 하는 소위 '색목인론'이 대두되었던 것[168]도 이렇게 원 중기 이후 형성·강화된 색목인의 특권적 지위에 대한 인식을 배경으로 한 것이었다고 볼 수 있겠다.

제4절 湖廣行省 軍民安撫司다루가치와 원의 중층적 西南 변경 지배

1. 몽골의 西南 변경 진출

칭기스칸이 감행한 군사 원정으로 말미암아 단일 패권으로서의 몽골제국이 유라시아에 탄생했다. 이후 그의 후계자들에 의해 지속된 정복전쟁으로 종전에 없던 '세계체제'가 형성되었다.[169] 유라시아 대륙과 해양을 아우른 교역망이 형성·유지될 수 있었던 것은 군사력에 기반한 몽골의 제국적 지배체제가 구축되었기 때문이었다. 몽골은 복속 지역을 관리하기 위해 宗王세력의 군사력에 의존했고 行省, 다루가치와 같은 통치제도를 통해 광대한 정복 지역을 관리했다.

---

167) 蕭啓慶, 2007, 486~494쪽.
168) 김호동, 「高麗 後期 '色目人論'의 背景과 意義」, 『歷史學報』 200, 2008.
169) 재닛 아부-루고드 저, 박흥식·이은정 역, 『유럽 패권이전-13세기 세계체제-』, 까치, 2009, 23~39쪽 참조.

몽골이 대제국을 건설한 이후에도 제국 변경의 외부와 내부에서는 저항과 반란이 지속적으로 발생했다. 몽골 통치자들은 주둔군을 활용하거나 군사 행정 기구를 설치하여 제국 변경의 안정을 꾀했다. 그 일환으로 원 조정에서는 남송전쟁 과정에서 정복 지역에 宣慰司, 安撫司 등의 軍政, 軍民政 기구를 설치했고 원제국의 통치가 안정되자 이를 변경 관할을 위한 상설 기구로 활용했다.

원제국 각급 관직과 해당 관품을 파악할 수 있는『元典章』〈內外文武職品〉條에는 軍民安撫司라는 기구가 기록되어 있다. 이는 원제국 내 湖廣行省의 일부 지역과 耽羅의 특정 지역에만 설치된 특수 행정기구였다. 원제국에서 軍民安撫司를 설치한 목적은 무엇이며 이 지역에 파견된 다루가치들은 어떠한 역할을 담당했던 것일까?

胡廣行省은 雲南, 四川과 함께 해외 정권과 접경했던 원의 서남 변경에 해당했다. 이 지역에는 전통적으로 '蠻夷'로 불려온 소수 종족 집단들이 거주하고 있었다. 이들은 전통적으로 중원 왕조의 羈縻지배 경계에 존재하던 세력들로서 몽골은 이들을 제국의 지배 질서에 편입시켰다. 이러한 지배 방식은 이후 明, 淸대에 土司제도로 계승되었던 것으로 이해되어 왔다.

湖廣行省은 오늘날 중국의 湖北, 湖南, 廣西, 貴州省 전역과 四川의 일부 지역을 포괄한다. 이곳은 쿠빌라이 시기 몽골의 남송 정벌을 통해 원제국에 편입되었고, 1273년부터 1294년까지 진행된 동남아시아 원정에서 군사적 교두보로 활용되었다. 몽골의 해외 원정이 종식된 이후에도 원 조정에서는 湖廣行省을 원제국의 변경 重鎭으로서 인식했다. 특히 소수 종족들이 광범위하게 분포하고 있는 湖廣行省의 서부 지역은 원의 특수 행정구역으로서 관리되었다.

원제국의 서남 변경 지역에 관해서는 대체로 雲南에 관한 연구들을 중심으로 진행되어 왔다. 동남아시아 정복 과정에서 부각된 雲南의 지정학적 중요성과 편입 과정을 검토한 연구[170], 行省을 통한 지배 양상을 검토한 연구[171]가 있고, 원의 雲南 지배에서 나타난 土官에 주목한 연구들이 발표되었다.[172] 한편, 湖廣 지역에 대해서는 湖廣行省의 建置 과정과 관할 범위 및 조직 등을 다룬 연구[173], 湖廣行省 站道에 관한 연구[174]가 있고, 이외에 湖廣行省 내 소수민족 분포 지역에 대한 원의 군사적 지배[175], 海南 지역 彝族 지배 양상[176], 土官制[177]에 관한 연구들이 진행된 바 있다.

湖廣行省은 해외 정권과 접경해 있던 원의 邊鎭으로서 지정학적으로 중요한 위치를 점하고 있음에도 불구하고, 원의 서남 변경 연구에서 크게 주목 받지 못했다. 특히 기존에 원제국의 서남 변경 지배와 관련한 연구에서는 湖廣行省에 파견되었던 軍民安撫司다루가치들의 존재에 대한 이해가 결여된 채로 土官에만 주목한 연구들이 주를 이루어 원의 서남 지배의 전모를 밝혀내지 못하고 있다.

본 글에서는 湖廣行省의 軍民安撫司 다루가치에 주목하여 원의 서남 변경 지배 양상과 그 특징을 파악해 보고자 했다. 이를 위해 먼저 西南 지역 蠻夷세력의 招諭와 지배 질서의 수립 과정을 검토했다. 특히

---

170) 陸韌, 『元明時期的西南邊疆與邊疆軍政管控』, 社會科學文獻出版社, 2015 ; 裵淑姬, 「元代 雲南 西南의 邊境地域과 周邊國間의 關係」, 『中國史研究』 113, 2018.

171) 李治安, 「元代雲南行省的機構組織與官吏任用」, 『雲南師範大學學報』 41, 2009.

172) 周芳, 「元代雲南政區土官土司的設置及相關問題再考察」, 『雲南社會科學』 2008-5 ; 裵淑姬, 「원나라의 西南 邊境 정책과 土官制의 실시-金齒 등 諸蠻을 중심으로-」, 『東洋史學研究』 138, 2017.

173) 李治安, 2005, 239~277쪽.

174) 默書民·閻秀萍, 「元代湖廣行省的站道研究」, 『元史及民族與邊疆研究集刊』 22, 2010.

175) 王兆良, 「元湖廣行省西部地區鎭戌諸軍考」, 『黑龍江民族叢刊』 24, 1991.

176) 王獻軍, 「元朝對彝族的治理」, 『元史及民族與邊疆研究集刊』 19, 2007.

177) 陸韌, 「元代湖廣行省溪洞地理環境下的蠻夷官制」, 『中國歷史地理論叢』 30-1, 2015.

湖廣行省 내 원 정부의 軍民安撫司 설치에 주목하여 설치 지역의 특징과 다루가치의 역할을 살펴보았다. 이를 통해 湖廣行省 관할 내 소수 종족 세력들에 대한 지배 구조를 밝혀 보고자 한다.

2. 원대 安撫司의 설치와 軍民安撫司 다루가치의 파견

1264년에 쿠빌라이는 관직의 品階와 그에 따른 봉록 및 고과에 관한 내용을 담고 있는「新立條格」을 반포했다.[178]『元典章』「官職一·職品」〈內外文武職品〉條에는 이때 확립된 관원의 職品이 일목요연하게 정리되어 있는데, 이 가운데 몽골제국 초기부터 몽골에 복속한 지역에 파견되어 정복 지역에 대한 감시와 관리를 담당했던 다루가치들의 직급별 官品이 상세히 기록되어 있다. 다루가치는 쿠빌라이 시기 관료 행정체제에 편입되었고 職任에 따라 크게 民職, 軍民職, 軍職, 諸職, 匠職으로 분류되었다.[179]

『元典章』「官職一·職品」〈內外文武職品〉條에 따르면, 民職, 諸職, 匠職 다루가치는 정3품의 고위직에서부터 정8품의 하위직에 두루 분포했던 반면에 軍職과 軍民職 다루가치는 3품에서 4품에 집중되어 있었다. 이 가운데에서도 軍民職 다루가치는 정3품으로 직위가 높았으며, 이들이 파견된 곳은 〈표 15〉에 나와 있는 특정 지역들이었다.[180]

원대 軍民安撫司다루가치에 대해 살펴보기에 앞서 먼저 몽골의 軍民 다루가치에 대한 이해가 필요하겠다. 軍民다루가치는 몽골의 대금

---

178)『元史』권5,「世祖紀二」(北京 : 中華書局, 1975), 98쪽.
179)『元典章』권7,「官職一·職品」〈內外文武職品〉條(陳高華等 點校本, 北京 : 中華書局, 2011), 192~223쪽.
180) 앞의 〈표 3〉 참조.

<표 15>『元典章』「官職一·職品」〈內外文武職品〉條에 반영된 軍民安撫司다루가치

官品	軍民安撫司達魯花赤	
정3품	盧番靜海軍	金石番太平軍
	羅番遏蠻軍	臥龍番南寧[州]
	程番武靜軍	方番河中府
	小龍番靜[蠻]軍	洪番永盛軍
	大龍番應天[府]	耽羅國
	新(昌)[添]葛蠻軍	南丹州等處

전쟁 과정에서 등장했다. 1218년 몽골은 산동에서 丹·延 등의 城을 함락하는 데 공을 세운 거란인 移剌捏兒를 丹·延 등 십여 城의 軍民都다루가치에 임명하고 都提控元帥와 興勝府尹을 겸직하게 했다.[181] 몽골 제국 초기 軍民다루가치는 몽골의 대외 원정 중 함락된 지역에 파견되어 軍政職과 民政職을 겸하면서 주둔 군사와 백성 관리를 담당했을 것으로 생각된다.

1235년경, 몽골의 장수 출차가이純只海는 益都 軍民다루가치에 임명된 직후 太赤와 함께 徐州를 攻略하여 산동 지역을 장악하고 있던 金의 장수 國用安을 사로잡았다.[182] 益都는 몽골의 대금 전쟁 과정에 복속된 지역으로 일찍이 송나라 해상 활동의 '要津'[183]이었다. 뭉케 카안이 益都가 "남북의 요충이니 (그곳의) 병력을 철수하지 말라"[184]고 명한 사실로 미루어 益都가 당시 몽골의 중요한 군사 거점으로 몽골군의 주둔 지역이었음을 알 수 있다. 軍民다루가치는 유사시에 관할하고 있던 병력을 이끌고 전투에 참여했던 것으로 추정된다.

이상의 기록을 통해, 몽골제국 초기 軍民다루가치가 몽골과 적대적

181)『元史』권149,「移剌捏兒傳」, 3530쪽.

182)『元史』권123,「純只海傳」, 3030쪽.

183)『元史』권206,「叛臣傳」, 4591쪽.

184)『元史』권3,「憲宗紀」, 51쪽.

세력이 접경하고 있는 군사·교통의 요충지에 파견되었음을 알 수 있다. 이들은 몽골의 주둔군을 관리하면서 파견 지역의 지방 할거 세력들을 감독했고, 비상시에는 지방의 군사세력과 공조하여 군사 원정을 이끌었던 것으로 보인다.

그렇다면 원대 安撫司는 어떠한 기구였을까? 安撫司는 지방의 사무를 처리하기 위해 파견된 安撫使의 소속 관부였다. 安撫使는 隋唐五代에 걸쳐 지방의 재해 복구와 세력 감찰을 위해 중앙에서 파견된 관리였다. 北宋대에는 각 로의 軍務와 治安을 담당하는 관리로 성격이 변모해 갔으며, 대개 지방관이 이를 兼職했다. 특히 북송은 遼와 인접한 河東路에 군사적 성격을 띤 沿邊安撫使를 파견했는데, 이들은 戰時에 필요한 軍需물자의 보급을 담당했고, 澶淵之盟 이후에는 遼와의 교섭 및 防禦를 담당했고 요의 군사 기밀을 정탐하기도 했다. 이후 송은 西夏, 交趾와의 교섭 및 변경 관리를 담당하는 經略安撫使를 파견했는데, 이들은 각 정권 및 변경 지역의 상황을 보고하고 평상시 변경지대에 주둔한 병사들을 관할하는 軍政을 담당했다.[185]

몽골이 安撫司라는 명칭을 사용하기 시작한 것은 쿠빌라이 재위 초기부터였다. 1262년에 원 정부는 邢州를 順德府로 고치고 安撫司를 처음으로 설치했다.[186] 당시 邢州는 남송을 마주하고 있는 藩屏이었다. 쿠빌라이는 남송과의 전쟁을 대비하여 邢州에 安撫司를 설치하여 비상시에 전쟁을 수행할 수 있는 변경의 군사 거점으로 활용했던 것이다. 1264년에는 西番, 즉 羌族 18개부를 安西州에 귀속시키고 行安撫司를 두었다. 安撫司의 앞에 行이 있는 것을 미루어 이는 원이 임시로 설치한

---

185) 賈啓紅, 「北宋經略安撫使研究」, 河北大學碩士學位論文, 2008, 8~30쪽 ; 『中國歷代職官別名大辭典』, 上海 : 上海辭書出版社, 2006, 323~324쪽.
186) 『元史』 권5, 「世祖二」, 87쪽.

軍政기구였음을 알 수 있다.

1268년 시작된 남송과의 전쟁 과정에서 몽골은 복속된 지역에 安撫司를 세우고 다루가치를 파견했다. 이들은 무장으로서 정복 지역에 대한 감시·감독뿐 아니라 援軍 및 군수의 보급 등을 지원하는 軍政장관의 역할을 수행했다. 1273년 몽골의 壤陽성 함락을 계기로 양자강 일대의 도시들이 차례로 몽골에 정복되었다. 『至順鎭江志』에 따르면, 몽골은 1275년 양자강 하류에 위치한 鎭江을 복속시키고 1275년부터 1276년까지 安撫使司다루가치를 임명했다. 남송의 수도였던 臨安이 함락되자 정복 지역 관리체제가 안정적인 행정적 지배로 전환되면서 임시적 성격의 安撫使司는 폐지되고 路總管府가 세워졌다.[187] 그런데 〈표 15〉에 나와 있듯이 일부 지역에서는 安撫司가 존속했고 軍民安撫司다루가치가 임명되었다. 이곳은 원제국 내에서 어떠한 지역들이었을까?

〈그림 1〉에 표시된 軍民安撫司다루가치의 파견 지역은 〈표 15〉에 나와 있는 盧番靜海軍, 金石番太平軍, 羅番遏蠻軍, 臥龍番南寧州, 程番武靜軍, 方番河中府, 小龍番靜蠻軍, 洪番永盛軍, 大龍番應天府, 新添葛蠻軍, 南丹州等處安撫司와 耽羅이다. 耽羅를 제외하면 모두 湖廣行省에 속해 있다.

이 가운데 盧番靜海軍, 金石番太平軍, 羅番遏蠻軍, 臥龍番南寧州, 程番武靜軍, 方番河中府, 小龍番靜蠻軍, 洪番永盛軍, 大龍番應天府는 湖廣行省八番順元宣慰司 관할하에 9개 安撫司가 설치된 곳이고 新添葛蠻軍은 뒤늦게 원에 편입되었다. 南丹州等處安撫司는 湖廣行省 관할하의 廣西兩江都宣慰司에 속한 곳으로 1277년 南丹州의 土官 莫大秀가 內附한

---

187) 『至順鎭江志』 권15, 「元刺守」.

〈그림 1〉軍民安撫司다루가치 파견 지역

것을 계기로 원제국에 편입되었다.

八番順元宣慰司 관할하의 安撫司가 설치된 지역과 廣西兩江都宣慰司의 南丹州는 湖廣行省 관할 경내에 소수 종족들이 집중 분포하고 있는 지역들이었다. 이 가운데 八番順元宣慰司가 관할하던 지역은 오늘날 貴州省 貴陽市를 둘러싼 지역으로 현재 苗族 등의 소수민족이 거주하고 있고, 南丹州는 廣西 壯族자치주 서북부에 위치하고 있으며 역시 소수 민족이 散居하고 있는 지역이다. 이 지역이 원제국에 편입된 것은 원의 남송 정벌 과정에서였다.

한편, 위 지도에도 나와 있듯이 탐라에도 軍民安撫司다루가치가 파견되었다. 탐라가 원제국에 편입된 것은 삼별초의 진압 과정에서였다. 1273년 탐라를 함락한 몽골은 耽羅招討司를 설치하고 鎭邊軍 1700명을 주둔시켰다. 이후 이 기구는 軍民總管府로 전환되어 탐라의 軍民政을

관할했으며 1284년에는 耽羅安撫司로 관할 기구가 바뀌었다. 이후 1294
년 탐라가 고려에 환속되자 耽羅軍民安撫司가 폐지되었고 다루가치도
파견되지 않았다. 이처럼 耽羅에 軍民安撫司다루가치가 파견된 기간은
1284년부터 1294년까지로 파악된다.[188] 다만 『元史』에는 1333년 惠宗
토곤 테무르 시기에 奴列你他가 耽羅軍民安撫司다루가치로 파견되었다
는 기록이 남아 있는데[189], 이 밖에는 관련 사료를 찾을 수 없어 구체적
인 경위를 파악하기 어렵다.

『元典章』은 1320년대에 간행되었는데 여기에는 1260년부터 1322년
까지의 문서들을 수록하고 있고, 이 가운데 쿠빌라이 재위 기간에
반포된 문서들이 상당수 포함되어 있다. 『元典章』〈內外文武職品〉條에
나와 있는 耽羅軍民安撫司다루가치의 기록을 통해 보건대, 『元典章』의
〈內外文武職品〉條가 1294년 이전 기록을 반영한 것으로 판단된다. 『元
史』「百官志」에도 원제국 내 임명된 安撫司다루가치의 파견 상황에
관한 기록이 나와 있는데, 관련 내용은 다음과 같다.

> 安撫司는 정3품이다. 每司에는 達魯花赤 1명, 安撫使 1명, 同知, 副使,
> 僉事 각 1명, 經歷, 知事 각 1명씩을 둔다. …… 師壁洞에는 다루가치를
> 두지 않는다. 永順等處, 散毛洞, 이상은 四川省에 속해 있다. 羅番遏蠻軍
> 에는 다루가치를 두지 않는다. 程番武盛軍, 金石番太平軍, 臥龍番南寧州,
> 小龍番靜蠻軍에는 同知, 副使를 두지 않는다. 大龍番應天府, 洪番永盛軍,
> 方番河中府, 蘆番靜海軍에는 知事를 두지 않는다. 新添葛蠻. 이상은 湖廣
> 省에 속해 있다.[190]

---

188) 『元高麗紀事』, 「耽羅」, 至元 10年 4月條.

189) 『元史』 권38, 「順帝紀」, 819쪽.

190) 『元史』 권91, 「百官七」, 2310쪽.

이상의 기록에 따르면, 원제국 내 軍民安撫司다루가치가 파견된 지역은 湖廣行省 八番順元宣慰司 관할하의 安撫司와 四川行省에 속해 있는 永順等處, 散毛洞으로『元典章』〈內外文武職品〉條에 기록된 南丹州와 耽羅의 명칭은 보이지 않는다. 대신, 四川行省에 속해 있는 永順等處, 散毛洞이 軍民安撫司다루가치의 새로운 파견 지역으로 기재되어 있다. 1297년 南丹州安撫司가 폐지된 점을 감안한다면,『元史』「百官志」에 기록된 軍民安撫司다루가치 관련 기사는 원 중기에서 말기까지의 상황을 반영한 것으로 추정된다.

정리하자면,『元典章』〈內外文武職品〉條에 반영된 軍民安撫司다루가치 파견 현황은 1294년까지의 원제국 내의 상황을 반영한 것이고,『元史』「百官志」의 기록은 원제국 중후기의 설치 상황을 반영한 것이라고 볼 수 있겠다. 그렇다면 남송이 원에 복속되고 대부분의 安撫司가 路總管府의 民政기구로 전환된 상황에서 특정 지역을 중심으로 安撫司가 신설되고 여기에 다루가치가 파견된 목적은 무엇이었을까?

3. 원의 湖廣行省 西南蠻夷 招諭와 지배 질서의 재편

湖廣行省의 함락은 남송 정벌 과정에서 혁혁한 공을 세운 장수 아릭카야阿裏海牙에 의해 이루어졌다. 아릭카야는 이 지역을 복속시킨 후 주둔군 배치, 백성들에 대한 按撫, 징세제도 설치 등 몽골의 통치를 위한 일련의 기초를 닦았다.[191] 행정체제가 정비되면서 湖廣行省 관할 하에 路府州縣의 일반 지방행정기구가 설치되었고, 이와 함께 湖南道·廣西兩江道·海北海南道·八番順元에 군정기구인 宣慰司가 세워졌다.

---

191)『元史』권128,「阿裏海牙傳」, 3127~3128쪽.

몽골의 화북 지배가 안정되고 지방행정체제가 갖추어짐에 따라 行省이 지방의 軍民政을 총괄하는 기구로 부상하고 宣慰司는 이를 보조하는 기구로서 위계가 갖추어졌다. 1276년 몽골은 남송의 수도인 臨安을 함락함으로써 사실상 남송 정복전쟁에서 승리했다. 원의 지배체제가 정비되는 과정에서 行省과 宣慰司는 강남으로 확대되었다. 이후 行省이 임시적인 군정기구에서 軍民政을 총괄하는 常設기구로 변모하면서 다수의 지역에서 宣慰司는 行省에 흡수되었고 일부 지역에서만 存置되었다.

쿠빌라이 재위 말년부터 성종 테무르 즉위초 사이에 일부 지역에서 宣慰司는 군정기구인 都元帥府와 결합하여 변경 지역을 관할하는 宣慰司都元帥府의 기구로 변모했다. 이 기구의 역할은 명칭에서도 알 수 있듯이 원제국 변경 지역의 군정기구였다. 원제국의 14곳에 설치된 宣慰司都元帥府 가운데 12곳은 원제국의 남부 연해와 서남 변경 지역에 분포했다. 특히 湖廣行省과 雲南行省에 宣慰司가 편중되어 있다는 점이 주목된다. 雲南 지역에서와 마찬가지로 湖廣 지역에서도 소수 종족 세력에 대한 관리의 필요성이 대두되면서 宣慰司의 역할이 부각되었던 것이다. 이에 원 조정은 湖廣行省에 4곳의 宣慰司를 설치했다.[192]

오늘날 四川, 雲南, 貴州, 廣西 지역 등은 전통적으로 중원 왕조의 邊境으로 인식되던 지역이었다. 이 지역에 분포했던 소수 종족 세력들은 唐宋의 羈縻州, 羈縻郡縣에 편입되어 독자적인 세력을 유지해 왔다. 송은 이들을 중화질서의 바깥에 있는 세력으로 간주했는데 이러한 인식은 蠻夷세력들이『宋史』「外國傳」에 入傳되어 있다는 사실을 통해 파악할 수 있다. 송은 주로 소재지와 부족의 성씨 명칭에 '~蠻', '~夷' 또는 '~蕃' 등을 붙여 이들을 구분했다.『宋史』「外國傳」의 蠻夷傳은

---

192) 史衛民,「元朝前期的宣撫司與宣慰司」,『元史論叢』5, 1993, 57~63쪽.

크게 4편으로 나뉘어 있는데 蠻夷1에는 西南溪峒諸蠻 上, 蠻夷2에는 西南溪峒諸蠻 下, 梅山峒, 誠徽州, 南丹州, 蠻夷3에는 撫水州, 廣源州, 黎洞, 環州, 蠻夷4에는 西南諸夷, 黎州諸蠻, 敍州三路蠻, 威茂渝州蠻, 黔涪施高徽外諸蠻, 瀘州蠻 등 대체로 지역 중심으로 분류되어 있다. 각 편의 해당 내용에는 소수 종족 부락들에 관한 기사가 기술되어 있는데, 그 부락의 수가 많게는 수십에 달했다.193) 원대에 이들은 '西南番蠻', '西南蕃', '西南諸番', '西番', '西南諸蠻夷'로 파악되거나 '西南八番', '羅氏國'과 같이 族名으로 불리기도 했다.194)

몽골이 이들 세력을 처음으로 접한 것은 뭉케 카안 시기 남송 정복전쟁 과정에서였다. 1253년 쿠빌라이는 大理國을 점령한 후 남송전쟁을 감행하는 과정에서 大理로부터 남송의 西南 지역으로 進軍을 시도했다. 1256년 雲南과 貴州의 변경 지역에 거주하며 비교적 강성한 세를 자랑하던 羅氏貴國195)은 송이 관할하고 있던 思, 播州에 사람을 보내 이 사실을 알렸다. 송 조정에서는 思, 播州에 조를 내려 銀 만 냥으로 羅氏貴國과 結約하여 군사적 援助를 받도록 명했다.196) 播州는 北宋대부터 토호세력에 의해 관할되었던 지역이다. 송 조정에서 貴州의 토착세력인 楊實을 播州의 土官으로 삼아 대대로 鎭守를 담당하게 했다. 남송 말에 이르러 몽골이 사천을 정복하고 운남의 大理國을 멸하자 송 조정은 楊文을 州沿邊安撫使에 임명하여 몽골군에 맞서 싸우게 했다. 변경 지대의 土官과 소수 종족 집단들이 몽골군의 남송 진입을 방어하는 데 활용되었음을 알 수 있다.

---

193) 박지훈, 「북송대 西南 蠻夷에 대한 정책과 華夷論」, 『역사문화연구』 43, 2012, 1~63쪽.
194) 『元史』 권10, 「世祖紀7」, 98쪽.
195) 彝族계통의 종족으로 역사상 '羅羅'로 불렸다.
196) 『宋史』 권44, 「理宗四」(北京 : 中華書局, 1977), 857쪽.

쿠빌라이대에 이르러 남송 정복전쟁이 본격화되면서 서남 변경 지역의 소수 종족들이 원에 귀부하기 시작하자 원 조정에서는 적극적으로 西南蠻夷세력을 招諭했다. 1275년 僉書四川行樞密院事 昝順은 紹慶府, 施州, 南平과 諸蠻 酋長 呂告, 馬蒙, 阿永 등의 귀부 의사를 조정에 보고하면서 播州安撫 楊邦憲과 思州安撫 田景賢의 귀부 여부를 알 수가 없으니 그 직위를 다시 하사하여 대대로 封爵을 세습하게 해줄 것을 조정에 요청했다.[197] 이에 1277년 쿠빌라이는 思州安撫使 田景賢을 비롯하여 瀘州西南番蠻王 阿永, 筠連, 騰串 등지의 '諸族蠻夷'에게 조를 내려 귀부하도록 했다.[198]

紹慶(오늘날 黔州), 施州, 南平은 四川省 동부에 소재하면서 湖廣行省에 인접한 交界 지역이었고, 播州와 思州 역시 湖廣行省 북부에 위치한 四川과의 인접 지역이었다. 이를 통해 원이 남송을 멸망시키고 남방으로 세력을 확대하는 과정에서 남송에 복속했던 西南 변경의 일부 종족과 土司세력들이 원에 귀부했다는 사실을 확인할 수 있다. 1278년에는 羅氏鬼國의 國主 阿榨와 西南番의 酋長 韋昌盛이 원에 귀부했다. 이에 원 조정에서는 阿榨와 韋昌盛에게 安撫使직을 하사했고[199], 1280년 羅氏鬼國의 수령 阿察과 그의 동생 阿里가 귀부하여 원에 入朝했다.[200] 여기서 西南番은 이후 '方番河中府'라는 명칭으로 八番에 편입되었던 세력이다.

변경 지역이 원 조정에 편입되자 원 조정에서는 宣慰司에 해당 지역과 이 지역에 거주하는 소수 종족들을 관리하도록 했다. 1279년 원

---

197) 『元史』 권8, 「世祖五」, 171쪽.
198) 『元史』 권9, 「世祖六」, 190쪽.
199) 『元史』 권10, 「世祖七」, 206쪽.
200) 『元史』 권11, 「世祖八」, 226쪽.

조정에서는 四川南道宣慰司를 세워 重慶을 비롯하여 四川 東南部를 관할하게 했고 또한 조를 내려 播川, 務川의 西南諸蠻夷를 다스리되 이 지역의 官吏와 軍民들은 각자 자기 풍속을 따르게 하여 本業을 잃지 않게 하라고 명했다.[201] 변경 소수 종족 집단이 귀부하자 원 조정에서는 몽골의 전통적 유습에 따라 복속 지역에 대해 '本俗主義'의 방침을 취했음을 알 수 있다.

〈표 16〉 『元史』에 반영된 湖廣行省 西南番 安撫使

관명		명단	복속 시기	비고
八番 이외 파견 安撫使	播州安撫使	楊邦憲	1277년	1291년 播州宣撫使로 변경
	思州安撫使	田景賢	1277년	1292년 思州宣撫使로 변경
	南丹州安撫使	莫大秀	1277년	1297년 慶遠南丹溪洞安撫司로 병합
八番順元 宣慰司都 元帥	羅氏鬼國安撫使	阿榨	1278년	1280년 이후 順元路로 변경
	西南蕃安撫使 (方番河中府安撫使)	韋昌盛	1278년	
	[小龍番靜蠻軍安撫使	龍方零	1279년	
	臥龍番南寧州安撫使	龍文求	1279년	
	大龍番應天府安撫使	龍延三	1279년	
	程番武盛軍安撫使	程延隨	1279년	
	洪番永盛軍安撫使	洪延暢	1279년	
	石番太平軍安撫使	石延異	1279년	
	盧番靜海軍安撫使	盧延陵	1279년	
	羅番遏蠻軍安撫使	羅阿資	1279년	
	新添葛蠻安撫使	宋某	1291년경	

같은 해 원은 潭州行省 즉, 湖廣行省에서 招討司經歷 劉繼昌을 파견하여 서남 지역의 諸番을 초유했다. 이 지역은 오늘날 貴陽시로부터 남쪽 반경 100km 내에 분포한 부락들로 원 조정에서는 복속한 西南諸番을 토벌했고, 이 가운데 小龍番을 이끄는 龍方零 등의 수령에게 安撫使직을 하사했다. 또한 이 지역에 3000여 명의 군사를 주둔시킴으

---

201) 『元史』 권10, 「世祖七」, 213쪽.

로써 이곳을 원의 전략적 군사요충지로 삼았다.[202]

원 조정은 湖廣行省의 서북부와 남부에 각각 八番順元等路宣慰司와 廣西兩江宣慰司를 설치해 이 지역을 宣慰司의 관할하에 두었다. 이 가운데 八番順元等路宣慰司는 오늘날 貴州 貴陽 남쪽의 惠水와 長順縣 부근을 중심으로 넓게 분포한 八番 세력들을 관할했는데 이들은 苗族과 彝族 계통으로 파악되고 있다.

宣慰使 타카이塔海는 귀부한 八番, 羅氏 세력의 戶口 수를 파악하여 조정에 보고했는데 원에 복속한 西南夷의 洞寨가 1626寨로 모두 10만여 戶에 달했고, 西南五番은 1186寨의 894百戶, 西南番 315寨, 大龍番 360寨였다.[203] 여기에서 西南夷는 "西南夷羅施鬼國"[204]의 용례로 미루어 원에 귀부한 羅氏鬼國을 지칭하는 것으로 보인다. 西南五番, 西南番, 大龍番은 八番을 세력 규모에 따라 나눈 것으로 송대의 분류 방식을 따른 것이었다.[205] 西南五番은 大龍番을 제외한 龍番([小]龍, 臥龍番), 程番, 洪番, 石番, 盧番이고, 西南番은 韋昌盛이 이끈 집단으로 이후 '方番河中府'라는 명칭으로 불렸던 세력이다. 타카이의 보고에서 大龍番 360寨가 단독으로 언급되는 것을 미루어 八番 세력 가운데 大龍番이 西南番과 더불어 강성한 세력이었던 것으로 보인다. 宣慰使 타카이가 보고한 수치를 살펴보면 원에 귀부한 八番, 羅氏 세력이 도합 3487寨였던 것으로 파악된다. 귀부한 羅氏鬼國 10만여 戶를 대략 50~60만 명이라고 추산할 때, 八番, 羅氏의 복속 인구는 대략 100만에서 120만 사이였을 것이다.

---

202) 『元史』 권10, 「世祖七」, 210쪽.
203) 『元史』 권63, 「地理志」, 1539쪽.
204) 『元史』 권163, 「李德輝傳」, 3818쪽.
205) 『宋會要』 199冊, 蕃夷7.

『宋史』「蠻夷傳」의 '西南諸夷'편에서는 八番 세력과 중원 왕조와의 관계에 대해 기술하고 있다.

"그 지역은 남쪽으로는 交州와 1500리 거리이며, 그리고 서쪽으로는 昆明과 900여 리 떨어져 있다. [이곳에는] 성곽이 없고 촌락에 흩어져 거주한다. 그 토양은 아주 덥고 자주 장맛비가 내리므로 벼와 곡식을 모두 이모작한다. 요역은 없으나 만약 전쟁하러 나갈 때에는 (그들은) 곧바로 주둔지에서 모인다. …… 隋[양제] 大業 연간(605~616) 말기에 수령 謝龍羽가 그 지역을 점거하였는데 그의 勝兵이 수만 명에 달하였다. 당대 말에는 王建이 西川을 점거하였고 이로부터 중국과 내왕하지 않았다. 後唐[明宗] 天成 2년(927)에 牂牁와 清州자사 宋朝化 등 150명이 와서 조공하였다. 그 후에 맹지상이 서천을 점거하면서 또다시 조공관계가 단절되었다. 乾德 3년(965)에 [송이][後蜀] 孟昶[정권]을 평정하였다. [건덕] 5년(967)에 知西南夷南寧州 蕃落使 龍彦瑫와 그 일행이 마침내 와서 조공하였다. [이에] 조서를 내려 [용언도에게 歸德將軍·南寧州 刺史·번락사를 제수했다."206)

이상의 내용을 통해 이들 세력이 수당대 羈縻州로서 관할되었고 당 말부터 중원과의 교섭이 끊어졌으며 송대에 들어와 다시 중원 왕조의 조공 질서에 편입되었음을 알 수 있다. 이 부락들은 송과 조공 관계를 맺었던 서남 지역 세력들로 송대 '龍番·方番·張番·石番·羅番'의 西南五番으로 불렸다. 이 가운데 龍彦瑫가 이끈 龍番의 세가 비교적 강성했고 송에 여러 차례 入貢했다.207) 원에 편입된 龍番·臥龍番·大龍

---

206) 『宋史』 권496, 「蠻夷四」, 14223~14224쪽.
207) 『宋史』 권496, 「蠻夷四」, 14225~14226쪽.

番은 모두 송대의 龍番에 해당하는 세력들이었을 것으로 생각된다. 이외에 程番, 羅番 등의 세력도 송에 入貢했다는 기록이 나온다.[208] 이들은 송의 邊界 지역에 존재하며 독립적인 경향을 지닌 세력이었지만 송으로부터 冊封을 받고 貢物을 바치며 송과 우호적인 관계를 유지했던 것으로 파악된다.[209]

중원 왕조의 羈縻질서 내에서 세력을 유지하던 이들은 원이 남송을 정복하자 신속히 원에 內屬했다. 그러나 西南蠻夷 세력들이 모두 원에 순순히 귀부한 것은 아니었다. 1280년 원은 湖南의 병사 만 명을 투입하여 亦奚不薛을 정벌했다. 그러나 亦奚不薛이 病을 연유로 그 시종을 入朝시키자, 쿠빌라이는 亦奚不薛이 親朝하지 않으면 군사를 돌리겠다고 위협하는 등 일부 소수 종족 집단과 원 정부 사이에 갈등이 계속되었다.[210] 또한 원의 서남 변경에서는 西南夷 세력의 반란이 간헐적으로 발생했다. 1282년 八番의 일부 세력들이 반란을 일으키자 원 조정에서는 四川宣慰使 수거速哥를 順元等路軍民宣慰宣慰使로 임명하여 이를 진압하게 했다. 1287년에는 八番 내 金竹 등 백여 寨의 3만 4천 호를 복속시키고 모두 郡縣에 귀속시킨 후 順元等路宣慰司의 관할하에 두었다.[211] 이 지역은 湖廣, 四川, 雲南의 交界 지역으로 四川行省에 귀속되기도 했으나 1291년 이후 湖廣行省에 편입되었다. 1292년에도 八番의 洞官 吳金叔이

208) 『宋會要』 199冊, 蕃夷7.

209) 김성규, 「宋代 西南 '蠻夷'의 分布諸相과 조공의 추이」, 『송대 동아시아의 국제관계와 외교의례』, 신아사, 2020, 109~112쪽.

210) 『元史』 권11, 「世祖八」, 227쪽. 亦奚不薛은 彝語로 '江의 서쪽'이라는 견해, 또는 '토지의 주인'으로 보는 견해가 있다. 이곳은 貴州 서북부에 위치한 鴨池河의 서부 지역으로 사천성과 交界 지역이다. 관련 기사에서 亦奚不薛은 이 지역에 거주하는 彝族의 族稱이자 그 酋長을 지칭했다. 亦奚不薛에 관해서는 王兆良, 「元湖廣行省西部地區鎭戍諸軍考」, 78~79쪽 ; 陣棣芳·朱崇先, 「『元史』"亦奚不薛"考」『貴州文史叢刊』 2013-2 참조.

211) 『元史』 권131, 「速哥傳」, 3183쪽.

백성 2만여 명과 함께 투항했다. 이를 통해 쿠빌라이 재위 말기까지도 八番 지역의 모든 부족들이 원에 투항한 것은 아니었음을 알 수 있다.

1291년 11월 新添葛蠻의 宋安撫가 洞官 阿汾과 靑貴를 데리고 方物을 바쳤다.[212] 西南夷 가운데 원에 복속하지 않았던 新添葛蠻이 원에 새롭게 귀부했다. 新添葛蠻이라는 명칭은 唐宋代에 사용되기 시작했다. 唐代 宋景陽이 功을 세워 唐 조정으로부터 관직을 하사받은 이래로 대대로 土司직을 맡아 이 지역을 다스렸다. 宋에서 그의 후손인 宋永高가 貴州 서북부에 소재한 麥新城을 함락한 것을 계기로 이 지역은 '新添'이라는 별칭을 얻게 되었으며, 송이 이곳을 葛蠻軍으로 개칭한 이래로 '新添葛蠻'으로 불리기 시작했다. 원은 이 지역을 복속한 후 관례대로 土官 宋某를 新添葛蠻安撫使로 임명했다.

한편, 湖廣行省 서남 지역에서 安南과 인접한 지역을 관할하는 廣西兩江道宣慰司에도 소수 부족 밀집지역이 있었다. 南丹州(광서장족자치구 宜州)라고 불리는 곳은 전통적으로 莫씨가 추장의 지위를 세습하는 중원 왕조의 羈縻州였다. 1277년 南丹州의 土官 莫大秀가 內附하자 원은 安撫司를 설치하고 그를 安撫使로 임명했다. 1291년 南丹州의 새로운 酋長 莫國麟이 쿠빌라이를 알현하자, 쿠빌라이는 그에게 安撫使직을 하사했다. 이곳은 원제국 내에서 몇 차례 행정적 개편이 이루어진 바 있는데, 1281년 이곳에 慶遠路總管府가 세워지면서 南丹州安撫司와 竝置되었다가, 1297년 慶遠路와 병합되어 慶遠南丹溪洞安撫司가 세워졌다.[213] 이때부터 南丹州安撫使다루가치라는 직함이 사라졌고, 慶遠南丹溪洞安撫司에도 다루가치가 파견되었다는 기록은 없다.

---

212) 『元史』 권16, 「世祖十三」, 352쪽.
213) 『元史』 권63, 「地理志」, 1533~1534쪽.

4. 湖廣行省 軍民安撫司다루가치와 원의 西南 변경 지배 양상

원 조정은 서남 변경 지역의 부락들을 招諭한 후 이 지역에 安撫司, 宣撫司 등을 설치하여 宣慰司의 관할하에 두었고 당송 이래로 土官직을 세습하던 토착세력들이나 西南蠻夷 부락의 酋長을 蠻夷官으로 삼고, 규모가 큰 西南蠻夷세력의 수령에게는 安撫使직을 내렸다. 원이 귀부한 西南蠻夷 수령에게 安撫使직을 하사하는 방식은 송이 기미체제하에서 서남 변경 지역을 관할하기 위해 토관들을 州沿邊安撫使에 임명하던 방식을 답습한 것이었다. 그러나 송대 安撫使직에 주로 한족 토호세력들이 임명되었던 것과는 달리, 원에서는 西南番 酋長들을 安撫使에 임명했고 安撫司에 다루가치를 파견하여 감시 및 변경 지역 관리를 담당하도록 한 점이 큰 변화라고 할 수 있겠다.

이를 통해 湖廣行省 내 八番 지역을 중심으로 西南蠻夷에 대한 원의 지배구조가 '湖廣行省 – 宣慰司都元帥 – 安撫司다루가치 – 安撫使 – 蠻夷官'으로 이어지는 중층적 형태였음을 확인할 수 있다. 그런데 원 정부가 귀부하는 모든 西南蠻夷 수령에게 安撫使직을 하사하고 安撫司를 통해 관할한 것은 아니었다. 安撫使직을 받은 자들은 앞서 羅氏, 八番의 사례에서 보있듯이 적게는 300여 개, 많게는 1600여 개의 洞寨를 거느리며 강성한 세를 자랑하던 수령들이었다. 〈표 16〉에 나와 있듯이 湖廣行省 八番順元宣慰司都元帥府 관할하에는 초기 11개의 安撫司가 세워졌으나 이 가운데 羅氏鬼國은 順元路로 변경되면서 酋長은 宣撫使로 관명이 변경되었다. 이를 제외하고 모두 10개의 安撫司가 유지되었고 각 기구에 安撫使가 임명되었으며 이들 휘하에는 대략 222개의 蠻夷官이 있었던 것으로 파악된다.

원에 귀부한 西南蠻夷 수령은 관직을 받고, 納貢과 親朝로서 복속의 의무를 이행해야 했다.[214] 대신 이들은 부족민을 자치적으로 관할하는 독립적 지위를 보장받으며 그 지위는 대대로 세습되는 土官의 지위를 누렸다. 당송대 기미체제하에서 土官의 지위와 별반 다를 듯 없어 보이지만 원이 이 지역을 行省−宣慰司−安撫司다루가치의 중층적 지배 질서를 구축했다는 점이 주목할 만하다.

西南 지역에 파견되었던 다루가치들은 대개 한인들이었다. 1288년 湖廣行省에서는 "左·右江口 溪洞의 蠻獠에 네 곳의 總管府를 두어 州, 縣, 洞 160개를 두었는데, 풍토병이 두려워 임명된 관원들이 (임지에) 감히 나아가지 못하고 있습니다. 바라건대 한인들을 다루가치로 삼으십시오. 軍官들에게 民政을 맡게 하시고 土人들을 함께 쓰십시오."[215] 라고 요청하자 조정에서는 이를 허락했다. 원칙적으로 원에서는 대칸의 대리자로 정복지를 관할하기 위해 몽골인들을 다루가치로 임명했으나 이 제도는 현지 상황에 따라 융통성 있게 활용되었다.[216] 원 정부에서는 몽골, 색목인들이 西南 邊界 지역에 다루가치로 파견되는 것을 기피하자 한인들을 다루가치로 임명하여 蠻夷들을 관리하게 했다.

그렇다면 원제국은 왜 湖廣行省의 서북 邊界의 八番 지역과 남부에 위치한 南丹州에만 安撫司다루가치를 파견했던 것일까? 湖廣行省에 대한 당시 원의 인식을 통해 실마리를 얻을 수 있겠다. 湖廣行省平章政事를 역임한 하라하손哈剌哈孫의 묘지명에는 湖廣行省에 관해 다음과 같이 기록되어 있다.

---

214) 『元史』 권30 「泰定帝二」, 668~669쪽.
215) 『元史』 권15, 「世祖十二」, 315쪽.
216) 조원, 「大元제국 다루가치체제와 지방통치−다루가치의 掌印權과 職任을 중심으로−」, 『동양사학연구』 125, 2013 참조.

"湖廣은 남쪽으로 交趾, 占城을 바라보고, 서쪽으로는 南詔와 인접해 있고 동쪽으로는 吳, 會와 이어져 있다. 경내의 땅이 만 리나 되는데 八番兩江의 蠻獠는 溪峒에 퍼져 있는 것이 독사가 창궐한 듯하다. 조금만 어긋나도 서로 살해하고, 무시로 공격하고 빼앗기를 일삼는다. 고로 이 省을 다스리고 맡는 것은 혹독한 일이었다."[217]

이 글을 통해 湖廣行省의 지정학적 중요성을 엿볼 수 있다. 湖廣은 交趾, 占城의 南海 정권과 인접해 있었고, 운남 및 吳, 會의 동부 연해 지역과도 연결되어 있었다. 즉 원이 외부 진출의 교두보로 삼고 또 외부세력의 유입을 막아내는 데 중요한 위치를 점하고 있었던 것이다. 그럼에도 불구하고 湖廣 내부의 蠻獠 즉, 西南蠻夷 세력은 여전히 원에 위협적인 존재들이었다. 하라하손은 1291년에 湖廣行省 平章政事에 임명되었다. 이때는 湖廣行省내 西南蠻夷에 대한 招諭가 시작되어 일부 세력들이 원에 귀부한 지 10여 년이 지난 시점이었는데, 위의 기록을 통해 당시 湖廣行省에 대한 원의 지배가 여전히 철저하게 이루어지지 못했음을 알 수 있다.

그렇다면 원의 중국 지배가 안정된 시기였던 원 중후기에는 湖廣行省에 대한 인식이 어떻게 바뀌었을까? 1330년 中書平章 출신의 수수速速가 湖廣으로 유배되었다. 그런데 그가 그곳에서도 방탕한 생활을 하자 御史臺臣은 조정에서 "湖廣이 屯兵의 重鎮인데 그곳에 머물게 하는 것이 마땅하겠습니까?"[218]라며 수수의 湖廣 유배에 대해 문제를 제기했다. 이를 통해 원 중후기 湖廣行省이 변경의 重鎮으로서 원제국 내에서 중요한 위치를 차지하고 있었음을 파악할 수 있겠다.

---

217) 蘇天爵, 『元朝名臣事略』 권4, 「丞相順德忠獻王」(北京 : 中華書局, 1996), 55쪽.
218) 『元史』 권34, 「文宗三」, 766~767쪽.

남송과의 전쟁에서 승리한 후 쿠빌라이는 본격적으로 해상으로 진출했다. 쿠빌라이가 남송전쟁 이전부터 무슬림 상업세력들과 접촉하여 해상의 경제적 잠재력에 대해 알고 있었고 남송전쟁 시기 몽골에 귀부한 무슬림 해상세력들의 정보를 바탕으로 동남아시아의 南海 정권들을 招諭하기 시작했다. 동남해상 진출의 교두보로 삼고자 했던 安南과 참파[占城]가 원에 저항하자 원에서는 원정군을 파견했는데, 이때 湖廣은 원의 군사요충지로서 활용되었다.

1283년 원이 참파를 정벌할 때 淮, 浙, 福建, 湖廣軍 5천 명과 海船 500척, 戰船 250척을 징발했는데[219], 이때 동남 연해 지역들과 더불어 湖廣의 군사적 중요성이 부각되었음을 알 수 있다. 1286년 원 조정에서는 안남을 상대로 대대적인 정벌을 결의했고, 湖廣行省은 안남과의 전쟁에서도 주도적인 역할을 했다. 湖廣行省의 平章 아릭카야가 주력군을 이끌었으며[220], 이때 湖廣行省은 군수 보급기지로서도 중요한 역할을 담당했다. 1287년, 원은 안남을 향해 바다와 육지 양면에서 진공했다. 원에서는 湖廣行省에 명하여 海船 300척을 주조하게 했고, 강절, 호광, 강서 행성에서 6만 병력을 모아 안남전쟁에 투입했다.[221] 湖廣行省에는 保定水軍萬戶, 眞定新軍萬戶, 平陽萬戶, 保定萬戶가 주둔해 있었으며 주둔 거점이 대략 70여 곳으로 파악되고 있다.[222] 원에서는 앞서 언급했듯이 八番을 복속시킨 후 이 지역을 군사적 거점으로 삼아 3000여 명의 군사를 주둔시켰고 원에 귀부한 西南蠻夷 세력들을 병력으로 활용하고자 했다. 成都管軍萬戶 劉德祿이 '八番蠻夷'를 항복시켜 교지

---

219) 『元史』 권12, 「世祖九」, 243~244쪽.
220) 『元史』 권13, 「世祖紀」, 265쪽.
221) 『元史』 권14, 「世祖紀」, 287쪽.
222) 李治安, 2005, 260~262쪽.

정벌에 투입하게 해달라고 조정에 요청하자 쿠빌라이는 이를 허락했다.[223] 1283년 征緬전쟁 당시 원에서 조를 내려 亦奚不薛과 播, 思, 敍州의 군사를 징발하기도 했다는 기록을 통해 원에서는 해외 정벌 과정에서 서남 邊界 지역의 소수 종족세력들을 군사력으로 활용했음을 알 수 있다.

湖廣과 雲南의 交界에 위치한 亦奚不薛은 원제국의 牧場이 위치하고 있었다.[224] 1307년 成宗 테무르는 雲南, 八番, 田楊 지역에서 매해 준비하는 軍馬의 공급이 번거롭고 수고로우니 각 지역에 1년치 賦稅를 면제해주도록 하라는 조서를 내렸다.[225] 이를 통해 亦奚不薛과 八番 일대는 원제국의 軍馬를 길러서 공급한 군사적으로 중요한 지역이었음 확인할 수 있다.

당시 八番이 분포한 지역은 남방 원정의 要道에 위치하고 있었다. 湖廣行省은 원의 동남아시아 진출뿐 아니라 외부 세력의 침입을 막는 곳이었다. 원은 남방 원정을 감행하는 과정에서 군수 보급과 군사의 원활한 이동을 위해 湖廣行省의 역참을 확대해 갔다. 이에 湖廣行省에는 모두 173개의 驛站의 역참을 설치했고 이 가운데 陸站은 100개, 水站은 73개였다. 湖廣行省에는 河南行省에서 원제국의 변경에 위치한 雲南行省으로 나아가는 길이 연결되었고, 湖廣行省의 남부도 安南과 인접해 있었다. 湖廣行省은 특별히 원에서 해외로 뻗어나가는 길이 거쳐 지나갔다는 점에서 지정학적으로 중요한 위치에 있었다. 이 가운데 軍民安撫司다루가치가 파견되었던 八番順元은 河南行省에서 雲南行省으로 이어지는 길에 위치하였고 順元路 歸州站이 설치되어 있었다.[226]

---

223)『元史』권15,「世祖十二」, 320쪽.
224)『元史』권100,「兵三」, 2558쪽.
225)『元典章』권3,「聖政二·貸逋欠」, 94쪽.
226) 薰寶海,『蒙元驛站交通研究』, 北京 : 崑崙出版社, 2006, 304~307쪽.

호광은 외부의 적을 진압하는 重鎭이었을 뿐 아니라 내부의 반란세력들이 상존하여 긴장감이 감도는 공간이었다. 1279년 八番세력이 몽골에 복속했으나, 1282년부터 1291년까지 湖廣行省의 八番내의 蠻夷 및 貴州貓蠻들의 반란이 심심치 않게 일어났다. 1290년 貴州貓蠻들이 원 조정에서 파견한 관리를 살해하자 湖廣行省에서는 격문을 보내 八番蔡州, 均州二萬戶府와 八番羅甸宣慰司로 하여금 함께 토벌하게 했다.[227] 변경 소수 종족들의 반란이 일어날 경우 宣慰司가 주둔군과 함께 원정에 나설 때, 宣慰司 관할하의 安撫司는 소재 지역 종족들로 구성된 군사력을 동원하여 원정에 참여했다. 이 지역에서 安撫使직을 받은 蠻夷官들은 몽골에 군사적 협조를 해야 했다. 이러한 군사적 거점 지역에 軍民安撫司다루가치를 파견했던 것이다. 1325년 廣西 來安路의 土官인 岑世興과 鎭安路 岑修文이 廣西의 山獠, 角蠻세력과 힘을 합쳐 해안을 노략하자 호광과 운남에서 이 사태를 진압했다.[228] 다음해 廣西 平樂府의 徭族이 반란을 일으키자 湖廣行省의 병력이 투입되어 이를 진압했다. 1334년에 湖廣 남부의 徭族이 賀州를 함락하자 河南, 江浙, 江西, 湖廣의 병사들과 더불어 八番 義從軍을 파병했다.[229]

이렇듯 원제국 후반까지도 湖廣行省 내에서는 소수 종족들의 반란이 끊이지 않았다. 이때 호광행성의 주둔 병사와 원에 일찍이 귀부한 八番세력이 군사로 투입되어 반란 진압에 참여했다. 行省, 宣慰司와 蠻夷官의 긴밀한 협조를 요하는 상황에서 軍民安撫司다루가치들이 蠻夷官과의 긴밀한 공조를 끌어내고, 상부 기관인 行省 및 宣慰司의 지휘를 받으며 난을 진압했을 것으로 생각된다. 변경 지역에 파견되었던

---

227) 『元史』 권16, 「世祖十三」, 339쪽.
228) 『元史』 권30, 「泰定帝二」, 670쪽.
229) 『元史』 권38, 「順帝一」, 824쪽.

軍民安撫司다루가치는 귀부한 西南蠻夷 세력 및 이들을 이끄는 蠻夷官에 대한 감시, 변경 지역의 治安 감찰, 비상시에 蠻夷官의 긴밀한 공조를 바탕으로 군사를 이끄는 軍政長官으로서 역할을 담당했던 것이다.

쿠빌라이는 南宋 정복전쟁 과정에서 복속 지역에 安撫司를 세우고 다루가치들을 파견했다. 파견된 다루가치들은 軍民政 장관으로서 정복 지역을 감시·감독하는 역할을 담당했을 뿐 아니라 援兵과 軍需물자의 보급이라는 방식으로 전쟁을 지원했다. 몽골이 남송을 정복한 이후 강남의 대부분의 지역에서 安撫司는 폐지되고 지방 民政기구인 路總管府가 설치되었다. 그러나 원제국의 일부 변경 지역에서 安撫司가 존속되었고, 軍民安撫司다루가치들이 파견되었다. 이러한 제도가 실시되었던 지역은 湖廣行省 서북 지역의 八番과 서남부 지역의 南丹州, 그리고 한시적이었지만 탐라였다. 호광행성은 원 서남 변경의 重鎭으로 원이 남송을 정복한 이후 남방 해상으로 진출하는 데 출병과 군사 보급의 역할을 담당했다. 이러한 양상은 탐라가 원의 일본 원정 과정에서 두드러지게 나타났던 군사기지로서의 면모와 흡사하다.

湖廣行省의 서북부와 남부 지역에는 전통적으로 西南蠻夷로 불려왔던 세력들이 거주하고 있었다. 이곳에 분포한 소수 종족들은 대개 10만 戶 정도의 부라민들을 거느리며 강성한 세를 자랑했다. 이들은 당송대 羈縻체제의 경계에 분포하며 중원 왕조에 복속과 저항을 반복하며 독립을 유지했던 부락들이었다. 송에 貢納을 바치며 우호적인 관계를 유지하던 이들은 몽골의 남송 원정이 시작되자 송에게 협조하여 송의 군사와 함께 몽골에 저항했다.

원 정부는 대외원정의 군사적 거점지역으로서 호광 지역이 지니는 지정학적 중요성을 인식했고, 남송 정복전쟁 과정에서 호광행성 내 소수 종족들에 대한 招諭와 토벌을 감행했다. 그 결과 호광행성의 소수 종족 세력들 가운데에서도 규모가 비교적 큰 羅氏鬼國과 八番세력이 일찍이 복속되었으나, 여타 소수 부족들은 쿠빌라이 재위 말기까지도 산발적으로 저항했다. 원에 편입된 八番 지역의 소수 종족세력들은 원의 해외 원정에 군사력으로 동원되었고, 호광행성 내부 소수 종족들의 반란 진압에도 투입되었다.

원 정부는 변경의 소수 종족들을 포섭하는 과정에서 그 수령들에게 安撫使, 宣撫使 등의 관직을 하사하고 이들을 감독하기 위해 軍民安撫司 다루가치를 파견했다. 무엇보다도 원은 이 지역에 湖廣行省－宣慰司都元帥－安撫司다루가치－安撫使 蠻夷官의 중층적 지배질서를 수립함으로써 원의 행정적 지배가 미치기 어려운 지역에 대한 軍民政 지배를 강화하고자 시도했다. 이때 軍民安撫司다루가치들은 蠻夷官의 긴밀한 공조하에 파견 지역에 대한 감시와 지배를 담당했던 것으로 파악된다. 이러한 지배 양상은 원제국 西南 변경 지배 과정에서 나타난 특수한 형태라고 볼 수 있겠다.

제4장

몽골제국 각 지역의 다루가치

13세기 몽골의 유라시아 정복 활동이 본격화되면서 칭기스칸은 정복 지역에 監官 다루가치들을 파견했다. 다루가치는 정주 지역의 물자 징수와 피정복 지역의 주민관리에 주력함으로써 역사상 유례 없는 제국의 형성과 유지에 참여했던 것이다. 이 제도는 몽골제국 판도가 확장됨에 따라 중국뿐 아니라, 고려, 안남, 페르시아, 러시아 등지로 확산되어 갔다.

몽골은 각 지역의 사회 정치적 환경에 맞추어 다루가치 제도를 유연하게 운영했다. 몽골제국 초기 다루가치들은 軍政官과 民政長官의 두 職을 겸했으나 몽골제국의 행정체제가 발달하면서 軍政官과 民政長官의 역할이 분화되어 갔다. 특히 중국 지역에서는 路, 府, 州, 縣의 각급 지방행정기구에 이들을 파견하며 몽골의 중국 행정지배에 적극적으로 활용했다. 각급 행정관료기구에 다루가치를 두는 監治체제를 통해 한인에 대한 지배의 우위를 점하여 대칸의 중국 지배를 공고히 하고자 했던 것이다.

칭기스칸의 자제 분봉 이후 각 지역의 울루스에서도 다루가치 제도가 활용되었다.[1] 앞서 살펴본 대칸 울루스에서뿐 아니라 훌레구가 정복한 서아시아 지역에서도 다루가치 제도가 시행되었다. 그 결과 몽골이 지배했던 중국뿐 아니라, 러시아, 페르시아어 사료에도 몽골

---

[1] 울루스(Ulus)는 유목 수령의 지배하에 있는 '부민·백성'을 의미하는 말로 현대 몽골어에서는 '국가'를 뜻한다. 김호동은 칭기스칸의 자제 분봉을 통해 단일하게 통합된 울루스가 복수의 울루스로 분화되었다고 보았으며, 울루스들 가운데에서도 카안의 구심적 역할이 쿠빌라이 시기까지 지속되다가 14세기 초엽이 돼서야 정치, 경제, 군사적으로 독립적인 네 개의 대형 울루스로 분할되어 독자성을 갖게 되었다고 보았다(김호동, 「울루스인가 칸국인가─몽골제국의 카안과 칸 칭호의 분석을 중심으로─」, 『중앙아시아연구』 21, 2016 참조).

다루가치들에 관한 기록들이 남아 있다. 이를 통해 몽골 정복자들이 복속 지역의 정치, 사회, 문화적 배경에 맞게 다루가치 제도를 유연하게 활용했던 사실을 확인할 수 있다. 기존에 주목되어 왔던 중국 이외의 지역에서 시행된 다루가치 제도의 운용과 그 존재 양상을 파악하는 것은 몽골제국의 제국적 제도(Imperial Institutions)로서 그 특징을 이해하고, 나아가 몽골제국의 규모와 지배 방식을 파악하는 데 유용한 시각을 제공할 것이다.

중국 이외 지역의 다루가치 제도에 관해서는 특정 지역의 제도에 중점을 둔 연구들이 발표된 바 있다. 주치 울루스에서는 투르크어 바스칵basqaq과 다루가치라는 용어가 병용되었고, 몽골제국이 멸망한 이후에도 다루가치라는 용어는 중세 러시아에 남아 있었다. 주치 울루스의 다루가치에 관해서는 금장 칸국(Golden Horde)에 대한 개설적인 연구에서 간략히 다루어졌으며, 여기에서 '바스칵과 다루가치'의 용어 문제와 그 운용 양상에 관해서도 간략히 논의되었다.[2] 주치 울루스의 다루가치에 관해서는 바사리Vásáry의 연구가 주목할 만하다.[3] 바사리는 주치 울루스에서 다루가치와 혼용되었던 '바스칵basqaq'이라는 용어에 주목했다. 그는 이것이 11세기 카라 키타이Qara Khitai에서 기원했다고 보았고, 이후 셀주크 투르크에서 활용되었으며, 페르시아 지역에서 '샤흐네shaḥna'라는 페르시아식 관직이 탄생하는 데 영향을 끼쳤다고 했다.[4]

2) Греков, Б. Д. Якубовский, А.Ю. *Золотая Орда и её падение Источник*: 余大鈞 譯, 『金帳汗國興衰史』, 商務印書館, 1985 ; Donald Ostrowski, "The Origins of Muscovite Political Institutions", *Slavic Review*, Vol.49. No.4 ; George Vernadsky, *The Mongols and Russia*, New Haven : Yale University Press, 1953.

3) István Vásáry, "The golden Horde term Daruga and its survival in Russia", *Turks, Tatars and Russians in the 13th-16th Centuries*, Hampshire : Variorum, 2007, 187~197쪽.

4) István Vásáry, 1978, 201~206쪽.

한편, 페르시아 지역 훌레구 울루스의 다루가치에 관해서는 몽골의 이란 지배를 다룬 개설적 연구에서 간략히 되었다.[5] 보일J. A. Boyle은 칭기스칸 시기 몽골 출현에 앞서 페르시아 지역의 征稅官으로서 샤흐네와 몽골통치 이후 이 제도의 활용에 관해 언급했다. 콜바스Judith G. Kolbas는 페르시아 지역에서 시행한 몽골의 정책에 대해 검토하면서 다루가치의 운용에 관해 주목했다. 레인George Lane은 몽골의 코카서스 지배를 위해 다루가치로 투입되었던 몽골 귀족 아르군Arghun에 관해 연구했다.[6]

차가타이 울루스의 다루가치 운용에 관해서는 劉迎勝이 몽골제국 성립 초기에 임명되었던 중앙아시아의 다루가치에 관해 언급한 바 있으나, 이후의 운용 및 존재 양상에 관해서는 거의 다루어지지 않았다. 이는 차가타이 울루스에 관한 사료가 다른 울루스에 비해 소략하기 때문일 것이다.[7] 다루가치 제도가 몽골의 정주 지역 물자 및 인구 관리를 중점으로 하여 시행된 제도이기 때문에 투르키스탄의 유목 지역에서 관리에 적극적으로 활용되지 않았을 가능성도 있다.

몽골제국 시기 몽골의 통치 영역은 크게 대칸의 직할지, 제왕 분봉지, 그리고 복속국으로 나뉜다. 대칸은 직할지를 직접 지배하고 제왕 분봉지와 복속국에 대해서는 자립을 인정해 주면서도 간접적으로 관할하는 방침을 취했다. 이 가운데 속국들은 몽골제국에서 비교적 특수한 위치를 지닌다. 속국의 국왕은 대개 몽골에 복속한 이후 통치 지위

---

5) J. A. Boyle, *The Cambridge history of Iran*, London : Cambridge University Press, 1968 ; Judith G. Kolbas, *The Mongols in Iran : Chingiz Khan to Uljaytu, 1220–1309*, New York : Routledge, 2006.

6) George Lane, "Arghun Aqa : Mongol Bureaucrat", Iranian Studies 32/4, 1999, 459~492쪽.

7) 劉迎勝, 『察合台汗國史硏究』, 上海 : 上海古籍出版社, 2006.

를 인정받았으며, 동시에 몽골 '카안'으로부터 소위 '六事'로 불렸던 복속국의 의무를 수행해야 했다. 이 '六事'의 의무 가운데 하나가 다루가치의 파견이었는데, 이때 파견된 다루가치들은 국왕의 권위를 위협하여 몽골과 속국 간의 갈등을 촉발하기도 했다. 몽골제국 시기 복속국으로는 위구르, 아르메니아, 고려, 안남 등의 사례가 있는데, 이들 지역에 파견된 다루가치들에 관한 개별적 연구가 진행되었다. 복속국 지역의 다루가치에 관해서는 먼저 훌레구 울루스가 수립되기 이전 아르메니아 지역의 다루가치 제도 운용에 관한 연구가 있으며[8], 고려에 파견된 다루가치에 관한 연구[9], 안남다루가치에 관한 연구가 진행된 바 있다.[10]

　본 장에서는 훌레구 울루스의 다루가치와 고려·안남에 파견된 다루가치에 관해 살펴볼 것이다. 먼저 훌레구 울루스의 다루가치에 관해서는 라시드 앗 딘의 『집사』와 더불어 기존의 연구들에서 주목하지 않았던 페르시아 사료 Dastūr al-kātib fī ta'yīn al-Marātib(이하 『書記規範』)을 활용하여 훌레구 울루스의 監官제도 운용 양상을 검토하고자 한다. 다음으로 고려·안남 다루가치의 파견과 운영 양상을 살펴보고 이를 통해 몽골과 속국 간의 관계를 고찰해 보고자 한다. 이상의 내용을 통해 몽골의 다루가치를 통한 제국 지배 방식과 그 특성을 파악하는 데 유용한 시각을 얻을 수 있으리라 기대한다.

---

8) Bayarsaikhan, Dashdondog, "Darughachi in Armenia", *The Mongol's Middle East : Continuity and Transformation in Ilkhanid Iran*, Leiden : Brill, 2016.

9) 池內宏, 「高麗に駐在した元の達魯花赤について」, 『東洋學報』 18-2, 1929 ; 周采赫, 『여몽전쟁시기의 살리타이와 홍복원』, 혜안, 2009 ; 김보광, 「고려-몽골 관계의 전개와 다루가치의 置廢過程」, 『역사와 담론』 76, 2015 ; 김보광, 「고려 내 다루가치의 존재 양상과 영향 : 다루가치를 통한 몽골 지배방식의 경험」, 『역사와 현실』 99, 2016 ; 고명수, 「고려 주재 다루가치의 置廢경위와 존재양태-몽골의 고려정책 일 측면-」, 『지역과 역사』 39, 2016 ; 樸延華, 「元朝對高麗控制與幹涉-達魯花赤和札魯忽赤」, 『朝鮮·韓國歷史硏究』 10, 2009.

10) 陳碩, 「元代安南達魯花赤考述」, 『暨南史學』 24, 2022.

제1절 서아시아의 다루가치

1. 훌레구 울루스의 행정제도 정비와 다루가치 파견

1251년 뭉케 카안의 명으로 西征에 나섰던 훌레구는 후라산에 근거지를 두고 있던 이스마일파Ismiʾilis 11)를 제거하고, 바그다드를 함락하여 압바스의 칼리프들을 굴복시킴으로써 이슬람 지역의 지배자로 등극했다. 아릭 부케의 내전이 종결되자 쿠빌라이는 정식으로 훌레구를 아무 다리야Amu Dryya에서부터 시리아 지역의 통치자로 임명했다. 그러나 그는 1265년에 이슬람 지역에 몽골의 통치체제를 정비하지 못한 채 사망하고 말았다.

몽골의 정치문화와 서아시아의 전통적인 제도가 병존한 상황에서 몽골 통치자들은 監官 다루가치들을 파견했는데, 『집사』, 『세계정복자사』, 『書記規範』 등의 페르시아 사료에는 이들을 '샤흐네shaḥna'로 언급하고 있다. 또한 사료에는 '바스칵basqaq'이라는 또 다른 관직명이 등장한다. 훌레구 울루스의 페르시아 사가들이 다루가치를 샤흐네로 표기했던 이유는 무엇이었을까? 또한 다루가치와 함께 활동한 바스칵은 어떠한 역할을 담당했던 것일까?

샤흐네는 앞서 언급했듯이 몽골이 출현하기 이전 중앙아시아와 서아시아에 있었던 관직명이다. 앞서 살펴보았듯이 몽골이 등장하기 이전 12~13세기 중앙아시아의 카라 키타이에서 복속 지역에 감관 샤흐네를 파견했다는 기록이 있다. 『집사』의 관련 기사를 살펴보면, "당시 위구르인들은 구르 칸Gūr Khān에게 공납을 바쳤고, [구르 칸의]

---

11) 시아파의 한 분파로 13세기 후라산 일대를 근거지로 삼아 몽골에 저항했던 세력.

대아미르 가운데 하나인 샤우감Shâûgâm이라는 자가 監官의 직무를 수행하며 그들을 장악했다."12) 이 기사에서 구르 칸은 카라 키타이의 군주를 지칭한다. 그는 중앙아시아를 정복하고 감관을 파견했으며, 이들이 징세관으로서 복속민에게 공물을 거두었음을 확인할 수 있다.

『세계정복자사』에는 "구르 칸 재위 동안, 이 지역의 통치자는 아슬란칸이었고, 그가 쿠르칸의 샤흐네와 함께 협력하여 정사를 돌보았다."13)라고 기록되어 있다. 중앙아시아의 이슬람 왕국 호레즘에서도 감관을 파견하는 전통이 있었음을 알 수 있다. 호레즘에 복속한 지방세력들은 반란을 일으킬 때 가장 먼저 샤의 대리자로 파견했던 현지의 감관을 살해했다. "호레즘 샤의 신하들 가운데 하나였던 자말 앗 딘 아이바Jamâl ad-Dîn Ayba가 한 무리의 다른 사람들과 반란을 일으켜 하마단의 감관을 살해했다."14)는 기록을 통해 서아시아에 파견된 샤흐네가 복속 지역 지도자와 함께 지역을 관할하던 중 반란세력의 표적이 되었음을 알 수 있다.

13세기 몽골이 중앙아시아와 서아시아를 정복한 후, 이 지역에 몽골 대칸의 대리자로서 다루가치들을 파견했다. 페르시아와 아랍의 사가들은 이들을 일제히 '다루가치'가 아닌 페르시아어식 관직명 '샤흐네'로 기록했다. 다루가치라는 관직명은 그들에게 생소했지만, 그 직무는 그들에게 낯설지 않았으며, 그들이 잘 알고 있는 '샤흐네'의 역할과 유사했던 것 같다. 페르시아어 사전 Loghatnâme에는, 샤흐네에 대하여 "군주가 성에 파견하여 행정을 담당하고 백성들을 다스리도록 한 자이다. 그들은 '관민관(hakim)' 또는 '행정장관(kvtoval)'으로 불렸다. ……

---

12) 『칭기스칸기』, 254~255쪽.

13) *The History of the world Conqueror*, 74쪽.

14) 『칭기스칸기』, 286쪽.

(이들은) 성의 파수꾼, 지도자, 성의 장관 혹은 부장관, 경찰관으로 정의내릴 수 있다."[15]라고 설명하고 있다.

훌레구 울루스에서 監官이 처음으로 파견된 것은 정복전쟁 기간 중이었다. 『집사』에 따르면, 바그다드를 포위할 때 힐라에서 몇 명의 알리파Aliwī 학자들이 훌레구칸을 알현하여 감관을 파견해 줄 것을 청원하자 투켈, 아미르 나흘리 나흐치바니, 부카 테무르를 힐리, 쿠파, 와시트로 파견했다. 이때 힐라 사람들이 군대를 맞이하러 나가 기뻐하며 환영했고, 이를 본 부카 테무르가 "그들의 태도가 확고함을 보고" 아직 복속되지 않은 도시 와시트로 가서 [그곳에] 자리를 잡고 도시를 점령했다."[16] 힐라는 바그다드에서 남쪽으로 100㎞ 가량 떨어진 고대 도시로 넓은 농업지대가 펼쳐져 곡물, 과일, 직물 등이 생산되는 곳이었다. 힐라의 사례를 통해 몽골에 복속된 부유한 농업 지역의 자원을 관리하기 위해 감관이 파견되었음을 알 수 있다.

1258년 훌레구는 바그다드를 정복한 후 지배 질서를 마련했다. 먼저 압바스 정권에서 재상을 역임했던 무아야드 앗 딘 이븐 알카미를 재상으로, 파흐르 앗 딘 담가니를 사힙 디반, 즉 행정부의 수장으로 임명했다.[17] 또한 각 도시에는 알리 바하두르를 '감관(shaḥna)이자 한 무리의 오르탁들ortāqān과 장인들(ūzān)의 수령'[18]으로 임명했다. 또한 힐라, 쿠파, 와시트 지역에 투켈과 아미르 나흘리 나흐치바니, 부카 테무르를 감관으로 파견했다. 몽골의 전통에 따라 훌레구가 정복된 서아시아의 도시들에 감관, 즉 다루가치들을 파견했음을 확인할

---

15) Aliakbar Dehkhodâ, *Loghatnâme(Encyclopedic Dictionary)* Vol.9, Tehran : Tehran University publications, 1993-94, 12510쪽.
16) 라시드 앗 딘 저, 김호동 역주, 『일칸들의 역사』, 사계절, 2018, 102쪽.
17) 『일칸들의 역사』, 101쪽.
18) 『일칸들의 역사』, 101쪽.

수 있다. 이들은 복속한 도시의 감독뿐 아니라 오르탁 상인 및 장인들을 관리했다. 이 밖에도 정복지의 질서를 위해 니잠 앗 딘 압둘 무민 반딘진을 대법관(qāḍī al-quḍāt)으로 임명했다.[19]

1270년, 훌레구의 장자 아바카가 즉위한 이후 훌레구 울루스의 통치 체제가 본격적으로 갖추어졌다. 아바카는 즉위 직후, 유목적 전통에 따라 카툰, 왕자, 아미르 등 몽골 지배층에게 賜與를 실시했다. 그리고 훌레구 칸이 명령했던 '야삭들yāsāqhā'과 칙령들을 지속적으로 준행하도록 명했다. 다음으로 정복된 이슬람의 각 도시들을 관할하도록 형제들과 아미르들을 파견했다. 먼저 큰 동생 요시무트로 하여금 데르벤드와 시르반, 무간에서 알라탁 부근에 이르는 지역을 관할하게 하고, 동생 툽신에게 후라산과 마잔다란에서 아무다리야 강변에 이르는 지역을 관할하게 했으며, 투구 비틱치와 투다운은 룸 지역으로 파견했고, 두르베이 노얀은 시리아의 접경인 디야르 바크르와 디야르 라비아 등을 관할하게 했다.[20]

훌레구 울루스의 중앙정부는 기본적으로 재상(wuzārat), 재무장관과 행정장관으로 구성되어 있고, 지방에는 몽골 칸이 파견한 몽골 귀족들이 각 도시의 장관을 맡았다. 또한 중앙에는 문서행정관인 비체치와 사법징관인 지르구치 등의 몽골식 관직들이 존재했다. 이와 더불어 몽골제국의 전통을 계승하여 감관들이 임명되었다. 당시 훌레구 울루스는 칸이 직접 통치하는 직속령과 제왕의 분봉 지역 및 현지 수령이 관리하는 지역으로 나뉘어 있었는데, 아바카 칸은 간접통치 지역에 감관들을 파견했다. 이들이 파견되었던 주요 도시는 타브리즈 Tabriz[21], 시라즈Shiraz[22], 이스파한Isfahan[23], 바그다드Bagdad[24] 등 서아

---

19) 『일칸들의 역사』, 102쪽.
20) 『일칸들의 역사』, 154~155쪽.

시아 지역에서 규모가 크고 상업이 발달한 곳이었다. 이곳에 파견된 감관들은 중국에서처럼 지방장관으로서의 성격이 두드러졌다.

가잔 칸Gāzān Khān은 관원들의 등급에 따라 지급하는 牌子제도를 정비했다. 관련 규정에 따르면, "술탄과 샤흐네shaḥna와 말릭들에게는 큰 패자를 만들어 발부하되 둥글고 사자의 머리[가 새겨지도록 하고], 그 위에 그 위에 그 사람의 이름을 쓰도록 하며 …… 중급의 샤흐네와 말릭들을 위해서는 조금 더 작은 패자를 [발부하도록] 정했다. 특별한 문양25)을 새기도록 하고 상술한 이름을 그 위에 전술한 방식으로 따라 적도록 했다."26) 고위급 다루가치에게 사자 머리가 새겨진 큰 원형 패자가 지급되었고, 직급이 그보다 낮은 다루가치들에게는 꽃 모양의 패자가 지급되었다는 기록을 통해 훌레구 울루스에서도 다루 가치의 직급이 나뉘어 있었음을 알 수 있다. 그렇다면 다루가치는 서아시아 지역에서 대개 어떠한 역할을 담당했던 것일까?

2. 『書記規範』에 반영된 훌레구 울루스의 監官

훌레구 울루스의 다루가치 역할에 관해서는 페르시아어로 된 사료 인 『書記規範』에 관련 내용이 나와 있다. 『書記規範』은 아제르바이잔의 학자 무하마드 힌두샤Muhammad b. Hindūshāh가 1363년에 완성한 공문서

---

21) 『일칸들의 역사』, 240쪽.
22) 『일칸들의 역사』, 259쪽.
23) 『일칸들의 역사』, 266쪽.
24) 『일칸들의 역사』, 290쪽.
25) 『集史』 漢譯本에는 '특별한 꽃 문양'으로 번역되어 있다. 拉施特 著, 余大鈞 譯, 『史集』, 北京 : 商務印書館, 1986, 491쪽.
26) 『일칸들의 역사』, 356쪽.

작성법을 담은 指導書로서 몽골의 서아시아 통치제도를 파악하는 데 유용한 자료들이 수록되어 있다. 훌레구 울루스에서 통치제도가 정비되던 시기로부터 반세기 이상의 시간적 격차가 있지만, 훌레구 울루스의 관직명과 행정제도에 관한 내용들이 상당 부분 수록되어 있어 참고할 만한 가치가 있다.[27]

『書記規範』 2부 「문서·몽골 관원 임명서」에는 훌레구 울루스의 관직이 다음과 같이 나열되어 있다.[28]

> "관할 지역을 위임 받고 관직을 수여 받은 몽골 아미르와 그의 수종들, 그리고 이러한 관직과 관련하여 필수적이고도 부가적인 중요 사항들에 관해 12개의 절에 포함되어 있다."
>
> dr tfveez a'māl v mnāsb bāmrā' mghool vvzrā v ashāb deevān- bzrg v Ghzāy ā' shr'ee br vjhee ke zkr rft mshtml br se zrb

제1절 : 울루스 장관(amīr-i ulūs) 임명에 관해

제2절 : 지방 장관(amīr-i ūlkā) 임명에 관해

제3절 : 만호장(tūmān), 천호장(hzāre), 백호장(sde) 임명에 관해

세4질 : 대 오르도의 사법관(imārat-i yārghū) 임명에 관해

---

27) Dastūr al-kātib fī ta'yīn al-Marātib(『書記規範』)에 관한 연구는 本田實信, 「モンゴルの游牧的官制」, 『モンゴル時代史研究』, 東京大學出版會, 1991, 72~77쪽 ; 渡部良子, 「『書記典範』の成立背景 – 十四世紀におけるペルシア語インシャー手引書編纂とモンゴル文書行政」, 『史學雜志』 117-7, 2002 ; 李鳴飛, 「『書記規范』 "蒙古官員任命書" 部分的翻譯」, 『中國邊疆民族研究』 4, 2011 ; Communication between China and Persia in the 13th-14th Centuries : As Seen from the Appointment Documents of Dastūr al-kātib fī ta'yīn al-Marātib, Eurasian Studies II, edited by Yu Taishan and Li Jinxiu, Sydney : Asia Publishing Nexus, 2014. 4, 298~309쪽.

28) Dastūr al-kātib fī ta'yīn al-Marātib(『書記規範』), Moskva : Izd-vo "Nauka" Glav. red. Vostochnoi literatury, 1976.

제5절 : 모든 주의 감관(shaḥna) 임명에 관해

제6절 : 몽골인 서기(bakhshī) 임명에 관해

제7절 : 군대 아미르들의 회합에 관해

제8절 : 식읍(iqtāʿ) 확인에 관해

제9절 : 군대의 보급병(būkāvūl)에 관해

제10절 : 사열 담당 병사(yāsāūl)에 관해

제11절 : 궁장 설치 담당자(yūrtchī)에 관해

제12절 : 유실물 관리자(bulārghūchī)에 관해

위의 목차에서 훌레구 울루스 중앙정부의 장관, 지방의 장관, 만호, 천호, 백호장 등의 군관, 대 오르도의 자르구치, 각 도시의 감관, 비체치, 군대의 수령 등 여러 관직명을 확인할 수 있다. 목차를 살펴보면, 자르구치, 비체치 등 몽골식 관명이 그대로 사용되었으며, 다루가치는 샤흐네shaḥna라는 페르시아식 관직명으로 기록되어 있다. 여기서 복속 지역을 감찰하는 감관에 해당하는 관직명으로 '다루가치'가 아니라, 서아시아와 중앙아시아에서 11세기 이래로 사용해온 '샤흐네'를 사용했다는 사실이 주목된다.

훌레구 울루스에서 '다루가치'라는 용어가 드물게 사용된 경우가 있었다. 도슨d'Ohsson의 기록에 따르면, "훌레구 시대의 화폐 가운데 지금까지 남아 있는 것을 보면, 화폐 위에 대칸의 이름이 있고, 그 다음에 아랍어로 '최고의 카안, 일칸 훌레구'라는 문구가 나오며, 그의 후계자들은 화폐에 '카안의 다루가Darouga'라는 문구를 새겼다."[29] 이로 미루어, 훌레구 울루스에서 '다루가치'는 몽골제국의 '카안'이 파견

---

29) 馮承鈞 譯, 『多桑蒙古史』, 北京 : 中華書局, 2004, 573쪽.

한 '대리자'라는 명예로운 용어로 사용되었던 것 같다. 스스로를 카안 Qa'an의 '다루가치'로 인식했던 훌레구 울루스의 통치자들이 이슬람의 도시와 성에 임명하는 감독자들을 '다루가치'가 아닌 현지에서 사용해 온 '샤흐네'라고 하는 것이 적절하다고 판단했을 가능성이 있다. 그렇다면, 샤흐네는 몽골의 페르시아 지역 통치에서 어떠한 역할을 담당했을까?

『書記規範』2부 「몽골 관원 임명서」의 제5절 '모든 주의 감관(shaḥna) 임명에 관해'에는 훌레구 울루스에서 다루가치들의 역할이 비교적 상세히 기록되어 있다. 이 감관 임명서는 모두 3편으로 구성되어 있는데, 각 편에는 특정한 인물을 특정 주에 파견한 배경과 조정에서 그에게 부여한 임무 등에 관한 내용이 담겨 있다.[30]

① "샤이크 투슨Shaykh Tūsūn은 나이가 많고, 세상 물정을 잘 알아 일의 선악을 잘 분간하는 자였다. 불공정한 일을 하지 않았고, 사악하고 간계한 일을 허용하지 않았다. (이에) 그를 某省의 샤흐네로 임명하여 그 지역의 소송을 조사하고 공정한 법과 야삭으로 판단하여 안건을 판결함으로써 죄 없는 자가 억울하지 않게 하고, 먼 곳의 폭압자들과 거짓을 일삼는 자들이 사람들의 여론을 통제하여 다른 사람을 판결하는 일이 없게 하여 범법 행위에 따라 죄를 다스리게 할 것이다. 이에 이 명령이 효과를 발휘하여, 지금으로부터 某省의 법관, 장관, 백성들이 그를 조정이 지명한 관원이자 자신들의 감관으로 여기고, 그에게 소송을 청하기를 바란다. 그가 정의로운 법전을 근거로 하여 내린 명령에 반드시 복종하고, 규정에 따라 그의 봉록으로 보답하라. 그는 이에 만족하고, 넘치게 기대해서는 안

---

30) *Dastūr al-kātib fī ta'yīn al-Marātib*, 35~39쪽.

될 것이다."31)

이 임명서의 내용에 따르면, 훌레구 울루스 조정에서는 샤이크 투슨을 모 지역의 샤흐네로 임명했고, 그가 소송 판결의 공정 여부를 감찰하여 현지의 법치 질서 유지를 주된 업무로 맡았음을 알 수 있다. 그는 현지 장관과 법관이 주재하는 재판을 감찰하고, 재지세력 및 권세자들이 개입된 불공정한 사법 행위를 감시·처벌할 권한을 가지고 있었던 것이다.

다른 두 편의 임명서에 반영된 샤흐네의 임무 역시 주로 소송에 대한 감찰을 통한 지방의 법치질서 유지였다. 그 가운데 한 편의 임명서의 내용은 다음과 같았다.

② "모든 성인의 후예들, 법관, 장관, 징세관, 비체치, 그리고 아하르
Ahar 지방의 모든 백성들은 마땅히 알지니, 알리빅 Alībik은 그의 정확한 언행으로 동시대 귀족들 가운데 유명하고 그의 행동이 사람들의 칭송을 받고, 신뢰를 받을 만하다. 그 성에는 정의로운 샤흐네가 급히 파견되어야 하는데, 그는 권세자와 (그들로 말미암아) 유리하는 자들을 감당할 만큼 강한 자이다. 지금부터 그는 그 지역의 샤흐네이자 바스칵 bāsiqāq으로 임명되어 소송 안건들을 조사하여, 정의와 야삭에 근거하여 판결할 것이다. 종교적인 사안-이슬람 법관의 직책에 해당되는-들은 개입하지 않을 것이고, (이슬람 법관 또한) 자르구치와 샤흐네의 직무에 개입해서는 안 된다. 이로써 임명서의 효력이 발생하여 지금부터 그는 그 성의 샤흐네이자 총독이다. 샤흐네가 책임을 맡은 모든 사무는 그에게 의탁해

---

31) *Dastūr al-kātib fī ta'yīn al-Marātib*, 37~38쪽.

야 할 것이다."32)

　이 기사에 따르면, 아하르Ahar 지역의 감관으로 임명된 알리빅은 귀족 출신으로 조정에서 신임하는 자였다. 그는 '샤흐네'와 '바스칵'직을 겸하며 지역의 사법 행정을 주관하여 몽골의 야삭에 따라 판결했다. 이 임명서에서 두 가지 측면이 주목된다. 하나는 그가 파견 지역의 '샤흐네'와 '바스칵'의 역할을 겸하여 맡았다고 기술되어 있는 부분이다. 이를 통해 훌레구 울루스에서 '샤흐네'직과 '바스칵'직을 구분해서 사용했음을 알 수 있다(이에 관해서는 후술하도록 하겠다). 두 번째로 훌레구 울루스에서 이슬람 법관의 영역과 몽골에서 임명한 몽골 법관 자르구치 및 샤흐네의 법치 영역이 분리되어 있는 점이 주목된다. 즉 이슬람 법관은 이슬람과 관련된 종교적 사안들을 전담하고 그 이외의 민정 관련 사안에 대해서는 자르구치와 샤흐네가 함께 사법을 담당했다. 이를 통해 당시 훌레구 울루스의 법체계가 몽골법 '야삭'과 이슬람법 '샤리아'라는 이원적 체계로 나뉘어 있었으며 각각의 법체계를 전담하는 법관으로서 자르구치와 카디qadi가 임명되었음을 확인할 수 있다. 이러한 구조에서 감관 샤흐네는 자르구치와 함께 소송 심리 과정에 참여하여 법치가 공정히 이루어지도록 감독하는 역할을 맡았다.

　마지막 임명서에는 기존에 파견했던 샤흐네의 해임과 새로운 관원의 임명에 관한 내용이 기록되어 있다. 내용은 다음과 같다.

　③ 현재 살마스Salmās(타브리즈 북부에 위치한 아제르바이잔 도시) 지역의 사이드Sayyid, 법관, 파견된 자, 대인, 귀족, 사인 모두 샤흐네

---

32) *Dastūr al-kātib fī ta'yīn al-Marātib*, 35~37쪽.

shaḥna의 폭압과 방탕을 고발하기 위해 고소장을 작성했다. 이르기를 그의 부도덕한 요구와 탐욕스러운 부패가 이미 그들 능력의 범주를 벗어났으니 정의롭고 천성이 선한 샤흐네를 [보내달라고] 간청했다. 그들의 보고가 실로 진실하고 귀족들과 명망있는 자들이 그들의 증인이 되었기에 기존의 샤흐네를 해직시키고 지금부터 하지 알리야스Ḥājī Aliyās를 그곳의 샤흐네로 임명하여 전임 샤흐네의 폭압과 방탕의 진상을 조사하게 할 것이다. 누구에게든 불필요하고 잘못된 방식으로 얻은 것은 모두 거두어서 마땅히 받아야 할 자들에게 돌려주어야 할 것이다. 이후로 소송 당사자 쌍방 앞에서 [그는 마땅히] 그들의 정황을 조사하여 야삭에 근거하여 처리하되 올바르고 정의로운 법의 원칙을 따라 판결해야 한다. 이 명령의 효력은 지금부터 발휘될 것이며 그는 그 성의 샤흐네로서 소송 업무는 그에게 맡길 것이다. …… 그도 마땅히 불의한 자, 악한 말을 하는 자, 예전의 폭압자들을 멀리하고 그들의 말을 들어서는 안 될 것이다. 전임 샤흐네의 행위로 잃어버렸던 명성과 영예를 바로잡아 회복시켜야 할 것이다.[33]

이상의 임명서의 내용에 따르면, 살마스 지역의 사이드, 법관, 파견된 관원, 대인, 귀족 등이 현지 감관의 폭정을 고발했고 조정에서 그들의 요구에 따라 새로운 감관이 파견되었다. 훌레구 울루스에서 감관의 발호로 인해 지역 사회에서 불화와 갈등이 생겼을 경우, 현지 귀족 및 명망있는 자들이 조정에 감관의 위법 행위를 고발하여 파직에 이르게 했음이 주목된다. 이는 훌레구 울루스에서 감관이 몽골 통치자의 대리자로 파견되어 현지 장관의 행정과 사법을 감독하는 역할을

---

33) Dastūr al-kātib fī ta'yīn al-Marātib, 38~39쪽.

부여 받았지만, 동시에 파견 지역의 재지세력, 즉 현지 귀족, 명망가, 엘리트들의 견제를 받았음을 말해준다. 이러한 상황에서 새롭게 임명된 하지 알리야스는 "전임 샤흐네의 폭정과 방탕의 진상을 조사"하고 전임 샤흐네가 저지른 모든 악정을 바로잡는 책임을 맡았다.

홀레구 울루스 초기 몽골 통치자는 통치 질서를 수립했지만 중국에서처럼 중앙집권적인 통치체제를 갖추지는 않았고 몽골 전통의 통치제도와 피정복지인 이슬람 지역의 정치제도를 모두 유지하는 이원적 체제를 갖추었다. 이러한 구조가 형성된 것은 몽골 통치자들이 중앙집권화에 적극적이지 않았던 이유도 있지만 본질적으로 이슬람의 제도와 몽골의 유목적 통치질서를 일원화하기가 용이하지 않았기 때문이었다. 이러한 배경에서 홀레구 울루스에서 정치, 재정, 사법의 측면에서 각종 폐단이 누적되어 갔다. 13세기 말 가잔 칸은 중앙집권화 정책의 일환으로 일련의 개혁정책을 추진하여 폐단을 바로잡고자 했다.[34]

『집사 : 이슬람의 제왕』에는 가잔이 추진했던 일련의 사법개혁에 관해 다음과 같이 기록되어 있다.

"왕국 각지의 판관들은 알지어다. 나의 모든 생각은 어떻게 하면 폭정과 흑정과 강압과 거짓 소송과 분쟁을 백성들 사이에서 없애서, 세상과 세상 사람들이 편한 마음과 평온한 마음으로 생활할 수 있도록 할 수 있을까 하는 데에 집중되어 있다. 짐은 짐의 공정한 통치의 영향이 귀족과 평민, 먼 곳과 가까운 곳에 미쳐서 그들 모두를 포괄하고 대립과 분쟁의 근원이 민중들 사이에서 사라져서 법도가 그들의

---

34) 관련 내용은 本田實信, 「ジャライル朝のモンゴル·アミール制」, 『モンゴル時代史硏究』, 東京 : 東京大學出版會, 1991, 83~99쪽 ; Denis Aigle, "Iran under Mongol Domination", *Bulletin d'Etudes Orientales*, supp157, 2008.

중심에 자리 잡고, 강압과 기만과 교활함의 문들이 완전히 닫히도록 하고자 한다. 이런 까닭에 짐은 율법의 사무와 종교적 업무를 담당하는 판관과 학자들에게 여러 차례에 걸쳐 칙령을 내려서, 율법의 규정들과 공정한 법률에 의거하여 백성들 사이에서 분쟁의 해결과 소송의 종식이 이루어지도록 했던 것이다. 어떠한 강압이나 위조나 편향의 의혹들로부터도 자유로울 수 있도록 하였다. 그러한 일들 가운데 가장 중요한 사무는 위조된 문서 혹은 날조된 판결문이나 증빙 서류들을 자세히 관찰하여 사태의 근원을 추궁하는 것이다."35)

위의 기사는 가잔 칸이 즉위했을 당시 당면했던 사법 현실을 드러낸다. 이 기사를 통해 당시 지방사회에서 진행되는 사송에 불법이 만연해 있었음을 알 수 있다. 이러한 상황에서 조정에서는 감관을 파견하여 지방의 사송을 감독하고 각종 불법 행위를 근절시키는 임무를 맡겼던 것이다.

가잔 칸은 「판결권 위임에 관한 칙령」에서 샤흐네에게 명하여 자신이 임명한 판관에게 비방하는 말을 하거나 대꾸를 한 자, 그에게 존경을 표하지 않은 자를 처벌하게 했다.36) 또한 몽골인들 사이의 소송, 몽골인과 무슬림 사이의 소송, 혹은 판결을 내리기 어려운 송사들이 발생할 경우, 매월 이틀 "감관, 말릭, 서기관, 판관, 알리의 후예들과 학자들이 대모스크의 심의청에 모여 소송을 집단으로 진행하여 그 [사건의] 실체를 확인하도록 했다."37) 이처럼 훌레구 울루스에서 칸이 임명한 법관이 있었음에도 불구하고, 조정에서는 감관을 파견하여 사법에

---

35) 『일칸들의 역사』, 257쪽.
36) 『일칸들의 역사』, 253쪽.
37) 『일칸들의 역사』, 254쪽.

대한 감찰을 행하였다. 또한 몽골인들 간의 분쟁 혹은 몽골인과 무슬림 간에 갈등이 발생했을 때 約會의 방식으로 법관, 지방 관원, 감관이 함께 사송을 심리하게 했다. 샤흐네의 이러한 역할은 가잔 칸 시기 추진된 사법개혁을 통해 더욱 구체화되었던 것으로 보인다. 그렇다면 『書記規範』에서 샤흐네 알리빅이 겸직했던 '바스칵'이라는 관직은 어떠한 역할을 담당했던 것일까?

3. 훌레구 울루스의 바스칵

바스칵은 페르시아어 사료에서 언급되는 관명으로 몽골의 서방 원정 시기에 처음 나타났다. 이들은 피정복 지역에 鎭守官으로 임명되었으며 정복전쟁에도 참여했다. 한 연구에서는 아랍-페르시아 어휘 샤흐네, 몽골의 다루가치에 상응하는 투르크 어휘로서 바스칵을 이했고 세 어휘가 모두 환용 가능한 것으로 보았다.[38] 『집사』 나와 있는 관련 기록을 살펴보면 다음과 같다.

> 칭기스칸은 도시 밖으로 나와 일반 시민들을 불러모았다. … "여러분들이 믿고 신뢰할 사람이 누구인가?" 사람들은 저마다 자기가 신뢰하는 사람들[의 이름]을 댔다. 그는 [그들 각각에] 대해 몽골인 한 명과 타직인 한 명을 '바스칵'이라는 직함을 주어 임명함으로써, 군인들이 그들을 괴롭히지 못하도록 했다.[39]

이 기사는 1220년경 칭기스칸이 부하라를 점령한 후 취한 조치였다.

---

38) István Vásáry, 1978, 205~206쪽.
39) 『칭기스칸기』, 339쪽.

그는 불안에 떨고 있는 시민들을 안무할 목적으로 몽골인과 현지의
타직인을 '바스칵'으로 임명해 그들을 보호하게 치안을 유지하게 했다.
여기에서 주목되는 점은 정복 지역의 鎭守를 위해 몽골인과 타직인
두 명이 임명되었다는 점이다. 몽골은 정복 활동 중에 타직인처럼
현지 사정을 잘 아는 자를 통해 피정복지 주민들의 신뢰를 얻고 전란으
로 파괴된 사회를 회복시키는 역할을 맡겼다. 『집사』에 수록된 바스칵
에 관한 또 다른 기사를 살펴볼 수 있다.

> 카라 키타이 종족 출신인 친 테무르는 그 왕국과 마잔다란 왕국의
> 아미르에 임명되었는데, 그 정황은 다음과 같다. 주치가 호레즘을
> 공략할 때 자신을 대리하여 감관(shaḥna)으로서 그를 호레즘에 남겨
> 두었다. '카안'의 치세에 초르마군을 이란 땅으로 파견할 때, [각] 지방
> 의 지도자들과 바스칵들로 하여금 직접 군영으로 가서 초르마군을
> 지원할 것을 명령했다.[40]

이 기사에 따르면 우구데이 카안이 제위에 오른 이후 중앙아시아에
주둔하고 있는 친 테무르 등의 장군들에게 명해 이란 원정을 위해
파견된 초르마군을 지원하도록 했으며, 이때 각 지방의 지도자들과
바스칵들도 함께 출정했다.
라시드 앗 딘의 관련 기사는 동시대 사료인 주베이니의 『세계정복자
사』를 史源으로 삼아 정리한 것이다. 그런데 흥미롭게도 『세계정복자
사』의 해당 기사에서는 반세기 후에 편찬된 『집사』와는 다르게 친
테무르가 '정복 지역의 바스칵'으로 임명되었다고 기록하고 있다.[41]

40) 『칸의 후예들』, 80쪽.
41) 『世界征服者史』, 540쪽.

관련 기사를 살펴보면 다음과 같다.

> "친 테무르는 후라산과 마잔다르를 지키기 위해 처음으로 임명된 아미르로서 그는 카라 키타이 출신이었고, 호레즘 정복 당시 주치가 현지의 바스칵으로 임명했다. 세계의 황제 '카안'은 초르마간을 네 번째로 큰 주에 파견하면서 명령하기를, '사방의 대장들과 바스칵들은 군을 따라 출정하여 초르마간을 지원하도록 하라'고 했다.

이 기사에 따르면 칭기스칸의 서방 원정 당시 활동했던 역사가 주베이니는 '카안'이 피정복지에 임명한 자들의 관직을 기재할 때 샤흐네와 바스칵을 명확히 구분하지 않고 사용했다. 또 다른 기사에서 주베이니는 몽골 정복전쟁 시기 鎭守官에 임명된 무장들을 '바스칵'이라고 명명했으며, 중앙아시아의 대도시에 파견된 관리들을 '샤흐네'로 기록했다. 몽골 정복 전쟁 시기 '바스칵'과 '샤흐네'를 둘러싼 페르시아 사가들의 다소 모호한 구분은 라시드 앗 딘 시기에 이르러서 보다 명확해졌다. 라시드 앗 딘은 관할 지역 범위 및 직위 고하에 따라 양자를 명확히 구분하여 범위가 넓은 지역에 파견된 '카안'의 대리자이자 최고위 감독관은 '샤흐네'로, 특정 촌라익 치안 유지를 위해 임명된 鎭守官들은 '바스칵'으로 다르게 기록했다. 몽골제국 말기에 편찬된 『書記規範』의 두 번째 임명서에서도 '샤흐네'와 '바스칵'이 구분되어 사용되었다.

한편 몽골측 자료에는 몽골의 서방 원정 이후 정복 지역에 임명한 자들을 모두 '다루가치' 또는 '다루가'로 기록하고 있다. 『몽골비사』에 따르면, "사르타올 사람들을 취하고 나서 칭기스칸이 다시 분부하여 각 성마다 다루가치들을 두었다." 또한 칭기스칸은 우르겐치 성에서 투항한 후 도시의 법도와 체제를 칭기스칸에게 아뢴 얄라바치와 마스우드 부자 가운데 마스우드 벡을 "다루가들과 함께 부하라, 사마르칸트, 우르겐치, 호탄, 카슈가르, 야르칸드 쿠차, 타림 등의 도시들을 통치하도록 맡겼다."42)라고 했다. 이처럼 몽골제국 초기 기록들을 살펴보면, '다루가치'와 '다루가'를 구분해서 사용했다. '다루가'는 몽골 정복전쟁 시기 이미 존재하고 있던 호칭이고, 몽골의 정복 지역 관할의 필요성이 대두되면서 '다루가치'라는 정식 관명이 출현했던 것으로 보인다.

앞서 14세기 몽골의 유라시아 지배체제가 갖추어지고 피정복 지역에 대한 지배가 체계화되면서 다루가치의 직무도 세분화되었음을 확인했다. 이러한 양상은 몽골 통치하의 중국에서 뚜렷하게 나타난다. 서아시아에서도 이후 관할하는 영역의 규모와 직책에 따라 감관은 샤흐네, 지방에 임명된 管民長官은 바스칵으로 명확히 구분되었다. 14세기 중후반 라술 왕조에서 편찬된 The King's Dictionary : The Rasulid Hexaglot에 따르면 샤흐네는 '총독, 지방행정 장관' 등으로, 바스칵은 '시장, 鎭長' 등으로 설명되고 있다.43)

『집사』에 수록된 가잔 칸 시기의 한 칙령에서는 조서의 수신자로 "바스칵과 말릭, 그리고 짐을 대신하여 모모 지방에서 장관을 하고 있는 사람들"이 명시되어 있다.44) 이를 통해 훌레구 울루스에서 '바스칵'이 일정 지역을 관할하는 영주인 말릭, 지방관과 함께 지방통치에 간여했음을 알 수 있다. 이 조서에 따르면 가잔 칸은 바스칵을 비롯한 지방장관들에게 명하여 자신이 임명한 판관에게 "지방에서 벌어지는 모든 사건과 사무들 가운데 율법에 속하는 것들은 그에게 고하여

---

42)『몽골비사』, 274쪽.

43) The King's Dictionary : The Rasulid Hexaglot.

44) 라시드 앗 딘 저, 김호동 역주, 『이슬람의 제왕』, 사계절, 2023, 253쪽.

그가 판결과 결정을 내리게 하라."고 했다. 또한 "누구든지 판관의 면전에서 혹은 그에 대해서 비방하는 말이나 대꾸를 한다면" 그 지역의 감관 '샤흐네'가 나서서 그 자를 처벌하라고 명했다.[45] 몽골제국 초기의 전통이 남아 있다면, 바스칵은 몽골 칸의 대리자로서 현지의 말릭과 지방관을 감독하면서 현지 장관들과 공동 통치 방식으로 지방행정을 주관했을 것이다. 또한 이 조서에서 볼 수 있듯이 '샤흐네'는 중앙에서 별도로 파견되었으며 지방장관들의 상급 관원으로서 지역질서의 유지에 주력했음을 알 수 있다. 이처럼 바스칵과 샤흐네는 훌레구 울루스에서 서로 구분되는 관직이었지만, 앞서 살펴본『書記規範』의 두 번째 〈감관(shaḥna) 임명서〉를 받은 알리빅 사례처럼 바스칵이 샤흐네를 겸직하는 경우도 확인된다.[46]

정리하자면, 양자는 모두 기본적으로 몽골 통치자가 페르시아 정복 지역을 관할하기 위해 파견한 감독자들이었다. 샤흐네는 관할 범위의 규모가 큰 행정광역구 혹은 번성한 도시에 파견되어 몽골칸의 대리자로서 지방행정 및 현지 지방세력들을 감독하는 역할을 맡았던 것으로 보인다. 또한『書記規範』에 따르면 샤흐네는 원칙적으로 몽골 귀족 출신이 임명되었으나, 바그다드의 도독 마하무드 수쿠르치速古兒赤[47] 처럼 피정복 지역 출신의 비몽골인이 임명되는 경우도 있었다. 이에 비해 바스칵은 상대적으로 규모가 작은 하급 지방행정기구에 임명되었으며 샤흐네와 달리 관할 지역의 징세 활동과 같이 지방의 모든 실제적인 행정을 관할하고, 직접 참여도 했다.[48]

---

45)『이슬람의 제왕』, 253쪽.
46) Dastūr al-kātib fī ta'yīn al-Marātib, 36쪽.
47)『史集』第3卷, 229쪽.
48)『칭기스칸기』, 339쪽.

제2절 복속국 다루가치 : 高麗와 安南의 다루가치

1. 高麗다루가치

몽골은 세계정복 과정에서 자발적으로 귀부하는 정권에 대해서는 자치권을 인정하고 국왕 친조, 다루가치 파견, 군수물자 지원 등과 같은 복속국의 의무를 수행하도록 했다. 몽골은 동아시아 지역에서 세력을 확대하는 과정에서도 이 같은 소위 '六事'의 의무를 高麗와 安南 지역에 요구했고 이를 총괄하는 다루가치를 파견했다. 그렇다면 고려와 안남 지역에서 다루가치는 어떠한 역할을 담당했으며 몽골과 각 복속국 간의 관계에 어떠한 영향을 미쳤을까? 이 장에서는 고려다루가치의 파견 양상을 살펴보고 그 의미와 특징에 대해 고찰해보고자한다.

1) 몽골·고려 관계 초기 다루가치의 파견과 군사적 충돌

1218년 거란군이 평양 동쪽 江東城에서 농성을 벌였고 몽골 장수 카친哈眞과 차라札刺가 이들을 진압하기 위해 몽골군 1만과 東眞軍 2만으로 구성된 연합군을 지휘하여 고려 경내로 들어오면서 고려와 몽골의 첫 접촉이 이루어졌다. 고려 조정에서는 카친의 요청대로 군량 1천 석을 보내고, 趙沖과 金就礪로 하여금 1만 군대를 이끌고 군사적 지원에 나서게 했다. 1219년 몽골·동진·고려 연합군은 강동성을 함락했고 직후에 몽골과 고려 양측의 장수들은 '형제맹약'으로 불리는 화친관계를 맺었다.[49]

1225년 칭기스칸의 동생 옷치긴이 파견한 사신 著古與가 귀환길에 살해당하는 사건이 발생했다. 당시에는 양국 간의 국교만 단절되었을 뿐, 몽골은 고려에 대해 별다른 조치를 취하지는 않았다. 몽골과 고려 관계가 새로운 전기를 맞이한 것은 칭기스칸이 사망하고 우구데이가 즉위한 이후였다. 우구데이 시기 동아시아 지역에 대한 정책이 공세적으로 전환되면서 금 지배하의 북중국 대부분 지역이 몽골에 함락되었다. 1231년 몽골은 대금 원정에 앞서 7년 전 저고여가 살해당한 사건을 빌미로 고려를 침공했다. 몽골군을 이끈 살리타이撒禮塔의 공세로 결국 고려가 각종 예물을 바치고 칭신의 표문을 올리자, 몽골은 王京과 고려 北界의 성들에 다루가치를 파견하여 복속한 성들을 鎭撫하게 했다. 이들이 고려에 처음으로 파견된 다루가치들이었다.

『元史』의 관련 기록에 따르면, 살리타이는 왕경인 開京과 西京을 비롯하여 北界의 "京·府·縣에 다루가치 72인을 두어 그들을 감독하게 하고, 곧 군사를 돌이켰다."[50] 『元史』에 나오는 관련 기록을 살펴보면, 그는 40여 개의 성을 취한 후, "제도를 받들어 관원을 설치하고 그 땅을 鎭撫하게 했다"[51]고 했다. 몽골 정복전쟁 시기에 다루가치를 2명씩 두던 관행에 따라 다루가치를 각 성에 대개 2명씩 파견하고, 소규모의 城鎭이나 縣급 행정단위에는 1명씩 파견하는 방식을 취하여 북계의 40여 개 성에 72명의 다루가치가 파견되었으리라 생각된다. 『고려사』 기록에 따르면, 고려 조정에서 내시 尹復昌을 북계의 여러 성에 보내 다루가치의 활과 화살을 빼앗게 했으나, 그는 도착하자마자

---

49) 『高麗史』 권103, 「趙沖傳」.

50) 『元史』 권208, 「高麗傳」, 460쪽. 이들에 관해 『高麗史』, 『高麗史節要』에는 "북계의 龍岡, 宣州에 몽골 다루가치 4인이 왔다."라고 기록되어 있다. 『高麗史』 권23, 高宗 19년 3월 壬申 ; 『高麗史節要』 권16, 高宗三 壬辰 19년 5월(民族文化推進會, 1968).

51) 『元史』 권2, 「太宗紀」, 31쪽.

다루가치에게 피살 당했다. 이후에 西京巡撫使인 대장군 閔曦의 주도로 다루가치들을 제거할 모의가 이어졌다.[52] 이를 통해 고려에 들어온 무장한 다루가치들이 고려에 상당한 위협으로 간주되었음을 알 수 있다. 결국 다음 해, 고려 각 현의 다루가치들이 사로잡히거나 피살 당했고, 조정에서는 왕경과 각 州郡의 백성들을 이끌고 강화도로 入保하며 본격적인 저항에 돌입했다.[53]

몽골은 중국의 화북 지역을 거의 지배하에 넣은 상황에서 고려까지 복속시킬 의도로 군사·정치적 요충지 곳곳에 다루가치들을 배치했으나 이는 고려 측의 거센 저항을 불러일으켰다. 1231년 몽골의 제1차 고려 침공 이후 1235년부터 1254년까지 모두 네 차례 고려 원정이 감행되었다. 이 기간 몽골에서는 지속적으로 고려의 '出陸還都'와 다루가치 파견을 전제로 한 복속을 요구했으나[54], 고려는 완강히 거부했다.

그런데 1257년으로 접어들면서 고려와 몽골 관계에 변화가 나타나기 시작했다. 먼저 고려에서 대몽항쟁을 주도하던 최씨 무신정권이 몰락하고, 1258년에는 그들을 타도하는 정변이 발생했다. 이를 계기로 조정에서 강화를 주장하던 세력을 중심으로 몽골과 화친을 맺으려는 움직임이 나타났다. 이러한 노력의 일환으로 장군 朴希實 등이 몽골로 파견되어 출륙환도의 뜻을 전했고, 몽골 측이 요구한 태자의 입조도 성사되었다. 1259년 태자 王倎은 몽골에 입경했으나 南宋 원정 중이던 뭉케 카안의 사망 소식을 접하게 된다. 이에 귀환길에 올랐던 태자는 도중에 차기 '카안'의 가능성이 있었던 쿠빌라이를 만났고, 이는 향후

52) 『高麗史』 권23, 高宗 18년 7월.
53) 『元高麗紀事』, 5쪽.
54) 『高麗史』 권24, 高宗 40년 11월.

고려와 몽골 관계의 새로운 전환을 가져왔다. 왕전은 쿠빌라이와의 만남에서 귀부의 뜻을 전했다. 다음 해 고종이 사망하면서 대칸의 지위에 오른 쿠빌라이가 그를 책봉했다. 이를 계기로 고려와 몽골 양국은 공식으로 화친 관계에 접어들었다.[55)]

　몽골 측에서는 고려와 전쟁을 하던 시기에도 고려 서북부 점거 지역에 다루가치를 파견했던 것으로 보인다. 1260년 쿠빌라이가 원종에게 보낸 조서에는 "고려에 주둔하고 있는 부대는 가을을 기한으로 철수할 것이고, 원래 파견했던 다루가치 보르카바르李魯合反兒와 바토르拔觀魯 일행을 모두 서쪽으로 귀환하도록 명령했다."고 기록되어 있다.[56)] 이를 통해 군정 장관 다루가치가 고려 서북변에 배치되었음을 알 수 있다. 위의 다루가치들 외에도 쿠빌라이가 앞서 태자 신분으로 입조했던 왕전을 호송하기 위해 파견한 다루가치 수리타이束里大와 康和尙이 있다. 수리타이의 행적에 관해서는 알려진 바 없지만, 강화상에 관해서는 고려인이며 어릴 적에 몽골에 포로로 잡혀간 자라고 기록되어 있다.[57)] 몽골이 복속 지역에 몽골인과 현지인 다루가치를 함께 두던 관행대로 의사소통에 능한 강화상을 함께 파견한 것을 알 수 있다. 고려의 출륙을 감독하기 위해 파견되었던 이들은 얼마 후 몽골로 귀환했다.[58)] 이 시기 고려에 파견되었던 다루가치들은 정복 전쟁 시기 '카안'의 대리자로서 복속 지역을 감찰하는 전형적인 군정 장관이자 감독관의 역할을 수행했다.

---

55)『高麗史』권25, 元宗 원년 3월.
56)『高麗史』권25, 元宗 원년 2월.
57)『高麗史』권25, 元宗 원년 2월.
58)『高麗史』권25, 元宗 원년 8월.

2) 몽골·고려의 화친과 다루가치 파견

대칸의 지위에 오른 쿠빌라이는 즉위 직후에 고려와 안남에 조서를 보냈다. 양측에 보낸 조서에는 모두 "의관과 의례, 풍속을 옛 방식대로 따르도록 하겠다."[59]는 소위 '不改土風'의 약속과 안정 보장에 대한 내용을 담고 있다. 당시 쿠빌라이는 대칸의 자리에 올랐으나 동생 아릭 부케와 계승 분쟁으로 내전중이었고 한인세후 세력의 반란에도 직면했다. 고려와 안남의 귀부는 대내외적으로 쿠빌라이의 '카안'으로서의 입지를 공고히 하는 기회가 되었다. 다른 한편으로 고려·안남의 귀부는 남송이라는 적대세력을 마주하고 동아시아 정세를 유리하게 이끌어갈 수 있는 기회로서도 작용했을 것이다. 이 시기 고려에서 민호 편적[籍民], 군사적 지원[出師旅], 군량미 보급[轉輸糧餉], 군수물자 보조[補助軍儲]와 같은 복속국의 의무를 이행하지 않았음에도 불구하고 몽골에서는 한 차례 질책의 조서를 보냈을 뿐 한동안 별다른 조치를 취하지 않았다.[60]

그런데 대내외적으로 반란 세력을 일소하고 통치체제를 안정적으로 수립한 후 쿠빌라이의 대외 정책에도 변화가 나타났다. 몽골은 본격적으로 남송 원정을 준비했고, 일본과의 외교 교섭도 시도했다. 동아시아에서 지배력을 확대해 나가는 과정에서 고려의 역할이 더욱 중요해졌다. 1268년 쿠빌라이는 원종에게 조서를 보내 '內屬之國'의 의무를 상기시켰다. 조서 후반부를 살펴보면 남송 정벌을 앞두고 '군대와 전함 준비, 군량 비축, 다루가치 설치 등의 의무'를 재차 강조하고 있으며 몽골의 고려에 대한 강경한 어조를 엿볼 수 있다.[61]

---

59) 『元史』 권209, 「安南傳」.
60) 『高麗史』 권25, 元宗 3년 12월.

몽골의 변화된 대외 기조와 강경책으로 고려 왕실과 무신 세력의
갈등이 심화되었고, 급기야 권신 林衍이 원종을 폐위시키는 사태까지
벌어졌다.(62) 고려 세자 王諶을 통해 이 사실을 접한 쿠빌라이는 몽골
관원들을 파견하여 사태를 수습하게 했고, 원종이 復位하여 사태가
일단락됐다. 이 사건을 계기로 고려에 다루가치가 정기적으로 파견되
기 시작했으며, 1270년을 시작으로 1278년까지 이어졌다. 이들은 원의
지방장관으로서의 다루가치와는 그 성격을 달리하는, 한 정권의 국정
전반을 감시하는 監國의 성격을 지닌 다루가치였다.

〈표 17〉 1270~1278년 파견된 고려다루가치

	관직	민족	임기	재직 기간(개월)	
톡토르脫朵兒	정다루가치	몽골	1270. 5.~1271.10.	17	사망
焦天翼	부다루가치	한인	1270. 5.~1273. 9.	40	
李益	정다루가치	한인	1272. 4.~1274.12.	32	
周世昌	부다루가치	한인	1273.12.~1275. 2.	14	사망
黑的	정다루가치	몽골	1274.12.~1275. 7.	7	귀국
石抹天衢	부다루가치	거란	1275.12.~1278. 9.	33	

〈표 17〉을 살펴보면 몽골제국 초기 복속 지역에 2명의 다루가치를
임명했던 관행대로 고려에 2명의 다루가치가 파견되었음을 확인할
수 있다. 이들은 각각 정다루가치와 부다루가치로 식급이 나뉘어 있었
으며, 부다루가치는 몽골제국 초기의 관행대로 현지와의 의사소통이
가능한 한인들이 맡아 정다루가치를 보좌했던 것으로 보인다.
이 표에 기록된 재직 기간을 살펴보면, 사망과 귀국이라는 특수
상황을 제외하고 대개 32개월에서 40개월 동안 고려에 머물렀다. 당시

---

61) 『高麗史』 권26, 元宗 9년 3월.
62) 『高麗史』 권26, 元宗 10년 6월.

원에서 다루가치의 임기를 '30개월'로 규정하고 있었고[63], 『고려사』에서 다루가치 초천익이 "임기가 차서 돌아가게 되었다[秩滿將還]"라고 기록된 것으로 미루어 고려다루가치들은 대개 30~40개월 동안 재직했음을 알 수 있다.

이들의 관품은 원의 路급 지방행정단위에 파견된 다루가치와 동일하게 3품이었지만, 이들은 대칸을 대리하여 외국에 파견된 특사로서 고려 국왕의 국정 운영과 내부 정치에 간여할 정도로 그 위세가 대단했다. 이는 고려왕과 몽골에서 파견된 다루가치 간의 위계가 불명확했던 점도 요인으로 작용했다. 『고려사』에는 다루가치 톡토르脫朵兒가 본국으로 귀환할 때 원종이 몸소 교외에서 전송했다는 기록이 있고[64], 이익이 고려다루가치로 파견되어 왔을 때 왕이 성 밖으로 나가 맞이했다는 기사[65]가 나온다. 이를 통해 고려 왕이 외교 사신을 '카안'의 대리자로 인식하고 예우를 뛰어넘는 극진한 대접을 했음을 알 수 있다.

속국에 파견된 다루가치들은 복속 지역의 정세를 감독하고, 병력을 징집하며, 군수 물자와 공납의 징발을 총괄하는 임무를 맡았다. 『고려사』에 따르면 다루가치들이 강화도에 들어가서 출륙 상황을 두루 살폈고[66], 1271년에는 부다루가치 초천익이 무기를 민가에 둘 수 없다는 명에 따라 이를 모두 압수하여 관할했다.[67] 고려 왕실은 왕권이 공고하지 않은 상황에서 반란이나 치안과 같은 안보 사안을 다루기 위해 다루가치들과 긴밀히 공조하거나 그들에게 의지해 대처했다. 당시 고려의 정세는 불안정했다. 반란을 일으켜 다루가치와 관리들을 살해

---

63) 『元典章』 권9, 「吏部三·官制·投下官」 投下達魯花赤遷轉條.
64) 『高麗史』 권26, 元宗 9년 12월.
65) 『高麗史』 권26, 元宗 13년 4월.
66) 『高麗史』 권26, 元宗 11년 9월.
67) 『高麗史』 권27, 元宗 12년 10월.

하고 삼별초에 투항하고자 하는 자들도 있었고[68], 반란을 일으켜 지방 관리들의 살해를 도모하였으나 실패하고 쌍성총관부의 고려인 총관 趙暉에게 투항하는 자도 있었다. 이뿐 아니라 고려에 들어와 있던 몽골 병사들이 백성들을 수탈하는 사건까지 발생했다. 고려 내부의 반란뿐 아니라, 몽골 병사의 무도한 행위까지 더해지면서 고려 조정과 다루가치는 긴밀히 협력하지 않을 수 없었다. 반란 세력을 진압하고 처단하는 과정에서 다루가치가 개입하여 직접 죄수를 국문하고 형벌을 내렸다.[69]

고려에 파견된 다루가치들은 경제적 임무도 수행했다. 원에서는 매해 고려로부터 금속제품, 직물, 인삼, 종이, 수달피 등 대량의 공물을 징발해 갔다. 이러한 공물 징수와 운반의 임무 역시 다루가치의 몫이었다. 원 조정이 필요한 물품을 다루가치에게 요청하면 다루가치는 물품을 구하기 위해 직접 나서기도 했다. 가령 원 조정에서 궁실 건축에 쓸 목재를 요구하면 다루가치가 직접 靑藤·八郎蟲·비자나무[榧木] 등을 구하러 갔고[70], 동계와 경상도에서 고래기름[鯨魚油]을 직접 구했으며[71], 고려의 장수와 함께 洪州에서 금을 채굴하기도 했다.[72]

고려에 파견된 다루가치들은 내부의 군사적 위협에 맞서 고려 재추들과 함께 군사 열병을 통해[73] 군사적 동맹을 과시하기도 했다. 고려의 북변이나 남쪽에 위치한 탐라에도 다루가치들이 파견되었다. 이들이 임명된 지역의 지정학적 위치에 따라 특수한 임무를 맡았다. 북변의

---

68) 『高麗史切要』 권18, 元宗 12년 1월.
69) 『高麗史切要』 권19, 元宗 12년 2월.
70) 『高麗史』 권27, 元宗 12년 6월.
71) 『高麗史』 권27, 元宗 14년 12월.
72) 『高麗史』 권28, 忠烈王 2년 7월.
73) 『高麗史』 권27, 元宗 12년 5월.

의주에 파견된 다루가치는 본국에 의주 지역의 말을 진상했으며[74], 탐라 지역의 다루가치들은 전함 건조와 같은 특별한 임무를 부여받기도 했다.[75] 고려다루가치는 고려에서 일본 원정을 준비하면서 본국의 몽골 장수들과 파병에 관해 논의하는 한편, 원 조정과 고려 왕실의 소통 창구의 역할을 담당했다.[76]

다루가치의 주요 임무 중 하나는 호구 조사와 편적이었다. 몽골 측에서는 고려와의 전쟁 초기부터 항복 조건으로 내세운 것이 '민호의 편적[籍民]'이었으며 고려와의 화친 이후에도 六事의 의무 중 하나로 이를 요구하였다. 그러나 사료상에는 고려가 민호 편적을 시행했다는 기록이 없다. 1271년 다루가치 톡토르가 고려의 제도와 관습을 고치려 했으나, 고려 왕의 반대로 무산된 일이 있었다.[77] 당시 톡토르는 노비법을 개정해 고려 노비들을 양민으로 전환하려 했다.[78] 고려의 민호 편적에 대한 다루가치의 간섭은 고려 측에 위기감을 가져왔다. 이러한 시도는 원종이 몽골의 '本俗主義' 기조와 '不改土風'의 약속을 쿠빌라이에게 상기시킴으로써 가까스로 무산되었다.

3) 고려 국왕과 다루가치의 충돌 및 다루가치 파견 중단

다루가치는 재직 기간 동안 고려 국왕을 비롯하여 관리들에게 극진한 대접을 받으며 상당한 위세를 누렸다. 톡토르는 당시 平章事로 권세를 누리던 柳璥을 파면시키고, 政堂文學 兪千遇를 유배 보냈으며[79],

---

74) 『高麗史』 권28, 忠烈王 4년 5월.
75) 『高麗史』 권29, 忠烈王 6년 8월.
76) 『高麗史』 권27, 元宗 14년 2월.
77) 『高麗史』 권31, 忠烈王 26년 11월.
78) 『高麗史』 권31, 忠烈王 26년 11월.

이후 유경까지 섬으로 유배 보냈다가 다시 소환했다.[80] 고려의 중신을 파면시킬 정도의 권력을 가졌던 톡토르는 고려 국정에도 간여했다. 그는 고려 왕에게 남방에 주둔해 있는 병사들이 백성들에게 해를 가하는 상황을 알리며 여러 도에 관원을 파견하기를 권했다. 그의 건의에 따라 고려 조정에서 경상도와 전라도 등지에 안무사를 파견했다.[81]

한편, 『高麗史』에는 그의 다른 면모에 관해 기록되어 있다. 관련 기사에서는 그가 진중하고 너그러워 백성들을 구제했으며, 사법 처리에서도 공정하고 직권을 남용해 불법을 자행하지 않았기에 왕도 그를 상당히 중히 여겼다고 했다. 그가 병이 들었을 때, 고려 왕실이 國醫를 통해 약을 지어주었으나, 이는 몽골 측에서 독살로 오해할 수 있다고 여겨 빌미를 제공하지 않으려 약을 마시지 않고 사망했다.[82]

고려 왕이 다루가치의 개인적 성품에 의존하며 유지된 상호 호혜적 관계는, 고려 왕이 몽골 공주와 혼인해 '카안'의 부마가 되고 몽골이 남송 전쟁에 돌입하면서 전혀 다른 양상으로 전개되었다. 1274년 파견된 다루가치 흑적은 성질이 간사하고 거짓말에 능해 원종이 그를 신뢰하지 못했고, 다루가치로서 고려에 파견된 이후 매우 거만하여 왕이 여러 차례 그를 제압하고 나서야 방자히 행하지 못했던 것으로 알려져 있다. 흑적은 국왕과 여러 차례 충돌했으며, 결국 갈등 끝에 국왕과 제국대장공주의 만류에도 불구하고 임기를 채우지 않고 7개월 만에 본국으로 돌아가버렸다. 제국대장공주는 그가 원 조정에 참소해

---

79) 『高麗史』 권26, 元宗 11년 12월.
80) 『高麗史切要』 권19, 元宗 12년 1월.
81) 『高麗史切要』 권19, 元宗 12년 2월.
82) 『高麗史』 권27, 元宗 12년 10월.

분란을 일으킬 것을 우려해 자신의 사속인을 보내 감시하도록 했다.[83] 실제로 흑적은 카안에게 고려의 여러 폐해를 고발했다.[84]

흑적 이후 고려에 다루가치로 파견된 石抹天衢 역시 고려 왕에게 고압적인 태도를 보였다. 1276년, 다루가치 석말천구는 고려 국왕 문서의 격식이 예법에 맞지 않는다며 왕을 질책했고 결국 宣旨를 王旨로, 朕을 孤로, 赦를 宥로, 奏를 程으로 낮추는 방향으로 개정하기에 이르렀다.[85] 고려 내의 다양한 세력들은 갈등을 부추겨 이러한 상황을 더욱 악화시켰다. 1276년 정화궁주가 왕의 총애를 잃고 무녀를 불러 제국대장공주를 저주한다는 내용의 투서가 다루가치 석말천구의 관아에서 발견되었다. 석말천구는 이 투서와 함께 김방경·이창경 등 43인이 강화도 출륙을 모의한다는 소식을 듣고 이들을 가두고 재상들과 함께 심문했다.[86] 소위 '김방경 무고사건'으로 알려진 이 사건은 충렬왕이 원 조정을 찾아 해명을 하고 나서야 일단락 되었다.

주목할 만한 사실은 충렬왕이 이 사건을 무마하기 위해 대도의 원 조정을 방문하여 몽골 세력으로 인한 폐해의 시정과 여러 개선책을 요청하는 등 적극적인 외교력을 발휘했다는 점이다. 그는 다루가치의 임기가 다 되었으니 일찍부터 고려와 교류가 잦았던 낭기아타이를 다루가치로 파견해 달라고 요청했다.[87] 충렬왕은 고려에서 '익명의 투서' 사건이 일어나자 관군관과 다루가치가 관련자들을 고문했고, 이로 인해 나라가 소란스러워졌다는 사실을 전했다. 그는 고려 내부에서 발생하는 고소 건을 직접 조사해 원의 관부에 보고하겠다고 제안했

---

83) 『高麗史』 권28, 忠烈王 원년 7월.
84) 『高麗史』 권28, 忠烈王 원년 10월.
85) 『高麗史』 권28, 忠烈王 2년 3월.
86) 『高麗史』 권28, 忠烈王 2년 12월.
87) 『高麗史』 권28, 忠烈王 4년 7월.

다. 이외에도 탐라다루가치들이 고려 조정과 논의 없이 역참을 설치하고 있는 사태, 몽골에서 파견된 관원들이 탐라와 진도 백성들을 강제노역에 충당하는 문제 등을 제기했다. 가장 주목되는 내용은 충렬왕이 긴급한 사안이 발생할 경우 다루가치를 통해 문서를 발급하여 보고하게 되면 지체되어 일이 잘못될 수 있으니 다른 부마들과 동일하게 箚子를 발급할 수 있게 해달라고 한 부분이다.[88] 다루가치의 존재가 몽골 황실과 고려 왕실 간의 소통에 부정적 영향을 미칠 수 있다고 판단하고 그는 부마라는 지위를 통해 카안에게 직접 보고할 수 있는 체계를 마련해 달라는 요청이었다. 고려에서 몽골 세력과 친원 세력이 득세하던 상황이었기에, 이러한 요구는 더욱 절실했던 것 같다. 결국 충렬왕은 쿠빌라이 카안으로부터 "어찌 꼭 다루가치여야 하겠는가? 그대가 스스로 좋은 바대로 행하라."[89]라는 답을 듣고 귀환할 수 있었다. 결국 석말천구를 끝으로 고려에는 더 이상 다루가치가 파견되지 않았다.

고려 왕은 제국 내에서 그 지위가 더욱 공고해졌다. 1278년 원 조정에서는 駙馬高麗王印을 주조하여 충렬왕에게 하사했다. 또한 1280년에는 충렬왕을 '開府儀同三司·征東行中書省事'로 책봉하고 印信을 하사했다.[90] 충렬왕은 제국의 부마이자 征東行省의 수장으로서의 공식적인 직함을 갖게 되었다. 원과 고려는 이러한 정치적·혈연적 결속을 바탕으로 더욱 긴밀한 관계를 형성하게 되었다. 남송이라는 적대 세력이 제거된 후 군사적 긴장이 사라지고 聯婚을 통해 몽골과 고려가 특수한 관계를 형성하게 되면서 다루가치의 역할이 불필요해진 것이다.

---

88) 『高麗史』 권28, 忠烈王 4년 7월.
89) 『高麗史』 권28, 忠烈王 4년 7월.
90) 『高麗史』 권29, 忠烈王 6년 12월.

이상에서 살펴본 바와 같이 쿠빌라이 시기 고려에 파견된 다루가치들은 동아시아의 특수한 정세 속에서 고려 내부의 정세를 감독하기 위해 파견된 監國으로서의 임무를 맡았다. 원은 남송과 일본 원정을 준비하면서 고려를 주요 전쟁기지로 삼았으나, 고려 내부에는 삼별초와 같은 반란 세력들이 여전히 존재했고 이들이 남송이나 일본과 연대할 가능성도 남아 있었다. 이러한 상황에서 파견된 다루가치들은 복속국 고려에서 공납과 군수 물자의 보급을 관리하는 동시에, 고려 조정과 협력해 내부 반란 세력을 감시하고 감독하는 군사적 역할도 수행했다.

2. 安南다루가치

1) 몽골의 安南 복속과 다루가치 파견

1251년 즉위한 뭉케는 정복 지역에 대한 간접통치를 집권적 통치로 전환하여 정복 지역에 대한 지배력을 강화해 갔다. 나아가 동아시아에서 아직 복속되지 않은 지역을 정복하기 위해 군사 원정을 감행했다. 동아시아 지역에서 몽골의 일원화된 지배 질서를 세우는 데 남송과의 전쟁은 불가피했다.[91] 남송이 해상무역을 통해 축적한 자본력으로 몽골에 맞서자, 뭉케는 남송과의 전면전을 피하고 남송 서남측의 四川, 雲南을 공략한 후 우회해서 공격하는 전략을 취했다. 1254년 뭉케의 명을 받은 쿠빌라이는 티베트와 大理를 복속시켰고 함께 참전했던 우량카다이는 안남을 비롯하여 투항하지 않은 세력들을 攻略하기 위해

---

91) Thomas L. Allsen, 1987, 217~218쪽.

잔류했다.[92] 이 시기 몽골의 군사적 위협이 다가오자 안남에서는 講武堂이라는 군관학교를 설립했고[93], 쩐 왕조 군대가 10만에서 20만 명으로 확충되었으며 이 가운데 水軍 전력이 증강되었던 것으로 전해진다.[94]

1257년 우량카다이는 안남 북변에 몽골인, 한인, 大理 출신 토착민들로 구성된 군대를 주둔시키고 사신 2명을 안남에 파견했다. 이를 위협으로 감지한 안남 조정에서는 이들을 구류했고[95], 타이 똥은 쩐 흥다오陳興道에게 水步軍을 맡겨 변경 방어에 주력하게 했다.[96] 이에 대한 보복으로 우량카다이는 군사를 셋으로 나누어 운남에서부터 瀧江과 瀘江을 따라 남하했다. 우량카다이의 아들 아주阿朮는 안남의 수군을 격파하여 兵船을 탈취했고, 우량카다이도 안남 육군을 격파함으로써 대승을 거두었다. 親征에 나선 타이 똥은 전세가 불리해지자 하노이 부근의 瀘江으로 퇴각했고, 몽골을 피해 天幕江으로 들어갔으나, 몽골군이 수도 탕 롱에 입성하자 곧 탈출했다. 타이 똥이 몽골군을 피해 태자와 함께 배에 머무르고 있는 동안 안남의 군대가 반격을 가하여 몽골군을 대패시켰다. 설상가상으로 몽골 병사들이 안남의 고온다습한 기후를 견디지 못하고 우량카다이까지 병에 걸리자 그는 몽골군의 철수를 결정했다. 수도 탕 롱에 돌아온 타이 똥은 황폐화된 수도를 보고 분노하여 우량카다이가 파견한 사신을 포박한 채 돌려보냈다.

다음 해인 1258년 2월 타이 똥(太宗)은 아들 쩐 호앙陳晃에게 양위하고 몽골과 안남 관계는 전환기를 맞이했다. 왕위에 오른 타인 똥(聖宗)은 먼저 송에 사신을 파견하고, 이어서 자신의 사위인 레 푸쩐黎輔陳을

---

92) 『元史』 권209, 「安南傳」, 4633쪽.
93) 『大越史記全書』 1, 北京 : 人民出版社, 2015, 269쪽.
94) 유인선, 『새로 쓴 베트남의 역사』, 이산, 2016, 144쪽.
95) 『元史』 권209, 「安南傳」, 4634쪽.
96) 『大越史記全書』 1, 269쪽.

뭉케에게 파견했다.[97] 안남 사신단이 운남에 도착하자 우량카다이는 그들을 陝西 지역에 머무르고 있는 뭉케 카안에게 보내 알현하게 했다.[98] 한편, 우량카다이는 '카안'의 명을 받아 사이드 아잘 샴스 앗 딘賽典赤瞻思丁의 아들인 나시르 앗 딘納速剌丁을 안남에 파견하고 군주의 親朝와 사죄를 요구했다. 이에 타인 똥은 우량카다이에게 완전한 복속의 의사를 표하면서 子弟를 質子로 보내겠다고 약속했고, 이 소식은 당시 운남에 머물고 있던 諸王 구운 부카不花를 통해 몽골 조정에 보고되었다. 몽골은 안남에게 歲幣를 요구했고 협상 끝에 3年 1貢으로 합의되었다.[99]

뭉케가 남송 정복전쟁 중 사망하자, 쿠빌라이는 金蓮川에서 대칸의 자리에 올랐다. 쿠빌라이는 앞선 시기와는 달리 고려·안남에 대해 온건한 방식으로 외교 관계를 수립하고자 했다. 1260년 쿠빌라이는 禮部郎中 孟甲과 員外郎 李文俊을 안남에 파견하여 다음과 같은 내용의 조서를 전했다.

"무릇 衣冠과 典禮, 風俗과 관련된 모든 일은 本國[안남]의 옛 법도대로 하고, 변경하지 않겠다. 高麗에서 근래 사신을 파견하여 청하였기에 이미 조를 내려 모두 이 방식대로 하게 했다. 이외에 雲南 변경에 있는 장수에게 알려 함부로 병사를 일으켜 변경 지역을 침략하여 백성을 어지럽히지 말라고 명했다. 너희 나라의 관료와 백성들은 예전처럼 평안히 거하도록 하라."[100]

---

97) 『大越史記全書』 1, 273쪽.
98) 『大越史記全書』에는 두 사신의 파견을 타이 똥이 양위하기 전의 상황으로 기록했으나, 마쓰모토 노부히로(松本信廣)는 이를 오류로 보았다(山本達郎, 『安南史研究 I : 元明兩朝の安南征略』, 東京 : 山川出版社, 1950, 60쪽).
99) 『大越史記全書』 1, 273쪽.

제4장 몽골제국 각 지역의 다루가치 305

쿠빌라이는 고려에 '不改土風'의 원칙을 제시했던 것과 마찬가지로[101] 안남에게도 '本俗主義' 방침과 군사적 위협의 철회를 약속했다. 다음 해 안남에서는 陳奉公과 阮琛을 원 조정에 보내 국서를 올리면서 뭉케 카안 시기에 합의했던 3年 1貢을 바치겠다고 약속했고 쿠빌라이는 成宗 타인 똥을 安南國王으로 冊封했다.[102] 또한 조서에서 쿠빌라이는 儒士·醫師 및 陰陽葡筮에 능한 사람, 수공업자를 貢納할 것과 貢物로 蘇合油·光香·金·銀·朱砂·沉香·檀香·犀角·玳瑁·珍珠·象牙·綿·白磁를 바칠 것을 명했고 1262년 안남에 나시르 앗 딘을 다루가치로 파견하여 공납의 제반 사항을 관장하게 했다.[103] 이때 안남에 처음으로 다루가치가 파견되었다. 나시르 앗 딘의 부친 사이드 아잘 샴스 앗 딘은 칭기스칸에게 귀부한 이래로 케식과 太原·平陽다루가치를 역임하고 쿠빌라이 즉위 이후 中書平章政事를 맡았으며 이후 운남 지역을 관할하게 된다. 나시르 앗 딘 역시 雲南諸路宣慰使都元帥로서 운남 제 세력의 평정과 군사적 감독을 담당했던 인물이었다.

몽골은 정복전쟁을 수행하는 과정에서 여러 민족에게 복속을 요구하며 이를 담보하는 조건으로 군주의 親朝, 納貢, 納質, 助軍을 요구했던 것으로 알려져 있다. 우구데이와 뭉케 카안의 재위 시기 몽골은 抗戰 중이던 고려에게 복속과 국왕의 親朝를 거듭 요구했다.[104] 쿠빌라이도 대칸의 자리에 오른 후 內屬國의 의무로서 納貢과 親朝를 고려에 명했으며[105] 이후에는 出陸과 六事의 의무를 요구했다.[106] 그런데 안남과

---

100)『大越史記全書』1, 276쪽.
101)『高麗史』권25, 元宗 元년 8월.
102)『大越史記全書』1, 276쪽.
103)『元史』권209,「安南傳」, 4635쪽.
104)『高麗史』권23, 高宗 26년 4월 ;『高麗史』권23, 高宗 38년 10월.
105)『元高麗紀事』, 中統 3년 10월 29일, 中統 5년 1월.

외교 관계를 수립하는 과정에서는 쿠빌라이는 국왕의 親朝를 요구하지 않았고, 六事도 부과하지 않았다는 사실이 주목된다. 이는 30여 년간 抗戰했던 고려와 달리 남송의 후방에 있는 안남과의 관계에서는 유화적인 접근이 필요하다고 판단했기 때문일 것이다.

쿠빌라이 재위 초기 안남에게 취했던 온건한 방식은 남송전쟁이라는 큰 청사진 속에서 이해해야 한다. 당시 쿠빌라이의 속령은 북중국에 불과했고, 유라시아 대륙으로의 진출 가능성은 희박했다. 이에 쿠빌라이가 자연스레 시선을 돌린 곳은 남송과 동남아시아, 그리고 해상의 島嶼들이었을 것이다. 해상으로 진출하기 위해서 남송 정복은 선행되어야 할 과제였을 뿐 아니라 선왕 뭉케의 숙원 사업으로 대칸으로서의 정통성 확보라는 측면에서도 완수해야 할 과업이었다. 1262년 산동 군벌 李璮의 난이 진압되자 쿠빌라이는 본격적으로 남송 정복전쟁을 추진하기 위해 아주 등을 征南都元帥로 임명했다.[107] 이러한 상황에서 몽골은 송의 전통적 우방이었던 안남과 돈독한 관계를 형성할 필요가 있었다. 이때 안남다루가치로 파견된 나시르 앗 딘은 복속 지역의 군사와 정치적 상황을 감시하는 군정장관의 역할보다는 안남에서 원 조정에 올리는 貢納을 관할하고, 몽골과 안남과의 관계를 조율하는 역할을 했던 것으로 보인다. 이러한 역할을 담당하고 나시르 앗 딘은 다음 해 본국으로 귀환했다. 다음 해 안남 측에서는 方物을 진헌하면서 몽골이 요구한 秀才와 匠人의 징집을 중단해 줄 것을 요청했고, 나시르 앗 딘을 다시 다루가치로 파견해 달라고 요청했다.[108] 이 내용으로

---

106) 『高麗史』 권25, 元宗 3년 12월 乙卯.

107) 『元史』 권128, 「阿朮傳」, 3119쪽.

108) 몽골의 요구에 대한 미온적인 태도는 고려·몽골 강화 이후에도 유사하게 나타났다. 이명미, 「몽골 복속기 권력구조의 성립-元宗代 고려-몽골 관계와 권력구조의 변화-」, 『韓國史研究』 162, 2013, 297~298쪽 참조.

미루어 나시르 앗 딘이 안남다루가치로 임직하는 동안 원 조정과 안남의 우호적인 관계 정립을 위한 중개자의 역할을 잘 수행했음을 알 수 있다.

2) 몽골·안남 관계의 동요와 安南다루가치

중국에서 몽골의 지배가 안정되고 통치질서를 갖추고 남송 정벌이 본격화되면서 쿠빌라이는 안남에게 복속국의 의무를 요구하기 시작했다. 1267년 쿠빌라이는 안남에 조서를 내려 국왕 친조[君長親朝], 子弟入質, 민호 편적[編民數], 군사 원조[出軍役], 부세 납부[輸納稅賦]의 의무와 더불어 다루가치 설치[置達魯花赤]를 통해 제반 의무 사항의 총괄을 담당하게 하는 六事의 의무를 명했다.[109] 六事는 몽골제국 초기부터 복속국에게 요구했던 의무 조항으로서 기본적으로 親朝·入質의 정치적 의무와 군사적 의무를 요체로 한다.[110] 쿠빌라이가 안남에 요구했던 六事 가운데 君長親朝, 子弟入質 및 다루가치 파견은 이미 뭉케 재위 시기와 쿠빌라이 집권 초기에 양국 간의 외교 교섭 과정에서 논의된 바 있었다. 그렇다면 1267년 쿠빌라이가 안남 국왕에게 내린 조서에서 새삼스레 '六事'라는 표현을 사용하여 복속국의 의무를 상기

---

109) 『元史』 권209, 「安南傳」, 4635쪽. 몽골은 고려에 '納質, 籍編民, 置郵, 出師旅, 轉輸糧餉, 補助軍儲'의 六事를 명했다(『高麗史』 권25, 元宗 3년 12월 乙卯). '納質, 籍編民, 出師旅, 轉輸糧餉'은 안남과 동일하지만, 고려에는 '置郵', 즉 역참의 설치와 '補助軍儲', 즉 군비 보조를 요구했고, 이와 달리 안남에는 '君長親朝, 置達魯花赤'를 부과했다.

110) 원은 복속된 湖廣의 蠻夷세력에게 六事의 의무를 언급한 적이 없지만, 수령에게 親朝와 納貢의 의무를 명했고(『元史』 권30, 「泰定帝二」, 668~669쪽) 전시에는 군사력의 원조와 군량미 보급 등 군사적 의무를 다하도록 명했다(『元史』 권12, 「世祖九」, 243~244쪽).

시킨 까닭은 무엇이었을까? 몽골이 남송전쟁을 앞두고 '六事'를 언급한 것은 안남에게 복속국으로서의 위치를 환기시켜 몽골·안남 간의 관계를 새롭게 정립하려는 의도가 담겨 있었다. 나아가 안남과 송의 관계를 단절시켜 남송을 고립시키고 전쟁을 유리하게 끌어가겠다는 쿠빌라이의 현실적인 의도가 담겨 있었다. 몽골의 압박 수위가 높아지자 안남 내부에서도 군사적 긴장감이 감돌기 시작했다. 실제로 『大越史記全書』에는 같은 해 안남의 "東海路 水軍이 변경을 순회하다 烏雷山에 이르러 원이 침략할 시기를 알게 되었다."[111]고 기록되어 있다.

한편 같은 해 11월, 쿠빌라이는 안남에 조서를 내려 안남에 머물고 있는 위구르 상인들을 조정으로 보내라고 명했다.[112] 원대 무슬림을 지칭하는 回回 대신에 回鶻로 표기한 용례를 들어 이들을 무슬림 상인으로 보아야 한다는 견해도 있지만[113], 송대 이래 동남아시아 해역에서 아랍인뿐 아니라 중앙아시아인들이 교역에 참여했던 사실로 미루어 당시 상업 능력이 뛰어났던 위구르인들도 안남에서 교역 활동을 했으리라 생각된다. 당시 안남에 머물고 있던 위구르인 혹은 무슬림 상인들은 해상 세력과의 네트워크 및 정보망을 갖고 있는 자들이었다. 쿠빌라이는 이들을 통해 동남아시아 및 남해 해상에 대한 정보를 얻어 남송전쟁에서 유리한 고지를 점하고 이후 남해 해상 진출의 자원으로 삼고자 했던 것이다.

1268년 쿠빌라이는 쿠룽카야忽籠海牙를 다루가치에 임명하고, 張庭珍을 부다루가치에 임명하면서 본격적으로 2명의 다루가치를 파견하기 시작했다. 쿠룽카야에 관해서는 사적이 남아 있지 않아 그 출신배경을

---

111) 『大越史記全書』 1, 277쪽.
112) 『元史』 권209, 「安南傳」, 4636쪽.
113) 山本達郎, 1950, 73쪽.

명확히 알기 어렵다. 장정진은 뭉케 카안 시기에 비체치必闍赤(서기관)
에 임명되었고 이후 고려에 사신으로 파견되었다가 쿠빌라이 시기
土蕃經略使同僉을 거쳐 안남 부다루가치에 임명되었다. 안남은 저자세
를 취하면서도 몽골의 요구에 대해 완곡히 거절의 의사를 표했다.
타인 똥은 표문을 올려 위구르 상인들이 사망하여 보낼 수 없고 몽골이
요구했던 코끼리도 진상할 수 없음을 밝혔다.

이 시기 몽골·안남 관계에서 몽골의 고압적인 태도는 다루가치를 통해
서 더욱 노골화되었다. 티베트土蕃로부터 운남을 거쳐 안남에 도착한 다루
가치 장정진은 쿠빌라이의 조서를 전달하며 안남왕을 책망했다.[114]

"황제는 당신들의 땅을 郡縣으로 삼고자 하지 않았고 당신들의 稱藩을
허락하여 사신을 파견하고 유지를 전하였으니 그 덕이 참으로 두터우
십니다. (그런데) 왕은 宋과 脣齒하여 그 尊大하심을 망령되이 하였습
니다. 지금 백만의 군사가 襄陽을 포위했으니 밤낮으로 공략하고 함락
시켜 강을 건너면 곧 宋은 멸망할 것인데, 왕은 장차 무엇을 의지하겠
습니까? 또한 雲南에 있는 병사가 두 달 내에 당신들의 변경에 도착하
여 당신의 宗祀를 뒤엎는 것이 어렵지 않을 것입니다. 이를 깊이 살피
도록 하십시오."

장정진은 몽골의 남송 정복전쟁이 시작되었음을 알리고, 안남 국왕
에게 송과의 긴밀한 관계를 책망하며 이에 대해 몽골이 군사적 응징을
감행할 수 있다고 위협했다. 이 자리에서 타인 똥과 장정진 사이에
고성이 오고갔다.[115] 양자 간의 충돌은 六事의 의무 등 원의 압박에서

---

114) 『元史』 권167, 「張庭珍傳」, 3920쪽.
115) 『元史』 권167, 「張庭珍傳」, 3920쪽.

비롯된, 타인 똥의 불편한 심기의 표출로 볼 수 있으나 복속국에 파견된 다루가치와 국왕 간의 모호한 권력관계 때문에 일어난 사태이기도 했다. 타인 똥과 장정진의 논쟁 과정을 살펴보면, 타인 똥이 장정진에게 일개 사신으로서 자신과 抗禮한 점을 들어 그 무례함을 지적하자 장정진은 "천자의 명으로 안남의 장으로 왔으니 당신 위에 있다."고 대답했다. 이 말을 듣고 분노한 타인 똥은 시위병을 시켜 다루가치 장정진을 칼로 위협하였고, 장정진이 이 같은 사실을 조정에 보고하겠다고 하자 결국 타인 똥과 신하들이 복종하면서 사태는 일단락됐다.

다루가치의 이러한 인식은 원 조정이 복속국에 파견한 다루가치에 대한 처우에서도 드러난다. 1262년 나시르 앗 딘이 안남에 부임할 당시 쿠빌라이는 안남 국왕 쩐 호앙과 나시르 앗 딘에게 동일한 虎符를 하사한 바 있었다.[116] 이 사실을 미루어 볼 때, 실제로 원 조정에서는 번속국에 파견되는 다루가치와 군주를 동등한 위치로 인식했거나, 복속국에 파견되는 다루가치 자신이 그러한 인식을 가졌을 가능성이 있다.

복속국에 파견된 다루가치와 국왕 간의 갈등은 앞서 고려에서도 유사하게 나타났다. 고려 왕실에서 베푼 잔치에 참여한 다루가치가 국왕의 술잔을 받아 서서 마시고 절을 올리지 않아 함께 있던 사신이 이를 지적하자 자신은 예법에 맞는 행동을 한 것이라고 주장했다.[117] 1276년에는 고려에 파견되었던 다루가치가 고려 왕이 사용한 용어가 부적절하다고 비난하여 고려 조정에서 이를 모두 격하하는 조치를 취했다.[118] 안남의 경우에는 戰時라는 특수한 상황이 더해져 대칸의 대리자로서 복속국에 파견되었던 다루가치들의 고압적인 태도는 상당

---

116) 『元史』 권5, 「世祖二」, 87쪽.
117) 『高麗史』 권28, 忠烈王 즉위년 8월 己巳.
118) 『高麗史』 권28, 忠烈王 2년 3월 甲申.

히 무례하게 여겨졌을 것이다. 다음해 원 조정에서는 오히려 타인똥이 조서를 받을 때 예법에 따라 절을 하지 않고 사신에게도 예를 갖추지 않았다고 책망했다.

안남 국왕과 다루가치 간의 충돌로 원과 안남 간의 갈등은 더욱 심화되었다. 1272년, 원 조정은 '至元'으로의 改元 조서를 안남 국왕에게 내리면서 국왕의 親朝를 명했으나, 국왕은 병을 핑계로 입조하지 않았다.[119] 그 해 원에서는 葉式捏을 안남다루가치, 李元을 부다루가치로 삼아 파견했으나, 다음 해 葉式捏이 사망하자 李元을 다루가치로 삼고 카사르카야合撒兒海牙를 부다루가치로 임명하여 안남에 파견했다. 카사르카야에 관한 상세한 사적은 기록된 바가 없으나, 이후 俱藍國(인도 서남단 퀼론Quilon)을 복속시키기 위해 宣慰使로 파견되었다는 기록[120]으로 보아 남해 해상에 대한 이해를 갖고 있는 위구르인이었을 것으로 추정된다. 원 조정에서는 이들을 파견하면서 안남 왕이 몽골 '카안'의 조서를 받을 때 몽골 '카안'의 다루가치에게 보인 무례한 태도를 재차 문제삼았다. '카안'의 조서를 가지고 온 다루가치보다 안남 왕이 상석에 앉는 것은 예법에 어긋난다면서 안남 왕을 책망했다.[121] 이로 미루어 안남에서 국왕과 다루가치 사이에 정치적 위상을 둘러싼 갈등이 여전히 첨예했음을 알 수 있다.

복속국에 파견된 다루가치와 副다루가치는 각각 정3품과 정4품의 고위 관원으로 監國이라는 특수한 직을 맡았다.[122] 이들은 기본적으로 六事의 주요 의무사항인 병사의 징발과 納貢을 주관하고 복속국의

---

119) 『大越史記全書』 1, 282쪽 ; 『元史』 권209, 「安南傳」, 4635쪽.
120) 『元史』 권210, 「馬八兒等國傳」, 4669쪽.
121) 『元史』 권209, 「安南傳」, 4637쪽.
122) 『元典章』 권7, 「吏部一·官制·職品」 〈拾存備照品官雜職〉條, 229쪽.

정치적 상황을 감독하는 역할을 담당했기 때문에 복속국의 군주는 이들을 상당히 위협적인 존재로 인식했다. 원 정부는 원칙적으로 다루 가치의 임기를 30개월로 정해 놓았는데[123], 고려에 파견되었던 다루가 치들은 대개 30개월 미만을 근무했던 반면에, 〈표 18〉에 따르면 안남다 루가치들은 葉式捏이 안남에 파견된 지 1년 안에 사망하여 교체된 것을 제외하면 대개 3년에서 4년을 재직했던 것으로 보인다. 이처럼 안남다루가치의 임기가 더 길었던 것은 중국에서 안남까지의 이동거 리가 반영되어 다음에 부임하여 교체될 때까지 고려보다 시간이 더 지체되었기 때문일 것이다. 안남에 파견되었던 다루가치들은 대개 중앙아시아 출신 무슬림이나 위구르인이었고, 한인들이 부다루가치 로 함께 파견되었는데, 이들은 대개 동남 연해의 해상 세력 출신이거나 남해 해상 지역과의 네트워크를 가지고 있는 자들이었다.

〈표 18〉 安南다루가치

다루가치	副다루가치	임기	재직기간 (개월)
나시르 앗 딘納速剌丁(무슬림)		1262.9.~1263.11	14
쿠룽카야忽籠海牙(위구르)	張庭珍(한인)	1268.9.~1271.8	36
葉式捏	李元(한인)	1272.9.~1273.1.	3
李元(한인)	카사르카야合撒兒海牙(위구르)	1273.1.~1275.1	24
카사르카야合撒兒海牙(위구르)		1275.2.~	

1273년 안남에서는 몽골군을 피해 30여 척의 배에 물건들을 탑재하 고 안남으로 들어온 송나라 사람들을 수도 탕 롱의 街姁坊에 머물게 했다.[124] 한편, 타인 똥은 다루가치와 수행원들의 물적 수탈 및 다루가 치의 감시 감독으로 야기된 폐해를 호소하며 다루가치 파견 중단을

---

123) 『元典章』 권9, 「吏部三·官制·投下官」 〈投下達魯花赤遷轉〉條, 292쪽.
124) 『大越史記全書』 1, 282쪽.

요청하는 표문을 올렸다.[125] 그러나 1275년 몽골은 다루가치 카사르카야를 안남에 파견하면서 타인 똥에게 六事의 의무 이행을 강조하는 조서를 다시 보냈다. 조서에서 쿠빌라이는 국왕 親朝의 불이행과 貢物에 대한 불만을 제기하면서 안남 국왕의 入朝를 촉구했다. 특히 남송의 수도 臨安의 함락을 목전에 앞둔 몽골은 안남 군사를 운남에 주둔시키고 군수 물자를 공급해 달라고 요구했다.[126] 그러나 타인 똥은 이번에도 쿠빌라이의 요구에 응하지 않았다.[127]

1275년 타인 똥은 쿠빌라이에게 표문을 올려 다루가치 파견을 중단해 달라고 요청했다. 그는 원에서 파견한 다루가치의 능멸을 지적하며, 다루가치의 감시 속에서 어찌 기껍게 복속하여 공납을 할 수 있겠느냐고 반문하며, 다루가치의 존재가 원과 안남 관계에 큰 장애물이 될 수 있음을 피력했다. 원 조정에서는 다음 해에도 六事의 의무를 강조하며 전임 부다루가치였던 카사르카야를 다루가치로 파견하여 이를 주관하게 했다. 다음 해에도 타인 똥은 표를 올려 六事의 면제를 청했다. 이렇듯 몽골이 대송 전쟁에서 승기를 잡고 승리를 앞두고 있는 상황에서 몽골의 안남에 대한 군사·경제적 압박은 다루가치의 고압적인 태도로 드러났으며, 안남왕과 다루가치 간의 갈등은 결국 안남의 소극적 저항으로 이이졌다.

3) 몽골의 남해 해상 진출과 안남다루가치 파견 중단

카사르카야 이후 안남에는 더 이상 다루가치가 파견되지 않았다.

---

125) 『元史』권209, 「安南傳」, 4637쪽.
126) 『安南志略』, 北京 : 中華書局, 2008, 48쪽.
127) 『大越史記全書』1, 283쪽.

이는 몽골의 대 동남아시아 전략의 변화와 관련이 깊다. 1276년 남송을 정복한 몽골은 본격적으로 남해 해상 진출을 도모했다. 쿠빌라이는 동남아시아 정권들을 복속시켜 중국에서부터 인도 및 페르시아만을 통과하여 유럽까지 연결되는 남해 무역로를 장악함으로써 해상 제국으로 발돋움하고자 했다. 남해 해상 정권과의 원활한 사신 왕래와 상업적 교류를 위해서는 중국으로부터 말라카 해협을 경유하여 인도양으로 나아가는 노선을 장악해야 했고, 이를 위해 안전한 寄港地를 확보하는 것이 급선무였다.[128] 그러한 측면에서 남해 해상의 주요 기항지였던 참파의 지정학적 위치가 상당히 중요했다.

1278년 南海 무역의 요충지인 참파의 귀부를 시작으로[129] 1281년부터 몽골은 남인도에 위치한 마아바르馬八兒(Ma'abar), 인도 서남안의 구람, 동인도 해상에 위치한 니코바르那旺(Nicobar), 수마트라蘇木都剌(Sumudra)까지 진출했고 1287년까지 동남 해상의 20여 개 국이 臣屬했다.[130] 그러나 동남아시아의 모든 정권들이 순순히 몽골에 귀부한 것은 아니었다. 1271년부터 원 조정에서는 사신을 파견하여 緬國 버간조를 초유했으나, 국왕이 복속 의사를 밝히지 않았고 쿠빌라이가 파견한 사신들을 모두 살해했다. 1277년부터 면국 원정이 감행되어 1283년에 이르러서야 복속했다. 또한 몽골의 군사적 압박과 요구가 거세지자 결국 몽골에 귀부했던 정권들도 격렬히 저항하기 시작했다.

1277년 안남에서는 太上皇인 타이 똥이 사망하자 다음 해 타인 똥은 태자 낌昑에게 양위하고 태상황으로 물러났다. 년 똥(仁宗)이 왕위에

---

128) 向正樹, 「モンゴル·シーパワーの構造と變遷」, 『グローバルヒストリーと帝國』, 大阪 : 大阪大學出版會, 2013, 84쪽.
129) 『元史』 권209, 「占城傳」, 4660쪽.
130) 『元史』 권134, 「迦魯納答思傳」, 3260~3261쪽.

오르자 쿠빌라이는 즉시 禮部尙書 柴椿, 會同館使 카라토인, 工部郞中 李克忠, 工部員外郞 董端을 안남에 파견했다.[131] 버간조에 대한 원정이 진행중이던 시점에 안남 왕이 교체되자 복속국으로서 안남의 위치를 재차 확인시키기 위해 이례적으로 여러 명으로 구성된 사신단을 파견 했던 것이다. 쿠빌라이는 년 똥에게 내린 조서에서 親朝를 비롯하여 그동안 이행하지 않은 六事의 이행을 재차 촉구했고[132], 년 똥은 사신 을 파견하여 入朝 거부 의사를 에둘러 표명했다. 1279년 樞密院에서는 강경론자들이 안남 경내로 군대를 보내 안남의 죄를 물어야 한다는 주장을 제기하였지만 쿠빌라이는 '朝覲'이 어렵다면 대신 황금, 구슬의 보화와 賢士·方技·子女·工匠 2명씩을 뽑아서 바칠 것을 명하면서 압박 의 수위를 낮추었다.[133] 이 같은 쿠빌라이의 유보적인 조치는 동남아 시아에서 몽골이 처한 상황 때문이었다. 당시 몽골은 동남아시아에서 반란을 일으킨 면국을 상대로 군사 원정을 추진하고 있었고 참파 招諭에도 주력했다. 따라서 쿠빌라이로서는 안남과의 외교 관계에서 전략적 후퇴를 할 수밖에 없었다. 사료상 명확한 기록은 없지만 몽골이 六事의 의무를 요구한 이 시기까지도 다루가치 카사르카야가 주재하고 있었을 것으로 보인다.

몽골의 동남아시아 신출이 본격화되자 안남 내부에서는 긴장감이 팽배해졌다. 몽골의 군사가 변경을 순찰하면서 지세를 정탐한다는 소식이 보고되자 안남에는 긴장감이 감돌았고[134], 남송의 멸망 소식이 전해졌을 때는 충격에 휩싸였다. 『大越史記全書』에서는 '厓山의 전투'

---

131) 『元史』 권209, 「安南傳」, 4638쪽.
132) 『元史』 권209, 「安南傳」, 4639쪽.
133) 『元史』 권209, 「安南傳」, 4639쪽.
134) 『大越史記全書』 1, 282쪽.

를 마지막으로 남송이 멸망한 사실을 기록하면서 다음과 같은 史官의 글을 더했다. "宋은 이미 天變을 돌이킬 수가 없고 우리 越은 이어서 胡虜의 침략을 당할 것이다. 기대하기는 君臣이 함께 모의하고, 兵民이 힘을 합쳐 북방의 北寇를 모두 제거하여 결의한 바를 이룰 수 있기를 바란다."135)

남해 해상 진출에서 참파와 안남의 지정학적 중요성을 인식한 쿠빌라이는 안남과 참파를 군사요충지로 활용하기 위한 군정기구를 설치했다. 1281년 몽골은 安南宣慰司를 설치하여 北京路다루가치 바얀 테무르字顔帖木兒를 行安南國宣慰使都元帥에 임명했고, 柴椿과 쿠게르忽哥兒로 보좌하게 했다. 또한 占城行省을 설치하여, 몽골 장수 소게투唆都를 右丞, 劉深을 左丞으로 삼았고, 인도양으로 使行을 간 적이 있는 위구르인 이그미슈亦黑迷失를 參知政事로 삼았는데136), 이들은 수군 병력을 보유하고 해상 세력과 연락망을 갖고 있는 자들이었다.137)

宣慰司는 行省 산하의 종2품 軍民政기구로서 몽골이 남송을 정복한 후 지방행정체제를 개편하는 과정에서 원제국의 변경 일부 지역에만 存置되었다. 이후 宣慰司는 군정기구인 都元帥府와 결합하여 宣慰司都元帥府로 변모했다. 당시 宣慰司都元帥府가 설치된 곳은 福建行省 관할 하의 福建道, 湖廣行省에 속해 있는 八番順元, 海北海南道, 廣西兩江, 그리고 雲南行省의 大理金齒와 土番이었다. 이 지역들은 모두 원제국의 서남 변경에 분포했는데138), 몽골은 宣慰司都元帥를 설치하여 이 지역들을 제국 변경의 重鎭이자 해외 진출의 교두보로 삼고 변경 지역의

---

135)『大越史記全書』1, 287쪽.
136)『元史』권11,「世祖八」, 234쪽 ;『元史』권209,「安南傳」, 4640쪽 ;『元史』권209, 「占城傳」, 4660쪽.
137) 向正樹, 2013, 83~85쪽.
138)『元典章』권7,「吏部一·官制·職品」〈內外文武職品〉條, 193쪽.

토착 세력들을 관할하게 하여 전시에 군사력으로 활용했다.[139] 몽골이 安南宣慰司를 설치한 것은 안남을 원제국의 변경으로 간주하여 군사적 요충지로 삼기 위한 조치였다. 安南宣慰司를 설치하고 나서 안남에 대한 몽골의 태도는 더욱 강경해졌다. 쿠빌라이는 안남이 六事를 이행하지 않은 것과 년 똥이 쿠빌라이의 冊封을 받지 않고 왕위에 오른 것을 빌미로 삼아 년 똥을 대신해 入朝한 왕실 일족 쩐 지아이陳遺愛를 안남국왕으로 冊封해 버렸다.[140]

한편, 원 조정에서는 占城行省에 海船 100척과 10,000명의 군사를 준비하여 다음 해 정월 海外諸番 원정을 감행하게 했고, 참파 국왕에게 군량미 공급을 명했다.[141] 수마트라에 위치한 말레이木剌夷國(Malayu)로 使行하던 사신의 선박이 파손되자 조정에서는 참파에 명하여 쌀 1400여 石을 공급하라고 명하기도 했는데[142], 이를 통해 占城行省이 군사 원정의 기능뿐 아니라 몽골의 남해 해상 진출에서 요구되는 물자와 식량의 보급도 담당했음을 알 수 있다.

1282년 몽골의 군사적 요구에 압박을 느낀 참파에서는 결국 반란이 일어났다. 참파의 왕자 하리짓Harijit이 국정을 장악한 후 참파를 거쳐 각각 시암暹(Siam)과 마아바르로 出使하는 몽골군의 선박을 구류했다. 원 조정에서는 즉시 소게두에게 명하여 江淮, 江浙, 福建, 湖廣의 병사 5000명과 1000척의 艦船을 동원하여 참파를 정벌하게 했다.[143] 여기에

---

139) 조원, 「湖廣行省 軍民安撫司 다루가치와 원의 중층적 西南 변경 지배」, 『역사와 세계』 57, 2020, 219쪽.
140) 『安南志略』, 49~50쪽. 『大越史記全書』에는 쩐 지아이(陳遺愛)를 翰林學士에 제수했다고만 기록되어 있다(『大越史記全書』 1, 288쪽).
141) 『元史』 권11, 「世祖八」, 235쪽.
142) 『元史』 권11, 「世祖八」, 232쪽.
143) 『元史』 권12, 「世祖九」, 243~244쪽.

투입된 병사는 대부분 몽골의 남송 원정에서 흡수된 수군이었을 것으로 추정된다. 남송전쟁에서 遠征軍總帥였던 바얀伯顔과 아주阿朮는 建康을 함락한 후 南宋軍을 흡수하여 水上 전력을 향상시킨 바 있었다. 또한 소게투도 臨安과 주변의 鎭定을 함락하는 과정에서 수군을 이끌고 활약한 바 있었는데 이들이 이후 소게투 군단의 남해 원정 과정에서 크게 활약했던 것으로 알려져 있다.144) 이때 소게투가 이끄는 占城行省의 군대는 광주에서 출발하여 占城港(현재 베트남 東南岸의 퀴논Qui Nhon)에 도착하여 해안을 따라 주둔했다.

한편, 몽골은 육로를 통해 참파로 진입하기 위해 안남에 假道를 요구했다. 1283년 원 조정에서는 아릭카야를 荊湖占城行省 平章政事에 임명하여 漢軍 7000명과 新附軍 8000명을 이끌고 가서 소게투를 지원하게 했고, 안남 측에 참파를 토벌하는 데 兵糧을 지원해 달라는 조서를 전달하도록 했다.145) 아릭카야는 앞서 살펴보았듯이 남송 정벌 과정에서 활약했고, 특히 湖廣 지역을 원제국 내로 편입시키는 데 공을 세웠던 인물이다. 荊湖는 湖廣을 지칭하는데 당시 이 지역은 몽골의 남송 정벌 과정에서 원제국에 편입되었고, 1273년부터 1294년까지 진행된 동남아시아 원정에서 군사요충지로 활용되었다.146) 특히 이 지역은 안남과 동북변으로 인접하면서 안남과 동부 연안을 마주하고 있어 안남으로 진출하기에 용이했다. 이러한 배경에서 쿠빌라이는 아릭카야가 이끄는 湖廣의 군사를 참파 원정에 투입했던 것이다. 『大越史記全書』에 따르면 앞서 1282년 8월에 랑장諒江(Lạng Giang)의 守臣은 안남 조정

---

144) 向正樹, 2013, 83쪽.

145) 『元史』 권209, 「安南傳」, 4640쪽.

146) 동남 해상 진출의 교두보로 삼고자 했던 安南과 참파가 저항하자 몽골에서 원정군을 파견했는데, 이때 湖廣은 몽골의 군사 요충지로 활용되었다(조원, 2020, 209쪽 참조).

에 다음과 같이 보고했다. "소계투가 50만 명의 병력을 이끌고 와서 참파 정벌을 위해 길을 내어달라고 했으나 실제로는 침입하러 온 것입니다."[147] 당시 소계투는 이미 해로를 따라 참파에 도달했기 때문에 이를 '소계투'라고 보기는 어렵지만 분명한 것은 안남에서는 자신들의 영내로 진입한 몽골군을 사실상 '침략자'로 인식했다는 점이다.

몽골과 참파의 전쟁이 본격화되는 가운데 안남은 전통적인 방식대로 이중적인 외교 전략을 취했다. 내부로는 군사적 방비로 만전을 기하고[148], 참파에 援軍을 파견하는 한편 몽골과의 교섭의 끈도 놓지 않았다. 안남에서는 원 조정에 사신을 파견하여 방물을 바치면서 참파 원정에서의 假道와 兵糧 지원에 대해서는 완곡한 거절 의사를 전했다.[149] 荊湖行省에 다녀온 사신으로부터 太子 토곤脫歡과 아릭카야가 안남을 통과하여 참파로 진입하겠다는 구실로 안남을 침공할 예정이라는 보고를 듣고 上皇 타인 똥은 전국의 중요 인사들을 모아 회의를 열고 항전을 결의했다.[150]

1285년 안남에 처음 도착한 우마르와의 전투를 시작으로 몽골·안남 간의 전쟁이 본격적으로 전개되었다.[151] 안남으로 진군한 몽골군이 수도 탕롱을 점령했으나, 안남의 군사를 통솔한 쩐 흥 다오陳興道의 저항군이 이를 재탈환했고 이후로 여러 차례의 접전이 이어졌다. 몽골군 내부에서는 일본과 참파 전쟁에 상당한 병력과 군수물자가 투입되는 바람에 안남의 몽골군이 고전을 면치 못하고 있다는 여론이 일어났다.[152] 이에 쿠빌라이는 江淮, 江西, 湖廣의 몽골군, 한군, 新附軍을

---

147) 『大越史記全書』 1, 289쪽.
148) 『大越史記全書』 1, 289쪽 ; 『大越史記全書』 1, 291쪽.
149) 『元史』 권209, 「安南傳」, 4640~4641쪽.
150) 『大越史記全書』 1, 291쪽.
151) 『大越史記全書』 1, 291쪽.

더 투입하고, 征交趾行尙書省을 설치하여 대대적인 공세에 나섰다.[153] 전세가 몽골에게 유리하게 돌아가는 듯했으나, 전쟁이 장기화되면서 山水가 많은 안남의 지리 환경에서 몽골 군사력은 강점을 발휘하지 못했던 반면 저항군은 세력 규모가 점차 커져 갔다. 결정적으로 지형지세를 활용한 안남의 거세지는 공격과 보급선의 표류로 군량이 끊기면서 전세가 불리해지자 토곤은 4년 만에 회군을 결정했다.[154] 원 조정 내부에서는 군사적 손실만 컸던 안남 원정을 중지해야 한다는 주장이 제기되었고 그 해 안남왕 년 똥이 공물을 진상하면서 전쟁이 중단되었다.

---

152) 『元史』 권209, 「安南傳」, 4646쪽.
153) 『元史』 권209, 「安南傳」, 4647쪽.
154) 『元史』 권209, 「安南傳」, 4645쪽.

참고문헌

1. 사료

『嘉慶重修一統志』(『四部叢刊三編』本).

『康熙江西通志』(『四庫全書』本).

『經世大典』(中華書局影印『永樂大典』本).

『經世大典輯校』上·下(趙世延 等, 謝輝等輯校, 北京：中華書局, 2020).

『桂海虞衡志』(四庫全書本, 589冊).

『高麗史』(서울：경인문화사, 1972).

『僑吳集』(鄭元佑, 『元代珍本文集彙刊』, 臺北：國立中央圖書館編印, 1970).

『舊唐書』(北京：中華書局, 1975).

『槃庵集』(同恕, 『全元文』第19冊, 南京：江蘇古籍出版社/鳳凰出版社, 1999).

『國朝文類』(蘇天爵 編, 『四部叢刊』本).

『圭齋文集』(歐陽玄, 『四部叢刊』本).

『金史』(北京：中華書局, 1975).

『金華黃先生文集』(黃溍, 『全元文』第29·30冊, 南京：江蘇古籍出版社, 1999).

『南村輟耕錄』(陶宗儀, 北京：中華書局, 2004).

『多桑蒙古史』(多桑·馮承鈞 譯, 北京：中華書局, 2004).

『大元倉庫記』(北平：文殿閣書莊, 1926).

『大元海運記』(北平：文殿閣書莊, 1936).

『大越史記全書』1(北京：人民出版社, 2015).

『待制集』(柳貫, 『全元文』第25冊, 南京：江蘇古籍出版社/鳳凰出版社, 1999).

『桐山老農集』(魯貞, 『全元文』第49冊, 南京：江蘇古籍出版社/鳳凰出版社, 1999).

『東山存稿』(趙汸, 『全元文』第54冊, 南京：江蘇古籍出版社/鳳凰出版社, 1999).

『牧庵集』(姚燧,『影印文淵閣四庫全書』第1201冊, 臺北:台灣商務印書館, 1986).

『蒙古秘史』(余大鈞 譯注, 石家莊:河北人民出版社, 2001).

『蒙韃備錄』(趙珙,『王國維遺書』箋證本, 上海:上海古籍出版社, 1983).

『廟學典禮』(杭州:浙江古籍出版社, 1986).

『柏郎嘉賓蒙古行紀·魯布魯克東行紀』(耿升·何高濟 譯, 北京:中華書局, 2002).

『秘書監志』(杭州:浙江古籍出版社, 1992).

『事林廣記』(中華書局影印本, 1999年版).

『師山集』(鄭玉,『全元文』第46冊, 南京:江蘇古籍出版社/鳳凰出版社, 1999).

『石田文集』(馬祖常, 李叔毅 點校本, 鄭州:中州古籍出版社, 1991).

『雪樓集』(程鉅夫,『元代珍本文集彙刊』, 臺北:國立中央圖書館編印, 1970).

『聖武親征錄』(『王國維遺書』校注本, 北平:文殿閣書莊, 1935).

『聖武親征錄(新校本)』(賈敬顏, 陳曉偉 校注, 北京:中華書局, 2019).

『宋史』(北京:中華書局, 1977).

『宋會要輯稿』(北京:中華書局, 1957).

『水雲村稿』(劉塤,『全元文』第10冊, 南京:江蘇古籍出版社/鳳凰出版社, 1999).

『新譯集注〈蒙古秘史〉』(阿爾達紮布 譯注, 呼和浩特:內蒙古大學出版社, 2005).

『申齋集』(劉嶽申,『元代珍本文集彙刊』, 臺北:國立中央圖書館編印, 1970).

『安南志略』(黎崱, 北京:中華書局, 2008).

『曆代名臣奏議』(黃淮 等 編, 上海:上海古籍出版社, 1989).

『延祐四明志』(『宋元方志叢刊』, 中華書局影印本).

『吳文正集』(吳澄,『元人文集珍本叢刊』第3冊, 臺北:新文豐出版公司, 1985).

『遼史』(北京:中華書局, 1974).

『畏齋集』(程端禮,『全元文』第25冊, 南京:江蘇古籍出版社/鳳凰出版社, 1999).

『元高麗紀事』(史料四編, 臺北:廣文書局, 1972).

『元代白話碑集錄』(蔡美彪 編, 北京:科學出版社, 1955).

『元代法律資料輯存』(杭州:浙江古籍出版社, 1988).

『元代奏議集錄』(陳得芝 等 輯點, 杭州:浙江古籍出版社點校本).

『元史』(北京:中華書局, 1975).

『元詩選』(顧嗣立 編, 北京:中華書局, 2001).

『元典章』(陳高華·張帆·劉曉·党寶海 等 點校本, 天津:天津古籍出版社, 北京:中華書局, 2011).

『夷白齋稿』(陳基,『全元文』第50冊, 南京:江蘇古籍出版社/鳳凰出版社, 1999).

『吏學指南』(杭州:浙江古籍出版社, 1986).

『廿二史箚記』(趙翼, 南京:鳳凰出版社, 2008).

『紫山大全集』(胡祇遹,『影印文淵閣四庫全書』第1196冊, 臺北:臺灣商務印書館,

1986).

『牆東類稿』(陸文圭, 『元人文集珍本叢刊』第4冊, 臺北 : 新文豐出版公司, 1985).

『長春眞人西遊記』(李志常, 黨寶海點校本, 石家莊 : 河北人民出版社, 2001).

『靜修先生文集』(劉因, 『全元文』第13冊, 南京 : 江蘇古籍出版社(鳳凰出版社), 1999).

『中庵集』(劉敏中, 『北京圖書館古籍珍本叢刊』第92冊, 北京 : 書目文獻出版社).

『至順鎭江志』(南京 : 江蘇古籍出版社, 1999).

『至正金陵新志』(『宋元方志叢刊』, 中華書局影印本).

『至正條格』(韓國學中央研究院 編, 『至正條格』校註本, 서울 : 휴머니스트, 2007).

『至正集』(許有壬, 『元人文集珍本叢刊』第7冊, 臺北 : 新文豐出版公司, 1985).

『草木子』(葉子奇, 北京 : 中華書局, 2006).

『秋澗集』(王惲, 『元人文集珍本叢刊』第1·2冊, 臺北 : 新文豐出版公司, 1985).

『通制條格』(方齡貴 校注本, 北京 : 中華書局, 2001).

『八思巴字蒙古語文獻彙編』(呼格吉勒圖, 呼和浩特 : 內蒙古教育出版社, 2004).

『漢書』(北京 : 中華書局, 1962).

『憲台通紀·南台備要』(杭州 : 浙江古籍出版社, 2001).

『皇明文衡』(程敏政 編, 『四部叢刊』本).

『黑韃事略』(彭大雅·徐霆, 『王國維遺書』箋證本, 上海 : 上海古籍出版社, 1983).

『欽定遼金元三史國語解』(『四庫全書』本).

유원수 역주, 『몽골비사』, 파주 : 사계절, 2004.

라시드 앗 딘 저, 김호동 역주, 『칭기스칸기』, 파주 : 사계절, 2003.

라시드 앗 딘 저, 김호동 역주, 『칸의 후예들』, 파주 : 사계절, 2005.

라시드 앗 딘 저, 김호동 역주, 『일칸들의 역사』, 파주 : 사계절, 2018.

라시드 앗 딘 저, 김호동 역주, 『이슬람의 제왕』, 파주 : 사계절, 2023.

김호동 역주, 『몽골제국 기행 : 마르코 폴로의 선구자들』, 파주 : 까치, 2015.

'Ala-ad-Din 'Ata-Malik Juvaini, *The History of the World Conqueror*, ed. Mirza
    Muhammad Qazvini, tr. J. A. Boyle (Cambridge : Harvard University
    Press, 1958)/(Seattle : University of Washington Press, 1997).

Dastūr al-kātib fī ta'yīn al-Marātib(『書記規範』)(Moskva : Izd-vo "Nauka" Glav. red.
    Vostochnoi literatury, 1976).

Jami'u't-Tawarikh(Compendium of Chronicles) : A History of the Mongols Period 1-3
    (Thackston, Wheeler M., English translation & annotation, Massachusetts
    : Harvard University Press, 1998-1999).

2. 연구서

1) 국내

게오르기 베르낫스키(Geprge Vernadsky) 저, 김세웅 역,『몽골제국과 러시아』, 서울 : 도서출판 선인, 2016.

고명수,『몽골-고려 관계 연구』, 서울 : 혜안, 2019.

권용철,『원대 중후기 정치사 연구』, 서울 : 온샘, 2020.

김성규,『송대 동아시아의 국제관계와 외교의례』, 서울 : 신아사, 2020.

김호동,『강좌중국사 3』, 파주 : 지식산업사, 1984.

김호동,『몽골제국과 고려』, 서울 : 서울대학교출판부, 2007.

데이비드 모건(David O. Morgan) 저, 권용철 역,『몽골족의 역사』, 서울 : 모노그래프, 2012.

모리스 로사비 저, 강창훈 역,『쿠빌라이 칸, 그의 삶과 시대』, 부산 : 천지인, 2008.

박한제,『中國中世胡漢體制研究』, 서울 : 일조각, 1988.

오타기 마쓰오 저, 윤은숙·임대희 역,『중국의 역사-대원제국』, 서울 : 혜안, 2013.

재닛 아부-루고드 저, 박흥식·이은정 역,『유럽 패권이전-13세기 세계체제』, 서울 : 까치, 2009.

주채혁,『여몽전쟁시기의 살리타이와 홍복원』, 서울 : 혜안, 2009.

토마스 바필드 저, 윤영인 역,『위태로운 변경』, 서울 : 동북아역사재단, 2001.

하자노프(Khazanov, A. M.) 저, 김호동 역,『遊牧社會의 構造 : 역사인류학적 접근』, 서울 : 지식산업사, 1990.

2) 중국

賈敬顔,『蒙古譯語·女眞譯語彙編』, 天津 : 天津古籍出版社, 1990.

格列科夫·雅庫博夫斯基著, 余大鈞譯 :『金帳汗國興衰史』, 北京 : 商務印書館, 1985.

高榮盛,『元代海外貿易研究』, 成都 : 四川人民出版社, 1998.

瞿大風,『元朝時期的山西地區』, 沈陽 : 遼寧民族出版社, 2005.

瞿同祖,『清代地方政府』, 北京 : 法律出版社, 2011.

丹尼斯·塞諾,『丹尼斯·塞諾內亞研究文選』, 北京 : 中華書局, 2006.

黨寶海,『蒙元驛站交通研究』, 北京 : 昆侖出版社, 2006.

東亞研究所 編,『異民族統治中國史』, 北京 : 商務印書館, 1964.

鄧小南,『宋代文官選任制度諸層面』, 石家莊 : 河北教育出版社, 1993.

賴瑞和,『唐代基層文官』, 北京 : 中華書局, 2008.

劉迎勝, 『西北民族史與察合台汗國史研究』, 南京：南京大學出版社, 1994.

劉迎勝, 『察合台汗國史研究』, 上海：上海古籍出版社, 2006.

陸　靭, 『元明時期的西南邊疆與邊疆軍政管控』, 北京：社會科學文獻出版社, 2015.

李世愉, 『中國古代官職概論』, 北京：中國社會科學出版社, 2009.

李治安, 『唐宋元明淸中央與地方關系研究』, 天津：南開大學出版社, 1996.

李治安, 『元代政治制度研究』, 北京：人民出版社, 2003.

李治安, 『行省制度研究』, 北京：南開大學出版社, 2005.

李治安, 『元代分封制度研究』, 北京：中華書局, 2007.

李治安, 『元代華北地區研究』, 天津：南開大學出版社, 2009.

李治安, 薛磊, 『中國行政區劃通史-元史卷』, 上海：复旦大學出版社, 2009.

林　幹, 『中國古代北方民族通論』, 呼和浩特：內蒙古人民出版社, 2010.

馬長壽, 『北狄與匈奴』, 桂林：廣西師範大學出版社, 2006.

蒙思明, 『元代社會階級制度』, 上海人民出版社, 2006.

苗普生, 『新疆史綱』, 烏魯木齊：新疆人民出版社, 2004.

潘　淸, 『元代江南民族重組與文化交融』, 南京：鳳凰出版社, 2006.

白壽彝, 『中國通史』13卷, 上海：上海人民出版社, 1997.

符拉基米爾佐夫, 『蒙古書面語和喀爾喀比較語法』, 西寧：靑海人民出版社, 1998.

符海朝, 『元代漢人世侯群體研究』, 保定：河北大學出版社, 2007.

傅海波 等, 『劍橋中國遼西夏金元史』, 北京：中國社會科學出版社, 2005.

尙衍斌, 『元代畏兀兒研究』, 北京：民族出版社, 1999.

蕭啓慶, 『內北國而外中國』(上·下), 北京：中華書局, 2007.

蕭啓慶, 『元代的族群文化與科擧』, 臺北：聯經出版社, 2008.

岩村忍, 「元代的戶籍編成」, 『蒙古學信息』4, 1994.

楊培桂, 『元代地方政府』, 臺北：浩瀚出版社, 1975.

楊志玖, 『元史三論』, 北京：人民出版社, 1985.

楊志玖, 『元代回族史稿』, 天津：南開大學出版社, 2003.

吳宏岐, 『元代農業地理』, 西安：西安地圖出版社, 1997.

吳秀永, 『中國元代軍事史』, 北京：中國人民出版社, 1994.

吳宗國 主編, 『中國古代官僚政治制度研究』, 北京：北京大學出版社, 2004.

王　崗, 『中國元代政治史』, 北京：中國人民出版社, 1994.

姚大力, 『蒙元制度與政治文化』, 北京：北京大學出版社, 2011.

姚從吾, 『姚從吾先生全集』5, 南京：正中書局, 1981.

魏良弢, 『西遼史綱』, 北京：人民出版社, 1991.

張金銑, 『元代地方行政制度研究』, 合肥：安徽大學出版社, 2001.

張　帆, 『元代宰相制度研究』, 北京：北京大學出版社, 1997.

張　雲, 『元朝中央政府治藏制度研究』, 哈爾濱：黑龍江教育出版社, 2003.

張沛之, 『元代色目人家族及其文化傾向研究』, 天津：天津古籍出版社, 2009.

張希清, 『10-13世紀中國文化的碰撞與融合』, 上海：上海人民出版社, 2006.

箭內亘, 陳捷 譯, 『元朝怯薛及斡耳朶考』, 北京：商務印書館, 1934.

箭內亘, 陳捷 譯, 『元朝制度考』, 北京：商務印書館, 1934.

鄭海峰, 『中國古代官制研究』, 天津：天津人民出版社, 2007.

照那斯圖·薛磊, 『元國書官印彙釋』, 沈陽：遼寧民族出版社, 2011.

周良霄, 『皇帝與皇權』, 上海：上海古籍出版社, 2006.

周　芳, 『元代雲南政區設置及相關行政管理研究』, 北京：中國社會科學出版社, 2009.

周振鶴, 『中國地方行政制度史』, 上海：上海人民出版社, 2005.

周淸澍, 『元蒙史箚』, 呼和浩特：內蒙古大學出版社, 2001.

陳高華·史衛民, 『中國政治制度通史·元代卷』, 北京：人民出版社, 1996.

陳高華·史衛民, 『中國經濟通史·元代卷』, 北京：中國社會科學出版社, 2007.

陳重金·戴可來 譯, 『越南通史』, 北京：商務印書館, 1992.

札奇斯欽, 『蒙古史論叢(上)』, 高雄：學海出版社, 1980.

巴兒托里德(V.V. Barthold) 著, 耿世民 譯, 『中亞簡史』, 北京：中華書局, 2005.

馮承鈞 譯, 『西域南海史地考證譯叢續編』, 北京：商務印書館, 1934.

夏光南, 『元代雲南史地叢考』, 北京：中華書局, 1934.

何天明, 『遼代政權機構史稿』, 呼和浩特：內蒙古大學出版社, 2004.

韓儒林, 『元朝史』 上·下, 北京：人民出版社, 2008.

許　凡, 『元代吏制研究』, 北京：勞動人事出版社, 1987.

胡其德, 『元代地方的兩元統治』, 台北：蒙藏委員會, 1991.

3) 일본

桃木至朗, 『中世大越國家の成立と變容』, 吹田：大阪大學出版社, 2011.

本田實信, 『モンゴル時代史研究』, 東京：東京大學出版會, 1991.

山本達郎, 『安南史研究 Ⅰ：元明兩朝の安南征略』, 東京：山川出版社, 1950.

安部健夫, 『元代史の研究』, 東京：創文社, 1972.

岩村忍, 『モンゴル社會經濟史の研究』, 京都：京都大學人文科學研究所, 1968.

愛宕松男, 『東洋史學論集 4 元朝史』, 東京：三一書房, 1988.

羽田明, 『中央アジア史研究』, 京都：臨川書店, 1930.

前田直典, 『元朝史の研究』, 東京：東京大學出版社, 1977.

池內宏, 『滿鮮史研究 3』, 東京：吉川弘文館, 1963.

植松正, 『元代江南政治社會史研究』, 東京：汲古書院, 1997.

4) 서양

Allsen, Thomas T., *Mongol Imperialism*, California : University of California Press, 1987.

Allsen, Thomas T., *Commodity and Exchange in the Mongol Empire*, Cambridge : Cambridge University Press, 1997.

Allsen, Thomas T., *Culture and Conquest in Mongol Eurasia*, Cambridge : Cambridge University Press, 2004.

Anderson, James A., and Whitmore, J. (eds.), *China's Encounters on the South and Southwest : Reforging the Fiery Frontier over Two Millennia*, Handbook of Oriental studies, volume XXII, Leiden : Brill, 2014

Atwood, Christopher P., *Encyclopedia of Mongolia and the Mongol Empire*, New York : Facts On File. Inc., 2004.

Barthold, W., *Turkestan down to the Mongol Invasion*, New Delhi : Munshiram Manoharlal Publishers Pvt Ltd, 1992.

Biran, Michal, *The Empire of the Qara Khitai in Eurasian History*, New York : Cambridge Universty Press, 2005.

Biran, Michal, Kim, Hodong eds, *The Cambridge History of The Mongol Empire*, volume I, Cambridge : Cambridge University Press, 2023.

Boyle, J. A., *The Cambridge history of Iran*, London : Cambridge University Press, 1968.

De Nicola, Bruno and Melville, Charles, *The Mongol's Middle East : Continuity and Transformation in Ilkhanid Iran*, Leiden : Brill, 2016.

Eisenstadt, S. N., *The Political Systems of Empires*, New Brunswick : Transaction Publishers, 1993.

Endicott-West, Elizabeth, *Mongolian Rule in China : Local Administration in the Yuan Dynasty*, Cambridge : Harvard University Press, 1989.

Halperin, Charles J., *Russia and the Golden Horde : The Mongol Impact on Medieval Russian History*, Bloomington : Indiana University Press, 1987.

Khazanov, Anatoly M., *Nomads and the outside world*, Wisconsin : The University of Wisconsin, 1994.

Kolbas, Judith G., *The Mongols in Iran : Chingiz Khan to Uljaytu, 1220-1309*, New York : Routledge, 2006.

Ostrowski, Donald, *Muscovy and the Mongols : Cross-Cultural Influences on the Steppe Frontier, 1304-1589*, Cambridge : Cambridge University Press, 1998.

Rossabi, Morris, *China among Equals : the Middle Kingdom and Its Neighbors, 10th-14th*

Centuries, Berkeley : University of California Press, 1983.

Sinor, Denis, *Studies in Medieval Inner Asia*, Hampshire : Ashgate Variorum, 1997.

Vernadsky, George, *The Mongols and Russia*, New Heaven : Yale University Press, 1953.

Vásáry, István, *Turks, Tatars and Russians in the 13th-16th Century*, Hampshire : Ashgate Variorum, 2007.

3. 연구 논문

1) 국내

고명수, 「쿠빌라이 시기 몽골의 南宋정복과 江南지배-보전, 개발, 발전의 관점에서-」, 『東洋史學研究』 116, 2011.

고명수, 「쿠빌라이 집권 초기 관리등용의 성격」, 『동국사학』 55, 2013.

고명수, 「몽골의 '복속'인식과 蒙麗관계」, 『韓國史學報』 55, 2014.

김성한, 「오고타이칸時期 漢地의 다루가치」, 고려대학교 석사학위논문, 1986.

김호동, 「高麗 後期 '色目人論'의 背景과 意義」, 『歷史學報』 200, 2008.

김호동, 「蒙元帝國期 한 色目人 官吏의 肖像」, 『중앙아시아연구』 11, 2006.

김호동, 「몽골제국의 세계정복과 지배 : 거시적 시론」, 『歷史學報』 217, 2013.

김호동, 「쿠빌라이 카안의 大臣들」, 『東洋史學研究』 125, 2013.

김호동, 「몽골제국의 '울루스 체제' 형성」, 『동양사학연구』 131, 2015.

박지훈, 「북송대 西南 蠻夷에 대한 정책과 華夷論」, 『역사문화연구』 43, 2012.

배숙희, 「蒙元제국의 雲南統治와 諸종족간의 소통」, 『東洋史學研究』 14, 2011.

裵淑姫, 「원나라의 西南 邊境 정책과 土官制의 실시-金齒 등 諸蠻을 중심으로-」, 『東洋史學研究』 138, 2017.

裵淑姫, 「元代 雲南 西南의 邊境地域과 周邊國間의 關係」, 『中國史研究』 113, 2018.

윤승연, 「13세기 몽골의 베트남 침공과 六事 요구」, 『베트남연구』 16, 2018.

윤은숙, 「쿠빌라이칸의 중앙집권화에 대한 東道諸王들의 대응」, 『중앙아시아연구』 8, 2003.

이개석, 「〈高麗史〉元宗, 忠烈王, 忠宣王世家 중 元朝記事의 注釋研究」, 『동양사학연구』 88, 2004.

이명미, 「몽골 복속기 권력구조의 성립-元宗代 고려-몽골 관계와 권력구조의 변화-」, 『韓國史研究』 162, 2013.

이명미, 「고려에 下嫁해 온 몽골공주들의 정치적 위치와 고려-몽골 관계 : 齊國

大長公主의 사례를 중심으로」, 『이화사학연구』 54, 2017.

조　원, 「元 前期 達魯花赤의 제도화와 그 위상의 변화」, 『동아시아문화연구』 51, 2012.

조　원, 「大元제국 다루가치체제와 지방통치-다루가치의 掌印權과 職任을 중심으로-」, 『동양사학연구』 125, 2013.

조　원, 「쿠빌라이시기 강남 지역 色目人의 任官과 활약-江浙行省 지방관부 色目人 관원의 사례를 중심으로-」, 『중앙아시아연구』 19-2, 2014.

조　원, 「湖廣行省 軍民安撫司 다루가치와 원의 중층적 西南 변경 지배」, 『역사와 세계』 57, 2020.

조　원, 「쿠빌라이 시기 安南과의 외교 교섭-元의 정책과 安南의 대응을 중심으로-」, 『동양사학연구』 154호, 2021.

주채혁, 「초기려원전쟁(初期麗元戰爭)과 북계사십여성(北界四十餘城) 문제 (問題)」, 『사학회지(史學會志)』 16, 1970.

주채혁, 「高麗內地의 達魯花赤 置廢에 관한 小考」, 『淸大史林』 1, 1974.

최윤정, 「元代 동북지배와 遼陽行省」, 『東洋史學硏究』 10, 2010.

2) 중국

桂棲鵬, 「元代進士仕宦硏究」, 『元史論叢』 6, 1996.

瞿大風, 「蒙古時期山西的探馬赤軍與達魯花赤」, 『內蒙古社會科學』, 1998(5).

邱樹森, 王頲, 「元代戶口問題爭議」, 『元史論叢』 2, 1983.

薰寶海, 「一組珍貴的元代社會經濟史資料」, 『中國社會經濟史硏究』, 2005(2).

到何之, 「關於金末元初的漢人地主武裝問題」, 『內蒙古大學學報』, 1978(1).

梁　慧, 「元代官制中的世襲和蔭敍」, 西北師範大學 碩士學位論文, 2009.

陸　靭, 「元代湖廣行省溪洞地理環境下的蠻夷官制」, 『中國歷史地理論叢』 30-1, 2015.

李鳴飛, 「『書記規範』"蒙古官員任命書"部分的翻譯」, 『中國邊疆民族硏究』 4, 2011.

李鳴飛, 「元代散官制度硏究」, 北京大學 博士學位論文, 2011.

李治安, 「元代雲南行省的機構組織與官吏任用」, 『雲南師範大學學報』 41, 2009.

李治安, 「元陝西四川蒙古軍都萬戶府考」, 『曆史硏究』, 2010(1).

馬建春, 「元代動遷西域人屯田論述」, 『西域硏究』, 2001(4).

馬明達, 「元代出使安南考」, 『明淸之際中國和西方國家的文化交流-中國中外關系 史學會第六次學術討論會論文集』, 1997.

馬明忠, 「撒拉族"達魯花赤"官職考」, 『青海民族硏究』, 2004(2).

潘少平, 「元代俸祿制度硏究」, 中國社會科學院 博士學位論文, 2003.

潘修人, 「元代達魯花赤用人述論」, 『內蒙古民族師院學報』, 1992(4).

潘修人, 「元代達魯花赤的職掌及爲政述論」, 『內蒙古社會科學』, 1993(6).

方 駿, 「元初亞洲征伐戰爭的對外影響」, 『元史及北方民族史研究集刊』14, 2001.

方 駿, 「元初亞洲征伐戰爭的對內影響」, 『元史及北方民族史研究集刊』15, 2002.

白濱·史金波, 「大元肅州路也可達魯花赤世襲之碑」, 『民族研究』, 1979(1).

史衛民, 「元朝前期的宣撫司與宣慰司」, 『元史論叢』5, 1993.

楊志玖, 「回回人的東來和分布」, 『回族研究』1993(2).

呂士朋, 「元代中越之關系」, 『東海學報』8-1, 1967.

葉新民, 「元代的欽察,康裏,阿速,唐兀衛軍」, 『內蒙古社會科學』1983(6).

溫海淸, 「金元之際華北地方行政建置」, 復旦大學 博士學位論文, 2008.

翁獨健, 「元典章譯語集釋」, 『燕京學報』30, 1946.

王建軍, 「元代國子監研究」, 暨南大學 博士學位論文, 2002.

王兆良, 「元湖廣行省西部地區鎮戍諸軍考」, 『黑龍江民族叢刊』24, 1991.

王獻軍, 「元朝對彝族的治理」, 『元史及民族與邊疆研究集刊』19, 2007.

姚大力, 「論元朝刑法體系的形成」, 『元史論叢』3, 1986.

姚大力, 「蒙古遊牧國家的政治制度」, 中國社會科學院 博士學位論文, 1986.

姚大力, 「論蒙元王朝的皇權」, 『學術集林』15, 1999.

任崇嶽, 「元〈浚州達魯花赤追封魏軍伯墓碑〉考釋」, 『寧夏社會科學』, 1995(2).

張金蓮, 「略論元代的中越交通」, 『蘭州學刊』150, 2006.

張金銑, 「元代地方圓署體制考略」, 『江海學刊』, 1999(4).

張 帆, 「元朝的特性-蒙元史若幹問題的思考」, 『學術思想評論』1, 1997.

張 帆, 「論金元皇權與貴族政治」, 『學人』14, 1998.

張 帆, 「論蒙元王朝的"家天下"政治特征」, 『北京大學』8, 2001.

張 帆, 「元朝行省的兩個基本特征」, 『中國史研究』, 2002(1).

張 帆, 「金朝路制再探討」, 『燕京學報』, 2002(12).

鄭紹宗, 「考古學上所見之元察罕腦兒行宮」, 『歷史地理』3, 1983.

齊覺生, 「元代縣的"達魯花赤"與"縣尹"」, 『國立政治大學學報』23, 1971.

趙文坦, 「金元之際漢人世侯的興起與政治動向」, 『南開學報』, 2000(6).

趙秉昆, 「達魯花赤考述」, 『北方文物』, 1995(4).

周繼中, 「元代河南江北行省的屯田」, 『安徽史學』, 1984(5).

周良霄, 「"闌遺"與"孛蘭奚"考」, 『文史』12, 1981.

周 芳, 「元代雲南政區土官土司的設置及相關問題再考察」, 『雲南社會科學』, 2008
(5).

朱幫全·趙文坦, 「蒙古國時漢人世侯與蒙廷·燕京行台·達魯花赤的關系」, 『齊魯學刊』
5, 2002.

陳高華, 「大蒙古國時期的東平嚴氏」, 『元史論叢』6, 1996.

陣棟芳·朱崇先,「『元史』"亦奚不薛"考」,『貴州文史叢刊』2013-2.

蔡春娟,「元代漢人出任達魯花赤的問題」,『北大史學』13, 2008.

沈仁國,「元代的俸祿制度」,『元史及北方民族史研究集刊』12·13合本, 1989-1990.

韓光輝,「宋遼金元建制城市的出現與城市體系的形成」,『曆史研究』, 2007(4).

許　凡,「論元代的吏員出職制度」,『曆史研究』, 1984(6).

默書民·閻秀萍,「元代湖廣行省的站道研究」,『元史及民族與邊疆研究集刊』 22, 2010.

3) 일본

丹羽友三郎,「達魯花赤に關する一考察」,『三重法經』5, 1956(1).

丹羽友三郎,「達魯花赤雜考」,『史學研究』61, 1956(2).

渡邊健哉,「元朝の大都留守司について」,『文化』66-1·2, 2002.

渡部良子,「『書記典範』の成立背景－十四世紀におけるペルシア語インシャー手引書編纂とモンゴル文書行政」,『史學雜誌』117-7, 2002.

白鳥庫吉,「高麗史に見える蒙古語の解釋」,『東洋學報』18(2), 1929.

森平雅彥,「事元期高麗における在來王朝體制の保全問題」,『北東アジア研究』別冊1, 2008.

松本信廣,「安南史研究 I：元明兩朝の安南征略』書評」,『史學雜誌』10, 1950.

愛宕松男,「元朝の對漢人政策」,『東亞研究所報』23, 1943.

愛宕松男,「元代的錄事司」,『東洋史學論集 4 元朝史』, 京都：三一書房, 1988.

原山仁子,「元朝の達魯花赤について」,『史窗』29, 1971.

有高岩,「元淸二朝の對漢政策相違の由來」,『史潮』4-1, 1934.

箭內亙,「元代社會の三階級」,『蒙古史研究』, 東京：刀江書院, 1966.

池內宏,「高麗に駐在した元の達魯花赤について」,『東洋學報』18-2, 1929.

村上正二,「關於元朝達魯花赤的研究」,『史學雜志』53-7. 1942.

向正樹,「モンゴル・シーパワーの構造と變遷」,『グローバルヒストリーと帝國』, 大阪：大阪大學出版會, 2013.

4) 서양

Aigle, Denis "Iran under Mongol domination", *Bulletin d'Etudes Orientales*, supp157, 2008, Paris：Sorbonne, 2008.

Bayarsaikhan, Dashdondog, "Darughachi in Armenia", *The Mongol's Middle East : Continuity and Transformation in Ilkhanid Iran*, Leiden：Brill, 2016.

Cleaves, Francis Woodman, "Daruɣa and Gerege", *Havard Journal of Asiatic Studies*, Vol.16, no.1/2, 1953.

de Rachewiltz, Igor, "Personnel and Personalities in North China in the Early Mongol Period", *Journal of the Economic and Social History of the Orient*, Vol.9, No.1/2, 1966.

Endicott-West, Elizabeth,"Hereditary Privilege in the Yüan Dynasty", *Journal of Turkish Studies*, Vol.9, 1985.

Endicott-West, Elizabeth, "Imperial Governance in Yuan Times", *Harvard Journal of Asiatic Studies*, no.46.2, 1986.

Farquhar, David M, "Structure and Function in the Yuan Imperial Government", *China under Mongol Rule*, New Jersey : Princeton University Press, 1981.

Lane, George, "Arghun Aqa : Mongol bureaucrat", *Iranian Studies*, 1475-4819, Volume 32, Issue 4, 1999.

Morgan, David, "The Mongols in Iran", *Journal of Persian Studies*, Vol.42, 2004.

Ostrowski, Donald, "The Mongol Origins of Muscovite Political Institutions", *Slavic Review* 49, no.4, 1990.

Ostrowski, Donald, "The Tamma and the dual-administrative structure of the Mongol Empire", *Bulletin of the school of oriental and Africa*, University of London, vol.61, no.2, 1998.

Schuurman, "Mongolian tributary practives of the thirtheenth century", *Harvard Journal of Asiatic Studies*, Vol.19, 1956.

Sinor, Denis, "Interpreters in Medieval Inner Asia", *Studies in Medieval Inner Asia*, Vermont : Ashgate, 1997.

Vásáry, István, "The origin of the institution of basqaqs", *Acta Orientalia Academiae Scientarum Hungaricae*. 32, 1978.

4. 사전류

邱樹森 主編, 『元史辭典』, 北京 : 山東教育出版社, 2001.

內蒙古大學蒙古語文硏究所, 『蒙漢詞典』, 呼和浩特 : 內蒙古大學出版社, 1999.

麻赫默德·喀什噶裏, 『突厥語大辭典』, 烏魯木齊 : 新疆人民出版社, 2008.

薄音湖, 『蒙古史詞典』, 呼和浩特 : 內蒙古大學出版社, 2010.

徐連達 主編, 『中國官制大辭典』, 上海 : 上海大學出版社, 2010.

王德毅, 『元人傳記資料索引』, 北京 : 中華書局, 1987.

陸峻嶺·何高濟, 『元人文集篇目分類索引』, 北京 : 中華書局, 1979.

張政烺 主編, 『中國古代職官大辭典』, 鄭州 : 河南人民出版社, 1999.

中國大百科全書總編輯委員會,『中國大百科全書』(元史), 北京：中國大百科全書
出版社, 1985.

Dehkhodâ, Aliakbar, *Loghatnâme(Encyclopedic Dictionary)*, Tehran : Tehran University
Publications, 1993-94.

Doerfer, Gerhard, *Türkische und Mongolische Elemente im Neupersischen : Unter
besonderer Berücksichtigung älterer neupersischer Geschichtsquellen vor allem des
Mongolen- und Timuridenzeit*, Wiesbaden : Franz Steiner Verlag, 1963.

Kowalewski, *Dictionnaire mongol-russe-français*, Kasan : Impr. de l'Université, 1849.

Peter B. Golden, *The King's Dictionary : The Rasulid Hexaglot*, Leiden : Brill, 2000.

찾아보기

수록 논문 출전

「元 前期 達魯花赤의 제도화와 그 위상의 변화」『동아시아문화연구』 51, 2012.

「大元제국 다루가치체제와 지방통치-다루가치의 掌印權과 職任을 중심으로-」
　　　『동양사학연구』 125, 2013.

「쿠빌라이시기 강남 지역 色目人의 任官과 활약-江浙行省 지방관부 色目人
　　　관원의 사례를 중심으로-」『중앙아시아연구』 19-2, 2014.

「湖廣行省 軍民安撫司 다루가치와 원의 중층적 西南 변경 지배」『역사와 세계』
　　　57, 2020.

「쿠빌라이 시기 安南과의 외교 교섭-元의 정책과 安南의 대응을 중심으로-」
　　　『동양사학연구』 154, 2021.

지은이 | 조 원

한양대학교 사학과 졸업. 중국 중앙민족대학교 석사, 북경대학교 박사.
한양대학교 비교역사문화연구소 HK연구교수, 서울대학교 역사연구소 박사후연구원을
역임하였고, 현재 부산대학교 사학과 교수로 재직중이다.

주요 논저로 「大元帝國 法制와 高麗의 수용 양상」(『이화사학연구』 54, 2017), 「元 후기 『經世大
典』의 편찬과 六典體制」(『동양사학연구』 141, 2017), 「元 중후기 醫政제도의 변화와 실상-『至
正條格』의 관련 條文을 중심으로-」(『역사와 세계』 60, 2021), 「원제국 외래 香藥과 카안의
賞賜-南海海上 생산 香藥을 중심으로-」(『동양사학연구』 159, 2022), 『관용적인 정복자
대원제국』(공저, 청아출판사, 2023), 『조선에서 만난 원제국 법률문서』(한국학중앙연구원
출판부, 2021) 등이 있다.

몽골제국 다루가치 제도 연구

조 원 지음

2025년 2월 20일 초판 1쇄 발행

펴낸이·오일주
펴낸곳·도서출판 혜안
등록번호·제22-471호
등록일자·1993년 7월 30일

주 소·⑩ 04052 서울시 마포구 와우산로 35길3(서교동) 102호
전 화·3141-3711~2 / 팩시밀리·3141-3710
E-Mail·hyeanpub@daum.net

ISBN 978-89-8494-745-0 93910

값 34,000 원